고려와 원제국의 교역의 역사

서남동양학술총서

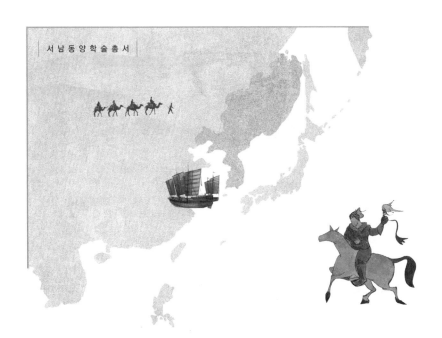

13~14세기 감춰진 교류상의 재구성

고려와 원제국의
교역의 역사

| 이 강 한 지음 |

창비

21세기에 다시 쓰는 간행사

서남동양학술총서 30호 돌파를 계기로 우리는 2005년, 기왕의 편집위원회를 서남포럼으로 개편했다. 학술사업 10년의 성과를 바탕으로 이제 새로운 토론, 새로운 실천이 요구되는 시점이라고 판단했기 때문이다.

알다시피 우리의 동아시아론은 동아시아의 발칸, 한반도에 평화체제를 구축하고자 하는 비원(悲願)에 기초한다. 4강의 이해가 한반도의 분단선을 따라 날카롭게 교착하는 이 아슬한 상황을 근본적으로 해결하는 방책은 그 분쟁의 근원, 분단을 평화적으로 해소하는 데 있다. 민족 내부의 문제이면서 동시에 국제적 문제이기도 한 한반도 분단체제의 극복이라는 이 난제를 제대로 해결하기 위해서는 우선 서구주의와 민족주의, 이 두 경사 속에서 침묵하는 동아시아를 호출하는 일, 즉 동아시아를 하나의 사유단위로 설정하는 사고의 변혁이 종요롭다. 동양학술총서는 바로 이 염원에 기초하여 기획되었다.

10년의 축적 속에 동아시아론은 이제 담론의 차원을 넘어 하나의 학(學)으로 이동할 거점을 확보했다. 우리의 충정적 발신에 호응한 나라 안팎의 지식인들에게 깊은 감사를 표하는 한편, 이 돈독한 토의의 발전이 또한 동아시아 각 나라 또는 민족들 사이의 상호연관성의 심화가 생활세계의 차

원으로까지 진전된 덕에 크게 힘입고 있음에 괄목한다. 그리고 이러한 변화가 6·15남북합의(2000)로 상징되듯이 남북관계의 결정적 이정표 건설을 추동했음을 겸허히 수용한다. 바야흐로 우리는 분쟁과 갈등으로 얼룩진 20세기의 동아시아로부터 탈각하여 21세기, 평화와 공치(共治)의 동아시아를 꿈꿀 그 입구에 도착한 것이다. 아직도 길은 멀다. 하강하는 제국들의 초조와 부활하는 제국들의 미망이 교착하는 동아시아, 그곳에는 발칸적 요소들이 곳곳에 숨어 있다. 남과 북이 통일시대의 진전과정에서 함께 새로워질 수 있다면, 그리고 그 바탕에서 주변 4강을 성심으로 달랠 수 있다면 무서운 희망이 비관을 무찌를 것이다.

　　동양학술총서사업은 새로운 토론공동체 서남포럼의 든든한 학적 기반이다. 총서사업의 새 돛을 올리면서 대륙과 바다 사이에 지중해의 사상과 꿈이 문명의 새벽처럼 동트기를 희망한다. 우리의 오랜 꿈이 실현될 길을 찾는 이 공동의 작업에 뜻있는 분들의 동참과 편달을 바라 마지않는 바이다.

서남포럼 운영위원회
www.seonamforum.net

고려시대의 역사에 대해 더러 하는 말이 있다. "고대사는 자랑스러운 한국사의 시작이니 당연히 대중의 수요가 많다. 조선시대는 한국사와 한국문화의 대명사여서 친근하다. 근현대 역사는 오늘날 우리의 '직접적 과거'여서 꾸준한 관심의 대상이 된다. 그러나 고려시대는 다르다. 한국사 연구자들 사이에서도 반쯤 미지의 영역으로 남아 있는데다가 대중의 수요도 바닥이다."

이런 농담이 무색하지 않게, 고려시대사는 현재의 한국 역사에서 알려지지 않은 점들이 가장 많은 시대로 남아 있다. 학생들도 고려를 모르고, 대중들도 고려를 모르고, 심지어 연구자들도 고려를 잘 모른다. 물론 교과서를 통해 얻어들은 지식은 있어, 웬만한 학생들이라면 고려의 3성6부제나 전시과(田柴科) 정도는 알 것이다. 일반 대중은 태조의 후삼국통일이나 무신정권기, 또는 여말 선초 고려의 몰락을 떠올린다. 일반 연구자들은 당연히 그보다는 고려를 잘 알지만, 역시 고대와 조선을 잇는 '과도기'로만 보는 경향이 짙다.

특히나 관심의 대상에서 비껴나 있는 시기가 바로 13~14세기, 즉 '고려후기'다. 몽골의 침공과 간섭이 있었던 시기라는 이미지 때문이기도 하고,

실제로 이 시기 자료가 다른 시기에 비해 현저히 적기 때문이기도 하지만, 기본적으로는 '고려의 멸망을 재촉한 시기'라는 인상이 너무 강해서라 보는 것이 옳을 것이다. 공민왕, 우왕, 공양왕의 역사는 그나마 고려의 멸망기라는 평가 아래 연구자들의 관심을 끌었다. 그에 선행하는 시기, 이른바 '충(忠)'자 왕호를 지녔던 국왕들이 고려를 다스린 시기는 고려가 서서히 고사(枯死)해가던 '재미없는' 시기로만 묘사된다.

그러나 이러한 관점은 사실 너무나 '비역사학적'인 것이며, 동시에 오늘날 우리의 과거에 대한 '존중'이 많이 부족함을 보여주는 일례라 할 수 있다. 살면서 어려움에 봉착하면 그 난관을 타개하고자, 또 즐거운 일을 겪으면 그런 기쁨을 더 오래 누리고자 하는 것은 사람의 속성이다. 13~14세기 200여년은 여섯 세대, 일곱 세대에 이르는 긴 시간이다. 다양한 성향의 사람들이 다양한 상황에 처해 다양한 해법을 강구하고 다양한 모습으로 사라져갔다. 그런데 우리는 그 많은 사람들의 의지와 노력과 정서와 감흥을 한줌도 안 되는 문장으로 색칠하고, 한뼘도 안 되는 단어로 재단한다. 연구자로서 이는 직무유기의 범죄에 가깝다. 그러한 관습과 매너리즘에서 하루속히 빠져나와야 하며, 그러기 위해서는 이 시기에 더 많은 애정과 관심을 가질 필요가 있다.

필자는 그동안 고려 후기의 여러 다양한 모습들에 관심을 가져왔다. 정치제도의 변화, 새 경제정책의 출현, 사회와 문화 구조의 변동, 그 모든 것을 통해 당대인들의 삶에 좀더 가까이 다가서고자 했다. 그 과정에서 신분과 계층을 막론하고 모든 이의 생활에 영향을 미쳤을 가장 직접적인 변수들에 주목하게 되었는데, 그러한 변수 중 하나가 바로 '돈과 거래'의 문제였다. 이렇게 해서 실물경제에 문외한이라는 문제도 무릅쓰고, 외람되게도 '상업사'를 검토하게 되었다. 그런데 검토를 하면 할수록 당시 고려에 많은 압력과 영향을 끼치고 있던 '원(元)제국'의 문제를 간과할 수 없음을 절감했다. 이에 원제국과 고려를 함께 그림에 넣은 상태에서 상업적 거래의 역사에 주목했고, 그러한 검토는 결국 고려와 원제국 간의 육로 및 해상 '교역'에 대한 관심으로 번져갔다.

13~14세기 양국 간 교역의 역사에 대한 검토는 기존의 연구가 놓치고 있던 부분들을 보완하는 데 적으나마 기여하는 바가 있을 것이라 생각한다. 기존의 한국 교역사, 고려시대 교역사 연구는 큰 추세들을 짚는 데 주력했을 뿐, 좀더 작은 시기별로 어떤 경향들이 있었으며 그러한 경향들이 서로 간에 어떻게 달랐는지 그 진화상을 추적하는 데에는 상대적으로 소홀했다. 적지 않은 관련 자료들이 여기저기 흙밭의 보석처럼 흩어져 있는데도, 그것을 한데 모아 꿰어볼 시도는 미처 하지 못해왔다. 이제는 서말이 넘는 구슬들을 서로 꿰어볼 때가 되었다.

미루어 짐작하기에 '원간섭기' 등 정치적 시각이 투영된 개념으로 이 시기 교역의 의미를 규정해보려 한 것도 그간 이 분야 연구가 다소 부진했던 여러 원인 중 하나였을 수 있다. 양국 간 교류를 '쌍방향 교역'보다는 '일방적 수탈' 또는 '수세적 상거래'의 시각에서 바라보았던 것이 아닌가 한다. 각종 한국 교역사 관련 서적과 외국의 동아시아 교역사 관련 서적 모두이 점에서 자유롭지 못하다. 그러나 이제는 그러한 연구적 질곡에서 스스로 벗어나려는 노력이 필요하다. 이른바 동아시아 교역권 내에서 한반도가 점하는 위치가 달라지고, 한반도인의 대외활동 또한 비약적으로 증가하던 이 시기의 역사를 간과해서는 안 될 것이다. 돌이켜보면 13세기 후반이래 14세기 전반에 이르기까지의 100여년만큼 한반도의 상인들이 외국 시장을 상대로 능동적이었던 적이 없었으며, 한반도 시장이 이때처럼 외부로, 세계로 활짝 열린 경우도 없었다. 이처럼 중요한 시기를 이제는 본격적으로 재조명할 필요가 있다.

이 책은 기본적으로 필자의 박사학위논문을 저본으로 하고 있지만, 상당 정도의 내용을 다시 썼다. 충렬왕, 충선왕, 충숙왕, 충혜왕의 육·해상 교역정책 등 왕대별 교역정책에 대한 서술을 대폭 강화했고, 외국인들의 방문 또한 일회적 왕래로 평가하기보다 여러 사례를 묶어 하나의 패턴을 추출하려 노력했다. 침탈기구 응방(鷹坊)의 무역기구적 성격을 제시함으로써 응방의 속성을 역이용한 고려 국왕의 '발상의 전환'을 보고자 했고, 복잡한 관세 문제를 재론하면서 기존의 논증 내용을 대폭 수정했다. 13세기 말~14세기 초의 수역(水驛) 문제에 대한 검토를 추가해 강남인들의 한반도 방문이 중단된 과정을 살폈고, 공민왕대 강남·요동과의 교류상에 대한 검토를 확충해 13~14세기 고려-원 교역사의 하한(下限)을 새로이 설정했다. 인도·이란 지역을 관통하는 해상 실크로드 무역과 유라시아를 관통하는 노예무역의 문제도 부각시켜, 이 시기 한반도 해외교역사를 좀더 넓은 관점에서 보고자 했다.

이 책을 내는 데 많은 도움을 주신 분들께 감사의 말씀을 드리는 것으로 글을 마치고자 한다. 먼저 학부 시절부터 필자의 지도교수이셨던 은사 노명호 교수님께 깊은 감사를 드린다. 사료에 근거한 논지 전개가 그 무엇보다도 중요하다는 것을 일깨워주셨고, 학부, 석사 그리고 박사학위논문에 이르기까지 무한한 가르침을 주셨다. 아울러 학위논문의 심사위원장이자 필자가 한국사연구회 조교를 할 때 회장으로 계시기도 했던 최병헌 교수님께 깊은 감사를 드린다. 학회를 위한 짧은 봉사가 끝난 후에도 그때의 일을 늘 말씀하시면서 위로하고 격려해주신 선생님의 애정에 뭐라 드릴 말씀이 없다. 학위논문을 심사해주신 노태돈 교수님, 김호동 교수님, 안병우 교수님께도 깊은 감사의 말씀을 드린다. 노태돈 교수님께서는 자주 찾아뵙지도 못하는 제자를 언제나 변함없이 기쁘게 환영해주셨고, 김호동 교수님께서는 한국사 전공자가 원제국의 역사를 겁 없이 논하는 것을 너그러이 눈감아주셨으며, 안병우 교수님께서는 멀리 한신대에서 왕래하시어 필자의 논문을 꼼꼼히 고쳐주셨다.

서울대학교 국사학과 대학원의 고려시대사 전공자들께도 깊은 감사를 표한다. 박재우, 윤경진, 최연식, 이종서, 추명엽, 이웅주, 정요근 등의 선배들과, 최종석, 강호선, 이명미, 송용덕, 김우택, 정동훈, 송주영, 박은정, 황향주, 오희은 등 학부 시절부터 최근까지 수많은 모임에 함께 몸담았던 그들과의 토론을 통해 이 책의 전신이 된 학위논문의 주제를 가다듬고 또 작성까지 할 수 있었다. 아울러 그 학위논문을 이렇듯 한 권의 책으로 펴낼 수 있게 물심양면으로 도와주신 분들이 적지 않다. 서남재단 학위논문 출판지원사업의 존재를 알려주신 인하대학교 최원식 교수님을 비롯하여 서남재단의 권오찬 선생님 및 창비 편집진에도 감사드린다.

한편, 지금은 인하대와 지금은 인하대와 동국대에 계신 우경섭, 김용태 두분 교수에게도 깊은 감사를 표한다. 김용태 선배는 논문 작성과정에서 끊임없이 필자를 격려해주었고, 우경섭 선배는 주변머리 없는 후배를 위해 박사후과정을 주선하는 데 그치지 않고 인하대 분들과의 소중한 인연도 만들어주었다. 돌이켜보니 박사후과정 선생님들과 함께 사업단 연차보고를 밤늦도록 준비하던 시절이 엊그제 같고, 당시 함께 공부하던 대학원생들과는 여전히 정겹게 교류 중이다. 어느새 성큼 다가온 2013년 연말의 분주함은 우리 한국학중앙연구원 연구정책실 식구들과 나누고 있다.

아시는 분은 아시겠지만, 필자의 조부께서 한국사학계와 국·한문학계의 원로인 벽사 이우성 선생이시다. 현재도 왕성하게 활동하시며 여전히 필자를 꾸짖고 가르쳐주신다. 부끄러움을 무릅쓰고 이 책을 내일을 위한 예비성과로 보여드린다.

경애하는 부모님께서는 필자의 학위논문이 나오기까지 그야말로 오랜 기간을 기다려주셨다. 아무 말씀 없이 필자의 모든 것을 존중해주시고, 격려와 배려를 아끼지 않으셨다. 아버지의 정년퇴직과 함께 두분 모두 밀양에 내려가 계시는 관계로 자주 뵙지는 못한다. 이 책을 두분께 가장 먼저 드려 그동안 올리지 못했던 감사의 말씀을 대신하고자 한다.

아울러 공부하는 사위의 모든 것을 좋게 보아주시는 장인어른과 장모님께도 깊은 감사를 드린다. 동생 강락과 강미, 처남 무근에게도 고마움을 표하며, 모쪼록 가족 모두의 건강과 행복을 기원할 따름이다.

마지막으로 최대의 조력자이자 인생의 반려인 아내 이정민과, 최근 우리 부부를 찾아와준 사랑하는 아들 인재를 언급하지 않을 수 없다. 아내는 논문 작성에 여념이 없던 필자를 대신해 많은 일을 해주었고, 필자를 위한 정성에 지금도 변함이 없다. 이번 여름 마침내 학위를 받게 되어 아내에 대한 마음의 빚을 크게 덜었다. 이제 두돌을 앞둔 인재는 하루가 다르게 건강히 커가고 있으며, 매일매일 새로운 감동을 안겨준다. 무슨 말이 더 필요하겠는가? 두 사람에게 특별한 사랑을 전한다.

2013년 가을 성남에서
이강한

차례

서남동양학술총서 간행사 | 21세기에 다시 쓰는 간행사__4
책머리에__6

책에 들어가며__15

제1부 13세기 후반: 전후의 암흑기와 고려의 몸부림__29

　　제1장 해외로 빠져나가는 물자, 더이상 찾아오지 않는 중국인__31
　　1. 물자의 유출__31
　　2. 응방과 둔전의 설치, 그리고 은과 미곡의 강탈__44
　　제2장 강남인의 발길이 끊기다__70
　　1. 한반도 시장, 소외를 당하다__70
　　2. 수역의 설치, 잠깐의 부흥__98

제2부 13세기 말 14세기 초: 변화하는 외부환경, 고려의 재기__115

　　제3장 터널의 끝: 새로운 외국인들의 도래, 그리고 잉여의 생성__117
　　1. 응방과 둔전의 폐지, 그리고 물류의 역전__117
　　2. 이번에는 회회인이 온다__133

제4장 고려 왕, 승부수를 던지다: 고려발 해외교역의 재개__153

1. 서역 시장과의 접선 시도__153

2. 원 항구지역에의 교역선 파견__167

제3부 14세기 전반: 고려의 대외교역, 전성기를 다시 맞다_191

제5장 충선왕, 인도와 염색직물을 양손에 잡다__193

1. 고려 민간인들의 폭증하는 외국행__193

2. 충선왕, 무역을 위해 관제 개편에 나서다__200

제6장 고려 왕들, 그들만의 방식으로 바깥세상과 교역하다__222

1. 충숙왕, 상인을 관료로 발탁하다__222

2. 충혜왕, 대규모 무역생산 시설을 만들다__235

**제4부 14세기 후반 원제국의 몰락:
고려 정부와 상인들, 전환기에 놓이다_263**

제7장 늘어나는 외국인들의 방문, 고려 정부의 딜레마__265

1. 강남인들이 다시 오다__265

2. 새로운 악재들__277

제8장 정부 주도 교역의 쇠퇴, 여전히 왕성한 민간교역__292

1. 공민왕의 마지막 시도__292

2. 민간교역, 더이상 정부의 도움이 필요 없다__312

책을 맺으며__316

수록논문 출처__323

참고문헌__325

찾아보기__347

책에 들어가며

그간의 문제들

종래의 대외교역사 연구는 한반도가 이른바 '중개자'의 역할을 하던 시기에 많이들 주목해왔다. 9세기 신라가 당(唐)-일본을 중개하고 17세기 초 조선이 명(明)-일본을 중개한 것에 대한 연구들이 대표적인 예인데, 한반도인들의 '역동성'에 주목한 결과라 생각한다. 아울러 고려 전기인 11~12세기 송상(宋商)의 고려 방문과, 같은 시기 고려인들의 대송(對宋) 진출, 그리고 고려 말 대명(對明) 사무역의 번성도 어느정도 검토되어왔다. 이른바 '민영무역'의 성황에 주목한 결과라 할 수 있다.

반면 다른 시기들은 상대적으로 무시된 측면이 있다. 13~14세기의 교역사도 그중 하나다. 고려 후기 대외교역사 연구는 고려 전·중기의 연장선상에서만 다뤄지거나, 다수의 개설서에서 아예 누락되었다. 이러한 연구의 불균질성은 시정되지 않은 것이 십수년인데, 이제는 종래의 인식과 이해가 지녔던 결함에 대한 성찰이 요망된다.

고려 후기 대외교역사와 관련한 종전의 연구들은 크게 두가지 문제를 보여왔다. 당시의 민간교역상을 가능케 한 동인(動因)에 대한 탐구가 부족했던 점, 그리고 당시 교역의 전체상(全體象)을 재구성하려는 노력이 부족했던 점이 그것이라 할 수 있다.

물론 고려 후기의 경우 대외교역사 관련 자료가 고려 전·중기에 비해 대단히 적어, 연구를 심화하기 어려운 측면이 분명히 존재한다. 초기의 연구는 심지어 다소간의 밀무역을 제외하고는 고려-원 사이에 공식적 차원의 교역이 거의 없었다는 극단적인 결론을 내놓기도 했다.[1] 그후에는 대체로 고려 후기의 상업 거래 및 수공업적 실상을 토대로 고려의 대원(對元) 교역이 어느정도는 활발했을 것이라 추정해왔을 따름이다. 사료의 부족은 앞으로도 이 시기 교역사 연구의 발목을 잡을 악재임이 분명하다.

그러나 고려와 원제국 간에 진행된 물자와 인적자원의 왕래는 일단『고려사』의 기록을 토대로 상세하게 정리되어 있다.[2] 아울러 이 시기 민간 차원의 대외교역이 어떠했는지를 보여주는 귀중한 자료들도 꾸준히 학계에 소개되어왔다.[3] 최근에는『노걸대(老乞大)』등 당시의 사료를 검토함으로써 육로를 경유해 원을 방문한 고려 민간상인들의 행적을 재구성하는 연구들도 진행되었다.[4] 이제는 이 모든 성과를 모아, 고려 후기 민간인들의

---

1) 전해종 「麗·元 貿易의 성격」,『동양사학연구』12·13, 1978.

2) 김위현 「麗·元間의 물화교류고」,『인문과학연구논총』7, 1990;「麗元間 인적교류고」,『관동사학』5·6, 1994; 장동익『고려 후기 외교사 연구』, 일조각 1994.

3) 장동익이 송대, 원대의 자료와 이 시기의 일본측 자료를 일람하면서 그중 고려와 관련한 자료들만을 모은 자료집을 다수 발간, 이 분야 연구에 지대한 공헌을 했다(『元代麗史資料集錄』, 서울대학교출판부 1997;『宋代麗史資料集錄』, 서울대학교출판부 2000;『日本古中世高麗資料研究』, 서울대학교출판부 2004).

4)『노걸대』에 나타난 상인들의 교역양태에 대한 본격적 분석은 위은숙에 의해 이루어졌다(「元干涉期 對元交易-老乞大를 중심으로」,『지역과 역사』4, 1997). 그는 유입·유출된 물자들의 판매지 가격 및 물량을 근거로 고려-원 육로교역의 결과 '무역역조' 현상이 나타났을 것이라 추론하였다. 한편 천 가오화(陳高華)의 경우『박통사(朴通事)』에 대한 검토를 통해 당시 고려 상인들의 중국 방문과 교역의 양상을 검토하였다(「從老乞大朴通

16

대외교역에 대한 종래의 연구를 총체적으로 재구성할 필요가 있다.

그러나 그것만으로는 부족하다. 당시 민간 차원의 대외교역이 활발했다면 그것이 어떻게 해서 가능했는지를 해명해야 한다. 즉 민간 차원의 대외교역을 활성화했던 '원인과 배경'에 대한 연구가 절실하다. 그와 관련하여 '왕조 정부의 역할'에 대한 주목이 필요하다.

전근대시기의 왕조는 물론 오늘날의 국가와 달랐다. 마찬가지로 전근대의 정부와 오늘의 정부가 다르고, 전근대 국왕과 현대의 정부수반 역시 다르다. 그러나 한가지 상통하는 지점이 있다. 민간을 대상으로 정책을 시행하고, 정책을 통해 민간의 활동을 지원하는 점이 그러하다. 그 점을 고려한다면, 고려 후기 민간 차원 대외교역의 활발함을 설명함에 있어 정부와 국왕의 노력을 언급하지 않을 수 없다. 이들의 노력이 민간교역을 견인하거나 가능케 했다는 식의 확언은 금물이지만, 그러한 노력이 존재했을 가능성에 대해서는 당연히 주목할 필요가 있다.

그런데 당시를 '원간섭기'라고 이르는 데에서도 드러나듯이, 이 시기에 대한 연구자들의 시작 자체가 많이 엇갈린다. 원간섭기라는 지칭이 사실에 근거한 적절한 명칭인지, 그렇지 못한 감정적 폄칭(貶稱)인지를 가늠하기 위해서는 아직도 많은 논의가 필요하다. 그런데 당시 고려의 위정자들과 그들이 펼친 국정의 성격에 대한 연구자들의 평가는 전반적으로 그리 호의적이지 않다. 어느 시대 어떤 상황에서든 국정의 최고책임자들은 '공(功)'과 '과(過)'를 함께 지니기 마련인데도, 이 시기 국왕들의 경우 부정적 평가가 먼저 내려진 뒤 그에 맞춰 개별 정책들마저 선험적으로 단죄되었다. 국왕들의 태생(몽골 혼혈)과 환경(몽골의 간섭)에 주목했을 뿐, 그들이 긍정적 지향을 갖고 유용한 정책을 구사함으로써 모종의 성과를 냈을 가능성에는

事看元與高麗的經濟文化交流」,『元史硏究新論』, 上海社會科學院出版社 2005;「元朝與高麗的海上交通」,『진단학보』 71·72, 1991).

지나치게 회의적이었다. 잘한 부분은 잘한 부분대로 '더 잘할 수 있었는데 그것밖에 못했다'고 비판하고, 못한 부분은 의지박약의 소산이나 몽골의 간섭에 저항할 의지가 부족했기 때문이라 본 것이 대표적인 예다. 정치개혁은 자신의 권력을 유지하기 위한 도구로, 재정정책은 개인적 탐욕을 충족하기 위한 시도로 보았다. 아쉬운 대목이라 아니 할 수 없다.[5]

그런 상황에서 정부와 국왕이 펼친 대외교역 정책에 대해서도 적극적인 평가가 나오기는 어려웠다. 국왕 차원의 대외투자, 정부 차원의 대외교역에 대한 연구 자체가 극히 부진했다. 국왕과 정부가 주도한 교역은 이른바 공교역과 사교역의 요소들이 혼재한 것이었음에도, 평가는 항상 단선적으로 내려져왔다. 국왕의 사리사욕을 채우기 위한 것, 또는 정부의 필요를 위해 때때로 벌인 교역이라고만 간주해온 것이다. 그 교역의 구체적인 내용이나 그 국왕의 재위기간에 그러한 형태의 교역이 시작될 수 있었던 배경이 무엇이었는지는 제대로 검토되지 않았다. 그러다보니 민간 차원의 대외교역은 정부와는 무관하게 발생한, 태생 불명의 경제현상으로 간주되었다.

민간 차원에서 대외교역을 수행하기 위해서는 교역 물품의 확보, 교역을 뒷받침할 비용 조달, 교역할 상대방과의 관계망 구축 등이 필요하다. 이 중 상당수는 관(官)의 지원이 필수적이거나 정부 차원의 도움이 상당히 유용한 사안들이다. 교역의 확대를 위해서라도 관의 지원은 없는 것보다 있는 것이 훨씬 낫다. 그런데도 그 역할을 담당했을 국왕이나 정부의 역할에 대한 검토는 그간 의아하리만치 부진했던 셈이다. 그 결과 당시의 민간교역이 대단히 활발해질 수 있었던 연유를 해명하지 못하게 된 것이다.

당시 민간교역과 함께 대외교역을 주도했을 양대 축 가운데 하나로서

---

5) 이러한 기존의 연구경향에 대해서는 이강한 「'친원'과 '반원'을 넘어서: 13~14세기사에 대한 새로운 이해」, 『역사와 현실』 78, 2010에서 상세히 논한 바 있다.

정부 차원의 교역, 국왕 차원의 교역이 대외교역사에서 실종되어버림에 따라, 한국의 중세 대외교역사는 반쪽짜리 역사가 되고 말았다. 충렬왕, 충선왕, 충숙왕, 충혜왕, 공민왕 등의 국왕들이 당시 대외교역을 위해 어떤 노력을 벌였고, 그러한 노력들이 어떤 연유로 그들의 재위기간 내에 가능했는지에 대한 검토가 극히 부진한 상황에서 피할 수 없는 결과였다고 하겠다.[6]

게다가 이러한 상황은 또다른 문제를 낳았다. 국왕이라는 최고권력자를 통해, 그리고 정부라는 공적 채널을 통해서만 민간에 전달될 수 있는 '원제국의 해외교역 정책'에 대한 검토가 소홀해진 것이다. 더 나아가, 그러한 원제국 정부 정책의 내용을 규정하는 동시에 고려 민간상인들의 해외투자 양태에도 가장 큰 영향을 끼쳤을 13~14세기 '동서 세계간 교역'에 대한 검토가 전무해진 것이다.[7]

당시 민간상인들의 주요 교역 상대는 원제국이었다. 일본과의 교역량은 상대적으로 적었으며, 많은 경우 원제국과 직간접적으로 관련된 상황에서

---

6) 이 가운데 충혜왕의 경우 정도가 전병무에 의해 거론되었고(「고려 忠惠王의 상업활동과 재정정책」, 『역사와 현실』 10, 1993), 김혜원이 같은 해 충선왕과 충숙왕의 중국 내 경제활동상을 검토하였을 따름이다(「고려 후기 瀋(陽)王의 정치·경제적 기반」, 『국사관논총』 49, 1993). 한편 박현규는 당시 원제국 내 고려 왕들의 상황을 짐작할 만한 여러 흥미로운 단서들을 제시한 바 있다(「복건 長樂 高麗王祖墓 고사 고찰」, 『중국어문논총』 36, 2008).

7) 이와 관련해서는 우선 '시박추분잡금(市舶抽分雜禁)' 23조의 분석 등을 통해 원대 무역 정책의 여러 문제를 검토한 사또오 케이시로오(佐藤圭四郎)의 연구(『イスラーム商業史の研究』, 同朋社 1981)가 참조된다. 그는 원대뿐만 아니라 '동서 교역의 강화'에 기여한 북송대 회흘(回紇, 위구르) 상인들의 활동, 남송대 '강수(綱首)'무역의 번성, 원대 관본선(官本船) 제도의 성격 및 명대 향신층(鄕紳層)의 성장 등을 검토하며, 동서 교역의 시기별 변천 및 중국 남해무역의 생리를 규명하였다. 현대 중국의 대표적인 원대사 연구자인 천 가오화 또한 원대의 해외무역 정책을 기술한 바 있다(陳高華·史衛民 『中國經濟通史: 元代經濟圈』, 經濟日報出版社 2000; 陳高華 「元代的海外貿易」, 『元史研究論考』, 中華書局 2003).

전개되곤 하였다. 따라서 고려 후기 민간교역상들의 행보에 가장 큰 영향을 미친 것은 바로 그 교역 상대였던 원제국의 교역정책이었을 가능성이 높다. 원제국 정부가 해외상인들을 적극 유치했다면 고려 민간인들의 접근도 그만큼 쉬웠을 것이고, 원제국 정부가 해금(海禁)에 가까운 통제 분위기를 조성했다면 고려 민간인들의 운신의 폭도 좁아졌을 것으로 생각된다.

물론 일부 연구자들이 이 부분을 다루어오긴 했지만, 원제국의 교역정책을 고려 민간인들의 활동에 영향을 끼쳤을 가능성이 있는 일종의 '외인(外因)' 또는 '간접적 요인'으로 치부했을 따름이었다.[8] 그보다는 이를 당시 고려 민간인들의 활동을 좌우했던 '직접적 요인'으로 간주하는 것이 마땅하리라 생각된다. 원제국의 정책과 고려의 대외교역이 실시간으로 대응하는 측면이 있었음이 관찰되기 때문이다.

예를 들어, 충렬왕이 첫 정부 관영선을 중국으로 출범시킨 시점은 중국 항구들의 관세가 이전에 비해 현저히 낮아진 1290년대 중반이었다. 또 1340년대 충혜왕이 육로 위주의 교역정책을 선보인 것은 원제국 정부의 해상 단속이 1330년대 이래 강화되고 있던 정황을 반영한 것이었다. 두 대목 모두 고려 정부의 교역정책이 원제국 정부의 교역정책 추이에 대응하는 것이었을 가능성을 제시한다. 그렇다면 전자를 설명함에 있어 후자를

---

8) 일찍이 고병익이 원대의 무역환경 및 동서 교역에 대해 언급한 바 있다. 그는 서역인들과 한반도 간의 교류를 논하면서 회회인(回回人, 위구르인)들의 고려 방문 사례들을 소개하였고(『東亞交涉史의 研究』, 서울대학교출판부 1980; 「韓國과 西域」, 『동아시아의 전통과 근대사』, 삼지원 1984), 중국 상인들의 관심이 동서 교역에 쏠리는 와중에 한반도에 대한 관심은 줄었을 가능성을 최초로 언급하였다(「麗代 東아시아의 海上交通」, 『진단학보』 71·72, 1991). 그런데 이후 학자들의 연구에서는 관련 검토가 극히 부진했고(이경규 「송원대 천주무역 번성 및 시박사」, 『대구사학』 81, 2005 정도가 참조될 따름), 최근 들어 고명수가 세조 쿠빌라이대의 무역정책을 논의한 바 있다(『쿠빌라이 정부의 교통·통상 진흥정책에 관한 연구: 소위 '팍스 몽골리카'의 성립조건 형성과 관련하여』, 고려대학교 박사학위논문 2009).

먼저 살펴보지 않을 수 없다. 원제국 정부의 교역정책 검토가 선행되어야, 당시 고려 정부나 민간인의 특정 교역행위와 추세가 왜 하필 그 시기에 나타났는지를 설명할 수 있다.

더불어 그러한 검토는 후기 고려 정부의 대외교역 정책이 당시 융성하던 동서 세계간 교역으로부터 상당한 영향을 받고 있었던 점 역시 잘 보여줄 것으로 예상된다. 실제로 고려 전·중기와 구분되는 고려 후기만의 교역사적 특성들이 하나같이 당시 원제국 정부가 정책적으로 후원하던 동서교역의 전개상과 무관하지 않았음이 확인된다.

물론 고려가 13세기 후반 출범한 원제국 정부의 교역정책에 처음부터 발을 맞춘 것은 아니었다. 몽골의 침입으로 고려 경제가 파괴된 결과, 초기에는 대외교역이 부진할 수밖에 없었으며 원제국 정부의 정책에도 호응하기 어려웠던 것이 사실이다. 아울러 고려가 동서 세계간 교역에 동참하는 정황이 고려 후기 내내 계속된 것도 아니었다. 몽골의 물자 징발이 극심하던 13세기 후반의 경우, 고려인들이 잉여재화도 없이 이른바 '서역'과의 교류를 본격화하기는 어려웠다.

고려와 몽골의 관계가 본격적으로 시작된 13세기 후반은 몽골이 중국대륙을 지배하기 시작한 지 얼마 되지 않은 시기로, 아직 강남의 복속이 이뤄지지 않아 몽골 정부로서는 물자가 부족한 상황이었다. 그런 상황은 몽골의 유목민족적 속성과 결부되어 인근 지역의 물자에 대한 가혹한 징발로 귀결되었다. 고려도 그로 인해 혹심한 피해와 고통을 겪었고, 그 와중에 한중(韓中) 교역주체들 간의 거래도 일정기간 위축될 수밖에 없었다. 서역과의 교역 역시 아직 요원한 사안이었다.

그러나 이러한 상황은 원제국이 남송 정벌과 강남지역 흡수에 성공하면서 변화한다.[9] 1270년대 후반 양자강 이남의 광대한 영토와 무한한 재원을

---

9) 원제국 치하에 놓이게 된 중국 강남지역의 상황과 관련해서는 우에마쯔 타다시(植松

새로 확보한 원제국은 1290년대 초에 이르러 그에 대한 세원(稅源) 편성작업을 완료하게 되며, 그러한 상황에서 한반도의 제한된 물자에 대한 원제국의 수요는 감소할 수밖에 없었다. 징발의 감소는 고려 정부의 부담을 덜어주었고, 부담에서 벗어난 고려 정부는 더이상 자국의 시장 상인들을 부당하게 침탈하지 않아도 되었으며, 침탈의 위협에서 벗어난 상인들은 경제력을 회복해 국내거래 및 해외교역에 나서게 된다.

그런데 이 시기 고려인들은 대외교역에 있어서 이전의 수준을 회복하는데 그치지 않고 종전의 규모를 월등히 넘어서는 투자, 이전과는 전혀 다른 아이디어들을 선보인다. 고려 정부는 관영선을 중국에 파견했을 뿐 아니라 멀리 회회(回回)지역도 상대했으며, 무역물자 생산을 위해 정부 부서를 개편하거나 아예 대규모 생산시설을 구축하기도 했다. 국왕들은 고려인 측근들뿐만 아니라 중국 한인과 색목인 들까지도 초빙해 일종의 '무역 대리인'으로 활용하였다. 그리고 일반인의 경우, 국경의 각장(榷場)에서 교역하던 이전과 달리 육로로 북경(北京)까지 가고 이후 배를 타고 고려로 돌아오는 훨씬 길어진 동선을 선보이게 된다. 이 모든 양상을 통해 당시 한반도와 외부세계 간의 교역이 얼마나 활기찼는지를 엿볼 수 있다.

더욱 중요한 것은, 물론 그러한 접촉이 이전에 전무했던 것은 아니지만, 한반도가 중국을 넘어 서아시아와도 본격적으로 소통하게 되었다는 점이다. 이른바 동서 시장간의 교역이 원대에 와 전성기를 구가하면서 고려인들은 그야말로 이전과는 전혀 다른 국적과 의도를 가진 상업세력들과 조우하는데, 여러 회회인들은 물론[10] 인도대륙,[11] 이란지역과도 접촉하게 된

正)의 종합적 연구가 있다(『元代江南政治社會史硏究』, 汲古書院 1997).
10) 원제국 안팎의 회회인들과 관련해서는 양 즈주(楊志玖)의 종합적 연구를(『元代回族 史稿』, 南開大學出版社 2002), 회회인들의 고려 방문에 대해서는 이희수의 연구를(「걸 프해에서 경주까지, 천년의 만남」, 『바다의 실크로드』, 청아출판사 2003; Hee-Soo Lee, "The Advance of Muslims to the Korean Peninsula and their Socio-Economic Activities

다.[12] 충선왕이 인도 마아바르국(Maabar, 馬八兒國)[13]과 접촉하고, 충혜왕이 이란지역의 일칸국(一汗國)과 접촉하게 된 것을 그러한 대표적 사례로 들 수 있다.

이러한 '확장된 접촉'은, 두말할 필요도 없이 당시 원의 영역이 일반적 중국 왕조의 그것보다 훨씬 광대했기 때문에 가능했다고 할 수 있다. 원제 국이 동아시아를 넘어서는 공간, 유럽과 서아시아를 아우르는 광범위한 영역을 통치하게 됨에 따라 동아시아 세계와 서아시아 세계 사이에 육로·해로를 통한 안정적 교류가 가능해졌고, 그 결과 우리 모두가 익히 알고 있는 전지구적 규모의 '동서 세계간 교역'이 육·해상 양쪽에서 모두 진흥하면서,[14] 동아시아 교역권의 일부로서의 한반도 역시 그야말로 '넓어진 시

---

in Medieval age," 3rd AFMA Conference, 15th Annual Meeting of JAMES, 1999), 위 구르족과 관련해서는 M. Brose, *Subjects and Masters: Uhygurs in the Mongol Empire*, Bellingham 2007을 참조할 수 있다.

11) 원제국시대 중국과 인도의 교류에 대해서는 Tansen Sen, *Buddhism, Diplomacy and Trade: The Realignment of Sino-Indian Relations, 600-1400*, Honolulu 2003을 참조할 수 있다. 아울러 이 책에서 중요하게 검토한 마아바르국 '왕자'의 문제와 관련해서는 천 가 오화의 연구가 참조된다(「印度馬八兀王子孛哈里來華新考」, 南京大學學振 1980).

12) 몽골과 이란 지역의 상황에 대해서는 Reuben Amitai-Preiss, *The Mongols in the Islamic Lands*, Variorum 2007; G. Lane, *Early Mongol rule in Thirteenth Century Iran: A Persian Renaissance*, London and New York: Routledge 2004 등을 참조할 수 있다.

13) Maabar는 마팔아(馬八兒), 마팔아국(馬八兒國), 마팔국(馬八國) 등 다양한 명칭으로 『원사(元史)』에 등장하는데, 이 책에서는 편의상 '마아바르국'이라 지칭하기로 한다.

14) 실크로드와 관련해서는 정수일의 연구(『실크로드학』, 창비 2001)가 중요하게 참조된다. 그의 연구는 실크로드에 대한 다양한 국내외 연구를 망라하는 동시에 육·해로 실크로드와 한반도 사이의 관계도 함께 논하고 있다. 아울러 원제국시대의 동서 교류에 대해서는 토머스 앨슨(Thomas Allsen)의 연구가 대표적으로 거론된다. 그는 *Commodity and Exchange in the Mongol Empire: A Cultural History of Islamic Textiles*, Cambridge 1997에서 몽골제국의 여러 물화들을 제시하며 주변 지역과의 교류를 거론하였고, *Culture and Conquest in Mongol Eurasia*, Cambridge 2001에서는 원제국사 전반을 유라시아적 관점에서 다루고 있다.

장'을 상대하게 된 것이다. 13세기 내륙아시아 출신 무슬림 상인들의 오르탁(Ortaq, 알탈斡脫)교역[15]과 14세기 원제국의 이른바 중매보화(中賣寶貨)제도도[16] 모두 그러한 동서 교류의 소산이었고, 천주(泉州)와 복건(福建)등지를 통한 활발한 해상활동 또한 원제국의 강남 접수와 함께 폭발적으로 증가하였다.[17] 그 결과 이 시기 한반도에 회회인들이 몰려오고, 인도와 이란 지역의 사절들이 천주항을 드나들며 한반도와의 교역 가능성 또한 타진해오게 된 것이다.

이렇듯 원제국의 해상교역 정책과 원제국이 창출해낸 동서 세계간 교류가 바로 당시 고려인들의 대외교역을 촉진하고 또 극대화한 대표적인 직접적 요인들이라 할 수 있는데, 그간 그에 대한 제대로 된 검토가 없었던 결과 '원제국'이라는 존재는 고려의 대외교역사를 '붕괴'시킨 존재로만 부각되었다. 이러한 시각은, 원제국이 도래하기 한참 전인 12세기 후반 이미 중국 강남 상인들의 고려 방문이 급감하면서 동아시아 교역권 내 한반도의 입지가 축소되고 있었던 점을 간과한 측면이 있다. 물론 그렇게 시작된 침체 양상이 몽골의 침공으로 더 길어지긴 했지만, 14세기 초 원제국과 활발히 교류하는 과정에서 고려의 대외교역이 활성화된 측면이 있음에 주목할 필요가 있다. 아울러 고려가 원제국을 통해 서아시아라는 거대시장과 연결됨으로써, 향후 교역의 진화를 위한 토대를 마련했음에도 유의할

---

15) 이른바 '오르탁 상인'들의 활동과 행적에 대해서는 일본측의 고전적 연구인 村上正二「元朝の斡脱と泉府司」,『東方學報』13-1, 1942; 愛宕松男「斡脱錢とその背景−13世紀元朝における銀の動向」,『東洋史研究』31-1·2, 1973이 중요하게 참조된다.

16) 이에 대해서는 四日市康博「元朝の中賣寶貨−その意義および南海交易·オルトクとの關にずいて」,『内陸アジア史研究』17, 2002;「元朝南海交易經營考−文書と錢貨の流れから」,『東洋史論集』34, 2006 등 최근의 연구가 주목된다.

17) B. K. I. So, *Prosperity, Region, and Institutions in Maritime China: The South Fukien Pattern, 946-1368*, Cambridge 2000; Philip D. Curtin, "Asian trade in Eastern seas, 1000-1500," *Cross-Cultural Trade in World History*, Cambridge 1984; P. J. Smith, R. von-Glann, *The Song-Yuan-Ming transition*, Cambridge 2003 등의 연구들이 참조된다.

필요가 있다.

따라서 이 책에서는 고려 후기 민간 대외교역 번성의 한 배경으로서 국왕 및 정부의 대외교역 정책을 검토하고, 당시 한반도를 둘러싸고 있던 동아시아 교역권의 상황과 동서 세계간 교역이 한반도인들의 대외교역에 미친 영향을 살피는 데 초점을 두고자 한다. 그를 통해 13~14세기 고려 대외교역사의 전체상을 그려보고자 한다.

네개의 시기

그러한 검토결과를 좀더 효과적으로 드러내기 위해, 당시 고려 대외교역의 역사를 총 네 시기로 나누었다. 13세기 후반(1260~80년대), 13세기 말~14세기 초(1290~1310년대), 14세기 전반(1320~40년대 전반), 14세기 중·후반(1340년대 중반~1360년대)이 그것이다.

고려인들이 원제국인들과 교류하기 시작한 시점은 13세기 초 몽골군과의 첫 조우까지 거슬러올라가지만, 물질적 의미의 교류를 시작한 시점은 몽골의 고려 물자 약탈이 시작된 13세기 전반, 또는 징발이 시작된 13세기 중엽으로 잡을 수 있을 것이다. 그러나 그것 또한 정상적인 거래는 결코 아니었음을 감안한다면, 통상적 형태의 교역이 시작된 시점은 13세기 후반 '이후'로 내려잡아야 할 것이다. 몽골의 가혹한 징발로 인해 적어도 몇십 년 동안은 정상적인 통상이 위축될 수밖에 없었다. 이 책의 1장에서 이를 살펴본다.

그러다가 민간인들의 대외교역이 재개되었음을 암시하는 기사들이 13세기 말 등장하는데, 그것을 가능케 한 계기적 사건과 정황을 확인할 필요가 있다. 원제국의 고려 물자 징발을 주도하던 응방(鷹坊, 鷹房)과 둔전(屯田)이 1280년대 철수하거나 무력해지면서, 민간인들의 교역 재개를 가능케 할 최소한의 여건이 마련되었다. 14세기 초에는 한반도 서해안 원 '수역로(水驛路)'의 폐지를 기점으로 발걸음이 끊긴 중국 강남지역의 상인들을 대신해 서역의 회회인들이 한반도를 빈번하게 방문하기 시작했다. 그에 대응해 고려의 국왕들은 동서 교역에 직접투자를 시도하고, 중국 강남으로 관영선을 파견하기도 했다. 동서 세계간 교역의 여파로 회회인들의 한반도 방문이 증가하는 가운데 정부와 국왕이 그러한 추세에 선제적으로 대응했고, 그러한 노력은 13세기 말 민간인 대외교역의 점증으로 이어졌을 가능성이 높다고 여겨진다. 이 내용을 2장에서 살펴본다.

고려 민간인들의 대외교역은 14세기 중반에 이르면 가히 폭발적인 양상을 보이는데, 『노걸대』나 『박통사』를 통해 이를 확인할 수 있다. 마침 이 시기 고려를 방문하던 회회인들의 면모가 이전에 비해 무슬림 오르탁 상인이나 유라시아 노예상인 등으로 다양화되었고,[18] 인도·이란 지역에서도 민간인이 아닌 고위 관료나 사신 들이 당시의 세계적 항구인 천주를 거쳐 고려에 접촉해왔다. 이때 외국인들을 최전선에서 접견하고 이 만남에서 얻은 정보와 재화를 무기로 더욱 공격적인 교역정책을 구사한 것이 바로 충선왕과 충숙왕, 충혜왕이었다. 한반도가 명주(明州) 상인들만 드나들던 동아시아 교역권의 부차적 시장에서, 중국인·몽골인·무슬림 들이 공히 주목하는 동서 세계간 교역의 주요 인근시장의 하나로 재평가됨에 따라 고려 국왕과 정부의 대외교역 투자가 대형화·전문화되었고, 그것이 14세기 중반 민간인들의 대외교역 또한 가능케 했던 것으로 여겨진다. 이 책의 3장에서 이를 살펴본다.

---

18) 중국과 아랍반도, 그리고 동유럽을 연결하는 이른바 '노예무역'에 대해서는 Reuben Amitai-Preiss, *Mongols and Mamluks: The Mamluk-Ilkhanid War, 1260-1281*, Cambridge 1995; *The Fall of the Amir Chupan and the Decline of the Il khanate, 1327-1337*, Bloomington 1999를 참조할 수 있다. 이 연구들은 일칸국의 상황 및 맘루크와의 갈등, 그리고 노예군 수요의 증가 등을 검토하였다.

민간인들의 활약은 이후 14세기 후반에도 이어진다. 한번 시작된 대외교역의 활기는 좀처럼 꺼질 줄 몰랐다. 게다가 중국 강남인들의 한반도 방문이 재개되어 그러한 열기를 더욱 부채질했다. 그런데 이 시기 원제국의 위상에 중대한 변화가 발생한다. 원제국 내부의 정치적 혼란과 경제적 변동이 심화하면서, 내부적으로는 원보초(元寶鈔, 지폐) 제도가 몰락하고 급기야 동서 세계간 교역의 '동단(東端)'이 흔들리게 된 것이다. 고려 정부로서는 그간 축적해둔 원보초를 더이상 교역자금으로 쓸 수 없게 되었고 기황후 세력의 도발로 재정까지 악화된 탓에, 중국의 강남 및 요양(遼陽)의 통상 제안에 효과적으로 대응하지 못했다. 공민왕대 말기 기황후 세력인 코코테무르를 통해 원의 대도(大都) 시장과 직접 교류하고자 하였으나 여의치 않았고, 원제국이 무너진 뒤 해상통제를 지향하는 명조가 등장하면서 고려는 더이상 동서 교역과 연동된 기존의 위상을 유지하지 못하게 된다. 정부 내에는 이전과는 완전히 다른 '억상(抑商)'의 논리가 등장했고, 14세기 말까지만 해도 정부의 단속과 통제에도 계속되던 민간교역 역시 조선의 개국과 함께 침체기에 접어든다. 4장에서 이를 살펴본다.

이상에서 소개한 네개의 시기를 통해, 13~14세기 고려 후기 한반도 대외교역사의 그간 밝혀지지 않은 면모를 발굴, 제시하고자 한다. 종래 막연하게 거론되던 고려 말기 민간 대외교역의 성황이 어떻게 가능했는지를 가늠하기 위해 당시 정부 차원의 노력은 어떠하였고 국왕들의 의지는 어떠했는지, 그리고 당시 한반도를 둘러싸고 있던 세계사적 여건이 어떠했는지까지 규명함으로써, 이 시기 고려인들의 노력을 좀더 짜임새있게 재구성하고 그 의미 또한 더욱 적극적으로 평가하고자 한다.[19]

---

19) '교역의 역사'는 당연히 교역 물자와 물량, 교역가치를 제시할 수 있는 것이어야 하지만, 계량화된 수치의 열거로 교역사 연구가 완성되는 것은 아니다. 교역주체의 층위, 교역주체의 의지, 교역을 둘러싼 여건, 교역의 방식, 그리고 교역의 결과(내부경제와의 상관성) 등을 함께 다뤄야 할 필요가 있다. 13~14세기 고려 대외교역의 경우, 현시점에서

28

제1부

13세기 후반: 전후의 암흑기와 고려의 몸부림

제1장

해외로 빠져나가는 물자,
더이상 찾아오지 않는 중국인

1. 물자의 유출

13세기 초에 시작돼 반세기 동안 계속된 몽골과의 전쟁은 한반도의 거의 모든 것을 붕괴시켰다. 고려의 생산기반, 세금제도, 각종 상업적 인프라 모두 철저히 파괴되었다. 그러나 더욱 큰 곤경은 아직 시작되지도 않은 상황이었다. 13세기 중반 고려 정부와 몽골 장수들 간에 일종의 강화(講和)가 성립되자, 몽골인들은 엄청난 규모의 물자를 적출해가기 시작했다.

물론 고려는 이전의 다른 중국 왕조들과도 조공(朝貢) 및 책봉을 통한 외교관계를 맺었고, 그에 따라 적절한 양의 조공품도 진상하곤 했다. 따라서 다른 왕조들과의 관계에서도 고려의 물자는 일정량 외국으로 유출되었고 그러한 물자는 공물(貢物), 방물(方物), 세공(歲貢), 세폐(歲幣) 등 다양한 명칭으로 사료에 등장해왔다.

고려 정부가 원제국에 바친 '방물' 역시, 원에서 고려 국왕을 '책봉'하며 형성된 고려-원 간의 관계에 근거해 진상되었다. 1260년 6월 원종(元宗)이 영안공(永安公) 왕희(王僖) 등을 보내 원의 세조(世祖) 쿠빌라이의 즉위를 하례하자 세조는 원종을 국왕으로 책봉하고 왕인(王印)과 호부(虎符)를 하사하였다. 이후에도 원제국은 고려 국왕을 누차에 걸쳐 책봉했고, 고려 역시 그에 호응하여 여러차례에 걸쳐 많은 양의 방물을 원제국에 진상했다.

문제는 그러한 방물이 다른 왕조들에 제공된 방물처럼 정례적이고 한정된 수준에서 진상되는 것에 그치지 않고, 고려민들에게는 대단히 가혹하고 강압적인 방식으로 진상되었다는 데 있다. 대개의 경우 몽골측에서 필요한 물자를 먼저 요구하였고, 때로는 원제국의 정치·외교적 간섭을 무마하기 위해 고려가 자진해서 물자를 제공하기도 했다. 조공물과 회사물(回賜物)의 일반적 왕래 수준을 훨씬 넘어서는 물자 징발이 상당기간 계속된 것이다. 그 결과 13세기 후반 직물, 가죽, 광물, 기명, 종이, 말, 매 등 실로 다양한 분야에서 유출이 계속되었다.

비단의 경우, 고려는 1260년대 초 몽골에 진자라(眞紫羅, 진한 자주색의 고급 비단) 1만필을 비롯, 여러가지 비단의류(紗羅錦繡衣, 紫紗襖子, 綾紗襦衣)를 바쳤고,[1] 1262년에는 주(紬, 비단) 100필을 제공하기도 하였다.[2] 1282년 및 1283년에는 고려가 주포(紬布) 400필과 첩포선주(氎布線紬) 총 400단(段)을 진헌하기도 하였다.[3] 몽골의 강압적 징발 요구에 응하여, 또는 인질 요구 등 이른바 6사(六事, 왕족·지배층 자제의 원나라 인질, 군대 지원, 식량 지원, 역참 설치, 인구 보고, 원의 지방 감독관 설치 등) 이행과 관련한 몽골의 정치적 압박을 무마하기 위해 고려에서 비단을 바친 경우들이라 할 수 있다.

저포(紵布) 역시 1260년대 이래 꾸준히 고려 밖으로 유출되었다. 고려 정부는 1262년에는 몽골에 세저포(細紵布) 8필만을 제공하는 데 그쳤지만, 1263년 4월에는 이른바 6사의 이행 지연과 관련해 양해를 구하는 의미로

---

1) 『고려사』 권23, 세가23 고종18년(1231) 12월 갑술; 권25, 세가25 원종3년(1262) 12월 정묘; 권26, 세가26 원종5년(1264) 5월 기축.
2) 『고려사』 권25, 세가25 원종4년(1263) 4월 갑인.
3) 『원사』 권12, 본기12 세조 지원19년(1282) 1월 정축; 세조 지원20년(1283) 1월 을축.

백저포(白苧布) 300필을 바친다.[4] 1268년 2월에는 원제국 정부가 고려에서 바치는 저포가 이전에 비해 양도 적고 품질도 나쁘다는 지적을 한다.[5] 1272년 11월에는 원종이 몽골 대왕의 사자에게 백은(白銀)과 저포를 제공했고, 1281년 5월 탐라에서 당해년도에 원에 바쳐야 할 백저포를 원 조정이 면제해주었다는 기사에서 원의 저포 징발이 계속되고 있었음을 확인할 수 있으며,[6] 1289년 6월에도 고려가 대장군 유비(柳庇)를 원에 보내 저포를 바쳤음이 확인된다.[7] 원제국의 이러한 저포 징발로 인해 고려 내 모시 생산이 비약적으로 증대해 결국 기존의 농경체계를 교란하게 된다.[8]

가죽의 경우, 일찍이 수달 가죽〔獺皮〕의 징발이 가장 많았고, 이외에 호랑이 가죽〔虎皮〕과 표범 가죽〔豹皮〕 징발도 13세기 초부터 관찰된다. 달피의 경우 1221년 8월 몽골 사신의 요구가 첫 사례였다.[9] 1224년 1월 고려에서 제공한 예물을 들고 귀환하던 몽골 사신이 압록강에 이르러 세포 등의 예물은 버리고 달피만 가져갔음에서, 이 시기까지만 하더라도 몽골인들은 주포 등의 직물보다 오히려 동물가죽에 더욱 관심을 갖고 있었음을 엿볼 수 있다.[10] 이후 고려는 1231년 12월 몽골 장수들에게 달피를 제공했고,

---

4)『고려사』권25, 세가25 원종3년(1262) 12월 정묘; 원종4년(1263) 4월 갑인.

5)『고려사』권26, 세가26 원종9년(1268) 2월 임인.

6)『원사』권11, 본기11 세조 지원18년(1281) 5월 임자.

7)『고려사』권27, 세가27 원종13년(1272) 11월 을해; 권30, 세가30 충렬왕15년(1289) 6월 경술.

8) 위은숙은 일찍이 원의 모시 징발에 따른 농가 직물업의 피해에 주목한 바 있다(「고려 후기 직물수공업의 구조변경과 그 성격」,『한국문화연구』6, 1993).

9)『고려사』권22, 세가22 고종8년(1221) 8월 갑자. 몽골제국은 당시 수달피 1만령, 세주(細紬) 3,000필, 세저(細苧) 2,000필, 면자(綿子) 1만근(觔), 용단묵(龍團墨) 1,000정(丁), 필(筆) 200관(管), 지(紙) 10만장, 자초(紫草) 5근, 홍화(紅花)·남순(藍筍)·주홍(朱紅) 각 50근, 자황(雌黃)·광칠(光漆)·동유(桐油) 각 10근 등을 요구하였다. 몽골은 9월에도 이를 독촉하였다(권22, 세가22 고종8년(1221) 9월 계사).

10)『고려사』권22, 세가22 고종11년(1224) 1월 계축.

몽골이 수량을 더욱 늘려 2만개를 요구해오자 부족하나마 164령(領) 규모의 달피를 마련해 제공하기도 했으며,[11] 이런 징발과 제공은 1240년대에도 이어졌다.[12] 몽골인들은 고려의 수달을 좋아한 나머지 직접 잡아가기도 했는데, 그 과정에서 많은 폐단을 유발했다. 몽골인 400명이 북쪽 여러 성에 들어와 수달을 잡는다는 명분으로 산과 하천 여기저기를 정탐하며 숨어 있던 고려 백성을 잡아간 일, 고려 정부가 '동쪽과 북쪽 경계에서 수달을 잡는 이들 때문에 '왕경(王京)' 개경(開京, 오늘날의 개성)의 궁궐건설 작업이 지연되고 있다'고 호소한 일에서 그 심각성을 엿볼 수 있다.[13] 고려는 1250년대에도 달피를 몽골에 제공했고,[14] 1260년대에도 77령, 500령 등 대규모 달피 제공이 계속되었다.[15] 이외에 호피 또한 진상됐는데, 1277년 6월에 그 첫 사례가 발견되며, 1287년 10월 전라도 왕지별감(王旨別監)이 은 40근 외에 호피 20령을 충렬왕의 원제국 방문경비로 바치려 한 사실도 확인된다.[16] 이러한 사례들을 통해 원제국에서 여러 종류의 고려 동물가죽을 소비하고 있었음을 엿볼 수 있다.

광물의 경우, 1262년 9월 몽골에서 좋은 동[好銅]을 요청하자 고려 정부가 모든 관료들로부터 유석(鍮鉐)을 차등있게 징발해 동 612근을 납부한 바 있었다.[17] 또 1275년 11월에는 몽골이 고려에 병기 제작을 지시해 경상도와 전라도에서 철촉(鏃鐵)을 징발했고, 1276년 1월에는 원이 전함 건조 및 활, 화살 확보를 중지하는 대신 고려의 철(鐵)을 요구하였다.[18] 원에서

---

11) 『고려사』 권23, 세가23 고종18년(1231) 12월 을묘; 갑술; 경신.

12) 『고려사』 권23, 세가23 고종29년(1242) 12월 경오(피폐皮幣를 증여하였다).

13) 『고려사』 권23, 세가23 고종34년(1247) 8월; 권24, 세가24 고종40년(1253) 9월 무인.

14) 『고려사』 권24, 세가24 고종40년(1253) 11월 정유; 고종44년(1257) 7월 임인.

15) 『고려사』 권25, 세가25 원종3년(1262) 12월 정묘; 원종4년(1263) 4월 갑인.

16) 『고려사』 권28, 세가28 충렬왕3년(1277) 6월 경신; 권33, 세가33 충렬왕13년(1287) 10월.

17) 『고려사』 권25, 세가25 원종3년(1262) 9월 경오; 경진.

탐라의 다루가치(達魯花赤)로 하여금 스스로 철장(鐵匠)들을 부려 전함을 건조하게 한 것을 볼 때, 이러한 철 징발이 병기 제작 및 선박 건조를 위해 필요했음을 알 수 있다.[19] 1285년 6월에는 원이 종교품과 예술품을 제외한 나머지 동전(銅錢)과 동으로 만든 모든 물품을 100일 내에 모두 지방관에게 납입하라 명령하기도 하였다.[20] 원제국 쪽 기록에서는 '고려에서 생산되는 철을 취하라'고 지시한 것도 확인된다.[21]

인삼의 경우, 1277년 4월 조윤통(曹允通)의 인삼 채굴과 1279년 10월 원에 인삼을 바친 사례가 확인된다.[22] 종이의 경우 1221년 8월 몽골에서 종이 10만장을 요구한 이래,[23] 1262년 9월 고려가 황지(黃紙)와 백지(白紙) 각 100장씩을 바친 바 있었고, 동년 12월에도 540장을 바쳤으며, 1263년에는 표지(表紙) 500장 및 주지(奏紙) 1,000장 등을 제공하였다.[24] 석(席, 자리)의 경우 역시 1271년 6월 몽골에서 등석(藤席)을 요구해 고려가 응한 바 있고, 1279년 3월에는 고려가 사람을 원에 보내 화문대석(花文大席)을 바치기도 했다.[25]

고려에 응방이 설치된 것에서도 엿볼 수 있듯이, 매 역시 몽골의 대표적 징발대상이자 고려의 주요 진헌품이었다. 몽골인들은 이미 1230년대 초부터 고려에 매를 바칠 것을 요구해왔고,[26] 고려는 1260년대 이래 몽골

---

18) 『고려사』 권28, 세가28 충렬왕원년(1275) 11월 계사; 충렬왕2년(1276) 1월 병자; 기묘.

19) 『고려사』 권29, 세가29 충렬왕6년(1280) 8월 계유.

20) 『고려사』 권30, 세가30 충렬왕11년(1285) 6월 기유.

21) 『원사』 권13 본기13 세조 지원21년(1284) 5월 을축.

22) 『고려사』 권28, 세가28 충렬왕3년(1277) 4월 경진; 권29, 세가29 충렬왕5년(1279) 10월 무술.

23) 『고려사』 권22, 세가22 고종8년(1221) 8월 갑자.

24) 『고려사』 권25, 세가25 원종3년(1262) 9월 경진; 12월 정묘; 원종4년(1263) 4월 갑인.

25) 『고려사』 권27, 세가27 원종12년(1271) 6월 을묘; 권29, 세가29 충렬왕5년(1279) 3월 갑인.

26) 『고려사』 권23, 세가23 고종18년(1231) 12월 신유.

에 계속해서 매를 바쳤으며,[27] 이러한 매 진상은 1275년, 1276년, 1277년 및 1278년을 거쳐[28] 1280년대에도 계속되었다.[29] 1284년 윤5월 헌응사(獻鷹使)가 원에 가거나 원에서 착응사(捉鷹使)가 오기도 했고, 1286년 9월에는 원에서 사람을 보내와 응골(鸚鶻) 포획을 독려했으며, 동년 12월에는 원에서 사람을 보내와 포응(捕鷹)하기도 하는 등,[30] 매는 다른 물자에 비해 그 제공빈도가 가장 높았던 물자라고 할 수 있다. 말 역시 그리 다르지 않았는데, 1230년대 초 이미 산마(散馬), 성마(騂馬) 및 대마(大馬)와 소마(小馬) 등을 몇십필, 몇백필 규모로 몽골에 제공한 바 있다.[31] 몽골에서는 심지어 1276년 8월부터 아예 몽골인을 탐라의 다루가치로 삼아 말 160필을 기르게 하기도 했다.[32] 원이 고려에 목장시설을 구축할 정도였다는 점에서 말 역시 대표적인 징발 항목 중 하나였다고 할 만하다. ·

　　이상에서 살펴본 바와 같이, 몽골의 고려 물자 징발은 대단히 가혹했다. 중국대륙을 지배하기 시작한 지 얼마 안 된 몽골의 사정, 그들의 유목민족적 속성, 그리고 원의 고려에 대한 지배가 장기간의 전란 끝에 시작되었다는 점 때문이라고 생각된다. 원의 이러한 징발은 송나라나 금나라가 고려의 물자를 접수하던 태도와는 명확히 달랐다. 고려-송의 경우, 송이 강압적 분위기를 연출하며 고려에 특정 물자를 일방적으로 요구한 바가 없다. 종래 중국에 입공(入貢)하던 추세에 준해 고려가 자진해서 송에 방물을 바

27) 『고려사』 권25, 세가25 원종3년(1262) 7월 임인; 9월 경진.
28) 『고려사』 권28, 세가28 충렬왕원년(1275) 6월 임인; 충렬왕2년(1276) 6월 병인; 충렬왕3년(1277) 8월 정묘; 충렬왕4년(1278) 7월 기축; 윤11월 계축.
29) 『고려사』 권29, 세가29 충렬왕6년(1280) 6월 신사; 충렬왕8년(1282) 5월 정해; 9월 을해; 권30, 세가30 충렬왕11년(1285) 6월 무신; 7월 경진; 충렬왕12년(1286) 6월 무신; 충렬왕14년(1288) 6월 정사; 충렬왕15년(1289) 6월 경술; 11월 병오.
30) 『고려사』 권29, 세가29 충렬왕10년(1284) 윤5월 병술; 신축; 권30, 세가30 충렬왕12년(1286) 9월 신사; 12월 갑오.
31) 『고려사』 권23, 세가23 고종18년(1231) 12월 정축; 경진.
32) 『고려사』 권28, 세가28 충렬왕2년(1276) 8월 정해.

치곤 했을 뿐이다. 금나라 역시 이 문제와 관련해 고려에 특별히 무리한 요구는 하지 않았던 것으로 전해진다. 금은 비록 여진부락들의 통합으로 인해 강대한 왕조로 거듭났지만 전부터 고려에 대해 남다른 의식을 지녀왔고, 이후 보주(保州)지역 소유권 문제로 고려에 압박을 가해오긴 했으나 막대한 공물에 관심이 있었다기보다는 사대의례를 보장받고 싶은 측면이 강했던 것으로 평가된다.[33] 고려로서는 주기적인 방물 제공만 하면 되었다.[34]

즉 송과 금 모두 고려에 강압적으로 물자를 요구한 바가 거의 없었으며, 고려가 자체적 필요에 의해 지속적으로 조공하곤 했을 따름이었다. 게다가 송과 금은 동아시아 내 정세 변화에 따라 고려의 조공을 거부하기도 했다. 송의 경우 금을 공략하기 위해 고려에 길을 빌려줄 것을 요청했다가 거부당하자, 고려의 입장을 설명하러 온 사절단의 입공을 거부했다.[35] 특히 송은 고려 사행들의 송 내 활동이 송 경제에 지나친 악영향을 끼친다는 판단하에 교류 자체를 반대하고 있었으므로,[36] 그러한 이유에서도 조공을 거부하는 경우가 더러 있었다. 금 또한 사정은 마찬가지였다. 고려에서 파견한 축하사절이 중국의 농번기에 방문했다는 이유로 입국 자체를 불허한 바가 있다.[37] 그러나 원의 경우는 고려의 진공(進供)을 거절하는 법이 없었다. 고려의 대원(對元) 물자 제공은 적어도 13세기 후반에는 대단히 강압적인 분위기 아래 중단 없이 지속되었다. 물품의 종류가 다양했고 무엇보다

---

33) 박한남「12세기 麗金貿易에 대한 검토」,『대동문화연구』31, 1996, 95~96면.

34) 같은 글 98면. 아울러, '고려는 무릇 사신을 보내 왕래하는 데 있어서 마땅히 모두 요(遼)의 옛 제도에 따라야 할 것'이라는 금 태종의 주문에서도 알 수 있듯이(『고려사』권 15, 세가15 인종4년(1126) 9월 신미), 이전 요대에도 유사한 양상과 물품으로 고려의 대요(對遼) 입공이 이뤄졌을 것이라 생각된다.

35) 강길중「南宋과 고려의 政治外交와 貿易關係에 대한 考察」,『경희사학』16·17, 1990, 171면.

36) 안병우「고려와 송의 상호인식과 교섭: 11세기 후반~12세기 전반」,『역사와 현실』43, 2002.

37) 『고려사』권17, 세가17 인종19년(1141) 4월 계유.

도 규모가 컸다.

반면 조공에 대한 회답으로서의 회사물은 거의 없었다. 종래의 경우, 고려는 송과의 관계에서든 요(遼)와의 관계에서든 금과의 관계에서든 형식적인 조공-책봉 관계를 맺는 동시에, 조공물을 진상하는 댓가로 소정의 물품을 하사받곤 했다. 특히 고려 문종대처럼 고려와 송의 관계가 외교적으로 긴밀했던 시기의 경우, 송으로부터 활발한 물자 하사가 확인된다. 예컨대 1078년 6월 송 신종(神宗)이 고려와의 외교관계 재개에 적극적으로 나서던 당시, 송으로부터 각종 비단옷, 여러 색상과 종류의 무늬 견직물, 그리고 금은물품 등이 고려에 하사되었다.[38] 게다가 고려와 송이 앞서 언급한 가도(假道) 문제로 관계가 좋지 못할 때에도 송의 하사는 계속되었다. 1134~35년경 송이 고려의 사신일행을 금의 간첩이라 여겨 돌려보내고 사절 왕래를 중단시키면서도 은과 비단은 하사한 데에서 그를 엿볼 수 있다.[39] 당시 고려 사신의 송 방문은 금과 일정한 관계를 맺지 않을 수 없었던 고려의 입장을 설명하며 나름대로 양해를 구하기 위한 것이었으므로, 이 사신이 일정량의 물품을 인사차 대동했을 가능성이 크며, 그럴 경우 이러한 은과 견직물의 하사도 형식상 그에 대한 회사의 일환에서 이루어진 것이었다고 할 수 있다. 또 『거란국지(契丹國志)』나 『고려사』 등을 통해 고려-요 관계, 고려-금 관계에서도 고려의 예물 진상에 요·금측의 물자의 회사·하사가 있었음이 확인된다. 특히 금과의 관계에서 그 점이 잘 드러난다. 1142년 5월 금이 고려 인종을 책봉하면서 다양한 물품을 하사한 것이 그것이며,[40] 이러한 사례들은 이후에도 이어졌다.[41] 완안부(完顔部) 거점의 금산출능력을 고려할 때 고려가 금조로부터 금 또한 상당량 하사받았을 가능

---

38) 『고려사』 권9, 세가9 문종32년(1078) 6월 정묘.

39) 강길중, 앞의 글 173면.

40) 『고려사』 권17, 세가17 인종20년(1142) 5월 경술.

41) 『고려사』 권19, 세가19 명종2년(1172) 5월 임신; 권21, 세가21 신종11년(1199) 5월

성을 배제할 수 없다.[42] 의종이 금조에서 받은 실과 비단을 축적할 정도였다는 기록도 주목된다.[43]

이렇듯 송·금의 회사나 하사는 나름의 규모와 형태를 유지하며 계속되었다고 할 수 있다. 그렇다면 원의 하사는 어떠한 양상을 보였을까?

『원사(元史)』의 기록을 보면 국왕 스스로 입조(入朝)하곤 하던 나라는 고려 외에는 거의 없다. 아울러 고려 왕은 정월마다 원에 사신을 보내 하례했고, 황제의 탄신일이나 황실인사 책봉행사 때 대개의 경우 고려 왕이 축하 표문 또는 인사를 보냈다. 원 조정이 달력(曆日, 冊曆)을 여러차례 내린 나라가 고려 이외에는 별로 없었다는 점 역시 예사롭게 볼 대목이 아니다.[44]

그런데 이런 긴밀한 관계에도 불구하고, 원제국의 회사는 적어도 13세기 후반에는 대단히 적었다. 고려의 대원(對元) 진상이 종래의 수준을 훨씬 상회했던 데 반해, 원의 대고려 회사는 종래 수준에 훨씬 못 미쳤던 셈이다. 고려는 원의 일방적 물자 징발에 무제한적으로 노출되었을 뿐 아니라 그에 상응하는 회사도 받지 못했다. 그저 1263년 6월 고려 국왕 왕식(王植, 원종)에게 양 500마리를 하사하거나,[45] 동년 11월 왕식이 역(驛)을 설치하

신축; 강종19년(1212) 7월 임신.

42) 박한남, 앞의 글 105~06면.

43) 『고려사』 권20, 세가20 명종15년(1185) 1월 신축.

44) 물론 『원사』 본기(本紀)를 검토할 때 고려와 원 간의 관계가 특이해 보이고 고려의 위상이 이례적으로 여겨지는 것은, 『원사』 본기가 한자문화권에서 생산된 자료이고, 정단(正旦) 하례, 성탄절(聖誕節) 하례, 개원(改元), 수책례(受冊禮) 등이 지극히 중국적인 행위들이었으며, 본기에 등장하는 주변 국가 중 그러한 행위의 상대방으로 의미를 지닐 수 있었던 존재가 고려와 안남 정도였기 때문이었을 수 있다(김호동 『몽골제국과 고려』, 서울대학교출판부 2007). 그러나 그 자체만으로도 세조 및 이후 황제들 치하의 원 조정과 고려 사이의 관계가, 원 조정이 대몽골제국의 일부분으로서 다른 지역들과 맺은 관계와 어느정도 다른 것이었음은 인정된다고 하겠다.

45) 『원사』 권5, 본기5 세조 중통4년(1263) 6월 기미; 『고려사』 권25, 세가25 원종4년(1263) 8월 갑자.

는 일과 호적을 작성하는 일 등을 면제해준 것에 대해 사은하자 황제가 달력과 촉금(蜀錦, 비단) 한필을 내린 정도였다.[46]

'회사'라 간주할 만한 성격의 사례들이 이후 간간이 발견되긴 한다. 1264년 9월에는 왕이 원제국의 수도 대도(大都, 지금의 베이징)에 이르러 황제를 알현할 당시 황제로부터 받은 필금(匹錦, 비단)을 시종 신료들에게 나눠주었다는 기록이 있고, 다음달인 10월 원종이 황제에게 하직인사를 할 때 황제가 낙타 10두(頭)를 하사했다는 기록도 있다.[47] 또 1269년 6월 세자가 원에 입조했을 당시 황제가 원종에게 옥대(玉帶) 1개를, 세자에게는 금 50냥을, 그리고 수행관료들에게는 은폐(銀幣)를 차등있게 하사한 기록이 있다.[48]

이러한 사례들의 경우 외형상으로는 회사로 간주할 수도 있겠으나, 그렇게 보더라도 주어진 물자의 양은 너무나 적다. 당시 제공된 고려 물자에 비했을 때는 더욱 터무니없이 적은 것이었음은 말할 필요도 없다. 이례적으로 1270년 2월 원종이 표문을 올려 서경(西京, 오늘날의 평양)지역을 고려에 돌려줄 것을 요청하자, 황제가 왕에게 금선주사(金線走絲, 고급직물) 및 색견(色絹, 채색비단) 200필, 말 4필, 활과 화살 등의 예물을 하사한 경우도 있었지만,[49] 일반적인 경우였다고는 할 수 없다. 원이 1270년 12월 원종에게 서금(西錦, 서역비단) 1단(段)과 달력만 하사하고,[50] 1271년 9월 귀국하는 고려 세자를 통해 원종에게 다시금 서역비단 정도만 하사했음에서 그를 엿볼 수 있다.[51] 회사라 하기에 민망한, 단순 하사의 사례들만이 발견되는데,

---

46) 『원사』 권5, 본기5 세조 중통4년(1263) 11월 병술; 『고려사』 권26, 세가26 원종5년 (1264) 2월 병인.
47) 『고려사』 권26, 세가26 원종5년(1264) 9월 경자; 10월 기미.
48) 『원사』 권6, 본기6 세조 지원6년(1269) 6월 병신.
49) 『고려사』 권26, 세가26 원종11년(1270) 2월 임오.
50) 『고려사』 권26, 세가26 원종11년(1270) 12월 을묘.
51) 『원사』 권7, 본기7 세조 지원8년(1271) 9월 계해.

경우에 따라 해동청(海東靑, 매), 말, 포도주 등이 추가되었을 따름이다. 관료들에 대한 하사는 더욱 적었다. 당시 원제국으로부터의 물자 유입이 대단히 미미하였음을 알려주는 대목이다.

아주 이례적으로 물자가 유입된 경우가 간혹 있긴 하다. 예컨대 몽골이 일본원정에 필요한 미곡을 고려에서 확보하기 위해 그 반대급부로 수만 필의 관견(비단)을 보내온 일이 있었다. 1274년 4월 원에서 비단 33,154필을 보내 군량(軍糧)과 바꾸기를 원했고, 이에 원종은 관견도감(官絹都監)을 설치해 개경에 4,054필, 충청도에 4,000필, 경상도에 2만필, 전라도에 5,000필을 보내 미곡과 교역하게 하였다.[52] 1280년 11월에도 원 중서성(中書省)이 비단 2만필을 보내자 다음해인 1281년 3월 수도와 지방의 양반과 민호 들에게 나눠주고 미곡을 사들인 바 있다.[53] 그러나 불과 2,3회에 걸쳐 진행된 이러한 직물 유입이 미곡 유출로 인한 고려민의 고통을 상쇄할 수 없었음은 물론이다. 이런 비단 제공 사례는 원제국 정부로부터의 실질적 물자 유입을 의미했다기보다, 고려 미곡의 징발을 용이케 하기 위한 원의 전략적 구매책이었다고 할 수 있다.

그런 와중에 고려 국왕과 관료 들이 빈번히 원제국을 드나드느라 이동경비가 비약적으로 증가하였다. 대표적인 사례가 바로 국왕들이 원에서 지출한 반전(盤纏)비용이다. 고려의 국왕, 세자, 왕비는 1250년대 말 이래 빈번히 원에 입조했는데, 그 과정에서 많은 경비가 소요되었다. 1259년 4월 태자가 몽골에 갈 때 문무 4품 이상의 관료들에게 각기 은 1근씩을 내게 하고 5품 이하 관원들은 포를 내게 함으로써 비용을 충당한 바 있다.[54] 1261년 4월 원종이 태자를 몽골에 보내 아릭부케의 평정을 축하할 당시에는 재추(宰樞)에서 4품까지는 1인당 은 1근씩을 내게 하고, 5품 이

---

52) 『고려사』 권27, 세가27 원종15년(1274) 4월 병진.
53) 『고려사』 권29, 세가29 충렬왕6년(1280) 11월 경술; 志36 兵2 屯田.
54) 『고려사』 권24, 세가24 고종46년(1259) 4월 갑오.

하로는 차등있게 백저포를 거둬 여행비용을 보조토록 했다. 1264년 7월에는 여러 도에 명하여 백은(白銀)을 징발해 국왕의 원 여행길을 대비했고, 1266년 7월에는 권신(權臣)이던 김준(金俊)이 4품 이상에게 명령하여 은을 차등있게 내어 비용에 충당하였다.[55] 1271년 2월에는 관료들에게서 백은, 저포를 거둬 친조(親朝)비용으로 충당했고, 1272년 12월에는 원종이 세자의 원 행차에 정부 각 부처와 창고, 그리고 여러 사찰에서 황금과 백금을 적게는 3근에서 많게는 150근까지 거두었다.[56] 1273년 10월에는 세자가 쓸 비용으로 은 250근을 주어 원에 보냈고, 1274년 10월 왕이 서경에 갈 때에는 당시 동녕부에 속해 있던 서경에 은과 저포를 지불하고 식량과 말먹이를 구입했다.[57] 1275년 12월에는 반전색(盤纏色)이라는 관청을 두어 모든 관원과 지방 각 도에서 은과 저포를 거두었다.[58] 1276년 3월에는 은을 원에 보내 초(鈔, 원제국이 발행한 지폐)를 구입했고, 1278년 4월에는 입조를 앞두고 다시금 동녕부(東寧府)에 사람을 보내 은과 포를 가지고 쌀을 사게 하였다.[59] 이후 1278년 12월에는 왕실 인사들부터 5·6품에 이르기까지 세저포를 차등있게 내게 하여 여행비용을 충당했고, 1279년 10월에도 여러 왕실인사들과 관료들에게서 은과 저포를 차등있게 거둬 여행경비로 충당하였다.[60]

이러한 사례들을 통해서 보면 고려 밖으로 유출된 재물의 규모는 상당했으리라 생각된다. 1284년 4월의 경우 왕, 공주, 세자가 원에 갈 당시 호종 신료가 1,200여명이었고 그들이 갖고 간 은이 630여근, 저포 2,440여필, 저

---

55) 1260년대의 세 사례는 『고려사』권79, 志33 食貨 2 科斂에서 확인된다.
56) 『고려사』권79, 志33 食貨 2 科斂.
57) 『고려사』권27, 세가27 원종14년(1273) 10월 계축; 권28, 세가28 충렬왕원년(1274) 10월 을사.
58) 『고려사』권79, 志33 食貨 2 科斂.
59) 『고려사』권28, 세가28 충렬왕2년(1276) 3월 갑술; 충렬왕4년(1278) 4월 을축.
60) 『고려사』권79, 志33 食貨 2 科斂.

폐(楮幣) 1,800여정(錠)이었던 점,[61] 또는 1287년 10월 전라도 왕지별감이 은 40근, 호피 20령을 왕에게 바쳐 여행비용을 보조하려 한 것에서[62] 그를 엿볼 수 있다.

결론적으로, 원제국의 일방적 물자 징발이 계속되고 이동경비가 증대하는 와중에 회사라 할 만한 것은 너무나 적었다. 전방위적 물자 유출에 여타 물자의 유입은 중단되면서, 유출과 유입 간 극단적인 불균형이 13세기 전반 몽골과의 교전으로 이미 황폐해진 고려의 경제를 더욱더 어렵게 만들었다.[63] 게다가 원제국의 고려 물자 징발은 1270년대에 접어들면서 또다른 모습으로 전개되었다. 특정 경제행정 단위들이 원제국 정부와의 교감 아래 고려 내지 곳곳에 설치돼 특정 물자들을 흡인하는 기제로 작동했던 것이다. 그와 관련하여 이른바 응방과 둔전의 문제를 살펴볼 수 있는데, 전자가 고려 은의 해외유출을 야기했다면, 후자는 고려 미곡의 유출을 야기했

---

61) 『고려사』 권29, 세가29 충렬왕10년(1284) 4월 경인.

62) 『고려사』 권33, 세가33 충렬왕13년(1287) 10월 忠宣王條.

63) 이 절에서 필자는 원제국이 당시 고려에서 징발한 재화의 물량은 소개했으되, 징발된 물화의 '가치규모'가 당시 고려 조정 1년 총경비의 몇퍼센트 정도에 해당했는지, 그리고 그러한 재화들이 당시 해당 재화의 전체 생산량에서 총 몇퍼센트 정도에 해당했는지 등은 제시하지 못하였다. 그런데 두가지 이유로 이러한 해명은 원천적으로 불가능한 측면이 있다. 우선 현전하는 자료로는 고려 조정의 1년 총수입 및 지출량을 산출할 수 없고, 설령 산출한다 하더라도 그것을 연구의 근거로 활용하기 어렵다. 조정의 수지구조는 시기별로 변동이 크기 마련이었으므로, 시점이 특정되지 않은 수치를 논의의 주요 근거로 삼았다가는 오히려 당시의 실상을 '곡해'할 위험이 있다. 다음으로 특정 재화의 '징발 총량'을 산정하는 것 역시 현시점에서는 불가능하다고 할 수 있다. 몽골의 고려 물자 징발 사례들은 다수이긴 하나 파상적으로 나타나고 있으므로, 특정 시점에서의 징발량은 확인된다. 그러나 징발된 재화가 당시 시장에서 점하는 가치는 징발 시점에 따라 모두 달랐을 것이므로, 그것을 '단순합산'하여 '몇십년간 징발량이 얼마였다'고 평가하는 것은 무의미하다. 현재로서는 사료의 내용을 존중하는 선에서, 그 규모와 충격을 다소 피상적으로 짐작하는 수밖에 없다. 다만 이 책에서는 종래의 연구와는 달리, 시기별 추세의 변동을 파악하고자 하였다.

다고 할 수 있다.

2. 응방과 둔전의 설치, 그리고 은과 미곡의 강탈

1) 고려 안의 응방: 고려의 은과 저포를 침탈하다

응방은 주지하듯이 매와 관련된 시설이다. 북방민족들의 수렵·목축 전통의 일부로, 당대(唐代) 이래의 여러 한족 왕조들에서도 운영해온 것으로 알려져 있다. 시설의 속성상 민중을 고통스럽게 하는 경우가 잦았는데, 요·금대에 들어와 그 운영이 더욱 활발해졌으며,[64] 원대가 그 최고 전성기로 평가된다. 초원을 달리던 몽골인들에게 매는 중요한 사냥도구였고, 매를 활용한 수렵은 커다란 즐거움이었던바, 원제국 나름의 응방 운영방식이 '제도화'된 것으로 생각된다.

그런데 이렇게 '제도화한 응방'은 매 사육이라는 본연의 직능을 수행하는 데에 그치지 않고 많은 재화와 인력을 취급하는 일종의 경제단위로 성장했다. 그리고 이러한 성격의 원대 응방이 이른바 충렬왕대인 1270년대 중반에 처음으로 고려에 설치되었다. 고려에 설치된 응방들은 매 수렵과 사육에 종사하는 한편으로 고려의 물자, 특히 은의 국외유출을 야기하는 등 고려 사회에 사뭇 부정적인 영향을 끼쳤다.[65]

정확히 어떤 물자들이 어느 정도 규모로 고려에서 유출되었는지를 살펴보기 위해, 우선 이러한 응방들이 원제국 내에서는 어떻게 존재했는지를 살펴보도록 하자. 사실상 재화 축적의 공간이었던 원 응방들은 실로 다양

---

64) 內藤雋輔 「高麗時代の鷹坊について」, 『朝鮮學報』 8, 1955.

65) 이인재 「고려 후기 鷹坊의 설치와 운영」, 『한국사의 구조와 전개(河炫綱教授定年紀念論叢)』, 2000; 박홍배 「고려 鷹坊의 弊政―충렬왕대를 중심으로」, 『경주사학』 5, 1986.

한 형태로 존재했다.

우선 황제를 비롯한 황실 고위 인사인 제왕(諸王)들이 그들의 휘하에 두었던 응인(鷹人)·응사(鷹師)로서 석보적(昔寶赤)과 포렵호(捕獵戶) 들이 있었다.[66] 원제국 정부는 1235년 이들을 황제 직속, 즉 어위하(御位下)에, 또는 제왕과 공주 부마들의 '투하(投下)'에 나눠 소속시켰다. 응방호들은 당연히 제국 정부와 황실의 여러 수요에 응하여 매를 공급했을 것으로 추측된다. 다음으로, 일종의 직역(職役)으로서 매를 기르며 고위 인사들의 사냥을 보조한 응방호(鷹坊戶)들이 각지에 존재했다. 이들은 양인으로 해방된 자, 호구자료에서 누락된 일종의 유랑민인 패란해(孛蘭奚)들, 또는 환속한 승도나 정해진 역(役)이 없고 의지할 데 없는 자들로 구성되었다.[67] 그리고 마지막으로 각 지역의 응방들을 둔전, 민장(民匠) 등 다른 여러 재원들과 묶어 함께 관리하던 제거사(提擧司)와 총관부(總管府) 들이 있었다.[68] 응방·민장 총관부, 타포·응방·둔전 제거사 등이 바로 그것이다.

그런데 앞서도 언급했듯이 이 응방들은 매를 수렵하고 키우는 이른바 '착응(捉鷹)'의 역할만 하지는 않았다. 그외의 활동을 하고 있었음을 보여주는 사례가 대단히 많다. 예컨대 1312년 12월 응방 관계자가 하남지역과 호광지역 등을 방문해 공작(孔雀)·진금(珍禽) 등을 징발할 것을 요청하자 황제가 백성들을 어지럽힐 가능성이 있다며 그를 허락하지 않은 바 있는데,[69]

---

66) Thomas T. Allsen, *The Royal Hunt in Eurasian History*, University of Pennsylvania Press 2006; 片山共夫「元朝の昔寶赤について」,『東洋史論集』10, 1982.

67)『원사』권101, 志49 兵4 鷹房捕獵.

68) 이러한 단위들은『원사』권85, 志35 百官1 兵部條: 권88, 志38 百官4 中政院條 등에서 발견된다. 전자의 사례들은 대체로 정부의 응방 운영과 관련돼 있고, 후자의 사례들은 대체로 황실의 응방 운영과 관련돼 있다. 이 '응방'들은 개별적 존재로서의 '鷹坊'과 달리 '鷹房'으로도 표기되곤 한다(고려 내 응방의 경우 대체로 전자로 표기된 경우가 많지만, 의미상 차이 없이 혼용된 듯도 하다).

69)『원사』권24, 본기24 인종 황경원년(1312) 12월 갑신.

응방이 매 이외의 여러 조류(鳥類) 전반에 대한 관리도 겸했을 가능성을 보여주는 사례라 할 수 있다. 또 1284년 2월 반란을 일으킨 자의 가솔을 "응방의 호랑이 기르는 자(養虎者)에게 주었다"는 기사가 확인되는데,[70] 응방이 조류뿐만 아니라 맹수를 사육하는 기능도 갖추고 있었음을 보여준다. 1307년 6월 추밀원(樞密院)에서 군사 2,500명으로 하여금 상도(上都)의 응방 및 여러 관청(官廳)에서 '선야(繕冶)'를 하게 할 것을 제의한 사실에서는,[71] 응방이 동물 사육과는 무관한 제련(製鍊)의 기능도 수행하고 있었음을 엿볼 수 있다.

이렇듯 응방은 여러 기능을 담당하고 있던 만큼 온갖 종류의 재화가 오갈 소지가 컸다고 할 수 있다. 실제로 응방은 매와 관련된 업무 외에 '재화 관리'와 관련한 기능도 곧잘 맡았던 것으로 확인된다. 원제국 정부가 매를 관리하는 응인 석보적에게 미곡의 운반을 지시하거나, 경작을 위한 토지를 지급하거나, 출정하는 석보적들이 1,000여필 이상의 말을 자체 조달한 점 등에서도 그것이 확인된다.[72] 아울러 1299년 '관령 제로 타포·응방·민장 등호 총관부(管領諸路打捕鷹坊民匠等戶總管府)'가 전량(錢糧, 재정 출입)과 조작(造作, 공역·사업)의 일을 담당하면서 제거사 4곳, 제령소 11곳을 관리한 정황, 1298년 '관령 수로 제색·민장·타포·응방 등호 총관부(管領隨路諸色民匠打捕鷹坊等戶總管府)'가 설치돼 태조(太祖) 알이타(斡耳朶)의 4계절 사무 일체를 담당한 정황에서, 응방이 돈과 관련된 업무에 폭넓게 개입해 있었음을 엿볼 수 있다. 『원사』 백관지(百官志)에 열거된 각종 응방 관련 단위와 상부 단위 들이 예외 없이 정부와 황실(병부兵部, 선휘원宣徽院, 중

---

70) 『원사』 권13, 본기13 세조 지원21년(1284) 2월 임진.

71) 『원사』 권22, 본기22 무종 대덕11년(1307) 6월 갑진.

72) 『원사』 권15, 본기15 세조 지원25년(1288) 7월 갑신; 지원26년(1289) 11월 병오; 권16, 본기16 세조 지원28년(1291) 11월 병신; 권18, 본기18 성종 지원31년(1294) 6월 병오; 권20, 본기20 성종 대덕4년(1300) 11월 임인.

정원(中政院) 및 중정원 휘하 익정사(翊正司) 등)로 설정돼 있어 그에 물자를 공급했던 점 또한 주목된다. 앞에 언급된 '응방 총관부'형(型) 관부들의 이름에 민장(民匠), 인장(人匠), 공장(工匠), 동야(銅冶) 등의 용어가 포함돼 있는 것도 그들이 수공업적 물자 생산에 개입해 있었을 가능성을 엿보게 한다.

응방의 이런 기능은 결국 여러 재물을 수집, 징세하는 형태로 구체화되었다. 그 한 예로 1268년 7월 원제국 정부가 전운사(轉運司)로 하여금 "제로 타포·응방·공장·동야 총관부(打捕鷹坊工匠銅冶總管府)들을 관장케"한 것이 주목된다.[73] 당시 전운사는 무슬림 출신의 재상 아합마(阿合馬)가 주도했던 과격한 증세(增稅)정책의 주무 부서였는데, 응방들이 그런 전운사 아래에 배치되었다는 것은 결국 당시 응방들이 그 자체로서 하나의 '재원'으로 간주되는 동시에, 지역의 재화를 수집하는 말초신경 역할도 하고 있었을 가능성을 보여준다. 그런 점은 전운사와 신설 응방이 징세의 주체(관장 부서) 자리를 놓고 다툰 일화에서도 역설적으로 확인된다. 1289년 4월 강서지방에 복건 타포·응방 총관부가 설치됐는데, 복건 전운사와 관군총관이 마땅하지 않다고 문제를 제기해 결국 혁파되었다는 일화가 있다.[74] 당시는 앞서 언급한 아합마와 동일 노선을 견지하던 위구르 출신 상가(桑哥)가 원제국의 세정(稅政)을 담당하고 있던 시절이다. 이 일은 그의 관장 하에 있던 복건 전운사가 독자적 재화 집적에 나서게 될지도 모를 복건 타포·응방 총관부를 견제해 퇴출시킨 것으로, 재물 집적의 단위로서 응방의 위상을 보여주는 일화라 할 수 있다.

한편 1309년 9월 땔감 값이 상승하자, 원제국 정부는 '매와 개를 기르는' 권세가들이 산장(山場)을 점거하는 것을 금지하고 백성들로 하여금 재목(材木)과 산물을 자유로이 채취하게 하였다.[75] 이는 점유된 산림 안에서 응

73) 『원사』 권6, 본기6 세조 지원5년(1268) 7월 경오.
74) 『원사』 권15, 본기15 세조 지원26년(1289) 4월 무오.
75) 『원사』 권23, 본기23 무종 지대2년(1309) 9월 계사.

방들이 운영되거나 반대로 응방들이 특정 지역의 산림을 점유할 정도로 응방들이 대규모로 운영되었고, 그러한 응방들이 매 사육에 그치지 않고 산림지역 안의 재화를 독점 활용하고 있었을 가능성을 보여준다. 또 1311년 1월 응방에서 역(驛)을 통해 백성들을 소란케 하는 것을 원제국 정부가 금지하기도 했는데,[76] 응방들이 당시 재물의 수집, 징발뿐만 아니라 그 유통에도 개입하고 있었고, 더 나아가 공적 교통체계로서의 역을 활용해야 할 정도로 응방들이 취급하던 재물의 규모가 컸음 또한 엿볼 수 있다.

응방들이 이렇듯 대규모의 재화를 관리하기 위해서는 그 안에 상당한 규모의 노동력을 확보하여야 했을 것이다. 실제로 사람들이 스스로 응방에 투속(投屬)하거나 누군가에 의해 응방에 귀속되고 있었음을 보여주는 사례들이 많다. "연안(延安)에 둔전·응방 총관부를 세웠는데, 화실불화(火失不花)의 군사 중 도망쳐 흩어진 자들이 모두 둔전에[둔전·응방 총관부에] 들어갔으며, [그들이] 지금은 다시 진왕(秦王) 아난답(阿難答) 부(部)의 아흑답사(阿黑答思)를 받들며 말 관리를 담당하고 다른 부세도 내고 있다"는 1286년 4월 섬서행성의 지적은,[77] 당시 응방들이 사적으로 사람들을 모집하거나 점유하고 있었음을 보여준다. 또 이름을 숨기고 응방에서 양식을 받는 자들을 색출한 1292년 7월의 조치나,[78] "유랑하던 인호들이 응방에 들어가 역을 피하고 돈과 곡식을 함부로 구하는 것을 금한다"는 1307년 12월의 조처에서도,[79] 당시 적지 않은 사람들이 응방에 투신하고 있었음을 엿볼 수 있다.

이런 상황에서 응방이 취급하는 재물의 양과 규모는 막대해져갔다.

---

76) 『원사』 권24, 본기24 인종 지대4년(1311) 1월 임인.
77) 『원사』 권14, 본기14 세조 지원23년(1286) 4월 신축. 이하 인용 사료에 필자가 덧붙인 부분은 [ ]로 표시한다.
78) 『원사』 권17, 본기17 세조 지원29년(1292) 7월 경신.
79) 『원사』 권22, 본기22 무종 대덕11년(1307) 12월 경신.

1308년 4월 원 무종(武宗)이 황태자에게 배속된 응방에 초(鈔) 20만정을 하사한 것이나,[80] 1310년 11월 상서성(尙書省)에서 '이미 인조한 지대초본(至大鈔本) 100만정 외에 20만정을 추가로 발행해 동전과 함께 쓰게 하여 시위(侍衛)와 응방의 급한 지출에 대비하자'고 요청한[81] 것에서 그를 확인할 수 있다. 일찍이 1295년 윤4월 성종(成宗, 테무르)이 타포·응방 총관부를 혁파할 당시 사적고(司籍庫), 주용고(周用庫), 부렴고(薄斂庫) 등의 창고와 휘주로(徽州路), 은장(銀場) 등 대규모 경제부서들이 함께 폐지된 점도 주목된다.[82]

이렇듯 원제국의 응방은 단순한 매 수렵·사육 기관을 넘어, 지역사회의 재화를 수집, 축적하는 단위로 부상했다고 할 수 있다. 응방의 경제적 가치와 잠재성은 응방이 연루된 각종 범죄에 대한 엄정한 처벌규정들에서도 확인된다. '여러 타포응방관(打捕鷹房官)들이 황실에 전달할 물자를 팔아 값을 스스로 챙기면 뇌물죄로 단죄하고 제명하며 서용하지 않는다'는 규정은, 그들이 응방을 관리하며 음성적으로 치부(致富)하는 것이 가능했음을 보여준다. 아울러 '여러 관군관(管軍官)과 오로관(奧魯官), 그리고 염운사(鹽運司)와 타포·응방의 군장(軍匠), 각 투하에서 관리하는 여러 역호들(投下管領諸色人)이 도적이 되어 강제로 물건을 빼앗거나 보초(寶鈔)를 위조하거나 인신을 매매하거나 무덤을 열고 방화하거나 여러 사적 범죄를 범할 경우, 유사(有司)에서 심의하고 처벌하였다'는 규정은, 실제로 비위행위가 다수 발생하고 있었음을 보여준다.[83]

이러한 응방은, 무엇보다 당시 은의 동태와 관련돼 있었던 것으로 보인다. 응방과 은의 관련성은 일찍이 1262년 황제의 칙서에 "제왕(諸王)의 수렵호(응방호)로부터 포은(包銀)을 거두는 것을 금지하고, 대신 사세(絲稅,

80) 『원사』 권22, 본기22 무종 지대1년(1308) 4월 무술.
81) 『원사』 권23, 본기23 무종 지대3년(1310) 11월 신사.
82) 『원사』 권18, 본기18 성종 원정1년(1295) 윤4월 기미.
83) 『원사』 권102, 志50 刑法1 職制 上; 권105, 志53 刑法4 禁令.

직물)를 거두게 하자"고 한 것에서도 확인된다.[84] 또한 무엇보다도, 당시 원 제국 정부의 은 관련 세금제도인 과차(科差)가 변동하는 과정이, 응방제도 가 진화하는 과정과 서로 연동돼 있었던 사실에 주목할 필요가 있다.

원제국 내의 응방들은 대체로 중서성과 하남강북행성 등 황하 이북에 집중돼 있었다. 강절·강서·호광의 이른바 '강남 3성'을 포함한 이외 지역 (운남지역 등)에는 그 설치가 극히 부진했다.[85] 그 이유에 대해서는 알려 진 바 없지만, 원대 하북(河北)과 강남 사이의 '세제(稅制)의 차이'를 고려 해볼 수 있다.

몽골족의 흥기와 원제국의 성립이 13세기 동아시아 역사의 정치적 대 사건이었다면, '은의 부상'은 이 시기 동아시아의 경제적 새 추세였다.[86] 금 나라가 발행해 쓰고 있던 전·중기의 동전과 13세기 초 이후의 저폐가 원료 부족과 전황(錢荒, 동전 퇴장 현상), 가치 하락과 발행과정의 문란으로 인해 몰 락하고(1215년 사용 금지), 그 와중에 은과 사(絲), 특히 전자가 중국에서 최고의 교환수단으로 새로 부상한 것이다.

신흥 원제국은 그러한 추세를 계승하여 은 중심의 경제정책을 폈다. 은 본위 통화인 중통초(中統鈔)를 발행하고, 일종의 태환(兌換) 준비금 역할을 할 핵심물자로 원제국 내 은 재고량을 엄격하게 관리하기 시작했으며,[87] 원보초의 공신성을 유지하기 위해 다량의 은을 추가로 확보해간 것이다. 그런데 전공(戰功) 포상과 진휼, 제왕들에 대한 하사, 불사(佛事) 관련 지출 등을 위해서라도 막대한 양의 은이 추가로 필요했다. 이에 원제국 정부는

---

84)『원사』권5, 본기5 세조 중통3년(1262) 12월 병진.

85)『원사』권101, 志49 兵4 鷹房捕獵: "天下州縣 所設 獵戶"; 권88, 志38 百官4 中政院 管領 諸路打捕鷹坊民匠等戶總管府.

86) 安部健夫「元代通貨政策の發展」,『元代史の研究』, 創文社 1972; 加藤繁『中國貨幣史研 究』, 東洋文庫 1992.

87) 安部健夫, 앞의 글 참조.

은을 세목의 하나로 설정, 이른바 '포은세(包銀稅)'를 걷게 된다.[88]

포은세는 지방세로서의 은 징수가 국세로 격상된 것이라 보기도 하고, 서역의 세제에서 영감을 받아 채용된 것이라 보기도 한다. 태종 때 박매제(博買制, 조세청부제)의 실시를 강행한 오도랄합만(奧都剌合蠻, Abdal Rahman), 정종·헌종대의 아로와적(牙魯瓦赤, Mahmud Yalawachi) 등이 이 제도의 도입을 주도한 것으로 전한다. 이들은 몽골의 한지(漢地) 지배 구축과정에서 몽골 정부의 여러 요구를 경제적으로 충족해줌으로써 지대한 신망을 얻었다. 과거 중국의 역대 왕조들 중 은을 현물형태로 징수한 예가 없었음에도 원대에 들어와 포은제가 시행된 것에는 이들의 역할이 막대했던 것으로 평가된다.[89]

그런데 13세기 초 이래 13세기 후반에 이르기까지, 포은제는 화북(華北)지역에서만 시행되었을 뿐 강남지역에서는 시행되지 않았다. 원제국은 1230년대 전반 금나라로부터 화북지역을 쟁취하고 1270년대 후반 남송(南宋)을 복속시킨 후 강남지역을 획득했는데, 그 결과 세제도 이원적으로 운영되었다.[90] 화북에서는 '세량(稅糧, 정세丁稅 + 지세地稅. 미곡 징수)'과 '과차(科差, 포은包銀 + 사료絲料. 은·사 징수)'를 양대 축으로 세제가 운영된 반면,[91] 강남에서는 하세(夏稅)와 추세(秋稅)를 기반으로 한 송대의 양세법(兩稅法)이 그대로 유지돼 미곡과 금견잡물(金絹雜物)을 징수한 것이다.[92] 그 결과

---

88) 安部健夫「元時代の包銀制の考究」,『元代史の研究』, 創文社 1972.
89) 이후 포은과 동반 징수되던 사료(絲料) 또한 원사(原絲)·직물 형태의 물납(物納)보다는 은 형태로 금납(金納)되면서 원제국 정부의 은 징수가 강화되었다. 다만 장기적으로는 포은 부과량이 '초기 7냥 → 헌종원년 6냥 → 헌종5년 4냥(2냥 은납, 2냥 타물자 대납) → 세조대 초 전면 교초(交鈔, 보초) 절납(折納, 환납換納) 시행'과 같이 조정되었다.
90) 이개석「元朝의 南宋併合과 江南支配의 意味」,『경북사학』21, 1998.
91) 愛宕松男「元朝稅制考－稅糧と科差について」,『愛宕松男東洋史學論集4: 元朝史』, 1988; 牧野修二「元代の稅役用語差發について(上·下)」,『愛媛大學法文學部論集文學科編』28/29, 1994/1995.
92) 愛宕松男「元の中國支配と漢民族社會」,『岩波講座世界歷史9(中世3)』, 岩波書店 1969; 植

화북에서는 은이 많이 징발되었던 데 비해, 강남에서는 그렇지 않았던 차이가 발생하게 된다.

　강남에서 은 징발 시도가 없었던 것은 아니다. 원제국 정부는 강남을 평정한 이후 강남의 인호(人戶)에 호초(戶鈔)를 부과, 1만호마다 초 100정씩 그에 상응하는 '현물'을 징수하려 했으며, 1287년 집권한 상가도 강남에서의 포은제 실시를 논의한 바 있다. 그러나 그런 시도들은 결국 모두 실패했다. 1320년 영종(英宗)이 즉위하면서 강남에 포은세 납부의무가 다시 부과됐지만 1322년 중지되었고, 태정제(泰定帝)대에도 한 차례 시도했다가 곧 중단되는 등, 강남지역에서는 포은제가 끝내 실시되지 않았던 것으로 보인다. 강남의 은 매장량이 이미 고갈상태에 빠져 있어 포은제 시행이 여의치 않았기 때문이기도 하지만,[93] 당시 강남이 은 산지가 아니라는 점이 자주 거론되었고, 강남의 포은 징수에 대한 백성들의 저항도 강했음을 여러 묘지명 자료를 통해 확인할 수 있다.[94]

　이상의 검토에 따르면, 당시 포은세가 부과되던 지역과 응방들이 분포해 있던 지역 모두 강남보다는 화북이었음을 확인할 수 있다. 이를 단순한 우연의 결과로만 볼 일은 아니다. 매 사육공간인 동시에 적지 않은 재화 또한 직접 취급하던 '경제단위'로서 응방들의 분포지가 은 징세제도인 포은제가 시행되던 지역과 겹치고 있던 셈이기 때문이다. 응방이 그저 어떤 종류의 재화든 무차별적으로 수집하는 단위에 불과했다면 화북에는 설치되고 강남에는 그렇지 않았을 이유가 없다. 응방이 취급하는 물자의 특성상 화북에는 설치할 이유가 있었던 반면 강남에는 그럴 필요가 적었기 때문이라 보아야 할 것이다.

松正「元朝支配下の江南地域社會」, 『宋元時代史の基本問題』, 汲古書院 1995.

93) 이와 관련해서는 加藤繁, 앞의 책에 비교적 상세하게 기술돼 있다.

94) 묘지명 자료들을 활용한 이같은 진단은 陳高華·史衛民, 앞의 책에서 참조한 것임을 일러둔다.

그리고 그 물자가 결국 '은'이었음은, 세조가 응방의 제도화를 통해 각지의 응방을 관리하기 시작한 1260년대 이후가 포은제의 역할이 쇠퇴하던 시점과 맞물려 있음에서 추측할 수 있다. 13세기 전반 포은제가 장기간 시행되면서 화북의 은 재고량이 급감하자, 1260년 세조의 즉위를 기점으로 포은세가 은 대신 교초(交鈔, 원보초의 전신)로 납부되는 등, 전체 세금제도에서 포은세가 점하는 비중이 점차 감소하게 된다. 그리고 원제국 정부의 재정체계가 중국식으로 바뀌고 규모면에서도 폭발적으로 성장하자, 전체 세제 속에서 '포은'의 의미 자체가 급격히 퇴색한다. 실제로 포은세는 1290년대까지도 존속하긴 하지만, 해마다 여러가지 이유로 포은세를 '전면 감면한다'는 기사가 빈번하게 등장한다.[95]

이렇게 포은제의 기능이 약화되자 원제국 정부는 은 보유고를 늘리기 위해 이미 지출된 은의 회수에 나서게 된다. 외부 인사에게 빌려준 관은(官銀)이 정부에 상환됐는지 여부를 검핵(檢覈)하거나, 은을 세금으로 걷는 다양한 방식들이 1260년대 초 등장하기 시작한다.[96] 아울러 원제국 정부는 포은제를 대체할 새로운 은 확보방식도 적극 모색하였다. 은야호(銀冶戶)를 운영하고 염세(鹽稅)를 은으로 징수하는 모습 등에서 그를 확인할 수 있다.[97] 심지어 1270년대에 접어들어서는 대도, 요양, 호광, 강절 등 다양한 지역을 대상으로 은장을 통해 금은 채굴을 시도하고, 수은(水銀) 확보도 시

---

95) 『원사』 권8, 본기8 세조 지원12년(1275) 8월 기해; 권10, 본기10 세조 지원15년(1278) 3월 임인; 권96, 志45 食貨4 賑恤 恩免之制(1282; 1285); 災免之制(1291; 1292); 권18, 본기18 성종 지원31년(1294) 6월 을미.

96) 『원사』 권4, 본기4 세조 중통2년(1261) 10월 정유; 권94, 志43 食貨2 商稅, 세조 중통4년(1263).

97) 『원사』 권5, 본기5 세조 중통3년(1262) 1월 경오(은야호 700호); 8월 갑오(은야 장호 匠戶에게서 은·석록石綠·단분丹粉 징수); 권94, 志43 食貨2 鹽法 河東鹽(세조 중통3년(1262), 태원太原 민호民戶가 세판歲辦하는 과은課銀이 150정); 鹽法 河間鹽(세조 지원7년(1270), 해마다 전염煎鹽 10만인, 판과은辦課銀 1만정).

작하였다.[98] 가능한 한 많은 양의 은을 여러 새로운 창구를 통해 적극적으로 확보하려 한 것이다. 한해 각 지역에서 세금으로 거둔 은의 규모가 5만 정 수준이어서, 감면해주자는 건의가 제기될 정도였다.[99]

이러한 상황에서 원제국 정부는 은 재원 확보의 한 방편으로 응방에도 눈을 돌리게 되었을 가능성이 높다. 원제국 정부가 13세기 후반 세조 쿠빌라이의 즉위 직후 지방의 여러 행상서성(行尙書省)들로 하여금 각 지역의 응방들을 다시 파악하게 한 것도[100] 그와 관련해 주목해볼 필요가 있다. 응방이 단순히 물화를 수집하는 단위에서 한 단계 진화하여, 은의 수집도 수행하게 되었을 가능성을 시사하는 대목이기 때문이다. 단순히 매의 수렵과 사육에만 종사하던 전통적 응방이 12~13세기 들어 핵심 재화로 부상한 은을 징수하던 몽골제국 고유의 포은제를 대체하면서 '원제국만의 독특한 응방'으로 거듭났던 셈이라 하겠다.

그리고 이러한 '원제국형 응방'들이 고려에도 설치된다. 고려에서 응방의 존재가 처음 확인되는 것은 1270년대, 즉 충렬왕이 즉위한 직후이다. 원제국 정부가 고종대부터 고려의 매를 구했음은 앞서 언급한 바 있지만, 응방이라는 단위가 고려에서 처음 확인되는 것은 1275년경이다. 동년 5월 전라도안찰사 안진(安戩) 등이 응방 관계자 오숙부(吳淑富)의 폐단을 미워해 그에게 예대(禮待)를 하지 않았다가 파직된 사건에서 응방이 처음으로 등장한다.[101]

고려에 설치된 이 응방들은 원제국 정부와 고려 충렬왕, 그리고 충렬왕의 측근 윤수(尹秀) 등이 공감, 합작한 결과 도입된 것으로 보인다. 우선 응

---

98)『원사』권94, 志43 食貨2 歲課 金課(1273, 1276, 1278); 銀課(1274, 1278); 朱砂·水銀 (1273, 1274).
99)『원사』권7, 본기7 세조 지원7년(1270) 5월 병진.
100)『원사』권101, 志49 兵4 鷹房捕獵: "重定其籍."
101)『고려사절요』권19, 충렬왕원년(1275) 5월.

54

방을 방해하지 말라는 성지(聖旨)가 내려진 것에서, 고려 내 응방 설치에 대한 원 황제의 관심이 적지 않았음을 엿볼 수 있다. 실제로 1276년 7월 세조 쿠빌라이가 직접 응방인 50명을 고려 나주(羅州)에 보내 거처케 하였고, 8월에는 응방인 미랄리(迷剌里) 등 7명을 보냈으며, 11월 낭가알(囊加歹, 낭가대郞哥歹) 등 22명을 파견하였다. 그러나 충렬왕과 그의 측근들 역시 응방 도입에 그리 부정적이지는 않았던 것 같다. 충렬왕이 응방을 폐지하려 할 당시 인후(印候)가 "응방은〔왕께서〕황제에게 요청해 설치한 것"이라고 한 점이나, 응방 관리자들의 파견이 충렬왕의 명에 따른 윤수의 요청으로 이뤄진 점 등에서,[102] 고려측의 유치의지도 엿볼 수 있다.

과연 고려에는 몇개의 응방이 설치되었을까?『원사』병지(兵志) 응방포렵조(鷹房捕獵條)에는 모두 250호의 응방총관포호(鷹房總管捕戶)가 설치되었다는 기록이 있다. 반면『고려사』에서는 "징렴에 고통받던 백성들이 응방에 무수히 투속해 있어 205호 중 102호를 줄였다"는 기록도 발견된다.[103] 중국의 강남지역에는 거의 세워지지 않은 응방이 고려에는 200호 이상 설치된 셈이다. 게다가 102호를 줄인 것은 "아홉마리의 소에서 털 하나를 제거한 것이나 다를 바 없었다"고도 되어 있어, 응방은 그 이상으로 설치됐을 가능성도 있다. 당시 고려의 인구 규모에 비추어볼 때 응방 200여호는 원제국 내 각 지역별 인구 대비 응방호의 비율과 어느정도 비슷한데,[104] 그럴 경우 고려 내 응방들은 무작위적으로 설치되었다기보다 특정한 정책 의도에 따라 설치되었을 가능성이 있다. 무엇보다도 원 세조가 응방에 속

---

102) 『고려사』 권123, 列傳36 嬖幸1 印候; 권124, 列傳37 嬖幸2 尹秀; 권28, 세가28 충렬왕2년(1276) 8월 계미(충렬왕 사택·노비 제공);『고려사절요』권19, 충렬왕2년(1276) 7월; 11월(윤수가 왕명으로 요청).

103) 『고려사』 권28, 세가28 충렬왕3년(1277) 7월 병신.

104) 원내 평준치를 그리 크게 이탈하지 않았을 가능성이 조심스럽게 상정된 바 있다(이강한 「1270~80년대 고려 내 鷹坊 운영 및 대외무역」,『한국사연구』146, 2009).

한 자를 침범하거나 소요하지 말라고 했고, 도병마사가 여러차례 응방 혁파를 요청했음에도 윤수 등이 황제에게 성지를 받아 더욱 확고한 위상을 응방에 부여했음을 고려할 필요가 있다. 원제국의 강력한 후원이 있었음을 고려한다면, 고려 응방들은 그저 일회적인 존재로 설치된 것이라기보다 중장기적 전망 아래 설치된 존재였을 가능성이 높다. 실제로 응방들은 충청·전라·경상도, 그리고 동계(東界)와 서해도 지역 등 전국의 거의 모든 지역에 고루 설치된 것으로 확인된다.

자연히 고려 내 응방들의 경제규모도 매우 컸던 것으로 추측된다. 1279년 충렬왕이 원에 있을 때 응방과 홀치(忽赤, 홀지忽只, 화리치火里赤)가 연일 공주에게 잔치를 베풀었다는 기사가 있고, 그들이 개최한 1280년 3월의 연회는 대단히 사치스러웠던 것으로 전해진다.[105] 또 응방의 소 도축을 금했다는 기사에서 응방의 재원이 다양하게 구성돼 있었음을 알 수 있다.[106] 이러한 응방들은 점차 인근 지역의 호구를 편입하거나 미곡을 징발하면서 고려의 세정(稅政)을 위협하기 시작했다. 충렬왕대 초 오숙부, 방문대(方文大) 등이 나주·장흥의 여러 섬 주민들을 응방에 소속시키고 홍주(洪州) 곡양촌(曲陽村)의 호구를 응방에 귀속시키면서 3도에서 능히 매를 잡을 수 있는 자는 전원 요역을 면제해주자고 건의하자 최문본(崔文本)이 "응방에 소속된 자들의 요역을 모두 면제하면 국가의 조발(調發)을 어찌 할 것인가"라며 항의할 정도였다. 또 윤수 등이 전국 각지의 응방들을 나누어 관리하면서 도망한 백성을 불러모아 '이리간(伊里干, 취락聚落)'이라 한 정황 등에서는, 응방이 고려의 민호들을 겸병(兼倂)하던 작태를 엿볼 수

---

105) 『고려사절요』 권20, 충렬왕6년(1280) 3월. 이외에도 응방의 국왕 향연은 여러번 기사에 등장한다(『고려사』 권29, 세가29 충렬왕6년(1280) 2월 임오; 정축; 충렬왕8년(1282) 1월 경진).
106) 『고려사』 권29 세가29 충렬왕8년(1282) 7월. 이 기사는 고려 응방이 매 포획과 사육만 하는 기관이 아니었음을 보여주기도 한다.

있다.[107] 1283년 1월에는 고려인 유주(庾賙)가 황제에게 일본원정 준비와 관련한 고려측의 부담을 늘리자는 취지의 발언을 한 바 있는데, 김흔(金忻) 등이 이에 항의하자 유주는 "윤수·이정·원경·박의(모두 응방 담당자) 등 이 갈취한 백성의 재산만 갖고도 일본원정에 지급할 군량을 충분히 댈 수 있다"며 반박했다는 일화에서,[108] 응방의 미곡 수집이 용인할 수준을 벗어 날 정도로 대규모였음을 확인할 수 있다.

그런데 이러한 응방들이 고려의 세정을 교란하는 데 그치지 않고, 고려 의 물자를 해외로 유출하고 있었다는 점에 주목할 필요가 있다. 그러한 점 은 미곡보다는 여타 '중요 물자'들에서 나타나는데, 그 대표적인 예가 바 로 은이다.

앞서 언급한 '응방 102호 감축 조치'를 전하는 기사에는 응방에서 은 (銀), 저(紵), 위(韋), 포(布)를 사람들에게서 거둬 사사로이 나눠가졌던 사 실과, "매에게 고기를 먹이지 않고, 은과 포로 매의 배를 가득 채운다"는 당시 사람들의 탄식이 소개돼 있다. 매들이 은과 포를 먹고 있다는 말이 나 올 정도로 응방들이 인근 민간인들에게서 악랄하게 은과 포를 빼앗고 있 었던 셈이다. 그런데 이 물자들은 원제국에서 파견되어와 그 응방들을 관 리, 통제하고 있던 몽골인들에게 귀속되면서 자연히 고려 밖으로 유출되 었을 가능성이 높다. 원에 의해 고려에 설치된 응방들이 매 사육이라는 전 통적 임무 수행에 그치지 않고 은 등의 중요 물자를 수집, 해외로 유출했을 개연성이 상정되는 것이다.

유사한 사례는 더 있다. 예컨대 1282년 8월 인물추고별감(人物推考別監) 이영주(李英柱)가 "관료, 응방, 겁령구 들의 전장(田莊)이 범죄자 소굴이 돼 있으니, 그에서 은·포를 징수해 국가비용에 충당하자"고 건의했음이 주목

---

107) 『고려사』 권99, 列傳12 崔惟淸 附 崔文本; 권124, 列傳37 嬖幸2 尹秀.
108) 『고려사』 권104, 列傳17 金方慶 附 金忻.

된다.[109] 문제제기의 핵심은 '전장의 개혁'인데 해법으로는 '특정 물자의 환수'를 건의한 셈으로, 당시 응방들이 은과 포를 징발, 축적하던 상황을 겨냥한 것이었을 가능성이 있다. 실제로 조윤통이라는 자는 1277년 4월 원 황제로부터 고려 인삼을 확보하라는 명을 받고는 그것이 여의치 않자 대신 민간의 은을 거둬들이다가 2년 후인 1279년 4월 돌연 동계지역의 응방 관리자로 선임되었다.[110] 시기는 미상이지만 가림현(嘉林縣) 지역의 사례도 주목된다. 당시 가림현 내의 여러 촌락들은 원성전(元成殿), 정화원(貞和院), 장군방(將軍房), 홀치, 순군(巡軍)에 분속(分屬)된 상태에서 오직 금소(金所)마을 하나만이 남아 있던 상황이었다. 그런데 그마저 응방 미자리(迷刺里, 미라리)에 흡수되게 되자, 가림현 지역민들이 다루가치에게 그를 철회해줄 것을 호소한 것이다.[111] 이 사례에서도 응방이 지역의 금과 은을 징발하고 있었음을 엿볼 수 있다.

이렇듯 1270년대 고려에 설치된 응방들은 고려 은의 징발 및 유출에 직간접적으로 관련돼 있었다. 앞서 살펴본 것처럼 원제국의 응방들이 매 사육 외에 다양한 경제활동을 했고 은 또한 수집했을 가능성이 큼을 고려할 때, 고려에 설치된 응방들의 그러한 모습은 전혀 이상한 것이 아니었다고 할 수 있다. 즉 1270년대 고려 내 원 응방들이 보였던 은과 모시 징발은 중국에서와는 다른 특이한 모습이었다기보다, 응방이 중국(원제국) 내에서 수행하던 기능이 고려지역에서도 그대로 나타난 결과였을 따름이라 생각된다.

원제국의 이러한 '응방을 통한 고려 은 징발'은 결코 의도 없이 시작된 것이 아니었다. 당시 중국 내 은 고갈에 직면해 있던 원제국 정부는 주변국

109) 『고려사』 권123, 列傳36 嬖幸1 廉承益(당시 응방·집령구·내수천자內竪賤者가 사전賜田을 받아 전민겸병); 李英柱(이영주가 대신·내료 전장에서 은·포 징발 건의).
110) 『고려사』 권123, 列傳36 嬖幸1 曹允通.
111) 『고려사』 권89, 列傳2 后妃2 齊國大長公主.

들의 은 자원 공략에도 본격적으로 나섰을 가능성이 높은데,[112] 실제로 당시 원제국 정부가 고려에 응방을 설치하기에 앞서 고려의 광물자원을 우선적으로 침탈하려 했음이 확인된다. 1273년 5월 고려가 원 사신과 함께 남부지역에서 금을 채굴했고,[113] 1276년 7월 원 사신이 또 금을 채굴했으며,[114] 1277년 고려인 홍종로가 다루가치에게 금이 생산되는 곳을 알고 있다고 보고하자 원에서 관리를 보내 홍주 등지에서 금을 채굴하였다.[115]

그런데 1277년의 채금 성과가 역민(役民) 11,446명이 70일간 작업했음에도 금 7냥 9푼을 확보하는 것에 그쳤음에서 엿볼 수 있듯이, 한정된 지역에서 채굴하는 것만으로는 필요한 만큼의 은을 확보하기 어려웠던 것으로 보인다.[116] 따라서 원으로서는 단기적·일회적 채굴보다는 좀더 상시적·광역적·제도적인 수집방식을 희망했을 가능성이 있으며, 응방도 결국 그러한 의도의 일환으로 1275년 고려에 도입된 것이라 생각된다. 원제국 정부는 고려의 은에 주목, 원제국 내에서 은 징발을 담당하던 응방들을 고려에도 설치해 상당량의 은을 적출하려 한 것이라 할 수 있으며, 결국 소기의 목적을 달성한 것으로 판단된다. 당시 응방들의 고려 내 분포를 볼 때 은의 유출은 일정기간 계속됐을 가능성이 높으며, 그 결과 은 가격의 폭등 및 은

---

112) 몽골 장수 야속달(也速達)이 자신의 막하에 의탁하던 한홍보(韓洪甫)라는 인물을 '고려에 감춰둔 백금을 자신에게 제공하는' 조건으로 풀어주었다가, 막상 한홍보가 돌아오지 않자 고려 정부에 통첩을 보내 그 소환을 강력히 요구한 것에서도, 당시 몽골인들의 고려 은에 대한 지대한 관심이 잘 드러난다(『고려사』 권130, 列傳43 叛逆4 韓洪甫).

113) 『고려사』 권27, 세가27 원종14년(1273) 5월 기묘.

114) 『고려사』 권28, 세가28 충렬왕2년(1276) 7월 병오.

115) 『고려사』 권28, 세가28 충렬왕3년(1277) 是歲.

116) 은 채굴은 1289년에 다시 시도됐는데(『고려사』 권30, 세가30 충렬왕15년(1289) 2월 임술; 7월 임오; 『원사』 권15, 본기15 세조 지원26년(1289) 4월 계유), 이때는 충렬왕이 응방을 거듭 혁파하려 하는 등 고려 내 응방의 위상이 '약화'되고 있던 시기에 해당한다. 공교롭게도 그러한 시기에 원제국이 본격적으로 고려 은 채굴에 나선 것 역시, '고려 내 응방들'과 '원제국의 고려 은 징발' 간 상관성을 보여준다고 생각된다.

폐(銀幣, 은병銀甁)의 기능 상실을 낳는 등, 고려사회에 막대한 영향을 끼친 것으로 생각된다.[117)]

2) 고려 안의 둔전: 고려의 미곡과 노동력을 침탈하다

한편 원제국이 침탈해간 것은 고려의 은과 저포만이 아니었다. 고려의 노동력과, 더욱 중요하게는 고려의 미곡을 착취하였음이 주목된다.

원제국의 고려 미곡 징발은 아주 이른 시기부터 시작되었다. 일찍이 1232년 고려에 침입한 몽골군이 지방 창고의 미곡을 강탈한 바 있고,[118)] 1258년 여러 도의 곡식이 모두 몽골병의 수중에 떨어졌음이 사료로 확인된다.[119)] 또 1260년대에 들어와서는 몽골측에서 이른바 6사의 이행을 지속적으로 강요하며, 그 일환으로 고려의 군량 납부를 요구했음이 확인된다.[120)]

다만 13세기 중반까지의 이러한 미곡 징발은 기본적으로 몽골의 고려 침공과정에서 발생한 사례들이었다. 그에 비해 13세기 후반의 미곡 징발은 그 성격이 확연히 달랐다. 몽골군의 남송·일본 공략이 본격화하면서 일회성 징발이나 약탈로는 필요한 규모의 미곡을 확보하기 어려워지자, 이전과는 수위를 달리하는 새로운 징발방식이 동원되었던 것이다. 마침 임연(林衍)의 원종 폐위 사건 및 서경 이북지역 최탄(崔坦)의 투항으로 인해 몽골군이 1260년대 말 다시금 고려 내로 들어와 있는 상황이었다. 이에 원

---

117) 이 시기 은의 유출 및 은 재고량의 감소, 그로 인한 은 가격의 상승 및 은병제도의 붕괴 등에 대해서는 전병무「고려시대 銀流通과 銀所」,『한국사연구』78, 1992; 이경록『고려시대 銀幣制度의 성립과 운용』, 연세대 석사학위논문 1998 참조.
118) 『고려사』권23, 세가23 고종19년(1232) 3월 갑오.
119) 『고려사』권24, 세가24 고종45년(1258).
120) 『고려사』권26, 세가26 원종9년(1268) 2월 임인.

제국 정부는 급증한 원거리 군량 수요에 대응하는 가장 효율적인 방식으로 고려 내에 둔전을 설치, 그에서 발생하는 소출을 몽골군의 군량으로 삼고자 했다. 그런데 둔전의 초기 소출은 대단히 적었고, 둔전지역에 배치된 인력의 생계 유지를 위해 몽골은 계속 고려의 미곡을 징발할 수밖에 없었다. 그 결과 고려의 정부와 백성들은 이중의 고통을 겪게 된다.[121]

물론 고려 내에 '몽골 둔전'이라 할 만한 존재가 최초로 확인되는 것이 이때가 처음은 아니다. 1259년 이른바 '왕만호의 서경 둔전'이 설치된 바 있었기 때문이다.[122] 왕만호는 군사 1만명을 거느리고 서경의 옛 성을 수축했으며, 전함 건조 및 둔전 개척 등을 통해 장기 주둔계획을 세운 것으로 전해진다. 서경은 홍복원(洪福源)이 반란을 일으킨 후 몽골에 투항했던 1230년대에 이미 폐허가 돼 있었고, 이후 몽골의 고려 침공이 있을 때마다 행군의 주요 경유지로 활용되었다. 따라서 몽골군의 왕래가 가장 잦은 지역 중의 하나였고, 몽골군이 둔전 구축 후보지로 고려하기에 적절했다. 그러나 1259년 8월 고려에서 서경·의주 둔병의 철수를 요청하면서 1260년 3월 원 세조가 서경 둔병을 파하고 다루가치와 군병력을 철수함에 따라,[123] 이 지역에서의 둔전 구축은 중단됐을 것으로 생각된다. 이후 1260년대에는 별다른 둔전 운영시도가 관찰되지 않는다.

그러다가 1269년 6월 임연(林衍)의 안경공(安慶公) 창(淐) 옹립으로 인해 상황이 변한 것으로 보인다. 고려에서 발생한 이 정란에 대응하여 원 세조가 9월 고려 세자(후의 충렬왕)에게 병사 3,000을 주어 돌아가게 했기 때문이다. 그리고 원 병력의 파견은 그것으로 끝나지 않았다. 이어서 10월 세조는 국왕 두련가(頭輦哥)를 보내 고려를 압박하고, 원종, 왕창, 임연 등을 원

121) 조계찬 「元軍의 고려屯田考」, 『동아논총』 2, 1964; 김위현 『고려시대 대외관계사연구』, 경인문화사 2004.
122) 『고려사』 권24, 세가24 고종46년(1259) 2월 경자.
123) 『고려사』 권25, 세가25 원종원년(1259) 8월 신사; 원종1년(1260) 3월 정해; 8월 임자.

으로 부른 후 그들이 오지 않을 경우 고려를 도륙하겠다고 위협하였다. 또 11월 최탄의 난이 발발하면서 고려 서경의 50여개 성이 원에 내부(內附)하는 사태가 발생하자, 원은 왕준(王綧)과 홍다구(洪茶丘) 휘하에서 병사 3,300명을 뽑아 동경(東京, 오늘날의 경주)으로 이동시켜 추밀원에 배속되게 하였고, 고려의 서경도통(西京都統) 이연령(李延齡)이 병력 증원을 요청하자 망가도(忙哥都) 휘하의 병력 2,000명을 증파하기도 하였다.[124]

이처럼 1260년대 초의 철군 후 거의 10여년 만에 처음으로 1만명 남짓되는 몽골 병력이 고려 진입을 목전에 두고 있었음을 알 수 있다. 1269년의 이러한 상황이 바로 다음해인 1270년 둔전의 설치를 촉발한 가장 직접적인 변수였을 것이다.

『원사』 본기에는 1270년 11월 칙령으로, 이전에 동원한 병력과 새로 징발한 병사 2,000 등 총 6,000명의 병력으로 하여금 고려에서 둔전을 경영하도록 하고, 흔도(忻都)와 사추(史樞)를 '고려 금주등처경략사(高麗金州等處經略使)'로 삼아 그를 다스리게 했다고 되어 있다.[125] 한편 『원사』 열전(列傳) 외이조(外夷條) 고려항(高麗項)에서는 1270년 11월 원이 고려에 둔전 경략사를 설치하고, 흔도와 사추를 봉주등처경략사(鳳州等處經略使)로 삼아 군사 5,000을 거느리고 금주(金州, 오늘날의 김해)에서 둔전하게 했으며, 동시에 홍다구로 하여금 이전에 다스리던 백성 2,000으로 둔전을 경작하게 하였다고 언급된다.[126] 두 기사는 (1) 흔도와 사추의 직함(금주등처경략사/봉주등처경략사), (2) 홍다구의 등장 여부, (3) 동원된 군사의 수 등에서 다소의 차이를 보인다. 마지막으로 『원사』 병지(兵志) 둔전조(屯田條) '고려국입둔(高麗國立屯)' 기록에는 1270년 일본원정용 군량 비축을 위해 왕준, 홍다구 등의 소관 고려호(高麗戶) 2,000명 및 중위군(中衛軍)에서

---

124) 『원사』 권208, 列傳95 外夷1 高麗 지원6년(1269) 9월; 10월; 11월.
125) 『원사』 권7, 본기7 세조 지원10년(1270) 11월 정사.
126) 『원사』 권208, 列傳95 外夷 高麗 지원7년(1270) 11월.

2,000명을 뽑고, 파사부(婆娑府)와 함평부(咸平府) 군인 각 1,000명씩을 합쳐 왕경, 동녕부, 봉주(鳳州, 오늘날의 봉산) 등 10곳에 둔전을 두되 경략사를 설치해 그 일을 관리하게 하였으며, 매 둔에는 군인 500명을 사용하였다고 되어 있다.[127] 이 기사를 통해 흔도와 사추가 관령하던 병력이 중위군 2,000에 파사부·함평부 군 2,000을 더해 4,000명이었음을 알 수 있으며, 외이조의 '5,000' 기록은 오기(誤記)였을 가능성을 엿볼 수 있다('매둔 병력 500인'이라는 언급이 '11처處'라는 기록과 맞물려 이러한 수치가 나온 듯하다).

이러한 병력으로 둔전이 경작된 지역은 과연 어디였을까? 설치된 지역들이 가장 큰 피해를 입었을 것이므로, 이 부분은 확인할 필요가 있다. 그런데 앞의 두 기사에는 설치 지역이 금주로 제시된 것과 달리, 마지막 기사에서는 왕경, 동녕부, 봉주 정도가 언급되었을 뿐 금주가 거론되지 않았음이 주목된다. 게다가 다음해인 1271년 3월 원 중서성은 "흔도와 사추로 하여금 봉주 등처에서 경략사 일을 행하게 하고 군사를 관리하며 둔전케 하라"고 지시했음이 확인된다.[128]

서로 모순되는 듯한 이러한 정황은 1270년 말~1271년 초 사이 고려 내 둔전 운영과 관련한 원의 입장에 변화가 발생했을 가능성을 감안할 경우 쉽게 설명할 수 있다. 1270년 말에는 둔전활동의 중심이 금주에 있었던 반면, 1271년 초에는 봉주에 중심을 두는 방향으로 정책이 변했을 수 있는 것이다. 원래 금주에 둔전을 구축하고 그를 중심으로 '둔전망'을 구축하려 했으나 삼별초(三別抄)의 저항 등으로 한반도 남부를 통제하는 데 실패하면서, 결국 금주까지 가지 못하고 봉주에 먼저 둔전을 정착시킨 것으로 보인다.[129]

---

127) 『원사』 권100, 志48 兵3 屯田 高麗國立屯, 高麗屯田.

128) 『고려사』 권27, 세가27 원종12년(1271) 3월 병인.

129) 굳이 봉주가 대안으로 선정된 이유는 명확하지 않다. 물론 봉주는 일찍이 몽골군의

이러한 정황은 1271년 3월 곽여필(郭汝弼)이 몽골에 갈 때 가져간 진정 표(陳情表)에 봉주만 언급되고 있음에서도 다시 한번 확인된다.[130] 봉주 둔 전의 조성과 관련해 원에서 요구한 사항들에 대한 고려 정부의 난색 표명 을 담고 있는 이 진정표에는 금주 둔전에 대한 언급이 없다. 전라도는 양곡 수송업무로, 그리고 경상도는 삼별초의 약탈로 힘든 상황임을 호소하고 있을 따름이다. 물론 금주가 밀양, 남해, 창선, 합포, 거제, 진도 등의 지역 들과 함께 언급되고는 있지만, 봉주가 둔전 문제로 언급된 것과 달리 금주 는 그저 불안정한 지역들 중 하나로만 언급되었다. 따라서 당시 원의 둔전 이 실제로 설치, 운영된 것은 경상도 금주가 아닌 봉주 등의 서해도 지역이 었음을 확인할 수 있다. 흔도는 1271년 4월에도 고려봉주경략사 소속으로 지칭되었고,[131] 같은 달 소와 농기구를 '황주(黃州) 및 봉주'에 보냈을 당시 에도 금주는 언급되지 않았으며,[132] 1271년 8월 『고려사절요』의 기사에도 봉주 둔전에서 사용된 소의 수만 언급되고 있다.[133]

금주지역 등 경상도에서의 둔전 경영이 별다른 진척을 보이지 못하 는 동안, 서해도에서는 둔전 경영이 봉주와 황주를 넘어 인근 지역으로 확대되는 모습을 보인다. 둔전이 처음 설치된 지 1년여가 경과한 시점인 1271년 12월 고려에서 먼저 봉주·황주의 둔전을 염주(鹽州)·백주(白州)로 옮겨줄 것을 요청하게 되는데,[134] 『고려사』에는 백성들이 군량 수송을 고

주요 주둔지역 중 하나였고(『고려사』 권23, 세가23 고종18년(1231) 9월 정유; 권24, 세가24 고종44년(1257) 7월 계유), 동녕부 설치 후 원의 지배력이 평안도 지역으로 확장 되면서 그 인근 지역으로서의 서해도 봉주가 경작지로 선정된 것이었을 가능성이 높다. 그러나 그외의 사유, 예컨대 봉주가 다른 지역에 비해 경작지로 적절했기 때문에 대안으 로 선정되었는지 여부를 전해주는 자료는 현재 찾아보기 어렵다.
130)『고려사』 권27, 세가27 원종12년(1271) 3월.
131)『원사』 권7, 본기7 세조 지원8년(1271) 4월 임인.
132)『고려사』 권27, 세가27 원종12년(1271) 4월 병신.
133)『고려사절요』 권19, 원종12년(1271) 8월.
134)『고려사』 권27, 세가27 원종12년(1271) 12월 갑오.

통스러워 해 이같은 요청을 했던 것이라 전해진다. 흔도는 처음에는 이를 거부하다가 결국 같은 달 염주와 백주로 옮겨 주둔하였고, 둔전 자체는 다음해인 1272년 1월 이동하였다.[135] 그 결과 원의 둔전이 한반도 내륙으로 좀더 들어오게 되었다.

다만 이러한 둔전 이동으로 인해 봉주 등지의 둔전 운영이 중단된 것은 아니었다. 1274년 1차 일본원정 준비가 본격 전개되면서 선박 건조에 투입할 인부, 배를 몰 수수(水手), 그리고 전투를 할 군인들에게 지급할 군량과 관련한 원의 요구가 쏟아지는 가운데[136] '봉주 둔전군의 매달 식량 부족분 2,047석을 내라'는 요구가 있었음에서, 그리고 동년 3월 흔도가 계속 봉주경략사로 지칭되고 있음에서[137] 봉주 둔전이 여전히 운영되고 있었음을 알 수 있다. 동시에 합포진변군, 탐라방호군, 활단적(闊端赤, 몽골 군인 직급의 일종), 염주·백주의 귀부군(歸附軍)에 1년간 지출된 군량의 수, 그리고 소와 말에 제공된 사료의 수가 언급된 1277년 2월의 기사를 통해,[138] 염주·백주 둔전 또한 봉주와는 별도로 계속 운영되고 있었음을 알 수 있다. 즉 서해도 네 지역의 둔전이 모두 가동 중이었다고 할 수 있다.

아울러 경상도와 전라도 등의 지역에도 둔전을 구축하려는 시도가 계속되었다. 1271년 2월 탈타아(脫朶兒)라는 인물의 언급을 통해, 한반도 남부에 원의 병력이 주둔하며 고려의 주군(州郡)들을 침략하는 것이 사회문제화하고 있었음을 알 수 있다.[139] 또 패라(孛羅)라는 인물이, 홍다구가 1271년 개경 남쪽에서 둔전군을 거느리고 주둔 중임을 언급하기도 하였다.[140] 1271년 5월에는 원군(元軍)이 진도의 삼별초 세력을 토벌한 후 그 휘

---

135) 『고려사』 권27, 세가27 원종12년(1271) 12월 정미; 원종13년(1272) 1월 신사.
136) 『고려사』 권27, 세가27 원종15년(1274) 2월 갑자.
137) 『원사』 권8, 본기8 세조 지원11년(1274) 3월 경인.
138) 『고려사』 권28, 세가28 충렬왕3년(1277) 2월 정묘.
139) 『고려사』 권27, 세가27 원종12년(1271) 2월 신해.

하의 인민들을 접수했는데,[141] 8월 고려가 그 인민을 돌려받는 문제와 관련해 원과 고려 사이에 이견이 발생했다. 흔도는 이들을 왕경·경상도·전라도·서해도 등지로 보냈는데,[142] 1271년 9월 탈타아와 흔도가 고려 인민 문제로 충돌할 당시 흔도가 있던 곳은 오산(烏山, 남원)이었던 것으로 확인된다.[143] 즉 한반도 남부지역에서 둔전 설치는 계속 시도되었던 것으로 보이는데, 둔전 경영을 명령받은 흔도와 홍다구 등이 한반도 남부를 어지럽히던 삼별초의 토벌에 계속 동원된 것도, 결국 한반도 남부로의 둔전 확대를 염두에 둔 원제국 정부의 의도 때문이었다고 할 수 있다.

그러나 삼별초 세력이 완전히 종식된 것은 원 둔전이 고려에 처음 설치된 지 2년여가 경과한 시점이어서, 한반도 남부 둔전 구축이 설령 실행되었다고 하더라도 서해도 지역에 비해 대단히 늦게 이루어졌을 것으로 보인다. 게다가 1278년 7월 정동원수부(征東元帥府)의 상언(上言)에도 "일본원정에서 돌아온 2,700명으로 하여금 충청도와 전라도 여러 곳에서 둔전을 경작하게 하자"는 제안이 등장하는데,[144] 이로써 결국 이때까지도 이 지역들에는 원 둔전이 구축되지 못한 상태였음을 엿볼 수 있다. 아울러 당시 정동원수부가 한반도 남부에 탈탈화손(脫脫禾孫, 토토코순. 몽골의 역참 담당 관원)을 배치하고 탐라지역의 몽골군이 내륙의 나주·해남 지역에 '역참(驛站, 잠치站赤)을 설치하는 등[145] 몽골군은 고려 남부의 둔전 구축에 상당히 적극적이었던 듯하지만, 바로 얼마 후 홍다구군·둔전군·합포주둔군 등이 모두 세조의 명으로 철수하면서, 남부지역 둔전 구축시도는 결국 중지

---

140) 『고려사』 권123, 列傳36 嬖幸1 李汾禧.

141) 『고려사』 권27, 세가27 원종12년(1271) 5월 무신(원제국의 사료에는 진도 협종민호의 항복이 7월로 기록돼 있다. 『원사』 권7, 본기7 세조 지원8년(1271) 7월 을유).

142) 『고려사』 권27, 세가27 원종12년(1271) 8월.

143) 『고려사』 권27, 세가27 원종12년(1271) 9월 경오.

144) 『원사』 권208, 列傳95 外夷1 高麗, 지원15년(1278).

145) 『고려사』 권28, 세가28 충렬왕4년(1278) 7월 임진.

됐을 것으로 추측된다.

이상에서 검토한 바와 같이, 1270년대 초 이래 1278년에 이르기까지 둔전이 실질적으로 가동되었던 지역은 서해도 지역이라 할 수 있다. 그리고 그로 인해 서해도 지역이 입은 피해는 상상 이상이었다. 다루가치, 개경과 합포의 몽골 주둔군, 그리고 황주·봉주·염주·백주 4주의 둔전군에게 바치는 물품의 양이 너무 많고 빈도도 잦아 "백성이 못 견딜 지경이다"는 기록에서 그를 확인할 수 있다.[146]

이러한 피해는 사실상 예고된 것이었다. 1271년 4월 봉주경략사 관료들이 부임해 오면서 고려 내 둔전 경영이 시작되긴 했지만, 경작을 담당할 인력을 확보하고 필요한 농기자재들을 수집하는 데에는 일정한 시간이 소요되었다. 아울러 조성된 둔전에서 소출이 나기 위해서는 그후에도 적지 않은 시간이 걸릴 수밖에 없었다. 그 결과 고려는 원의 병력에 군량과 초료(草料)를 제공하면서, 동시에 둔전에 배치된 인력의 생계에 필요한 미곡까지 지불해야 하는 이중고에 시달리게 되었다. 1271년 8월 진정표에 언급된 바와 같이, 고려는 백관의 녹봉과 백성들에게서 거둔 미곡을 동원해 군마의 사료와 원 관료들의 양식을 제공하는 한편으로, 몽골군에 잡혀 있던 고려인들에게도 양식을 제공해야 했음이 그를 잘 보여준다.[147] 또 1272년 4월 고려가 곽여필을 원에 보내 원에서 고려 내 병사 1명의 양곡을 한달 4두로 상향 책정한 것에 대해, 한달에 3두면 충분할 텐데 그것을 늘리는 것은 결국 '진도에서 노획한' 인물(고려인)들에게 양곡을 지원하기 위한 것 아니냐며 항의했던 것도 유사한 사례다.[148] 즉 원은 고려 둔전에서 소출이 발생하기 전까지는 둔전에 배치된 인력의 생계 해결을 위해 계속 고려에 양곡을 요구했음을 알 수 있다.

---

146) 『고려사』 권104, 列傳17 金周鼎.
147) 『고려사』 권27, 세가27 원종12년(1271) 8월.
148) 『고려사』 권27, 세가27 원종13년(1272) 4월 정사.

이러한 상황은 고려 내 원 둔전의 경작이 제 궤도에 오르면서는 당연히 사라져갔어야 마땅하다. 그러나 원 둔전의 경작환경이 차츰 개선되고 있었음에도 원의 미곡 요구는 계속되었다. 지속되는 이중부담을 견디기 어려웠던 고려는 마침내 1272년 6월 표문을 올려, 둔전에서 대·소맥이 이미 수확되었고 곡식도 익어가고 있어 8월이면 대체로 수확할 만하니 가을 몇 월까지 양곡 공급을 하면 될 것인지에 대한 원제국 정부의 입장 표명을 요구하였다. 그러나 원제국 정부는 별다른 응답 없이 이후에도 고려에 계속 미곡을 요청한다.[149] 1274년 2월에도 원은 봉주 둔전군의 매달 식량 공급량으로 부족한 분량 2,047석을 내라고 요구하였다. 이에 고려는 종전군의 첫해 가을 양식 및 1272년 부족한 양식을 이미 지급했고, 1273년의 경우 수확이 괜찮았는데도 다시금 공급을 요청하느냐며 이의를 제기하였다.[150] 이미 둔전에서 수확이 발생하기 시작했음에도, 원은 고려 미곡 징발을 그만둘 의사가 없었음을 엿볼 수 있다. 게다가 1274년의 기록에서는 '간사한 자들이 망령되게 둔전이 충재, 수재 등으로 손해를 입었다고 거짓말을 하고 있다'는 고려의 항의도 확인된다.[151] 당시 고려를 음해하던 여러 주변세력들이 고려에 더 많은 피해를 주기 위해 이러한 소문을 퍼뜨리고 있었던 셈인데, 간단한 실사를 거쳐 그것이 사실이 아님을 쉽게 확인할 수 있었을 원제국 정부 역시 이러한 소문들을 명분으로 계속해서 고려의 미곡을 적출해간 것으로 생각된다.

1277년 2월에도 원제국 정부는 고려 내 몽골병들에게 1차 일본원정 당시의 수대로 양곡을 지급하라고 요청해왔다. 그에 대해 고려는 "현재 합포·탐라·염주·백주 주둔군의 1년 곡식 소비량이 18,629석 2두이고, 소와 말에게 먹일 사료가 32,952석 6두에 달하는데, 지금 다시 둔전군 3,200명

149) 『고려사』 권27, 세가27 원종13년(1272) 6월 임자.
150) 『고려사』 권27, 세가27 원종13년(1274) 2월 갑자.
151) 『고려사절요』 권19, 원종15년(1274) 2월.

등에게 지급할 양료를 어디서 구하겠는가"라며 항의했다. 고려는 또 "1270년 이래 둔전에서 수확, 축적된 바를 그들에게 지급하고, 염주·합포의 군인들에게는 몽골인 마낭중(馬郎中)이 축적한 양곡[즉 둔전에서 나온 소출]을 제공할 것"을 제의하는 등,[152] 일종의 '역제안'을 통해 상황을 돌파하고자 하였다. 몽골측은 당연히 그러한 제안을 수용하지 않았다. 그러자 고려 정부는 할 수 없이 1277년 2월과 1278년 1월 등 왕실 인사, 관료, 백성 들에게서 쌀과 콩을 거둬 홍다구군의 군마에 사료로 지급했는데, 그 결과 쌀값이 폭등하기도 하였다.[153] 이처럼 고려지역 내 원 둔전은 고려와 원 어느 한쪽도 만족시키지 못했으며, 특히 고려에는 감내하기 어려운 부담으로 존속했다.[154]

이상에서 살펴본 바와 같이, 고려 후기 원제국의 고려 물자 징발 및 수탈은 심각한 수준을 넘어 고려 경제의 토대를 뒤흔들고 있었다고 할 수 있다. 은의 유출은 안 그래도 약화돼 있던 고려의 통화(通貨)제도에 치명상을 입혔고, 미곡의 징발은 고려인들의 생계를 직접적으로 위협하였다.

그런데 그러한 와중에 또다른 악재가 고려 경제를 압박하고 있었다. 그간 고려의 대외무역에 중요한 역할을 해왔던 중국 강남 출신 상인들의 한반도 왕래가 이전에 비해 극히 저조해지고 있었던 것이다.

---

152) 『고려사』 권28, 세가28 충렬왕3년(1277) 2월 정묘.
153) 『고려사』 권79, 志33 食貨 市估; 권82 志36 兵2 屯田.
154) 이강한 「고려 후기 元 屯田의 운영과 변화」, 『역사학보』 196, 2007.

제2장

강남인의 발길이 끊기다

1. 한반도 시장, 소외를 당하다

이른바 '송상(宋商)'으로 불리던 중국 강남지역 상인들의 고려 방문에 대해서는 이미 많은 연구가 발표돼 있다.[1] 김상기가 고려-송 교역 전반을 심도있게 고찰한 선구적 연구를 내놓은 바 있고,[2] 전해종은 고려-송 간의 관계를 정치·외교적 관점에서 다섯 시기로 구분한 뒤 시기별 송상의 방문양상을 검토했으며,[3] 고병익은 이슬람권과의 교역에 관심을 표명하며

---

1) 이 책에서는 송상과 관련하여, 강남인, 강남 상인, 남송 상인, 중국 상인 등의 명칭을 혼용하였다. '강남인'은 강남의 상인이나 승려, 지방세력들을 총칭할 경우에, 또는 묘사의 대상이 상인인지 여부가 다소 불분명할 경우에 사용하였고, '강남 상인'은 송대 이외 시기의 강남 상인들을 포괄적으로 지칭할 때 사용하였다. '남송 상인'들은 묘사된 송상이 남송시기를 배경으로 한 송상임을 드러낼 필요가 있을 때 사용했으며, '중국 상인'들은 송상들뿐만 아니라 요양(遼陽)으로부터 온 상인들을 함께 포함해 기술할 경우에 사용하였다.
2) 김상기 「麗末貿易小考」, 『진단학보』 7, 1937.
3) 전해종 「高麗와 宋과의 交流」, 『국사관논총』 8, 1989.

송대와 원대 한중 교역의 양상 차이에 대한 연구를 내놓은 바 있다.[4] 이후 김위현이 고려-송 간 항로(航路)의 문제에 초점을 맞춘 연구를 발표하였고,[5] 천 가오화는 고려-원 교역과는 다른 고려-송 교역의 특징을 논하였으며,[6] 황관중은 희귀자료를 통해 고려-송 간 교역 사례들을 수집하였다.[7] 1990년대와 2000년대에도 송상 및 고려-송 관계에 대해 안병우, 강길중, 박옥걸 등의 다양한 연구가 발표되었으며,[8] 최근에는 이진한이 정밀한 사료 검토를 통해 고려를 방문한 송상들이『고려사』에 남아 있는 것에 비해 훨씬 많았음을 제시하였고, 백승호는 송상들의 정체 및 고려인들의 도송(渡宋)을 새로운 시각에서 검토하였다.[9]

그런데 이러한 검토들의 대다수는 송상들의 고려 방문이 '전성기'를 보이던 시기에 집중된 측면이 있다. 송상들의 고려 방문이 감소한 시점이나 감소하게 된 배경에 대해서는 거의 다루고 있지 않다.

송상들이 언제까지나 고려를 활발히 방문한 것은 아니었기에, 그 감소 시점과 배경을 따져봐야 할 필요가 있다. 당장 13세기 후반의 경우만 하더라도 강남 상인들의 고려 방문 사례는 50여년간 대략 3,4회 정도 확인되는 데 그칠 따름이다. 고려 전기 송상들의 활발한 고려 방문을 기억하는 우리로서는 생경한 대목이다. 과연 그 이유가 무엇이었을까?

그와 관련해, 당시 고려 정부가 고려를 방문한 송상들에게 적대적이거

---

4) 고병익「麗代 동아시아의 해상교통」,『진단학보』71·72, 1991.

5) 김위현「麗宋關係와 그 항로고」,『關大論文集』6, 1978.

6) 陳高華「元朝與高麗的海上交通」,『진단학보』71·72, 1991.

7) 黃寬重「宋麗貿易與文物交流」,『진단학보』71·72, 1991.

8) 강길중「南宋과 高麗의 정치외교와 무역관계에 대한 고찰」,『경희사학』16·17, 1990; 박옥걸「高麗來航 송상인과 麗·宋의 무역정책」,『대동문화연구』32, 1997; 안병우「고려와 송의 상호인식과 교섭: 11세기 후반~12세기 전반」,『역사와 현실』43, 2002.

9) 이진한『고려시대 송상왕래 연구』, 경인문화사 2011; 백승호「고려 상인들의 대송무역 활동」,『역사학연구』27, 2006;『論赴高麗貿易的宋商性質』,『동아시아한국학 국제학술대회 발표집』항저우 저장대, 주최: 한국학중앙연구원, 2012.

나 그를 위협하는 경우들이 있었음에 유의하게 된다. 1260년 10월, 대부시 (大府寺)와 내시원(內侍院)[10]의 행태로 인해 손해를 본 송상 진문광(陳文廣) 등이 견디다 못해 당대의 무신집정(武臣執政)이었던 김인준(金仁俊)에게 호소를 한 일이 있었다. 송 상인들은 "돈도 안 내고 능라사견(綾羅絲絹, 비단) 6,000여필을 가져가니, 저희들은 장차〔빈〕주머니로 돌아가게 생겼습니다"라며 호소했지만, 당대의 실력자 김인준마저도 그러한 호소에 별다른 조치를 취하지 못했던 것으로 전해진다.[11]

이러한 사례는 이전에도 종종 있었던 것으로 보이는데, 1230년대 최우 (崔瑀) 집권 당시 유사한 사건이 발생한 것으로 확인된다. 고려 정부는 송 나라 상인들의 우두머리인 도강(都綱, 강수綱首, 강두綱頭)에게 포(布)를 주고 물소뿔〔水牛角〕을 사오게 했는데, 송상이 물소뿔 대신 채단(綵緞, 비단)을 가져온 것이 사건의 발단이었다. 고려가 송상의 계약 위반을 탓하자 송상은 "귀국이 물소뿔을 구하여 활을 만든다는 말을 듣고 우리 정부가 칙령으로 매매를 금하였기 때문에 사올 수가 없었습니다"라 하였다. 그러자 최우는 송상의 처를 가두고는, 그가 가져온 채단을 압수해 모조리 잘라버린 후 돌려주었다. 뒤에 송상이 부득이하게 물소 4두를 밀수해 바쳤고, 최우는 그에 대한 댓가로 인삼 50근과 포 300필을 제공하였다.[12] 공교롭게도 이 사례가 있은 후 10여년간은 송상의 방문이 잘 확인되지 않는다.

10) 대부시는 영송·국신고처럼 경시(京市)에서 물품을 구함에 있어, 값을 치르지 않고 '화매(和買)'라는 명목 아래 물품을 강탈하는 것으로 유명한 존재였다(『고려사』권84, 志38 刑法1 公式 職制). 그리고 내시원은 당시 무신정권의 직접적 영향 아래 있던 기관이었는데, 최의(崔竩)의 심복들이 내시소경(內侍少卿)으로 포진해 있었고(권24, 세가24 고종 44년(1257) 9월 신유), 당시 권신들이 내시의 참상(叅上)·참외(叅外)로서 각근(勤恪)한 자들을 뽑아 내시정사색(內侍淨事色)이라 칭하고 정안(政案) 자품(資品)을 초월하여 제수하곤 한 점에서 그를 엿볼 수 있다(권77, 志31 百官2 諸司都監各色 淨事色). 내시원 역시 무신들의 상인·시전 침탈에 깊이 관련돼 있었을 가능성이 높다.

11) 『고려사』권25, 세가25 원종1년(1260) 10월 갑인.

12) 『고려사』권129, 列傳42 叛逆3 崔忠獻 附 崔怡.

이런 사례들을 통해 당시 송상들이 고려 정부로부터 일종의 '부당한 대우'를 받고 있었음이 엿보이므로, 당시 송상들의 고려 방문이 저조해진 데에는 고려의 침탈이 적지 않은 원인이 되었을 가능성도 배제할 수 없다.[13] 다만 고려에서 이런 행태를 보였다 하더라도, 고려와의 교역이 중·장기적으로 '이롭다'는 판단이 있었다면 송상들의 방문은 (비록 어느정도의 부침은 보였을지언정) 지속되었을 것이다. 해외 구매자의 횡포는 무역 거래에서는 노상 있는 일이기 때문이다. 따라서 송상들의 고려 방문 빈도가 급감한 것에는 다른 요인 또한 함께 작용한 것으로 간주하는 것이 적절하다고 생각된다.

그렇다면 또 어떤 요인들이 있었을까? 일반적으로는, 당시 몽골제국이 고려와 남송의 제휴를 우려해 양국의 교류를 견제했던 것이 송상 방문의 부진을 야기한 이유로 여겨지기도 한다. 1270년 12월 원이 고려에 보내온 조서에 그러한 우려가 잘 나타나 있다. 그에 따르면, 일찍이 1269년 원 황제가 고려 국왕 원종에게 '고려가 남송, 일본과 교통하였다'는 일각의 제보가 진실인지를 물었는데, 원종은 '그런 적 없다'고 대답한 바 있었다. 이에 원제국 정부는 1년 뒤인 1270년 12월 조서를 통해 고려 국왕을 질책하였다. 원제국 정부는 또 최근 고려를 방문한 남송의 상선(商船)을 원종이 행성에 보고하지 않은 채 몰래 돌려보내고는, 행성이 원종에게 그를 따지자 원종이 비로소 실토한 점 역시 비난했다.[14] 당시 남송 선박이 실제로 고려를 방문한 바 있었고, 원은 그것을 '상당한 관심'을 갖고 지켜보던 중이었음을 확인할 수 있다.

그런데 원의 이러한 입장이 과연 송상(남송 상인) 방문 부진의 직접적 요인이었다고 볼 수 있을까? 원제국 정부가 자신의 직접적인 군사적 영향권

---

13) 이미 전해종 등이 그러한 가능성을 제기하였다.
14) 『고려사』 권26, 세가26 원종11년(1270) 12월 을묘.

내에 놓여 있던 고려에 남송의 선박을 받지 말라고 압박한 것은 사실이지만, 남송 선박들의 고려 왕래를 통제할 수단을 갖고 있었던 것은 사실 아니었다. 아직 강남지역의 항구들을 접수하지 못한 상황이었기 때문이다. 게다가 고려의 경우 원에 바칠 공물을 마련하기 위해서라도 송상(강남 상인)과 교통하는 것이 필요한 상황이었다. 원에서 1271년 오매(烏梅), 화리(華梨), 등석(藤席) 같은 물자들을 요구했을 당시 고려는 이 물품들이 고려에서 산출되지 않아 일찍이 '서송(西宋)의 상박(商舶)'에서 얻은 것을 바친다고 설명한 바 있으므로,[15] 원 또한 그를 모를 리 없었다. 따라서 원의 '여-송 간 교류 불가' 입장은 정치·군사적 차원의 선언이었을 뿐, 실제로는 원제국 정부가 어찌 할 수 없는 부분이었으며, 어떤 부분에서는 여-송 간 교류가 원제국에도 도움이 되는 것이었다고 하겠다. 그렇다면 원제국 정부를 강남 상인들의 방문을 저조하게 만든 변수로 고려하기는 어렵게 된다.

아울러 1270년대 중반 남송의 몰락 후 원제국이 강남의 상인과 상박들을 직접 통제하게 된 후에도, 강남 상인(송상)들은 비록 뜸해지긴 했으나 여전히 고려를 방문하고 있었음에 주목할 필요가 있다. 그러한 기사들이 『고려사』 세가(世家)에도 기재돼 있다. 1278년 10월 송나라 상인[16] 마엽(馬曄)이 방물을 바치자 고려 왕이 내정(內庭)에서 연회를 베푼 바 있고,[17] 1288년 7월에도 송 상인 고개(顧愷)와 육청(陸淸) 등이 와서 고려 정부에 토물(土物)을 바쳤다.[18] 게다가 중국에서 온 상인인 만상(蠻商)들이 고려에 살고 있었음을 보여주는 기사도 있다.[19] 즉 원의 견제는 송상의 방문 빈도

---

15)『고려사』권27, 세가27 원종12년(1271) 6월 을묘.

16) 1276년 남송의 수도 임안이 몰락하면서 남송이 사실상 멸망했음에도 '송상'이라는 표현이 남은 셈이다.

17)『고려사』권28, 세가28 충렬왕4년(1278) 10월 정사.

18)『고려사』권30, 세가30 충렬왕14년(1288) 7월 무신.

19)『고려사』권123, 列傳36 嬖幸1 廉承益. 뇌물 수령 혐의에 연루된 율학조교(律學助敎) 전자공(全子公)과 그를 고발한 읍인(邑人) 권문탁(權文卓) 사이에 벌어진 분쟁에서, 당대

를 저하시킨 직접적 변수도, 간접적 변수도 아니었다고 할 수 있다.

그리고 무엇보다도, 강남 상인들의 고려 방문이 이처럼 낮은 빈도를 보인 것이 이 무렵이 처음이 아니었음에 주목할 필요가 있다. 그러한 추세는 이미 13세기 전반, 더 나아가 12세기 후반(1170년대)에 이미 나타나며, 당시의 빈도는 10년에 1회 미만에 불과하였다. 13세기 전반의 경우 50여년간 단 4회만의 방문 사례만 확인된다.

1205년 8월 송나라 상선이 예성강(禮成江)을 떠나려는 시점에, 감찰어사(監檢御史) 안완(安琓)이 '반출 금지물자(闌出之物)'의 지참 여부를 검사하고는 '금지령을 어긴' 송상 여러명을 잡아 혹독하게 매질했다는 기사가 있다.[20] 중국 상인들이 고려의 금령을 어기면서까지 특정 물자를 반출하려 했다는 것은 송상들이 고려와의 교역에서 얻는 이득이 처벌을 감수할 만한 수위의 것이었음을 의미한다. 남송과 고려 사이의 정치적 관계와는 무관하게, 경제적 이익이나 필요가 있을 때 강남 상인들이 고려를 방문하곤 했음을 잘 보여준다.

그런데 이후 1210년대에는 기사가 1건도 발견되지 않는다. 1220년대에 접어들어서야 1221년 10월 송나라 상인 정문거(鄭文擧) 등 115명이 고려를 방문하고, 1229년 2월 송나라 상인 도강이던 김인미(金仁美) 등 2명이 제주도의 표류민 양용재 등 28명과 함께 오는 등,[21] 총 2건의 방문 사례가 확인될 따름이다. 1230년대에는 앞서 소개한 최우와 송상 간의 갈등 사례 정도가 확인될 뿐이고, 1240년대와 1250년대에는 송상의 고려 정부 방문 기사가 전혀 발견되지 않는다.[22]

의 권신 염승익(廉承益)이 전자공을 옹호하고자 권문탁을 죽이고, 아울러 전자공의 죄를 첨의부에 고발했던 권문탁의 비서(婢壻) 또한 죽였는데, 그가 만상이었다.

20) 『고려사』권21, 세가21 희종1년(1205) 8월.

21) 『고려사』권22, 세가22 고종8년(1221) 10월 갑인; 고종16년(1229) 2월 을축.

22) 물론 최근의 연구에서 밝힌 바와 같이(이진한 『고려시대 송상왕래 연구』, 경인문화사

1230년대 이래 고려와 몽골 간에 교전이 계속되고 더구나 고려 정부가 강화도에 들어가 있는 상황에서, 외국상인들의 방문이 적었던 것도 무리는 아니었다고 할 수 있다. 그러나 1200~20년대의 경우, 1218,19년을 제외하고는 그러한 요인이 없었음에도 그들의 방문은 역시 적었음에 주의할 필요가 있다. 몽골과의 전쟁 이전인 13세기 초 이미 남송 상인들의 고려 방문 빈도는 상당히 낮아졌던 것이다.

이러한 상황이 13세기 초가 아닌 12세기 후반에 이미 시작되었음을, 선학들이 앞서 소개한 연구를 통해 이미 지적한 바 있다. 이는 송상들이 고려를 활발하게 방문하던 11세기의 정황과 12,13세기의 정황을 비교할 경우 더욱 선명하게 드러난다.

주지하는 바와 같이, 송상들의 고려 방문은 일찍이 11세기 초에 시작되어 11세기 중반 이래 급증했다. 그 점은 여러 정황들을 통해 잘 확인된다. 1058년 8월 고려 문종은 탐라와 영암의 재목으로 큰 배를 만들어 송과 통하고자 했지만, 내사문하성의 반대에 부딪쳤다. 송과의 교류가 거란을 자극할 것이라는 점과, "[송의] 상박이 매년 이어지고 [그를 통해] 진귀한 보

2011), 공식 기록에 남은 송상들의 방문 사례 외에도, 당시 송나라 사람과 그들이 승선한 선박들이 송과 고려 사이를 빈번히 오가던 정황들이 적지 않다. 1210년대에도 송나라 사람들의 해로를 통한 고려 방문이 있었던 듯하고, 1220년대에도 고려 예빈성과 송 경원부가 계속 문첩을 송·수신하고 있음이 확인되며, 1230년대에도 비록 송상의 방문 사례로까지 간주될 수 있을지는 의문이나 바다를 통한 민간 차원의 고려-송 접촉이 산견된다. 필자 또한 그에 공감하며, 공식 자료에 남은 송상들의 고려 방문 사례들은 당시 여-송 교류의 일면에 불과한 것이라는 이진한의 주장에 절대적으로 동의한다. 다만 『고려사』는 공식 자료로서, 그 찬자들 또한 일정한 원칙 아래, 기술하기로 결정한 사항들은 누락 없이 서술하려 했을 것으로 짐작된다. 따라서 그에서 드러나는 경향성과 추세 역시 존중해야 하지 않을까 생각한다. 이 책에서는 송상들의 고려 방문 추세를 분석함에 있어 공식 자료인 『고려사』에 드러나는 추세를 중요시했음을 일러둔다. 아울러 이진한의 정리에서도 송상들의 방문이 12세기 중엽 감소하기 시작하였음을 엿볼 수 있는데, 이에 대해서는 『역사학보』 212(2011)에 게재된 이진한 교수의 저서에 대한 필자의 서평을 참조하기 바란다.

물들이 날로 이르고 있어, 중국으로부터는 사실상 도움을 받을 것이 없다"는 점이 그 이유로 거론되었다.[23] 송 상인들의 왕래가 워낙 잦아 공식적인 교류관계를 별도로 틀 필요가 없을 정도였음을 엿볼 수 있다.

1079년에는 송 정부가 명주의 지방관들로 하여금 '고려인들과의 거래가 일정 규모 이상인' 상인들의 활동을 엄격히 관리하고, 적절한 허가 없이 활동하는 자는 도판(盜販) 혐의로 처리케 했으며, 1088년에는 함부로 바다 건너 고려, 신라(新羅, 탐라) 등지에 가는 자를 중벌로 다스리게 하였다.[24] 당시 고려로 향하는 송 상인들의 수가 적었으면 나오지 않았을 조치라 할 수 있다. 송대의 대표적인 '혐한파' 지식인 소식(蘇軾, 소동파)은 1090년 "걸 '금상려과외국'장(乞禁商旅過外國狀)"이라는 제목으로 주의(奏議)를 작성하기도 하였다. 그는 이 글에서 일찍이 송 정부가 11세기 전반 이래 누차에 걸쳐 송 상인들의 고려행을 제한해왔음을 거론하고, 복건과 양절 지역에 명령을 내려 이전에 발행한 고려행 허가 공빙(公憑)들을 회수할 것을 건의하였다.[25] 당시 고려 방면으로 가는 송상들의 수가 적지 않았으며, 어떠한 금지도 소용이 없었음을 보여준다.[26] 모두 11세기 송상들의 고려 방문이 실로 활발하였음을 의미하는 것이다.

그런데 김상기의 연구에 따르면, 이처럼 송상의 고려 방문이 활발하던 상황이 1170년 이후 변하게 된다. 명종조 27년간 3회의 방문 사례만이 확인되고, 신종조 7년간에는 그러한 사례가 전무했으며, 희종조 7년간 단 1회, 고종조 46년간 단 2회가 발견되다가, 원종조 1회의 방문 및 충렬왕

---

23) 『고려사』 권8, 세가8 문종12년(1058) 8월 을사.

24) 『송사』 권186, 志139 食貨下8 互市舶法.

25) 전해종, 앞의 글에는 소식의 문집 『동파집(東坡集)』에 실린 「논고려매서이해차자(論高麗買書利害箚子)」에 경력(慶曆, 1041~48), 가우(嘉祐, 1056~63), 희녕(熙寧, 1068~77), 원풍(元豐)3년(1080) 등의 칙령이 실려 있음이 소개돼 있다.

26) 이는 박옥걸이 이미 지적한 바 있다.

대 1278년 마엽의 방문을 끝으로 송상의 고려 방문이 중지된 것으로 그는 정리하였다.[27] 또 전해종의 경우, 인근 지역 송 정부의 금지 편칙(編勅)에도 불구하고 송상들의 고려 방문이 12세기 초까지는 10년에 7,8회의 방문수를 보이다가, 1110~20년대에는 2,3회로 급감한 후 잠시 다시 늘었고 (1130년대 3회, 1140년대 7회, 1150년대 8회, 1160년대 5회), 송과 금 사이에 전투 및 화의(和議)가 이루어진 이후에는 다시 급감한 것으로 정리하였다.[28]

송상들의 고려 방문, 최소한 송상의 '고려 정부' 방문이 '공식 통계상으로' 저조해지기 시작한 것이 12세기 후반이었음에는 대체로 이론의 여지가 없다. 1160년대 초까지는 송의 도강 후림(侯林), 등성(鄧成), 서덕영(徐德榮), 오세전(吳世全), 하부(河富) 등의 고려 방문이 이어졌지만,[29] 그후에는 송상들의 방문 빈도가 현저히 떨어진다. 1170년대의 경우 1175년 8월 도강 장붕거(張鵬擧), 사돈례(謝敦禮), 오병직(吳秉直), 오극충(吳克忠) 등이 고려를 방문했음이 한 차례 확인될 뿐이고,[30] 1180년대에는 방문 사례가 없으며, 1190년대의 경우 1192년 8월 송상이 와서 『태평어람(太平御覽)』을 바치니 백금 60근을 하사하였다는 기사 정도가 확인될 따름이다.[31] 물론 송 경원(慶元) 연간(1195~1200)의 조서가 송 상인들이 동전을 소지하고 고려에

---

27) 김상기 「麗宋貿易小考」, 『진단학보』 7, 1937.
28) 그의 통계에 따르면 1010년대 5회, 1020년대 7회, 1030년대 10회, 1040년대 5회, 1050년대 12회, 1060년대 13회, 1070년대 11회, 1080년대 8회, 1090년대 9회, 1100년대 9회, 1110년대 3회, 1120년대 3회 등의 빈도가 관찰된다(전해종 「高麗와 宋의 交流」, 『동아시아사의 비교와 교류』, 지식산업사 2000).
29) 『고려사』 권18, 세가18 의종16년(1162) 3월 무오; 6월 신미; 경인; 7월 경신; 의종17년 (1163) 7월 을사.
30) 『고려사』 권19, 세가19 명종5년(1175) 8월 기유. 이외에 도강으로서 1160년대 고려를 방문한 바 있는 서덕영이 1173년에도 한 차례 송으로부터 파견돼 왔음이 확인된다(명종3년(1173) 6월 갑신).
31) 『고려사』 권20, 세가20 명종22년(1192) 8월.

들어가는 것을 금지하는 내용을 담고 있어[32] 당시 송상들의 고려 방문이 이어졌을 가능성을 암시하고는 있다. 그러나 그들의 최종 목적지가 고려였는지, 그리고 그들이 고려 국왕과 접촉했는지 여부는 확인하기 어렵다.

　12세기 후반 송상의 방문이 이토록 저조해진 이유는 과연 무엇이었을까? 학자들은 일반적으로, 13세기 후반의 상황을 설명하기 위해 원제국을 변수로 들었던 것처럼, 12세기의 상황을 설명하면서는 남송의 상황을 그 이유로 들어왔다. 1126~27년 송이 금의 압박으로 남천(南遷)하던 시기를 전후해 송상들의 고려 방문이 일시 감소했고, 1165년 남송이 금에 항복하고 화의를 맺은 이후인 1170년대 그 방문이 다시 감소했기 때문이다. 그 점을 고려하면, 송상의 고려 방문 저조가 남송과 금 사이의 군사적 갈등에 기인한 현상이었다고 볼 수도 있겠다. 실제로 1130~60년대 남송과 금 사이에 평화가 유지되던 시기에는 송상의 고려 방문이 다시 늘어나기도 했다.

　그런데 1170년대 이래 1230년대에 이르는 시기의 경우는 달랐다. 남송과 금이 서로 싸우던 상태가 아니었음에도, 송상의 고려 방문은 다시 늘지 못했다. 따라서 남송과 금의 대결을 송 상인들의 고려 방문을 감소시킨 지배적 요인으로 보는 데에는 신중할 필요가 있다. 남송 정부가 금조에 내던 막대한 양의 세폐 문제도 마찬가지다. 학자들은 남송의 그러한 세폐 제공이 중국 은의 다량 해외유출로 이어져 결국 강남 상인들의 행보를 제약하게 되었을 것이라 보아왔다. 그런데 '대금(對金) 세폐 제공'은 이미 정강(靖康) 연간이던 1126년 이래 계속되고 있었다. 따라서 그 역시 1170년대 이래 시작된 송상들의 고려 방문 부진현상의 사유로 들기는 어렵다고 할 수 있다.

　그럼 또다른 요인으로 어떤 것들이 있었을까? 당시 송상들의 한반도행을 제약했을 가능성이 높은 변수로 중국 연안의 해적들 또한 흔히 거론되어 왔다. 1093년 고려의 연평도(延平島) 순검군(巡檢軍)이 나포한 해선에

---

32) 『송사』 권487, 列傳246 外國3, "高麗, 慶元間 詔禁商人持銅錢入高麗 蓋絶之也."

는 송나라 사람 12명, 왜인(倭人) 19명이 타고 있었고, 활·화살·도검·갑주와 수은·진주·유황·법라(法螺) 등의 물건이 실려 있었다. 서해도안찰사는 이들을 '양국의 해적으로서 고려의 변지를 침범하려던 자들'로 규정하였다.[33] 당시 해상에서 해적들의 활동이 성행 중이었다면, 상인들의 활동은 당연히 위축되었을 수 있다. 다만, 이와 유사한 사례들은 이미 11세기부터 나타나고 있음을 기억해야 한다. 11세기는 앞서 언급하였듯이 강남 상인들의 고려 방문이 아직 극성하던 시기에 해당한다. 따라서 해적들의 발호로 인해 송상들의 고려 방문이 적어졌다는 가정 역시 성립되기 어렵다고 할 수 있다.

다시 말해 남송과 금의 군사적 대치나 경제적 관계, 그리고 동아시아 해적들의 존재 등이 강남 상인들의 한반도 방문 빈도에 끼친 영향은 대체로 제한적이었을 가능성이 높다. 그렇다면 12세기 후반 이래 송상들의 고려 방문이 부진했던 원인을 다른 곳에서 찾거나, 좀더 '큰 틀'에서 조망해볼 필요가 있다. 그러한 큰 틀로는, 이른바 '서역인(西域人)들의 동래(東來)'와, 그로 인해 중국 중심 동아시아 교역권의 전통적 성격이 크게 변화하고 있던 점을 들 수 있다.

당시의 서역(西域)은 과연 어디를 이르는가.[34] 『원사』에 등장하는 서역은 많은 경우 '회회(回回)' 또는 '회회국(回回國)'이라는 존재와 연계해 나타난다. "이 6명의 회회인들은 모두 서역에 이름이 나 있다"는 표현이나,[35]

---

33) 『고려사』 권10, 세가10 선종11년(1093) 7월 계미.

34) 중국사에 있어 서역의 개념은 대단히 다양하다. 한대(漢代)의 서역은 현재 신장성(新疆省)의 타림분지, 즉 동부 투르키스탄을 언급하는 경우가 많았고, 당대의 서역은 인도를 포함하는 동시에 불승의 왕래가 많아지면서는 인도만을 지칭하는 개념으로 쓰이기도 했다. 반면 명대의 서역은 동서 투르키스탄은 물론 시장(西藏), 네팔, 아프간, 이란, 아라비아까지도 포괄하는 개념이었던 것으로 전해진다(고병익 「한국과 서역」, 『동아시아의 전통과 근대사』, 삼지원 1984).

35) 『원사』 권124, 列傳11 速哥子忽蘭忽蘭子天德于思.

80

"설금(薛禽)은 몽골인으로서 황제를 따라 서역 원정에 나섰는데, 회회인들이 태자를 합미성(合迷城)에서 포위하였다"는 표현[36] 등이 그 좋은 예다. 그밖에 회회씨(回回氏)이면서 서역의 목발리(木發里) 지역 사람인 아로와정(阿老瓦丁),[37] 회회씨이면서 서역의 욱렬(旭烈)지방 사람인 역사마인(亦思馬因)[38] 등의 출신 기록에서도 그 점이 잘 드러난다.[39]

서역은 또 차가타이칸국 옆 감숙행성(甘肅行省) 소재 하서(河西)지역과도 자주 함께 언급되었다. "[아무개가] 하서 및 서역 여러 나라를 평정하는 데 따라다녔다"든지, "[아무개가] 서역과 하서 원정에 따라다녔다"는 표현에서 그를 확인할 수 있다.[40] 동시에 서역은 위구르 또는 소그드 등의 지역을 가리키기도 했다. '서역 회골(回鶻, 회흘回紇, 즉 위구르)에서 보물을 바쳤다'는 기사나, '서역 소단(素丹, 소그디아나) 등 여러 나라를 정벌하였다'는 기록[41] 등에서 그를 확인할 수 있다. 즉 고려 후기에 해당하는 13~14세기 원대의 서역은 아라비아 반도를 위시한 서아시아와, 육상 실크로드의 배경에 해당하는 중앙아시아를 포괄하는 광대한 영역을 이르는 개념이었다.

이 지역 출신의 서역인들은 이미 8세기 이전부터 활발하게 중국을 방문하고 있었다. 당대 후반인 780년경 이미 5만여명의 규모로 중국 내에 체류하던 이들은 이른바 '서역의 물화'를 중국에 소개하고, 중국에 도착해서는 고리금융과 위탁무역에도 개입하였다.[42]

---

36) 『원사』 권149, 列傳36 耶律留哥姚里氏薛收國奴古乃善哥.

37) 『원사』 권203, 列傳90 方技工藝附 工藝 阿老瓦丁.

38) 『원사』 권203, 列傳90 工藝 亦思馬因布伯哈散.

39) 이러한 지명들이 오늘날 어느 지역에 해당하는지를 응당 제시해야 할 것이나, 정확한 추정에 어려움이 있어 그러지 못하였다. 이러한 경우는 이 책의 다른 부분에서도 종종 발견될 것이다. 독자의 너른 양해를 구한다.

40) 『원사』 권136, 列傳23 哈剌哈孫曾祖昔禮子脫歡; 권165, 列傳52 完石柱 父 拏住.

41) 『원사』 권2, 본기2 정종3년(1248) 3월 무신; 본기3 헌종2년(1252) 7월.

42) 佐藤圭四郎「唐代商業の一考察－高利貸付について」『イスラーム商業史の研究』.

송대에도 상황은 마찬가지여서, 다수의 회흘인(回紇人)들이 중국 내에 거주했다. 위구르인들의 내공(來貢) 사절은 송 태조대부터 남송대에 이르기까지 거의 매년 이어졌다. 1032년 송 정부가 회골인들이 호시(互市)를 위해 모여드는 것을 통제하거나[43], 1121년 10월 공물을 납부하기 위해 송에 온 위구르인이 귀환하지 않고 무역을 일삼는다는 송 관료들의 지적에서,[44] 위구르인들의 중국 체류가 송대 보편적 현상이었음을 엿볼 수 있다. 그들의 이러한 체류와 활동으로 중국 시장과 서아시아 시장 간 연결이 심화되었다. 그리고 그러한 관계의 심화가 급기야 중국을 중심으로 한 동아시아 교역권의 체질 변화를 야기하게 된다.[45]

이들의 중국 내 체류를 통해, 우선 서아시아의 각종 물화와 상품이 중국으로 대량 유입되었다. 위구르 토산품인 각종 옥(玉), 호박(湖泊), 강사(碙砂), 달서피(貂鼠皮), 마구(馬具), 말, 낙타, 그리고 다른 나라, 다른 지역의 물자로 위구르인들에 의해 중계된 리우미(犛牛尾, 야크의 꼬리), 산호(珊瑚), 향약(香藥) 등이 중국에 유입되었다.[46] 그 결과 많은 중국 물자가 해외로 유출되자, 송 정부는 여기 거론된 물자들을 '수출입 금지물자(禁輸物資)'로 지정해 그런 물자들이 송나라 내에서 거래되는 것에 제동을 걸기도 했다. '서쪽에서 온 회흘'들이 가져온 강사 등의 금지물자를 변경의 백성들이 사사로이 해외상인들로부터 구매하는 것을 처벌하거나,[47] 해외 여러 나라에서 중국으로 흘러들어온 향약과 상아(犀牙)를 민간인이 사는 것을 금지했던 것이다.[48]

---

43) 『續資治通鑑長編』 권111.

44) 『宋會要』 蕃夷4 回鶻.

45) 佐藤圭四郎 「北宋時代における回紇商人の東漸」; 「南宋時代における南海貿易について」, 같은 책.

46) 같은 책 327면.

47) 사또오 케이시로오는 『속자치통감장편(續資治通鑑長編)』 권84, 진종 대중상부8년 5월의 기록을 관련 사례로 제시하였다.

그러나 그럼에도 불구하고 개봉부(開封府)에 거주하던 회흘인이 역시 다른 회흘 사절로부터 향약을 사사로이 구매하는 등[49] 해외물자의 중국 유입은 계속되었다. 중국 정부로서는 그러한 경제행위를 통제하는 데에 적지 않은 한계가 있을 수밖에 없었다.

그 결과 다량의 중국 금은이 서아시아 방면으로 유출되었다. 송 진종(眞宗)의 재위 당시 수도 개봉부에서 금과 은의 시장가격이 앙등했고, 이후 신종대에 잠시 하락했다가는 휘종(徽宗)대 다시 올랐다.[50] 중국 금은의 해외 유출은 위구르 상인들의 고리금융업으로 가속화되기도 하였다. 당시 송 정부는 고리대금업자들이 금전이 아쉬운 양민들에게 돈을 빌려주고 대신 그 가족을 일종의 담보로 빼앗아 사실상 노비로 전락시키는 것을 금지하느라 안간힘을 쓰고 있었는데,[51] 그럼에도 불구하고 고리대금업은 성행했으며 자연히 대부물자로서의 금은 또한 그들을 통해 해외로 유출되었다.

이렇게 해서 중국과 서아시아 간 물자 교류가 활발해지고, 중국 시장과 서아시아 시장의 관계도 더욱 긴밀해졌다. 이러한 정황들은 굳이 말하자면 중국인들보다 서역인들이 추동한 것이었다고 할 수 있다. 다만 중국 또한 가만히 있었던 것은 아니어서, 그에 대응하는 다양한 대책이 정부 차원에서 강구되었다. 특히 금나라와의 군사적 충돌 및 금에 바치는 세폐 등으로 인해 재정 고갈의 위기에 직면하면서, 남송 정부 또한 무역을 통한 수익 확보에 더욱 노력하게 되었다.[52]

가장 대표적인 노력이 남해를 경유한 서아시아 지역과의 교역 강화이

---

48) 『續資治通鑑長編』 권57, 진종 경덕원년(1004) 8월; 『宋會要』 蕃夷4 回鶻; 食貨36 権場 (이상 佐藤圭四郎, 앞의 책 329~30면 참조).

49) 佐藤圭四郎, 앞의 책 331면.

50) 佐藤圭四郎, 앞의 책 331~34면.

51) 『續資治通鑑長編』 권72, 진종 대중상부2년(1009) 8월(佐藤圭四郎, 앞의 책 334~36면 참조)

52) 佐藤圭四郎, 앞의 책 344면; 李東潤 「宋代海商貿易의 諸問題」, 『東洋史學研究』 17, 1982.

다. 그리고 그와 관련해 주목되는 것이 바로 중국 관가와 민간에서의 '강수(도강)무역'의 시작이다.

처음에는 송 정부가 민간인들로 하여금, 시박사(市舶司)에 위탁된 본전(本錢)으로 해외 선박이 가져온 남양의 여러 물자(南海物資)를 박매(撲買)토록 하는[53] 이른바 '회역(回易)'의 방식을 썼다.[54] 그러나 이후에는 시박사에 등록된 외국의 강수들을 해외 여러 지역에 파견해 외국인들의 방문을 유도하기도 하였다.[55] 강수가 외국 무역선 유치에 공헌한 경우에는 관직을 수여받기도 했다.[56]

강수는 일종의 조합 성격을 지녔던 '해상중간(海商中(仲)間)'의 조두(組頭), 즉 우두머리를 이르거나, 선주(船主) 또는 해상중간들 중에서 선임된 자를 이르는 개념으로 추정된다.[57] 북송 말 이래 생겨나서 원대에도 존속했던 것으로 보인다. 그 정확한 실체와 관련해서는 북송 말 주욱(朱彧)의 저작인 『평주가담(萍州可談)』에 담긴 묘사를 참조할 수 있다. "수백명이 승선하는 무역선의 거상(巨商)을 시박사에서 강수, 부강수, 잡사(雜事)로 임명하며, 그 강수가 승선자들을 매로 다스릴 것을 허락하되, 사망자가 있으면 [강수의] 재물을 빼앗는다"라는 기사나,[58] "선박주인 왕원무(王元懋)가 행전(行錢) 오대(吳大)를 강수로 삼아 항해하게 했다"는 기사가 그것이다.[59] 이러한 기사들을 토대로, 강수가 출항부터 귀항에 이르기까지 선상

---

53) 『宋會要』 蕃夷4 大食, 소흥원년(1131) 11월(佐藤圭四郞, 앞의 책 349~50면 참조).

54) 李心傳, 『建炎以來繫年要錄』(佐藤圭四郞, 앞의 책 348면 참조). 회역은 이후 원대 초기에까지 이어졌다. 1276년 1월 (시박사 설치 직전) 회역고(回易庫) 11곳을 전국 각지에 세우고, 여러 물자의 교역을 담당하게 했다는 기사에서 그를 엿볼 수 있다(『원사』 권9, 본기9 세조 지원13년(1276) 1월 임신).

55) 佐藤圭四郞, 앞의 책 351면.

56) 『송사』 권185, 志138 食貨下7 香, 紹興6년. 이러한 사례는 이밖에도 많이 발견된다고 한다(佐藤圭四郞, 앞의 책 351~52면 참조).

57) 佐藤圭四郞, 앞의 책 354면.

58) 같은 책 353면.

업무와 관련된 모든 상황을 통괄하는 총책임자였음을 엿볼 수 있다.

그런데 강수를 활용하는 이러한 형태의 무역이 중국 고유의 것이 아니었다는 지적도 있다. 물론 '강(綱)'이라는 개념 자체는 강운(江運)을 담당하는 자, 또는 소규모 국지 해외무역을 수행하는 단위로서 중국에서 비롯한 것이 맞다. 그런데 당시 중국에서는 선주가 자신의 자본과 자기 명의의 선박을 갖고 해외로 나가는 '직접 무역' 외에, 1척 이상의 중형 선박을 소유한 자본가·선주·정부 등이 계약을 통해 타인, 즉 일종의 교역 대리인에게 배와 자금을 빌려 주고 교역을 대행하게 하는 형태의 '간접 교역' 또한 성행하였다. 투자와 교역이 분리된 일종의 '대리무역'이었던 셈인 이런 교역에서는 그로 인해 발생한 이득을 투자자와 교역 대리인이 나누곤 했는데, 당시 강수 또는 도강들이 이러한 형태의 교역을 주도하고 있었다는 것이다.[60] 그리고 이러한 형태의 교역이, 당시 서아시아 이슬람권에서 가장 보편적으로 보이는 서아시아적 교역형태와 대단히 유사했다는 것이다.[59]

강수·도강을 활용하는 이른바 '서아시아형 영업형태'가 중국 내에서 본격적으로 부상한 시점은 과연 언제쯤이었을까? 그와 관련하여, 역설적으로 우리의 기록인 『고려사』를 참조할 수 있다. 『고려사』에서 '도강' 용례는 1030년대에 처음 등장하므로,[62] 이른바 '강수형(綱首形)' 존재들이 이미 11세기 전반 고려를 찾기 시작했을 가능성이 있다. 그런데 한편으로, 11세기 100년간 거의 매해 고려를 방문하던 중국 상인들은 대부분의 경우 '송상(宋商)'으로만 지칭되고 있었음이 주목된다. 그들을 도강, 강수로 지칭한

---

59) 『泛洋夷堅志』 3 三志已 권6, 王元懋巨惡(佐藤圭四郎, 앞의 책 353면 참조).

60) 광주(廣州)의 지방관이 자신의 사유재산을 강수 등에게 위탁하여 남해무역에 투입하는 것을 처벌한다는 규정에서도 그러한 정황을 엿볼 수 있다(『繫年要錄』 권163, 紹興 22년 10월; 『元典章』 市舶司條例 3條. 이상 佐藤圭四郎, 앞의 책 360면 참조).

61) 佐藤圭四郎, 앞의 책 358면.

62) 『고려사』 권5, 세가5 덕종2년(1033) 8월 갑오.

사례는 1050년대에 1건에 불과하며,[63] 3건의 방문 사례가 확인되는 11세기 말에[64] 이르러서야 도강·강수[65] 등의 용례가 본격적으로 등장하면서 송상이라는 일반 호칭을 대체하게 된다. 고려의 기록을 통해 동북아시아 도강·강수들의 활동이 중국 인근 한반도로 확대된 시점이 11세기 말~12세기경으로 관측되는 셈이다.[66]

그렇다면 중국의 전통적인 강수제도가 서역의 교역형태를 받아들여 전문무역인 체제로 전환된 시점 역시 11세기 말~12세기 초 이전으로 잡아봄 직하다. 『고려사』의 1033년 기사("천주상 도강"의 고려방문)는 천주지역에서 도강들의 활동이 1030년대 이미 시작됐을 가능성을 보여준다. 반면 천주 상인들의 발걸음이 끊기고 명주 상인들의 방문이 시작된 11세기 중엽, 더 구체적으로는 1094년 이후의 『고려사』 "도강" 기사들은 국제무역항 천주를 중심으로 활동하던 도강들의 활동이 11세기 후반에는 명주지역으로도 확대돼 있었음을 보여준다. 중국의 강수무역형 영업이 11세기 전반 이래 확대추세에 있었고, 11세기 말~12세기 초에 이르러 그러한 변화가 완성되었을 가능성이 높은 것이다.

동아시아 경제권의 전형적인 무역형태로 받아들여지는 강수무역이 서

---

63) 『고려사』 권7, 세가7 문종9년(1055) 9월 신미.

64) 『고려사』 권10, 세가10 헌종원년(1094) 6월 무자; 7월 정묘; 8월 갑술.

65) '강수'는 1103년에 등장하기 시작하였다(『고려사』 권12, 세가12 숙종8년(1103) 2월 기사).

66) 한편 김영제가 최근 '강수' 개념에 대한 종래의 통설을 비판하며, 강수는 주변지역에 중국 상품을 판매하던 상인으로, 그리고 도강은 선주(船主)로서 중국-주변국 간 상품 중개에 종사하거나 주변국에 여객 운송을 제공하던 존재였을 것이라 주장한 바 있다(「고려사에 나타나는 송상과 송도강」, 『전북사학』 39, 2011). 강수를 선주나 화물주로, 그리고 '도강'을 (여러 강수들 중의) 우두머리로 간주하던 종래의 입장과는 대단히 다른 가설이라 하겠는데, 두 개념을 분리하는 것이 가능할지, 그리고 도강을 '중개업자' 또는 '운수업자'로만 규정하는 것이 적절할지에 대해서는 논의가 필요하다. 개인적으로는 동의하기 어렵다.

아시아에서 영향을 받은 것이라는 점이 시사하는 바는 실로 크다. 서역의 물자뿐만 아니라 그 교역양태까지도 중국에 전파되었음을 보여주기 때문이다.

게다가 동서 세계간 교류로 인해 중국의 '내부'까지도 변하게 되었으니, 중국 은의 유출로 인해 중국 내 금은 간 절가(折價, 상대가격)가 변동했음이 그를 잘 보여준다. 서아시아 지역과의 교류가 계속되면서, 남송대 금은의 가치 및 금은 서로간의 비가(比價)가 계속 변동하다가 마침내 새로운 비율의 정착으로 귀결되었다. 북송시대 대체로 8:1, 6:1 정도의 비가를 보이던 금은 간의 가치가 남송시대(1134년경)에는 대략 13:1의 비가를 보이는 형태로 변동, 정착하는데, 이 수치는 서아시아 이슬람 세계의 금은 간 비가와 비슷한 수치였던 것으로 평가된다.

결국 중국이 남해지역을 통해 이슬람 상업권으로서의 서아시아 시장과 끊임없이 교류하는 가운데, 중국 내부의 금은 가격이 국제시장의 '공통 금은 가격'에 순응하는 모습을 보여준 것으로 분석할 수 있다.[67] 이러한 상황은 중국 시장의 성격 변화라고까지 이름 붙일 만하다.

이렇듯 8세기 이래 계속된 중국과 서아시아 세계(서역) 간 교류의 결과, 중국 시장 자체가 투자양태 및 내부물가의 측면 등에서 변화하게 되었음을 확인할 수 있다. 외적으로는 동아시아 교역권의 성격이 바뀌었고, 내적으로는 중국 상인들의 교역양태 및 지향이 변하였다. 이러한 엄청난 변동에서 중국의 인근 지역들 역시 자유로울 수 없었다. 특히 육지로는 요동과 연결돼 있고 해상으로는 중국의 강남지역과 가까웠던 한반도는 직접적 영향 또는 타격을 받게 된다. 후술하겠지만 고려를 찾는 강남 상인들의 수가 급감하는(12세기 중엽) 현상이 앞에서 살펴본 바와 같이 동북아시아에서 '서역형' 도강 상인들의 활동이 본격화되고(11세기 말~12세기 초) 중국 시장

---

67) 이상 두 문단의 내용은 佐藤圭四郎, 앞의 책 362~64면에 상세하게 정리돼 있다.

의 금은 환율이 '서역 수준'으로 재조정된 시점(12세기 전반) 이후 가속화하였음에 주목할 필요가 있다.

이윤의 향배에 예민할 수밖에 없는 중국 상인들의 경우, 서아시아 시장과의 교역 비중이 커져가는 현실 앞에서 자신들이 전통적으로 관련을 맺어왔던 고려 시장의 중요성이 과연 이전과 동일한가에 대해 셈해보지 않을 수 없었을 것이다. 당시 중국인들의 눈에 고려가 과연 어떤 모습으로 비쳤을지를 생각해보자. 고려의 여러 생산품은 사실 당시 중국 상인들에게 각광받던 각종 진귀품이나 이국적 외래품과는 거리가 멀었다. 중국이 당장 필요로 하던 금은도 고려에서는 산출이 부진했다. 게다가 한반도는 강수무역을 시도했다가는 수지타산을 맞출 수도 없을 정도로 가까운 지역이었다. 여러모로 중국 상인들의 '성에 차지 않는' 시장일 수밖에 없었다.[68]

물론 서아시아에 대한 중국 상인들의 관심 증대가 송상들의 고려 방문이 부진해진 직접적인 원인이라고 명시적으로 언급한 자료는 아직 확인된바 없다. 그러나 중국 상인들이 고려를 서아시아 시장에 비해 '부차적인' 존재로 여기고 있었음은, 당시 고려를 방문하던 상인들의 출신지역이 묵시적으로 웅변하는 바가 있다. 11세기 초 이래 고려를 방문하던 중국 상인들은 주로 천주에서 출항했지만, 이후 11세기 중엽에 이르면 천주지역 상인들의 고려 방문이 급감한다. 그리고 천주 대신 명주(明州, 원대의 경원慶元, 오늘날의 닝보寧波) 상인들의 방문이 상대적으로 늘어나게 된다.

11~12세기 송상들의 고려 방문 사례 중 방문자의 출신지역이 거론된 경우만을 살펴보면, 『고려사』 세가에 천주인의 고려 방문이 최초로 확인되는 것은 1015년 윤6월이다. 그러한 방문은 1030년대 초까지 2,3년에 한번

---

68) 일찍이 고병익도 고려-원제국 사이의 교류에서 '송상들의 고려 방문'과 같은 현상이 잘 보이지 않는 것은, 원대 중국 원양선이 인도양 등 남양지방에서 활동하게 되면서 강남 주민과 상인들의 관심이 남해지방으로 더 쏠리게 되었기 때문이라 추정한 바 있다(고병익 「麗代 東아시아의 海上交通」, 『진단학보』 71·72, 1991, 304~06면).

꼴로 이어졌고, 이후 두어 차례 10~15년간의 휴지기를 보이면서도 1050년 대 말까지 이어졌다.[69] 그러나 이후에는 천주로부터의 방문이 더욱 뜸해진 다. 11세기 말까지 겨우 한두번 더 보이는 정도다.[70] 물론 출신지역 불명의 송상들 중에도 천주 출신들이 있었을 수 있다. 따라서 천주인들의 방문이 더욱 잦았을 수도, 더 나아가 11세기 후반 이후에도 계속되었을 수도 있다. 다만 하나의 추세를 시간순으로 기록한『고려사』상의 통계가 11세기 후반 이후 감소 추세를 보인다는 점은 존중해야 할 것이다.[71]

그리고 그 와중에 명주지역과 고려 사이의 교류가 활발해졌음이 주목 된다. 주지하듯이 11세기 후반인 1074년(문종28) 고려 정부에서 등주의 위 험성을 들어 고려 사신들의 도착지점을 명주로 변경해달라며 송에 요청한 이래,[72] 고려인들의 중국 왕래는 주로 명주를 통해 이뤄졌던 것으로 보인 다.[73] 명주의 지방지인『건도사명도경(建都四明道經)』도 남쪽에서는 복건

---

69)『고려사』권4, 세가4 현종6년(1015) 윤6월; 현종8년(1017) 7월; 현종10년(1019) 7월; 현종11년(1020) 2월; 현종14년(1023) 11월; 현종19년(1028) 9월; 현종21년(1030) 7월; 덕종2년(1033) 8월; 정종11년(1045) 5월; 문종3년(1049) 8월; 문종13년(1059) 8월.

70)『고려사』권97, 列傳10 劉載: "劉載宋泉州人, 宣宗時隨商舶來, 試以詩賦授千牛衛錄事泰 軍". 한편『대각국사문집』권3에서도 1089년 고려를 방문한 송 도강 및 천주 상인들의 존재가 확인된다(이진한, 앞의 책).

71) 물론 1044(경력4년)에서 1059(가우3년) 사이의 칙서를 정치한 '가우편칙(嘉祐編勅)' 이나 1060(가우4년)에서 1073(희녕6년)까지의 칙서를 편집한 '희녕편칙(熙寧編勅)'에 고려, 등주 등의 지역이 일단 법규정상으로는 '무역 금지구역'으로 지정돼 있었음을 고 려한다면(백승호의 정리 참조), 천주 상인들이 당시 더이상 고려에 오지 않은 이유가 필자가 제시하는 상황 때문이었다기보다는 송 정부의 금칙 때문이었을 가능성도 배제 할 수 없다. 그러나 대고려 무역 금지령이 1079(원풍2년) 해제되고 1087년 복구됐다가 1094년 다시 해제되었음에도 불구하고, 천주 상인들의 방문이 재개되지는 않았음에 주 목할 필요가 있다.

72)『송사』권487, 列傳246 外國3 高麗 文王徽.

73) 고려 사신들이 중국에 들어갈 때 또는 송 사신들이 중국을 출발할 때 이른바 '절동(浙 東, 오늘날의 닝보·샤오싱紹興·타이저우太州 등지를 지칭) 운하'를 이용했음에서 그를 확 인할 수 있으며, 명주지역에 고려 사관이 누차 건립된 점도 참조된다(박현규「절동 연해

과 광동(廣東), 동쪽에서는 일본, 북쪽에서는 고려로부터 상선들이 들어와 교역하였음을 언급하고 있다. 그리고 바로 이 시기 태주(泰州)[74]와 명주 지역[75] 사람(상인)인들의 방문이 시작되었음을『고려사』또한 전한다.

사료상 확인되는 명주 상인의 첫 고려 방문 시점 1038년은 천주인들의 첫 방문보다 20년 이상 늦다. 게다가 명주와 고려 간의 교류가 본격화된 것은 명주교련사(明州敎練使)가 와서 고려와의 왕래 의지를 천명했던 1078년으로,[76] 1038년으로부터 40년이 더 지난 시점이었다. 그러나 명주인들의 방문은 이후 천주지역 상인들의 방문보다 더 오래 지속되었다. 명주 근처에서 표류한 고려인들을 명주의 지방관들이 보내오기도 했고,[77] 명주지역 지방관들과[78] 상인들이[79] 고려를 방문했으며, 정부의 공식 접촉도 명주를 통해 이뤄졌다.[80] 이 모든 정황은 고려와 관계하던 당시 중국인들의 주요 배후지가 천주에서 명주로 이동해 있었을 가능성을 시사한다.

당시의 '동서 세계간 교역'에서 중국 천주항이 지녔던 위상을 고려할 때, 이는 주목할 만한 변화라 할 수 있다. 명주의 경우 주로 한반도와 일본을 오가는 중국 상인들이 활동하는 일종의 국지(局地)항구였다면, 천주는

안에서 고려인의 수로 교통—교통 유적과 지명을 중심으로」,『중국사연구』64, 2010).

74)『고려사』권5, 세가5 덕종원년(1031) 6월; 권7, 세가7 문종3년(1049) 8월.

75)『고려사』권6, 세가6 정종4년(1038) 8월.

76)『고려사』권9, 세가9 문종32년(1078) 4월 신미. 앞서 언급한 바와 같이 송 정부가 고려를 무역 금지구역으로 지정해둔 결과였을 가능성이 커 보인다.

77)『고려사』권10, 세가10 선종5년(1088) 5월; 7월; 6년(1089) 8월; 권13, 세가13 예종8년(1113) 6월; 권18, 세가18 의종9년(1155) 8월.

78)『고려사』권10, 세가10 선종10년(1093) 2월; 권11, 세가11 숙종5년(1100) 5월; 권13, 세가13 예종4년(1109) 12월; 권15, 세가15 인종5년(1127) 7월.

79)『고려사』권12, 세가12 숙종8년(1103) 2월; 권15, 세가15 인종2년(1124) 5월; 권16, 세가16 인종16년(1138) 3월; 권18, 세가18 의종16년(1162) 3월.

80)『고려사』권13, 세가13 예종8년(1113) 9월; 권14, 세가14 예종13년(1118) 7월 갑신; 권15, 세가15 인종5년(1127) 5월; 권16, 세가16 인종14년(1136) 9월.

원제국의 대표적인 무역항으로서 인도, 아프리카, 아라비아반도 등 모든 지역을 오가는 선박들이 끊임없이 오가던 당시 세계 최고의 국제항구였기 때문이다.

천주는 남송의 수도였던 항주(杭州)와 가까웠고, 활발한 목재 생산으로 조선업이 번성했으며, 수심이 깊은데다 외국과의 교통에 있어 광주(廣州)보다 지리적 위치가 나아, 10세기 후반 이래 12세기 후반에 이르기까지 중국과 서역세계 교류의 주요한 장이 되었다. 아랍인들의 방문도 폭증하여 모스크와 이슬람 공동묘지 등이 설치될 정도였다.[81] 원대 1349년 왕대연(汪大淵)의 『도이지략(島夷誌略)』에 따르면 원대 천주와 무역하거나 왕래한 국가 또는 지역이 100여개에 달한 것으로 확인된다.[82] 천주는 여러 동남아시아 사신과 상인 들의 체류 근거지이자 출발지였고,[83] 천주를 출발한 상선들이 멀리 아랍과 인도 지역까지 가기도 하였다.[84] 마르코 폴로(Marco Polo)도 1291년 천주를 경유해 중국을 떠났고, 14세기 중엽 중국 등지를 여행한 이븐 바투타(Ibn Baṭūṭah)는 1347년 천주에 들어왔으며,[85] 1342년 로마교황의 사신도 천주를 통해 들어왔다.[86] 천주의 이슬람교 사원인 청정사(淸淨寺), 힌두교 사원인 번불사(番佛寺)의 존재 등에서는 당시 천주지역에 다양한 종교가 성행했음을 확인할 수 있고,[87] 기독교·이슬람교·불교·

---

81) 김상범 「중국, 해상실크로드의 진원지」, 『바다의 실크로드』, 청아출판사 2003.

82) 庄景輝 「論元代泉州的繁盛及其原因」, 『泉州港考古與海外交通史硏究』, 岳麓書社 2003.

83) 『원사』 권210, 列傳97 外夷3 爪哇; 流求; 『송사』 권489, 列傳第248 外國5 三佛齊; 勃泥; 권491, 列傳250 外國7 流求國.

84) 천주와 왕래하던 수많은 지역과 국가, 그리고 천주에서 거래, 매매되던 수많은 물산에 대해서는 이경규 「송원대 천주무역 번성 및 시박사」, 『대구사학』 81, 2005 참조.

85) 이븐 바투타는 터키, 남러시아를 지나 인도와 중국을 여행했는데, 그가 바다를 건너 도착한 첫 도시가 자이툰, 즉 천주였고, 자바로 갈 때에도 천주에서 출발했다(이븐 바투타 지음, 정수일 옮김 『이븐 바투타 여행기 2』, 창비 2001, 6장, 15장).

86) 庄景輝, 앞의 글.

87) 李玉昆 「海上絲綢之路與泉州多元文化」, 『泉州文化與海上絲綢之路』, 社會科學文獻 2006.

힌두교 등 천주지역에 남아 있는 다양한 종교 신도들의 비문(碑文)을 통해 천주가 명실상부한 세계도시였음을 엿볼 수 있다.[88] 그러한 위상과 입지로 인해 원대 최초의 시박사도 천주에 세워졌고,[89] 원제국 정부로부터 주요 시박 관련 조치가 내려질 때마다 천주가 기준항 역할을 하였으며,[90] 해외 여러 지역을 대상으로 한 관영선 정책 추진 당시 항주와 함께 중심항으로 선정돼[91] 동서 교역의 전진기지로도 기능하였다. 또 방직업·채광업·제당 업·양조업·제염업·도자업 등이 번성해 그러한 천주의 기능을 보조했다.[92]

이러한 천주지역이 세계적 무역항이었음은 무엇보다도 인도반도와의 각별한 관계에서도 확인된다. 인도와 중국의 관계는 이미 8세기 무렵 시 작됐는데, 이 시기 중국이 인도양 무역에 참여하기 시작하였고, 당시 광주 에는 다수의 아랍인·페르시아인·인도인·동남아시아인들이 유입되었다. 12~13세기에는 중국의 조선·해운업이 크게 발달해 중국인들의 해외 거주 지가 인도양으로 확산되었다. 최근 인도네시아에서 발굴된 9세기(추정) 아 랍 소유의 인도산 선박에서 중국 도자기 등이 다량 발굴되어, 이러한 선 박들이 중국에서 출발해 인도 또는 페르시아만 항구로 다수의 화물을 운 송했음이 확인된다. 또 천주만에서 발굴된 한 척의 배는(1271년 이후 침몰 추 정) 12세기 초 이래 막대한 양의 화물을 실은 중국 대형선박들이 인도양에 서 대외무역을 벌였음을 보여준다. 1281년 양정벽(楊庭璧)의 사절단이 천 주에서 출발해 마아바르국에 도착했고, 마르코 폴로는 중국해안과 인도남 부 간에 중국 배들이 항해했다고 썼으며, 이븐 바투타도 캘리컷의 한 항구

88) 吳文良 原著, 吳幼雄 增訂『泉州宗敎石刻』, 科學出版社 2005.
89) 『원사』 권94, 志43 食貨2 市舶, 지원14년(1277) 立市舶司一於泉州 令忙古䚟領之.
90) 이강한「13세기 말 고려 대외 무역선의 활동과 元代 '關稅'의 문제」, 『도서문화』36, 2010.
91) 『원사』 권94, 志43 食貨2 市舶, 지원21년(1284) 設市舶都轉運司於杭泉二州, 官自具船, 給本, 選人入蕃, 貿易諸貨.
92) 李玉昆, 앞의 글.

에 정박한 13척의 중국 배들을 묘사한 바 있다. 9~13세기 인도 동부 코로만델(Coromandel) 해안을 지배하던 11세기 촐라왕조(11세기 이래 나가파티남 항구 등과 중국 광주·천주 사이의 무역유대를 강화했던 인도의 왕조), 서부의 말라바르 해안, 그리고 근처의 코람(구람俱藍, 지금의 인도 퀼론Quilon, 마르코 폴로는 코일룸 Coilum이라 하였다) 역시 13세기 말 남아시아로 가는 중국 상인 및 사신 들의 주요 도착지이자 선도적 상업중심지로 기능하였다. 이렇듯 인도대륙은 중국에 대단히 중요한 존재였다고 할 수 있다.[93]

　　그런데 이러한 인도와 중국의 교류가 바로 천주를 통해 이루어졌다. "값비싼 보석, 크고 좋은 진주, 비싸고 멋진 물건을 잔뜩 싣고 인도에서 오는 배들이〔천주에〕정박한다"거나, "북부 인도 사람들이 문신을 위해 이 도시〔천주〕로 몰려온다"는 마르코 폴로의 언급들, 그리고 양정벽이 1280년대 초 인도 동부 코로만델 해안에 소재한 마아바르국을 방문했을 당시 그 나라 재상들이 "우리 배들이 천주에 갔을 때 관에서 후대해주었다"고 표현한 대목 등이 그를 잘 보여준다.[94] 아울러 천주와 인도지역 사이의 거리도 그리 멀지 않았던 것으로 보인다. 천주에서 코람과 마아바르까지 "10만 리 정도의 거리로, 바람을 잘 받으면 15일 만에 도착한다"는 기록이 그를 보여준다.[95] 물론 대개는 3,4개월 정도가 소요된 것으로 보인다. 양정벽의 마아바르국 방문 기사에도 3개월이 소요되었음이 언급된 바 있고(十八年 正月, 自泉州入海行三月, 抵僧伽耶山), 1402년 조선에서 만들어진 『혼일강리 역대국도지도(混一疆理歷代國都之圖)』의 기초자료가 된 두 지도 중 하나인

---

93) 탄센 셴「중국-인도 간 해상교류: 인도 해안지대와 인도양에서 중국 해상세력의 부상」, 『실크로드의 교역과 상인』, 서울대 중앙유라시아연구소 및 인문학연구원 HK문명 연구사업단 주최 제2회 국제학술회의 자료집 2009.

94) 『원사』 권210, 列傳97 外夷3 馬八兒等國.

95) 『원사』 권210, 列傳97 外夷3 馬八兒等國: "海外諸蕃國, 惟馬八兒與俱藍足以綱領諸國而俱 藍又為馬八兒後障, 自泉州至其國約十萬里, 其國至阿不合大王城, 水路得便風, 約十五日可到, 比餘國最大."

「광륜강리도(廣輪疆理圖)」에 따르면 "천주에서 바람을 안고 60일을 달리면 자바(爪哇)에 다다르고 128일을 달리면 마팔아[마아바르국]에 다다랐다"고 돼 있다.[96] 중국에서 인도까지의 먼 여정치고는 나쁘지 않은 기간이었다.

아울러 천주가 인도지역을 매개로 '이슬람 세계'와도 교역관계를 맺음으로써, 천주항의 세계적 위상이 확립되었다.[97] 이미 이른 시기부터 인도와 이슬람 사회 사이에는 교역권이 형성돼 있어 말 무역 등이 활발하게 전개되었다. 이러한 말 무역은 『동방견문록』 내 여러 지점에서 확인된다. 오늘날 아라비아 반도지역의 상인들이 인도 마아바르로 와서 국왕들에게 말을 팔았다는 기사나(174장), 페르시아의 '여덟 왕국'에 훌륭한 군마(軍馬)가 많아 다수를 인도에 가져가 수출했다는 기사(31장) 등이 그것이다. 또 인도에서 온 진주들이 서구권으로 가기 전에 서아시아의 바우닥 지방에서 세공되었으며, 상인들이 인도에서 향료, 보석, 진주, 비단금실(옷감), 상아 등을 구매해 배에 싣고 바우닥에 와 사람들에게 팔며 엄청난 이익을 남겼던 것으로 전해진다. 중국, 아라비아, 레반트 상인들이 자국에서 다량의 물건을 배에 싣고 인도 왕국에 왔다가, 인도에서 생산되는 물품들을 배에 싣고 돌아갔다는 기록도 확인된다.[98]

인도대륙과 서아시아 이슬람 세계는 항로상으로도 연결돼 있었는데, 마르코 폴로가 중국을 떠날 당시 천주를 출발, 마아바르 루트를 통해 서역의 일칸국(훌라구 울루스)으로 갔음에서 그를 확인할 수 있다.[99] 물론 천주와 이슬람 세계 사이의 거리는 상당하여, 해를 넘겨서야 도착할 수 있는

96) 미야 노리코 지음, 김유영 옮김, 유원수 감수 『조선이 그린 세계지도: 몽골제국의 유산과 동아시아』, 소와당 2010, 68면.
97) 탄센 센, 앞의 글 117면.
98) 마르코 폴로 지음, 김호동 역주 『동방견문록』, 사계절 2000, 180면의 언급.
99) 같은 책 19면.

상황이었다.[100] 전술한 「광륜강리도」에 따르면 "천주에서 출발해 200여일이면 페르시아만의 홀노몰사(忽魯沒思, 호르무즈, 즉 일칸국)로 향하는 여정이 끝난다"고 돼 있고,[101] 『동방견문록』에 따르면 마르코 폴로 일행이 1286년 일칸국 아르군(1284~88)의 새 왕비를 모시고 천주를 떠나 일칸국에 도착하는 데 걸린 기간이 '26개월'로 나타나기도 한다. 그러나 원대 들어와 이슬람 항로에 대한 중국인들의 지식이 더욱 확대되면서 상황은 달라진다. 1287년 당시 몽골 정부는 일칸국의 무슬림 상인들이 갖고 있던 해도 자료인 랄나마(剌那麻) 수집에 착수했던 것으로 전해진다.[102] 이 랄나마는 페르시아어로 '길의 서(書)'라 번역되며, 복건으로부터 대도, 천주를 거쳐 자바와 호르무즈(더 나아가 유럽까지)로 향하는 길을 아라비아 문자로 상세하게 기록한 것으로 여겨지고 있다. 이렇게 원대 들어 방대한 양의 서아시아 관련 정보가 중국에 전해지면서, 양 지역 사이의 관계는 더욱 긴밀해진다. 그리고 천주지역은 바로 이러한 인도·이슬람 세계로 향하는 중국의 창구 역할을 했던 것이다.

그런데 그러한 천주로부터의 고려 방문이, 11세기 중반 이래 (비록 성근 통계로나마) 눈에 띄게 줄어든다. 천주인들이 인도·이슬람 상인들과의 거래에 주력하는 와중에, 고려와의 교역에는 더이상 이전만큼의 시간과 재원을 투입하지 않게 되었을 가능성을 보여주는 대목이다. 반면 명주지역 출신자들의 방문은 계속되었는데, 중국인들의 시각에서 볼 때 한반도와의 교역도 나름의 효용과 필요가 있었기 때문이 아닌가 한다. 천주를 관문으로 한 세계와의 교역과는 별개로, 고려와 일본을 상대하는 국지교역도 엄연히 계속될 수 있었던 것이다. 천주 상인들은 동서 세계

---

100) 『宋史』 권490, 列傳249 外國6 大食: "其國在泉州西北, 舟行四十餘日至藍里, 次年乘風颿, 又六十餘日始達其國."

101) 미야 노리코, 앞의 책.

102) 같은 책 159면.

간 교역에 주력하고, 명주 상인들은 중국과 한반도 사이의 국지교역을 담당하는, 일종의 역할 분담이 형성되었을 가능성이 있다.

노골적으로 말해, 한반도는 중국의 대외교역 상인들에게 '부차적인' 존재로 인식되고 있었을 가능성이 크다. 동아시아 교역권에서 한반도가 점하던 위상이 이전에 비해, 예컨대 9세기 장보고(張保皐)의 활동기에 비해 상당히 낮아졌을 가능성이 높다는 얘기이다.

앞에서 살펴본 12세기 후반 중국과 서역 간의 교역, 그리고 후술할 13세기 전반 몽골 귀족들의 오르탁교역이 보여준 기본적인 형태는, 중국의 은을 수출해 서아시아 지역의 보화(寶貨)를 사들이는 것이었다. 서아시아의 여러 진귀한 물품을 원하는 중국과, 중국의 은을 원하는 서아시아의 이해관계가 합치한 결과 형성된 교역이었다. 물론 서아시아인들의 경우 중국의 견직물, 칠기(漆器), 자기(磁器)에도 열광했지만, 무엇보다도 중국의 은을 가장 필요로 하고 있었다.[103] 그런 점에서 막대한 은을 생산하던 송이나, 송으로부터 막대한 양의 은 세폐를 받아내던 요와 금, 그리고 중국 강남지역의 풍부한 물산을 물려받은 몽골 원제국 등은 이슬람 무역권에는 일종의 이상적인 기대 파트너였다.

그런데 중국과 서아시아의 관계가 긴밀해지면 긴밀해질수록, 동아시아적 차원에서 볼 때 은 또는 이국적 서아시아 물품을 생산하거나 제공할 수 있는 지역들만이 무역 상대국으로서의 가치를 지니는 상황이 공고해질 수밖에 없었다. 그렇지 못한 시장은 배척되거나 소외될 수밖에 없는 상황이었다.

한반도가 바로 그러한 상황에 놓여 있었다. 고려는 전통적으로 고유의 특산물들을 무기로 송상들과 거래하였다. 문방사우(文房四友)를 포함한 일상적 생활용품 또는 도자기와 모시 등이 그것이었다. 전자의 경우 생산량

---

103) 村上正二「元朝の斡脱と泉府司」, 『東方學報』 13-1, 1942.

에 제한이 있어 교역규모 자체가 작을 수밖에 없었고, 후자의 경우 중국에서 생산된 자기나 직물에 비해 현저한 비교우위를 점하지 못했던 문제가 있었다. 고려 전기와 중기의 경우 중국 상인들의 시야에 있어 서아시아시장이 점하는 비중이 아직 크지 않아 고려의 물산도 나름의 경쟁력을 유지했으나, 일단 서아시아 교역권이 보장하는 이윤의 맛을 본 강남 상인들로서는 고려가 눈에 들지 않게 되었을 가능성이 크다. 대형투자를 동반한 원양교역으로서의 '강수(도강)무역'이 11세기 후반 이래 본격화된 상황에서, 12세기 전반까지만 하더라도 종종 고려를 방문하던 도강들이 12세기 중엽을 기점으로 더이상 고려에 오지 않게 된 것도 어찌 보면 당연한 일이었다고도 할 수 있다.

결국 한반도를 방문하는 중국 상인들의 수는 이미 11세기 이래 언제든 급감할 수 있는 상황이었다고 하겠으며 그러한 가능성이 100여년의 유예기를 거쳐 12세기 중엽 마침내 현실화되었던 것이다. 11세기 중엽 이래 '천주 상인들을 대신해' 고려를 꾸준히 방문하던 명주 상인들마저, 중국의 강수무역 도입 및 내부 금은 환율 변동에서 엿볼 수 있듯이 중국과 서아시아 간의 관계가 '극성기'에 진입하던 12세기 중엽부터 이전처럼 고려를 방문하지 않게 되었음이 그를 여실하게 보여준다.[104]

이상에서 살펴본 바와 같이, 강남 상인들의 고려 방문 빈도 감소에는 고

---

104) 물론 12세기 말 중국 상인이 동전을 갖고 고려에 가는 것을 금한 『문헌통고(文獻通考)』의 기록이나 13세기 초 '경원항과 고려 예빈성 간 접촉이 모두 송나라 고박(賈舶)을 통한다'는 기사들은 당시 송상들의 고려 방문이 어느정도는 지속되고 있었을 가능성을 보여준다. 1256년 송 경원지역의 지방관 오잠(吳潛)이 해구 근절 및 해도 방어를 위해 올린 상소문에서 "명주(경원)를 떠나 고려로 향하는 선박이 1년에 3척씩"이라고 한 대목 역시 당시 송상들의 고려 방문을 이례적으로 확언하고 있다. 따라서 13세기 중엽에도 송상들의 고려 방문이 꾸준히 이어졌음을 부인할 수는 없다. 다만 전체적인 추세는 이전에 비해 많이 위축되었을 가능성이 높다는 얘기이다(이강한 「서평: 이진한 『고려시대 송상왕래 연구』」, 『역사학보』 212, 2011).

려-남송 간 관계의 변화라는 정치·외교적 사유, 원의 고려 물자 징발로 인한 고려 내부사정의 악화라는 경제적 사유도 일부 작용했지만, 그를 넘어서는 좀더 큰 추세, 더 큰 흐름 또한 작용하고 있었다. 동아시아 시장의 성격이 변화하고 동아시아 교역권에서 고려가 점하던 위상도 변화하는 등, 동서 세계간 교역의 증가라는 그야말로 전지구적 차원의 흐름을 배경으로 발생한 새로운 추세들이 강남인들의 방문 감소를 유발한 것이라 할 수 있다.[105]

2. 수역의 설치, 잠깐의 부흥

그럼 강남인들의 한반도 방문이 완전히 끊긴 것은 과연 언제였을까?

강남인들의 고려 방문이 13세기 후반 극히 저조해진 것은 사실이지만, 그렇다고 완전히 중단된 것은 아니었다. 13세기 말~14세기 초까지는 그나마 근근이 이어지고 있었음에 주목할 필요가 있다. 당시 동아시아 교역권의 상황이니 동서 세계간 교역의 추이에도 불구하고, 고려와의 교역을 부분적으로 유지하려는 욕구도 당연히 존재했을 수 있다.

아울러 이와 관련하여, 중국 강남인들의 한반도 방문을 비록 몇년이나마 인위적으로 연장시킨 요인이 있었음이 주목된다. 1287년 한반도 북부의 요동지역에서 발생한 돌발변수인 동방3왕가 나얀(乃顔)의 정변으로 인해, 중국 강남과 한반도 서해안, 그리고 내륙의 요동지역을 잇는 물류(物

---

105) 물론 상기한 정황이 송상들의 방문을 위축시킨 '유일한' 이유라고 단정하는 것은 아니다. 한반도 시장의 위상 변동에는 이러한 거시적 변수 외에도, 본문에 언급한 바와 같이 여러 중소 변수들이 함께 작용했을 가능성이 크기 때문이다. 게다가 현재 남아 있는 사료가 전하지 않는 별도의 이유들이 작용했을 가능성도 배제할 수 없다. 여기 제시된 소결은 정황 증거들에 기반한 필자의 가설임을 밝혀둔다.

流)가 일시적으로 형성되었다. 그리고 그를 뒷받침하기 위해, 1293년 2월 원 황제 쿠빌라이의 지시로 한반도 서해안, 즉 탐라에서 압록강 입구에 이르는 연안지역에 '수역(水驛) 11소(所)'가 설치되었다.[106] 강남 상인들이 그 수역로를 활용해 한반도를 경유, 요동지역을 왕래하게 되면서, 감소하던 그들의 한반도 방문이 일시적으로나마 증가하게 된다.

물산이 부족한 화북지역에 수도인 대도를 설치한 원제국으로서는 강남지역의 풍부한 물자를 북경지역에 효율적으로 운송하는 것이야말로 제국의 운명을 좌우하는 중차대한 사업이었다. 그래서 1260년대 후반 이래 전국 각지에 수역과 수참(水站)을 설치, 강남과 하북 연해의 각종 군사·경제적 수요를 지원했다. 그리고 그러한 시설들을 기반으로 조운행정을 정비, 전국 각지에서 거둔 세금이 수도로 원활히 운송되게 하였다.

그 과정에서 강남의 유력한 경제인이자 해운업자였던 주청(朱淸)과 장선(張瑄) 등이 부상했다. 1280년 1월 처음 등장한 이들은 해운의 공로를 인정받아 각종 관직을 역임했는데, 이들의 활동으로 인해 해운량이 점차 증가해 1290년대 초 150만석 규모로 급증하게 된다.[107] 결국 1290년대까지 계속된 수역체계 구축 및 조운행정 정비에 힘입어 강남 미곡의 대도 운송체계가 확립되고, 그로 인해 원제국의 재정적 근간도 안정적으로 형성되었다.

그러나 당시 원제국 정부는 이른바 '강남-대도' 노선을 구축하는 한편으로, 강남의 미곡을 다른 곳으로도 운송해야 할 필요에 직면해 있었다. 바로 원제국의 일본원정 때문이었다. 강남-대도 간 조운망 구축에 주력하던 주청과 장선이 1283년 4월 돌연 일본원정 준비에 투입되고, 한반도 방면으

---

106) 『원사』 권17, 본기 17 세조 지원30년(1293) 2월 신해. 이 수역들의 수는 13개로도 나오는데(권63, 志15 地理6 征東等處行中書省 高麗國), 탐라-압록강 노선에 '양촌(楊村)'과 '해구(海口)'가 더해진 결과로 보인다.

107) 원대 수역, 수참의 설치 및 조운행정의 정비과정과 관련해서는 이강한 「1293~1303년 고려 서해안 '元 水驛'의 置廢와 그 의미」, 『한국중세사연구』 33, 2012 참조.

로의 물자 운송에 개입하였음이 그를 잘 보여준다.[108] 주청과 장선이 강남의 운량초토사(運糧招討使)로서 만호부(萬戶府) 일을 겸하던 1285년에도, 원제국 정부는 일본원정을 위해 100만석 규모의 강회(江淮) 군량을 고려로 운송하는 것을 논의하였다.[109] 일본원정이라는 중·장기적 정황을 배경으로, 강남-대도와는 전혀 별개의 조운 노선(강남-고려)을 구축할 필요가 발생했음을 엿볼 수 있다.

다만 1281년 이후 일본원정이 여러차례의 시도에도 불구하고 실행되지 못하면서, 강남-고려 간 미곡 운송의 필요성은 점차 줄어들었다. 그러한 필요성이 다시 부상한 것은 1280년대 후반이었다. 대도 중앙정부의 간섭에 반발하던 요동지역의 나얀이 1287년 반란을 일으킴으로써,[110] 요동지역으로 군량미와 진휼미를 보내야 할 필요가 생긴 것이다. 나얀은 난을 일으킨 지 몇달도 안 돼 몸소 정벌에 나선 세조에게 진압됐지만, 그 잔당이 살아남아 카다안(哈丹)의 지휘 아래 향후 3,4년간 중국의 변경에서 활동하였다. 그 여진은 1290년대 후반까지도 이어져 고려에도 불똥이 튀었는데, 그 와중에 해당 지역으로의 미곡 운송에 한반도도 연루되게 된다.

카다안의 고려 침공은 1291년 초 시작되었다. 그의 병력은 1292년 진압될 때까지 2년여 동안 해양(海陽), 쌍성(雙城), 화주(和州), 등주(登州) 등 한반도의 서해도 이북지역, 동계(東界)의 일부 지역, 그리고 교주도(交州道)의 양근성(楊根城)과 원주(原州)에도 들어왔으며, 1291년 4월 급기야 개경을 침범하기에 이르렀다.[111] 당시 북쪽 변경지대의 피해는 심각했는데, 압

---

108) 『원사』권12, 본기12 세조 지원20년(1283) 4월 임진.

109) 『원사』권13, 본기13 세조 지원22년(1285) 11월 계사.

110) 나얀, 카다안의 난과 요동의 상황에 대해서는 스기야마 마사아키(杉山正明) 지음, 임대희·김장구·양영유 옮김 『몽골세계제국』, 신서원 1999; 김한규 『요동사』, 문학과지성사 2004 참조.

111) 『고려사』권30, 세가30 충렬왕16년(1290) 5월 무신; 6월 갑술; 11월 정미; 12월; 충렬왕17년(1291) 1월 기미; 4월 갑오.

록강 서쪽 19개 역에 배속되어 있던 가축들이 모두 약탈당해 원으로부터 소 40마리씩을 새로 지급받아야 할 정도였다.[112] 다만 이 시점을 전후로 전세가 반전되어 다음달에는 고려가 공세를 시작하였고, 두달여 만에 적을 격퇴하는 데 성공하였다.[113] 1292년 원에서 카다안 난 관련자들을 고려에 유배함으로써[114] 카다안의 난은 드디어 종식되었다.

바로 이 카다안의 난이 전개되는 와중이던 1290년대 전반 5,6년 동안, '중국 강남에서 고려로' 미곡이 운송되는 정황과, '고려에서 요동으로' 미곡이 운송되는 정황들이 확인된다. 얼핏 보기에 전자는 (가) 원제국 정부가 고려민을 진휼하기 위해 강남의 미곡을 보내온 사례들로, 그리고 후자는 (나) 요양지역 진휼을 위해 원제국 정부가 고려 정부에 미곡을 요구한 사례들로 보이기도 한다. 그러나 두 정황을 엮어보면, 중국의 강남지역에서 한반도 북변의 요동지역으로 가는 미곡이 '중간지대'로서의 한반도를 '통과'하고 있었음을 확인할 수 있다.

당시의 '요양행 미곡 운송'에 고려가 처음으로 관련된 것은 1288년 초로 보인다. 1288년 4월 원에서 충렬왕에게 군사 5,000명 및 군량을 요양행성 (遼陽行省) 대녕로(大寧路)의 건주(建州)에 보내줄 것을 요청한 것이다.[115] 고려 내에서 소비할 미곡도 모자란 상황이었던지라, 고려 정부는 최대한 답을 늦추었다. 그런데 마침 원제국 정부가 자체적으로 1월과 2월 두 차례에 걸쳐 해당 지역에 10~15만석 규모의 진휼미를 송달하였다.[116] 이후 8월에도 원제국 정부가 요양성에 미곡 1만석을 추가로 송달하였다.[117] 그 결

---

112) 『원사』권16, 본기16 세조 지원28년(1291) 12월 정묘.
113) 『고려사』권30, 세가30 충렬왕17년(1291) 5월 갑진; 6월 정묘.
114) 『고려사』권30, 세가30 충렬왕18년(1292) 3월 무오; 4월 경오.
115) 『고려사』권30, 세가30 충렬왕14년(1288) 4월 경오.
116) 『원사』권15, 본기15 세조 지원25년(1288) 1월 기유; 2월 기묘(후자는 동년 5월 임인 일에 다시 언급).
117) 『원사』권15, 본기15 세조 지원25년(1288) 8월 계축.

과 고려는 이때에는 원의 군량미 요구를 피해갈 수 있었다.

다만 원의 미곡 요구는 1289년 1월 반복되었고, 이번에는 고려도 군량을 보내지 않을 수 없는 상황이었다. 원제국 정부는 강남지역 호광행성(湖廣行省)의 참지정사(參知政事) 장수지(張守智) 등을 고려에 보내 군량 마련을 감독하게 하였다.[118] 『원사』에는 미곡 징발의 명목이 '일본원정용' 군량 확보라 언급된 반면, 『고려사』에는 '요동지역민 구휼용'으로 기록돼 있다.[119] 고려측 기사에는 '강남지역은 험하고 멀어 어려우니, 대신 접경지역인 고려에서 양곡 10만석을 가져다가 구하자'는 건의도 포함돼 있다. 이에 고려는 2월과 3월 전국 각지에서 미곡을 징발하였고, 총 64,000여석을 5월 요동의 개주(盖州)지역에 운송하였다.[120]

그런데 이후에는 양상이 사뭇 달라졌다. 원이 요구하는 미곡을 고려가 제공하기보다, 중국 강남지역과 한반도 북부의 요양을 오가는 미곡의 물류가 고려를 그냥 통과하고만 있었음이 주목된다.

우선 1291년의 상황을 살펴보자. 1291년 4월 충렬왕이 원의 병력을 맞으면서 원 관료들에게 잔치를 베푼 바 있다. 그런데 이 자리에서 참석자 한 사람이 왕에게 "강남에서 운송하는 군량이 아직 이르지 못했으니, 적이 닥쳐오는데 양식이 떨어지면 어찌 하겠습니까"라 물었다.[121] 강남에서 운송될 예정인 이 미곡이 도착할 곳은 당연히 요동이었다. 그리고 원 사신들이 이 사안을 고려 왕에게 언급한 것에서도 알 수 있듯이, 이 미곡은 고려를

118) 『원사』 권15, 본기15 세조 지원26년(1289) 1월 무신.
119) 『고려사』 권30, 세가30 충렬왕15년(1289) 2월 병인.
120) 『고려사』 권79, 지33 식화2 과렴; 권30, 세가30 충렬왕15년(1289) 3월 신묘; 5월 을유. 이렇듯 고려가 6만여석의 미곡을 준비해 원에 제공한 사실은 『원사』 본기 1289년 4월조에도 기록돼 있다(권15, 본기15 세조 지원26년(1289) 4월 기유). 여기서는 1월의 기사와 달리 '요양성 관내에 기근이 들어 고려에서 쌀 6만석을 빌려 진휼하였다'고 기록하였고, 운송과정에서 6,000여석이 유실된 사실도 별도로 기록되어 있다(10월 을축).
121) 『고려사』 권30, 세가30 충렬왕17년(1291) 4월 신사.

통과할 예정이었다. 그 미곡이 때맞춰 고려에 당도하지 못할 수도 있겠다는 우려에서, 그를 대체할 양곡을 준비하라는 요구를 에둘러 표현한 셈이다. 미곡이 제때 도착했는지, 아니면 고려가 새로 미곡을 제공해야 했는지는 사료상 확인되지 않는다.

그런데 두달 뒤인 1291년 6월 '원에서 강남 미곡 10만석을 운송해와 고려민들을 진휼했다'는 기록이 확인된다.[122] 고려 사료에 따르면, 고려의 세자(훗날의 충선왕)가 '고려인들이 일본원정에 동원되고 군량미 제공에도 애쓰느라 농사에 신경을 못 써 기근을 만났다'고 호소하자, 원에서 배 47척에 강남미 10만석을 싣고 와 고려의 관료와 백성들에게 나누어준 것으로 전해진다.[123] 또 『원사』에 따르면, 그로부터 4개월 뒤에도 쌀 20만곡(斛) 규모의 진휼 조치가 고려지역을 대상으로 추가 단행됐음이 확인된다.[124] 1291년 한해 동안 상당량의 강남 미곡이 고려에 전달되었음을 알 수 있다.

원제국 정부가 4월에는 고려에 군량을 요구해놓고, 6월과 10월에는 거꾸로 고려에 진휼미를 보낸 셈이다. 쉽사리 납득이 가지 않는 정황이다. 게다가 고려에 제공된 미곡의 규모가 이채롭다. 고려는 일찍이 1274년과 1281년 1·2차 일본원정 당시 원의 물자 징발에 시달리며 누차 기근을 호소했지만, 그때 전달돼온 진휼미의 규모는 기껏해야 1~2만석 규모였다.[125] 1291년의 10만석, 20만석은 이전의 규모를 훨씬 상회하는 대단히 이례적인 것이었다고 할 수 있다.

게다가 그 진휼의 시점이, 앞서 살펴본 바와 같이 요동지역의 군량수요

---

122) 『고려사』 권30, 세가30 충렬왕17년(1291) 6월 갑신.

123) 『고려사』 권80, 志34 食貨3 賑恤 水旱疫癘賑貸之制.

124) 『원사』 권16, 본기16 세조 지원28년(1291) 10월 계미. 10월 기사와 6월 기사가 동일한 상황을 묘사한 것이었을 가능성도 있지만, 6월의 기사가 『고려사』에 실려 있고 오히려 뒤 10월의 기사가 『원사』에 실려 있다는 점에서, 두 기사는 별개의 사실을 묘사한 것으로 보아야 할 것이다.

125) 『고려사』 권27, 세가27 원종15년(1274) 4월 기유; 권29, 세가29 충렬왕6년(1280) 5월.

가 급증하던 시점이었다. 따라서 이 미곡은 순전히 '고려민 진휼용'으로 고려에 왔던 것이라기보다는, '별도의 용도'에 사용되기 위해 보내온 미곡이었을 것이라 보는 것이 자연스럽다고 생각된다. 예컨대 6월의 10만석은 이전 1289년 고려에서 새로 마련해 원제국에 제공했던 6만여석에 대한 사후 보전 명목으로 지급된 미곡이었을 가능성이 있다. 그리고 10월의 20만 곡은 요동지역에 투입될 군량이나 진휼미로 전달된 미곡이었을 가능성이 있다. 두달 뒤인 1291년 12월 "요양의 여진인들이 굶주리자 고려의 곡식을 빌려 진휼하였다"는 기사가 『원사』에 등장하기 때문이다.[126] 고려가 6월과 10월 원의 진휼미를 막 받은 판국에, 원제국 정부가 고려의 곡식을 새로이 징발해 여진인들에게 제공했다는 것은 말이 되지 않는다. 따라서 10월 이전 이미 고려에 도착해 집적돼 있던 (강남) 양곡의 일부를 여진 진휼미로 전용했음을 이렇게 표현한 것이라 생각된다.

즉 1291년 4월, 6월, 10월, 12월에 걸쳐 확인되는 정황들을 통해, 당시 강남을 출발해 고려를 거친 후 요동으로 가던 미곡의 물류가 있었음을 확인할 수 있다. 그리고 그러한 상황은 이후에도 이어졌다.

1292년 윤6월의 경우, 강남 미곡 10만석이 고려민 진휼용으로 운송돼오다가[127] 사고로 4,200석만 고려에 도착하였다.[128] 그런데 두달 뒤인 1292년 8월, 고려와 여진의 경계지대인 쌍성에서 기근이 들었음을 보고하자 원제국 정부가 고려 왕에게 명령을 내려 '해운(海運)한 곡식'으로 쌍성을 진휼하게 했다.[129] 진휼을 받아야 할 처지에 놓여 있던 고려가 쌍성 진휼용 미

---

126) 『원사』권16, 본기16 세조 지원28년(1291) 12월 을축.
127) 『고려사』권30, 세가30 충렬왕18년(1292) 윤6월 신묘;『원사』권17, 본기17 세조 지원29년(1292) 윤6월 신해(고려에 기근이 들어 고려 왕이 속粟을 청하니 10만석으로 진휼했다).
128) 『고려사』권80, 志34 食貨3 賑恤 水旱疫癘賑貸之制.
129) 『원사』권17, 본기17 세조 지원29년(1292) 8월 무오.

곡을 새로 마련하기는 어려웠을 것이고, 기사에도 '해운한 곡식'이라 돼 있으므로, 당시 고려에 보내진 강남 미곡의 일부가 쌍성으로 갔을 가능성이 크다. 게다가 강남미 10만석이 출발하기 전인 5월 여진지역의 기근에 대한 진휼이 원제국 정부 내에서 논의된 것으로 보아,[130] 윤6월 고려 국왕의 요청이 있기 이전에 이미 요동지역에 미곡을 보낼 계획을 갖고 있었을 가능성도 있다. 따라서 1292년 윤6월 기사의 경우 그 모양새는 '원제국 정부가 고려의 10만석 요구에 선뜻 응한' 것으로 돼 있으나, 원제국 정부가 고려민 기근 구제에 이 10만석을 다 쓰고자 했을 가능성은 사실상 적었을 것으로 보인다. 원제국의 10만석 제공이 고려 국왕의 10만석 진휼미 요청과 시기상 맞물려 진행되긴 했지만, '고려민 진휼'은 그 용처의 일부에 지나지 않았을 가능성이 높은 셈이다. 원제국 정부의 의도는 어디까지나 고려를 '중개지'로 활용하는 것으로, 고려에 운송된 미곡들을 고려에 제공하는 한편, 그것을 필요로 하던 여타 지역에도 공수하는 것이었을 가능성이 높다. 미곡이 고려에 도착하기 한달 전인 1292년 6월에도 요양행성 대녕로 혜주(惠州)지역에서 가뭄과 장마로 인해 백성들이 자꾸 굶어죽는 것이 보고되자 초(鈔) 2,000정 및 양식 1개월분의 진휼이 결정되었음에서 엿볼 수 있듯이,[131] 고려 말고도 강남의 미곡을 필요로 하는 요양행성 내 지역들은 여럿 있었다. 1293년 1월 요양로 내에 28개 역을 설치하고 역마다 소와 수레를 다수 설치한 것도, 요양행 미곡 운송이 장기화될 것에 대비한 조치였을 수 있다.[132]

한편 1293년 6월에는 강남의 천호(千戶)가 선박 20척에 쌀을 싣고 왔음이 확인된다.[133] 기사에는 미곡 제공의 명분이 표시되어 있지 않아 이것

---

130) 『원사』 권17, 본기17 세조 지원29년(1292) 5월 갑오.
131) 『원사』 권17, 본기17 세조 지원29년(1292) 6월 병자.
132) 『원사』 권17, 본기17 세조 지원30년(1293) 1월 신사.
133) 『고려사』 권30, 세가30 충렬왕19년(1293) 6월 기축.

이 고려민 진휼용이었는지 아니면 요동지역에 운송될 군량미였는지 여부는 알 수 없다. 다만 이와 관련하여 『원사』의 1293년 2월 기사가 참조된다. '해운한 미곡 10만석을 요양행성의 병사들에게 주라고 지시'했다는 것이다.[134] 2월 지시 이후 준비를 거쳐 강남을 출발한 군량(또는 진휼미)이 6월에 고려에 들어왔다가, 이후 요동으로 갔을 가능성이 엿보인다. 고려가 일종의 미곡 중개지였음을 더욱 확실하게 보여주는 기사는 『고려사』 세가 1294년 12월조에서 발견된다. 원에서 사신을 보내와 "일본정벌을 위해〔고려에〕운송해 강화도에 적립해둔 강남미 10만석 중 5만석을 요심(遼瀋)지역 진휼에 쓰려고 하니 내놓으라"고 지시한 것이다.[135]

이 기사를 통해, 1291년 이후 거의 매년 운송돼오던 미곡 중 쓰고 남은 분량이 강화도에 보관돼 있었을 가능성을 엿볼 수 있다. 고려는 일단 1295년 3월 쌀 1만석을 실어 요양에 수송했지만, 4월에는 요양으로의 양곡 운송규모를 줄여달라고 했는데,[136] 고려 및 요동지역 진휼을 위해 원이 고려에 적립해둔 강남미를 고려에서 임의로 써버린 상태였음을 보여준다. 원제국 정부의 양해로 고려는 3만석만 보내게 되었고, 이후 두 차례에 걸쳐 요양으로 미곡이 운송됐으며,[137] 이 가운데 일부는 인근 지역 진휼에도 활용되었다.[138] 원에서는 이 일을 계기로 고려에 적립된 강남미에 대한 관리가 필요함을 절감하게 된 것으로 보이는데, 바로 다음달인 동년 윤4월 고려에 저장된 양식을 실사하게 한 데서 그를 엿볼 수 있다.[139] 당장 석달 뒤인 7월에도 요양민들의 기근에 양식 두달치를 제공한 데서 보듯이[140]

---

134) 『원사』 권17, 본기17 세조 지원30년(1293) 2월 정유.
135) 『고려사』 권31, 세가31 충렬왕20년(1294) 12월 경인.
136) 『고려사』 권31, 세가31 충렬왕21년(1295) 3월 정사; 4월 계묘.
137) 『고려사』 권31, 세가31 충렬왕21년(1295) 4월 기묘; 윤4월 계유.
138) 『고려사』 권31, 세가31 충렬왕21년(1295) 4월 무인.
139) 『원사』 권18, 본기18 성종 원정원년(1295) 윤4월 무진.
140) 『원사』 권96, 志45 食貨4 賑恤 水旱疫癘賑貸之制.

요동지역의 진휼미 수요는 여전히 높은 상황이었다.[141] 이에 원제국 정부는 고려를 통해 미곡을 중개하는 데 그치지 않고, 운송된 미곡의 보안에도 적극 나섰던 것이라 생각된다.

이렇듯 1280년대 말 이래 6,7년간 요동지역에 운송되었던 군량이나 진휼미는, 고려에서 징발되기보다는 대부분의 경우 강남에서 운송되어와 고려를 통과한 후 요동에 전달되었을 가능성이 높다. 그리고 무엇보다도 미곡 운송을 위해 관련자들이 고려를 오가는 과정에서, 강남 '상인'들의 한반도 방문도 산발적으로나마 계속되었을 것으로 추측된다. 당시 고려를 매개로 한 강남 미곡의 요동 운송에 관련되어 있던 모든 자들이 해외교역과 밀접한 관련을 맺고 있었음에서 그러한 가능성을 엿볼 수 있다. 미곡 운송을 주도하던 주청과 장선, 사부정(沙不丁, Sheb-ud-Dîn)과 오마아(烏馬兒, Omar) 등 원제국의 '조운세력'들이 일본, 베트남, 류우뀨우(琉求) 등의 동남아시아 원정 및 해당 지역들과의 '교역' 또한 주도하던 상황이었다.[142]

아울러 1293년 한반도 서해안에 미곡 운송지원을 위한 수역이 설치되어 인근 상인들에게 추가 편의를 제공하게 되면서, 강남 상인들의 한반도 방문이 일시적으로 증가했을 가능성도 있다. 수역 설치를 확정하기 직전, 세조 쿠빌라이가 「요동수정도(遼東水程圖)」라는 지도를 보며 고려 관료 정가신(鄭可臣)에게 수역의 '경제적 전망'을 유독 강조한 것에서도 그러한 가능성을 엿볼 수 있다.[143]

종래의 연구에서는 쿠빌라이가 고려의 물산을 추가징발하기 위해 수역

---

141) 『원사』권18, 본기18 성종 원정원년(1295) 8월 계해(요양 수해 피해민들에게 두달 분량 양식 제공); 권19, 본기19 성종 원정2년(1296) 3월 신묘(요양행성에 양식 3만석 하사); 권96, 志45 食貨4 賑恤 水旱疫癘賑貸之制(대덕원년(1297) 기근으로 요양, 수달달호에게 양식 5,000석을 진휼).

142) 이에 대해서는 이강한, 앞의 글 참조.

143) 『고려사』권105, 列傳18 鄭可臣.

설치를 제안했고, 정가신은 그를 우려해 그 제안을 거부한 것으로 보아왔다. 쿠빌라이가 고려의 물산을 미와 포로 적시하고(汝國所産唯米布), 그것을 나르는 것이 무겁고 길도 멀다는 점을 지적하며(若陸輸道遠物重所輸不償所費) 그 미포의 용처가 요동지역 군량·진휼미가 될 것임을 시사했다는 점을 토대로 한 관측이었다. 그런데 앞서 살펴본 바와 같이 요동으로 간 미곡의 대부분은 고려가 아닌 강남에서 조달되었고, 세조는 정가신에게 강남행성 성관직을 제의하면서 '강남-고려 간 물류'에 관련된 모종의 임무를 맡길 것임을 시사하였다(今欲授汝江南行省左丞使主海運). 쿠빌라이는 강남-고려-요양으로 이어지는 원활한 미곡 운송을 위해 강남-고려 구역의 물류를 안정적으로 유지하고자, 고려인에게 성관직을 제공하는 방식으로 고려의 협조를 구한 것으로 보인다. 그리고 고려의 승낙을 구하기 위한 더욱 확실한 방편으로 '수역이 설치된다면 고려의 재정에 보탬이 될 수 있고, 대도에 와 있는 고려인들의 체재비용도 확보할 수 있음'을 강조한 것이 흥미롭다(歲可致若干斛匹豈唯補國用可給東人寓都之資). 수역 운영이 상당한 이윤을 발생시키는 경제적 장치임을 거론하며 정가신의 수락을 유도했던 셈이다.

앞서 살펴본 바와 같이 1293년 6월 배 20척에 쌀을 싣고 고려를 방문했던 강남 천호가 '기타 토물', 즉 상품으로 간주할 만한 물자들을 많이 갖고 왔음이 실제로 확인된다. 아울러 이후 살펴볼 부분이긴 하지만 충렬왕이 파견한 관영 교역선 또한 1295년경 강남 경원에 입항했고, 14세기 초 충선왕을 포함해 다수의 고려인들이 강남지역에 체재하면서 중국인들과 교역하였다. 강남-고려 간 교역을 통해 원뿐만 아니라 고려 또한 이득을 볼 수 있다는 세조의 전망이 현실로 나타난 셈이었다고 할 수 있다. 수역 설치가 강행된 것도 고려가 굴복한 결과라기보다는 고려로서도 그로 인한 잠재적 이득에 공감한 결과였을 가능성이 있다.

1290년대 초 나얀·카다안의 난으로 인해 군량이 소진되고 민생이 피폐해진 쌍성과 요동 등지는 강남의 상인들에게는 상당한 이윤을 보장하는 지역이었을 가능성이 높다. 따라서 수역을 거쳐 요동으로 가는 미곡운반선에는 적지 않은 수의 강남 물자와 상인들이 동승했을 것이다.[144] 당시 사정이 그러했다면, 한반도 서해안의 수역들은 급속히 저조해지던 강남 상인들의 한반도 방문을 일정기간 유지하는 효과를 냈을 수 있다. 비록 강남인들의 고려 방문이 13세기 전반 급감해 13세기 말에는 거의 중단상태에 빠져 있다시피 했지만, 강남 상인이 요동에서의 상거래를 목표로 강남을 출발했다가, 중간 기착지로서 고려에 들러 간단한 교역을 했을 가능성도 없지 않기 때문이다. 그 점에서 이 수역노선의 가동은 강남 상인들의 '고려 방문 완전중단' 시점을 어느정도 늦추는 데 기여했을 가능성이 크다.

다만 이 수역들은 1303년 돌연 전격적으로 폐지되었다.[145] 그와 더불어 그를 이용하던 강남 상인들의 고려 방문 또한 다시 부진해졌거나, 완전히 중단되었을 가능성이 높다.

수역 폐지에는 몇가지 변수가 작용하였다. 우선 요동지역의 상황이 14세기 초 안정 국면에 접어들었다. 카다안의 세력은 1292년경을 전후해 소멸했지만, 원제국 정부는 여전히 1290년대 내내 이 지역을 관찰하고 있었다. 1297년 말 나얀 소속의 민호들을 중국 내지로 이동시켰고,[146] 1301년 3월 요양행성에 명하여 병력 1만명을 거느리고 지역에 주둔케 하기도 했다.[147]

그런데 1301년 7월 카다안의 손자 탈환(脫歡)이 북쪽 경계에서 항복하였고, 그 가족들이 모두 죽거나 나포되었다는 이유로 원제국 정부가 위로금

---

144) 유사한 형태의 중국 상인의 고려 방문으로는 11세기 거란에 가기 위해 고려에 들르던 송상들의 행적을 들 수 있다(서병국 「고려·송·요의 삼각무역고」, 『백산학보』 15, 1960).

145) 『원사』 권178, 列傳65 王約: "(…) 罷非道水驛十三, 免耽羅貢非土產物, 東民大喜."

146) 『원사』 권19, 본기19 성종 대덕원년(1297) 윤12월 임신.

147) 『원사』 권20, 본기20 성종 대덕5년(1301) 3월 기사; 5월 기유.

을 하사한 사실이 확인된다.[148] 탈환의 귀부(歸附)는 1287년 나얀의 난으로 인해 시작된 요동지역의 불안정한 정세가 15년여 만에 드디어 해소되었음을 의미한다. 아울러 1304년 나얀 소속이던 몽골군 300명을 강남 연해인 정해(定海)의 방위 병력으로 활용한 사실이나,[149] 1305년 요양행성의 형사처결권을 박탈하고[150] 1307년 나얀의 난 당시 포로로서 판적(版籍)에 오른 자들의 처리 문제를 협의한 것에서도, 1300년대 중반 나얀·카다안 세력의 실체가 완전히 와해되었음을 확인할 수 있다.[151]

그에 따라 요동지역으로의 물자 운송 필요성 또한 급격하게 감소한 것으로 여겨진다. 실제로 1290년대 전반만 하더라도 빈번하던 진휼 관련 기록들이 1290년대 말에는 극도로 감소하고, 1300년대 전반에는 단 1건만이 확인된다.[152] 민간상인들 역시 요동지역에서의 경제활동을 재고하게 되었을 것으로 짐작된다. 원제국 정부로서도 적지 않은 경비와 인력을 들여 한반도 서안의 수역노선을 유지할 필요를 더이상 느끼지 않게 되었을 가능성이 높다.

아울러 그외에도 여러 요인들이 작용했다. 우선 30년이 넘는 기간 동안 기득권 세력으로 영향력을 떨쳐왔던 원제국 내의 해운세력 중 일부인 주청·장선 세력이 14세기 초 드디어 몰락하였다. 이들의 몰락으로 강남-한반도 간 수역체제를 유지하는 것 자체가 어려워졌다. 또 원제국 정부 무역정책이 1294년 세조 사후 변화하다가, 이 시기에 이르러 '해금(海禁)' 수준의 무역 견제책으로 비화했음이 주목된다. 원제국 정부가 동남아시아 및

---

148) 『원사』 권20, 본기20 성종 대덕5년(1301) 7월 계해.

149) 『원사』 권99, 志47 兵2 鎭戍.

150) 『원사』 권21, 본기21 성종 대덕9년(1305) 3월 정미.

151) 『원사』 권22, 본기22 무종 대덕11년(1307) 7월 기축.

152) 『원사』 권20, 본기20 성종 대덕5년(1301) 7월 을사(요양성 대녕로의 홍수로 양식 1,000석을 진휼).

한반도 서쪽 해상의 교역을 통제하게 되면서, 그에 역행하는 수역을 유지할 명분이 없어진 것이다. 그리고 마지막으로 원제국 정부의 해외원정 및 초유(招諭) 정책이 14세기 초 대체로 마무리되면서, 원제국 정부와 동남아시아 간 물류가 증가하였다. 1297년 복건성의 치소를 '류우뀨우와 가까운' 천주로 옮긴 사실에서 중국 강남과 동남아시아 지역 간 관계가 더욱 긴밀해졌음을 엿볼 수 있고,[153] 1300년 운남에서 미얀마까지 15개의 역이 증설된 것도[154] 동남아시아 원정 종료로 인해 그러한 물류가 '일상화'되었음을 잘 보여준다. 이러한 상황에서 동북아시아의 한반도 수역노선은 시의성을 잃었을 가능성이 크다. 이러한 요인들이 복합적으로 작용하여, 결국 한반도 서해안의 수역들이 폐지된 것이라 생각된다.[155]

고려 서해안 수역노선의 폐지가 고려에는 어떤 영향을 끼쳤을까? 안 그래도 한반도를 굳이 방문해야 할 이유가 줄어든 상황에서 수역의 존재에 힘입어 그나마 간헐적으로 고려를 방문하던 중국 강남인들은, 강남-요동 간 물류의 필요성이 사라지고 수역 또한 폐지되면서 더이상 고려에 왕래할 동기를 느끼지 못하게 되었을 것이다. 강남 상객의 고려 왕 예방 기사가 1301년 8월, 수강궁(壽康宮)에서 충렬왕에게 향연을 베푼 사례를[156] 끝으로 더이상 관찰되지 않는 것도 우연은 아니라고 생각된다.

즉 1290년대 말~1300년대 초 강남 상인들의 한반도 방문이 '수역'의 존재로 인해 저조하나마 지속되다가, 요양 정세의 해소, 주청과 장선 등 중국 내 해운세력의 몰락, 원 해외무역 정책의 변질, 동남아시아 초유의 완료, 그리고 수역의 폐지 등 여러 변수들이 발생함에 따라, 결국 중단되기에 이른 것으로 생각된다. 1293년 세워져 1303년 폐지된 고려 서해안의 원 수역

---

153) 『원사』 권19, 본기19 성종 대덕원년(1297) 2월 기미.
154) 『원사』 권20, 본기20 성종 대덕4년(1300) 5월 계미.
155) 이에 대해서는 이강한, 앞의 글 참조.
156) 『고려사』 권32, 세가32 충렬왕27년(1301) 8월 무자.

은 그러한 방문을 희소하나마 조금 더 연장해준 존재였던 동시에, 폐지와 함께 중국 강남인들의 방문이 완전히 끊기게 되었음을 상징적으로 드러낸 존재이기도 했던 셈이다. 1287년 나얀의 난이 터지지 않고 1293년 한반도 서해안에 수역이 설치되지 않았더라면, 강남 상인들의 한반도 방문이 훨씬 더 이른 시기에 완전히 중단되었을 가능성도 배제할 수 없다. 앞서도 언급했듯이 강남인들의 방문은 이미 12세기 후반 급감하고 있었기 때문이다.

그 점을 고려하면, 14세기 초 강남 상인들의 한반도 방문 중단을 몽골인들의 도래, 그리고 이른바 '원간섭기'의 시작 때문에 발생한 상황이라 간주하는 것은 부당하다고 할 수 있다. 그러한 추세는 이미 몽골인들이 도래하기 오래 전에 시작되고 있었기 때문이다. 서아시아인과 중앙아시아인들의 도래, 그리고 그로 인한 중국의 변화가 이미 한반도 시장의 운명을 결정지었던 것이라고도 할 수 있다. 몽골인들의 도래는 그러한 현상을 가속화한 추가 변수였을 따름이다. 그리고 동시에, 대단히 역설적이게도 한반도에 또다른 가능성을 열어준 새로운 계기이기도 하였다. 이 내용은 뒤에서 살펴보도록 한다.

이상에서 검토한 바와 같이, 고려인들에게는 그야말로 악몽과도 같은 여러 절망적인 상황들이 13세기 후반 계속되었다. 고려 특산물이 해외로 다량 유출되고, 응방과 둔전 들이 고려의 은·모시·미곡을 징발하는 상황, 더 나아가 그간 고려인들에게 수입과 수출의 창구가 되어주었던 강남 상인들의 한반도 방문 감소 등은, 13세기 전반 몽골과의 전란으로 파괴된 고려 경제의 재건을 거의 불가능하게 하는 악재들이었다고 할 수 있다. 이런 상황에서 고려인들이 중국과의 교역을 재개하기는 대단히 어려운 일이었다. 생존이 우선적 과제일 수밖에 없는 상황이었다.

그러나 이러한 암흑기적 상황은 예상외로 빨리 걷히기 시작했다. 응방과 둔전은 1270년과 1280년대에 철수하거나 약화되었고, 몽골측의 물자 징발이 줄면서 물자 유출-유입의 불균형이 어느정도 해소되어갔다. 강남 상인들을 대신해 새로운 무역세력이 한반도를 방문하게 되었고, 동시에 중국 항구들의 관세율은 인하되었다. 잉여의 축적이 가능해지자 고려인들은 그를 기반으로 다시금 대외교역에 나설 준비를 시작했다. 어두웠던 13세기가 흘러가고 전혀 새로운 시대, 14세기가 열리고 있었다.

제2부

13세기 말 14세기 초: 변화하는 외부환경, 고려의 재기

제3장

터널의 끝:
새로운 외국인들의 도래, 그리고 잉여의 생성

1. 응방과 둔전의 폐지, 그리고 물류의 역전

1296년 5월, 재미있는 장면이 하나 확인된다.

중찬(中贊) 홍자번(洪子藩)이 백성을 편하게 해야 할 일들을 조목별로 개진하였다. "(⋯) 소는 논을 갈고 말은 타고 싣는 것으로서, 민생에 대단히 급하고 중요한 바입니다. 그런데 근래 많은 상인들이 소와 말을 거느리고 고려를 벗어납니다. 그리고 〔정부는〕 주와 현으로 하여금 말을 내어 국가의 용도에 쓰게 합니다. 가히 금하지 않을 수 없습니다. (⋯)"[1]

농경에 필수적인 소와 말들이 해외로 유출되는 것은 고려의 농민들에게 결코 바람직한 현상이 아니었다. 아울러 역로(驛路) 운영에도 부정적인 영

---

1) 『고려사』 권84, 志38 刑法1 公式 職制, 中贊洪子藩條上便民事: "(⋯) 一牛以耕田馬以乘載 民生之所急也. 近有商賈之人多將牛馬出疆及令州縣出馬以資國贐, 不可不禁 (⋯)."

향을 끼칠 소지가 있었다. 홍자번은 이러한 유출이 민생에 끼치는 폐해를 줄이기 위해 이같은 제기를 한 것으로 여겨진다. 한편으로 원제국에 바칠 마필을 확보하기 위해서라도 이러한 현상은 통제되어야 했다.[2]

그런데 소와 말을 국외로 반출하고 있던 것이 바로 '상인'들이었음이 주목된다. 소와 말 반출의 규모가 당시 문제가 될 정도였다면, 상인들의 해외진출 또한 상당한 규모였을 것이다. 그런 점에서 앞의 기사는 당시 다수의 고려 민간상인들이 원제국을 방문, 상당규모의 교역을 벌이고 있음을 보여준다고 할 수 있다. 여기에는 열거하지 않았지만, 당시 홍자번이 다른 조목에서 거론한 물자들 역시 고려의 주요 해외수출품들이었다.[3]

기왕의 연구에서도 '편민(便民) 18사(事)'라 일컬어지는 1296년 홍자번의 건의가, 1290년대 중반 들어 더욱 활발해진 고려-원제국 교역을 배경으로 하고 있다고 평가한 바 있다.[4] 당시 승려, 왕실, 여러 지방관, 대토지를 소유한 권세가, 그리고 그들의 대리상인 들이 수단과 방법을 가리지 않고 중국에 수출할 만한 물품들을 고려 내지에서 수집, 해외교역에 투자한 것으로 추정된다. 물론 그들의 활동이 언제부터 본격화되었는지는 사료상 전하지 않지만, 앞의 기사들은 그러한 활동들이 대체로 13세기 말~14세기 초 본격화했을 가능성을 강력히 시사한다. 이미 몽골인들의 도래 이전부

---

2) 홍자번과 관련해서는 김광철「洪子藩研究-忠烈王代 政治와 社會의 一側面」,『경남사학』 1, 1984; 노용필「洪子藩의 便民十八事에 대한 연구」,『역사학보』102, 1984 등의 연구가 참조된다.

3) 『고려사』 권78, 志32 食貨1 田制 貢賦. 당시 여러 도(道)가 세저포를 수렴하는 것이 백성들에게 고통이 되므로, 관비(官婢)와 면역자(免役者)들로 하여금 방직을 하게 하자는 건의도 했고, 정해진 공부(貢賦) 외에 집집마다 추가로 세마포(細麻布)를 징발하고 있으니 그것을 금하자고도 했으며, 호랑이, 표범 그리고 곰의 가죽 공납은 기본적으로 해당 물품들을 확보하는 과정이 대단히 위험하니 역시 금지하자고 한 것이다.

4) 채웅석「고려 후기 유통경제의 조건과 양상」,『김용섭 교수 정년기념논총 2: 중세 전기의 신분제와 토지소유』, 지식산업사 1997; 김동철「고려 말의 유통구조와 상인」,『부대사학』9, 1985.

터 진행되고 있던 이른바 공물 '대납' 현상이나 민간수공업의 발전, 그리고 도시와 지방 상업의 활성화 현상들이 원과의 강화(講和) 이후 어느정도 회복되었기 때문에 가능했던 일이라 생각된다.

당시 고려 내부의 사정이 이 시기 들어 이렇게 호전되어 있었던 이유는 과연 무엇이었을까? 아울러 당시 사람들이 개선된 여건을 토대로 대외교역을 재개한 데에 어떤 특정의 계기가 작용한 바는 없었을까?

전자와 관련해서는, 13세기 후반 고려인들을 절망으로 내몰았던 유출과 유입 불균형 문제가 이 시기 사뭇 다른 양상을 보이고 있었음에 주목할 수 있다. 13세기 말에 접어들면서 원의 고려 물자 징발은 현저하게 줄어들었다. 반면 원제국으로부터의 물자 유입은 비약적으로 증가했다. 그 결과 고려인들이 일정한 수위의 잉여를 형성할 여건이 조성된 것이다.

유출 감소의 정황을 먼저 살펴보도록 하자. 은의 경우 1290년대 이후에는 원의 직접적 요구 사례가 거의 발견되지 않는다. 1308년 11월 고려 정부가 원의 사신을 향연하고 은병 100구, 저포 200필, 능(綾, 비단) 100여필을 제공하거나,[5] 1312년 9월 고려 왕이 원 영왕(寧王)에게 은 50근, 저포 50필을 증여한 사례[6] 등이 관측될 따름이다. 이들은 원의 은 징발 사례라기보다는 고려가 예대 차원에서 은을 제공한 사례라 할 수 있다. 은이라는 중요 물자의 징발이 줄고, 대신 그것을 예우 차원에서 제공하는 사례들만 확인된다는 점은 중요한 변화라 할 수 있다.

무엇보다도 이 시기 응방을 통한 은의 징발도 상당히 감소한 것으로 생각된다. 후술하겠지만 응방의 폐단을 묘사한 기사들은 1280년대 전반까지는 활발히 등장하다가, 이후에는 그 빈도가 현저히 감소하고, 1280년대 말에는 충렬왕이 응방을 폐지하려 하기에 이른다. 1290년대 초에 들어서는

---

5) 『고려사』 권33, 세가33 충선왕 복위원년(1308) 11월 기미.
6) 『고려사』 권34, 세가34 충선왕 복위4년(1312) 9월 갑진.

그 활동이 더욱 위축되었을 것으로 생각되는데, 상황이 그러했다면 응방을 통한 고려 은의 해외유출 규모 역시 상당정도 줄었을 것으로 짐작된다.

물론 응방의 약화 이후에도 원의 고려 금은 채굴 시도는 계속되었다. 그러나 실제로 채굴에 성공한 경우는 적었던 것으로 보인다. 1289년 2월 원에서 사신을 보내와 은을 채굴하였고,[7] 4월 고려국에 은이 많이 난다 하므로 장인을 보내 근처의 백성들로 하여금 채굴해 관에 납부케 했으며,[8] 7월 원에서 다시금 사신들을 보내와 은을 채굴했음이 전해진다.[9] 그러나 그러한 채굴을 통해 실제로 어느 정도의 금과 은을 확보했는지는 확인되지 않는다. 1270년대 후반의 채금 시도가 실패했음을 고려한다면, 1280년대 말에도 많은 양의 은을 채굴하는 데 성공했을 가능성은 적다.

이렇듯 13세기 말 이후의 고려 은 유출 총량은 이전에 비해 크게 감소했을 가능성이 높다. 그리고 이러한 양상은 다른 물자들, 특히 미곡에서도 유사하게 나타난다. 1279년 4월 충렬왕이 여러 도에 사신을 보내 군량을 점검하게 했고,[10] 1280년 3월 서해도의 기묘년 세곡을 군량 및 기타 용도로 전용하기도 했지만,[11] 그후에는 원의 고려 미곡 징발 사례가 거의 확인되지 않는다.

고려의 미곡을 소진한 가장 큰 요인으로서의 고려 내 원 둔전 역시, 설치 후 7년여 만인 1278년 전격적으로 해체되었다. 세조의 명령으로 홍다구 휘하의 병력, 둔전군, 그리고 합포에 주둔하던 병력이 모두 철수하면서,[12] 고려 내 원 둔전의 경영도 중지된 것이다. 원 병력의 철군으로 인해 일단 가

---

7) 『고려사』 권30, 세가30 충렬왕15년(1289) 3월 임술.
8) 『원사』 권15, 본기15 세조 지원26년(1289) 4월 계유.
9) 『고려사』 권30, 세가30 충렬왕15년(1289) 7월 임오.
10) 『고려사』 권82, 志36 兵2 屯田.
11) 『고려사』 권29, 세가29 충렬왕6년(1280) 3월 갑진.
12) 『고려사』 권28, 세가28 충렬왕4년(1278) 7월 무술.

장 큰 군량수요 요인이 사라지고, 둔전 경영이 중단되면서 둔전에 배속된 인원에 양곡을 제공해야 할 필요도 사라졌기에, 1270년대 말을 기점으로 고려 미곡의 소진 또는 해외유출이 크게 줄었을 것으로 생각된다.

이렇듯 13세기 말에 접어들어 원의 은·미곡 징발이 모두 감소했으며, 직물·가죽·광물·종이·말·매·인삼 등 여타 많은 물자에서도 동일한 양상이 확인된다. 비단의 경우 고려 국왕이 원 황제를 알현할 때 예물 차원에서 자라(紫羅, 비단)를 바치곤 했음이 1294년 4월 자라 9필, 1296년 자라 10필[13] 등의 사례를 통해 확인되지만, 이러한 진상된 예물의 양은 13세기 후반에 비해 대단히 적었고, 그런 사례들의 등장 빈도도 전에 비해 낮아졌다. 유사한 사례로서 고려 정부가 원 사신에게 은병 100구(口) 외에 저포 200필과 능 100여필을 하사한 것이 1308년 11월에나 발견되고,[14] 이후의 사례는 1338년에나 등장한다.

저포도 유사한 양상을 보였다. 고려는 1293년 세저포 45필, 1294년 세저 86필 등을 '예물로' 원에 진상하였고, 1295년에는 제주의 방물로 저포 100필을 바쳤다. 1296년에도 5월과 11월 관료를 보내 저포를 바치거나 원황제를 알현할 당시 백저포 100필을 바치는 방식으로 저포를 제공하였다.[15] 사례들에 등장하는 액수는 상당히 큰 편이지만, 대부분 예물 진상 차원에서 이뤄진 것이었다. 그리고 이후에는 사례들의 출현 빈도와 회당 제공액이 감소한다. 1302년 6월 도성의 거주민들로부터 집집마다 세저포를 차등있게 거둬 국가경비로 썼다는 기사나, 1308년 11월 원 사신에게 200필을 제공한 사례가 확인될 따름이다.[16] 1312년 9월 원 영왕(寧王)에게 저포

---

13) 『고려사』 권31, 세가31 충렬왕20년(1294) 4월 갑오; 충렬왕22년(1296) 11월 갑신.

14) 『고려사』 권33, 세가33 충선왕 복위원년(1308) 11월 기미.

15) 『고려사』 권30, 세가30 충렬왕19년(1293) 12월 을사; 권31, 세가31 충렬왕20년(1294) 4월 갑오; 충렬왕21년(1295) 윤4월 경오; 충렬왕22년(1296) 5월 병술; 11월 갑신.

16) 『고려사』 권79, 志33 食貨2 科斂 충렬왕28년(1302) 6월; 권33, 세가33 충선왕 복위원

50필을 제공했고, 1316년 4월 고려 정부가 재상들부터 9품 관료들까지 저포를 차등있게 내어 국용(國用)에 지출케 했음이 확인되며, 1318년 7월 대호군 손기(孫琦)를 보내 원에 가서 세저포를 바치게 했음이 확인될 뿐이다.[17] 기황후 세력의 고려 물자 징발이 본격화되는 1330년대 말~1340년대 초까지는 제공 사례들이 거의 확인되지 않는다.

　1290년대 들어 확인되는 가죽 제공의 사례 역시 상당수가 예물 진상에 해당한다. 1293년 고려는 세조황제의 사망 직전 원에 호피와 표피 각 9령씩과 수달피 27령 등을 진상했고, 1294년 성종이 즉위할 당시에도 표피 18령과 수달피 81령 등을 진상했으며, 1296년에는 호피와 표피 각 13령씩 및 수달피 76령을 바쳤다.[18] 1295년 윤4월, 1296년 5월에는 고려 정부에서 사람을 원으로 보내 탐라에서 올라온 달피 76령, 들고양이 가죽〔野猫皮〕 83령, 누렁고양이 가죽〔黃猫皮〕 200령, 사슴 가죽〔鹿皮〕 400령 등 각종의 피화(皮貨)를 바쳤다.[19] 그러나 가죽에 대한 징발 내용은 1300년대에 들어와 그 등장 빈도가 현저히 줄고, 1312년에나 원에 가죽을 바친 사례가 확인된다.[20] 1314년 충선왕이 '문무백관과 빈민에게서 징발한 포, 은과 곰 가죽, 호랑이 가죽이 해외로 유출된다'는 것을 암시했을 뿐,[21] 명확한 반출 사례는 1330년대에나 재개될 따름이다.

　인삼의 경우 1293년 10월 원에 바쳐진 이래 1297년 11월에는 탐라의 수유(酥油)와 함께, 1299년 12월에는 따오기 고기〔鵠肉〕와 함께, 1300년 11월

년(1308) 11월 기미.

17) 『고려사』 권34, 세가34 충선왕4년(1312) 9월 갑진; 권79 지33, 식화2 과렴 충숙왕3년 (1316) 4월; 권34, 세가34 충숙왕5년(1318) 7월 을해.

18) 『고려사』 권30, 세가30 충렬왕19년(1293) 12월 을사; 권31, 세가31 충렬왕20년 (1294) 4월 갑오; 충렬왕22년(1296) 11월 갑신.

19) 『고려사』 권31, 세가31 충렬왕21년(1295) 윤4월 경오; 충렬왕22년(1296) 5월 기묘.

20) 『고려사』 권34, 세가34 충선왕4년(1312) 11월 기미.

21) 『고려사』 권34, 세가34 충숙왕원년(1314) 1월 갑진.

에는 쇠고기와 함께, 그리고 1301년 12월에는 새매의 수유와 함께 바쳐졌다.[22] 그러나 이후에는 인삼 진헌 기사가 거의 확인되지 않아, 그 제공이 줄었을 가능성이 높다. 종이의 경우도 1260년대 한참 징발의 대상이 되다가 1270~80년대는 물론 1290~1300년대에도 징발된 바 없었으며, 이후 1320년대 잠깐 제공의 대상이 되고 1350년대 말 한번 더 등장할 따름이다. 석(席) 역시 1270년대에만 징발의 대상이 되었을 뿐 그 이후에는 확인되지 않으며, 1349년 3월 사례가 마지막으로 확인된다. 그리고 13세기 말~14세기 초 동(銅)과 철(鐵)에 대한 징발이나 진헌 사례 역시 관찰되지 않는다. 응(鷹)·요(鷂)·골(鶻) 등 여러 매들 역시 1290년대에는 계속 진상되다가[23] 이후에는 뜸해졌으며, 1301년의 사례 이후 1310년 및 1310년대 말~1320년대 초 몇 사례가 등장한 이후에는[24] 거의 나타나지 않는다.[25]

한편 말의 경우 앞서 언급했듯이 징발되기보다는 탐라의 목장지역에서 목축되어 지속적으로 원에 제공, 전달되었던 것으로 보인다. 1294년 몽골 이름을 가진 탐라인들이 원에 가서 말 400필을 바쳤던 사실이나, 1295년 3월에는 원에서 사람을 탐라에 보내 말을 취한 것, 그리고 1296년 5월 대장군 남정(南挺)을 원에 보내 탐라의 말을 바쳤던 사례 등을 통해 그를 확인할 수 있다.[26] 그런데 1300년대 이래 1330년대까지는 이러한 유의 기사

---

22) 『고려사』 권30, 세가30 충렬왕19년(1293) 10월 갑진; 권31, 세가31 충렬왕23년(1297) 11월 무인; 충렬왕25년(1299) 12월 무신; 충렬왕26년(1300) 11월 계묘; 권32, 세가32 충렬왕27년(1301) 12월 병인.

23) 『고려사』 권30, 세가30 충렬왕19년(1293) 12월 을사; 권31, 세가31 충렬왕20년(1294) 9월 신유; 충렬왕22년(1296) 6월 경자; 7월 갑신; 충렬왕25년(1299) 5월 신사; 충렬왕26년(1300) 9월 임인.

24) 『고려사』 권32, 세가32 충렬왕27년(1301) 12월 병인; 권33, 세가33 충선왕2년(1310) 6월 계축; 권34, 세가34 충숙왕6년(1319) 6월 정해; 권35, 세가35 충숙왕7년(1320) 6월 신미; 충숙왕8년(1321) 5월 신축: 충숙왕9년(1322) 윤5월 기유.

25) 1337년 7월 원 추밀원에서 아골(鴉鶻)을 구하였다는 사례가 등장할 따름이다(『고려사』 권35, 세가35 충숙왕 복위6년(1337) 7월 임인).

가 사료에 등장하지 않으며, 1347년 8월에나 원의 태복시(太僕寺)에서 사람을 보내와 탐라의 말을 취했음이 확인될 따름이다.[27] 설령 탐라에서 목축된 말을 지속적으로 원에 제공하고 있었다 하더라도, 사료상의 등장 빈도에 이러한 단절이 보인다는 점은, 실제로도 당시 말의 제공에 부침이 있었을 가능성을 보여주는 것이라 여겨진다. 그리고 그러한 부침은 14세기 전반 이래 고려 물자 유출이 감소하고 있었음을 보여주는 또 하나의 정황이라 생각된다.[28]

이상에서, 13세기 내내 진행되던 고려 물자의 해외유출 추세가 13세기 말 급격히 사그라지고 있었음을 엿볼 수 있다. 물론 사료에 나타나지 않는 징발·유출 사례들이 더 있었을 가능성을 배제할 수는 없으나, 그러한 사례에 대한 『고려사』의 기술이 드러내는 추세 또한 감안할 필요가 있다. 그럴 경우 13세기 말~14세기 초 고려 물자의 유출이 이전에 비해 상당히 줄어들었다고 보인다.

이렇듯 원의 고려 물자 요구 및 징발이 감소한 배경은 무엇이었을까? 그와 관련하여 원제국 정부가 15년여에 걸쳐 전개한 강남지역의 재원(財源) 편제작업이 13세기 밀 어느정도 마무리되었음을 고려할 필요가 있다. 1287~91년 사이에 재상이던 상가가 이를 완성한 것으로 평가되는데, 그

---

26) 『고려사』 권31, 세가31 충렬왕20년(1294) 5월 갑인; 충렬왕21년(1295) 3월 경오; 충렬왕22년(1296) 5월 갑오.

27) 『고려사』 권37, 세가37 충목왕3년(1347) 8월 무인.

28) 이러한 추세는 일반적 방물 진상 사례들에서도 확인된다. 1289년 1월, 1290년 1월, 1291년 1월 방물이 계속 제공되었으나(『원사』 권15, 본기15 세조 지원26년(1289) 1월 계묘; 권16, 본기16 세조 지원27년(1290) 1월 을묘; 세조 지원28년(1291) 1월 계축), 1290년대 이후에는 현저히 감소하였다. 1300년 6월 왕이 입조하여 황제를 알현할 당시 방물을 진상했음이 확인되긴 하나(『고려사』 권31, 세가31 충렬왕26년(1300) 6월 임자), 이후의 사례는 고려 왕이 국내에서 원으로 사신을 보내 방물을 바친 1306년에나 재개되었으며(『원사』 권21, 본기21 성종 대덕10년(1306) 1월 임인), 이러한 사례들의 등장 빈도는 이후 더욱 낮아진다.

결과 고려 물자에 대한 원의 수요나 징발의 필요성이 많이 감소했을 것으로 짐작된다.[29]

1276년의 남송 복속을 계기로, 원의 강남지역 흡수작업은 급속히 진행되기 시작하였다. 이미 1275년부터 새로 획득한 주부군현(州府郡縣)에 대한 호구 파악이 진행되어, 강회(江淮)·절동(浙東)·절서(浙西)·호남(湖南)·호북(湖北) 등 강남지역에서 모두 937만여호, 1,972만여명의 인력이 새로이 확보되었다.[30] 이렇듯 엄청난 규모의 인구를 새로 확보하게 되면서 원제국 정부는 해당 지역의 인민들을 안정시킬 방책을 강구하게 되었고, 그러한 작업은 강동·강서·절동·절서·회동·회서 지역의 신구(新舊) 전곡(錢穀)의 검핵(檢覈), 즉 조사작업 및 절서·절동·강서·강동·호북 5도 선위사(宣慰使)의 임명으로 이어졌다.[31] 원제국 정부는 이어 각지에 행성을 신설함으로써 지방 지배질서도 구축해갔다.

당시의 이러한 폭발적인 영역 확대 및 인구 증가는 당연히 기존 원제국 정부의 경제정책을 근본적으로 바꿔놓았을 것이다. 그리고 그 결과는 1280년대 초 이래 국가재정에 반영되기 시작하였다. 연간 미곡 수송량이 사료에 기록되기 시작한 것이 1283년이라는 점이 그를 잘 보여준다. 비록 초기에는 그 규모가 4~5만석 수준이었지만, 향후 20여년에 걸쳐 300만석 규모로 급증하게 된다.

이러한 상황에서 고려 물자에 대한 원제국 정부의 시각이 근본적으로 바뀌었을 가능성을 염두에 두지 않을 수 없다. 둔전을 철수할 당시 병력 및

---

29) 원의 강남편입 과정에 대한 연구로는 植松正 『元代江南政治社會史研究』, 汲古書院 1997; 愛宕松男 「元の中國支配と漢民族社會」, 『岩波講座世界歷史9(中世3)』, 岩波書店 1969; 植松正 「元朝支配下の江南地域社會」, 『宋元時代史の基本問題』, 汲古書院 1995 등을 참조할 수 있다.

30) 『원사』권9, 본기9 세조 지원13년(1276) 9월 신유.

31) 『원사』권9, 본기9 세조 지원13년(1276) 12월 경인.

다루가치들이 함께 철수하고 호구 파악 또한 포기되었다는 점에서,[32] 당시 고려 재원에 대한 원 조정의 입장이 변화하고 있었음을 확인할 수 있다.

아울러 고려 국왕이 원 황제의 부마가 되면서 고려의 위상이 신장된 것도 방물량의 감소와 무관치 않았을 것으로 추측된다. 고려의 국왕이 원 황제의 부마인 상황에서, 원이 이전처럼 고려의 물자를 징발하기는 어려웠을 것이기 때문이다. 실제로 원종과 충렬왕에 대한 원 사신들의 예대 자체가 달라진 것에 주목할 필요가 있다.[33] 또 원 황제 무종이 고려 고종, 원종, 충렬왕의 시호를 내릴 당시, "세자 시절의 충렬왕이 황제의 딸을 〔부인으로〕 맞으니, 드디어 〔고려가〕 때마다 바치는 공물(時貢方物)을 파해주고, 종친에게 하는 것처럼 해마다 하사하였다"고 언급한 것에서도 그 점을 엿볼 수 있다.[34] 이러한 여러 요인들이 복합적으로 작용하여, 원의 고려 물자 징발이 13세기 말~14세기 초 감소했던 것이라 생각된다.

아울러 이 시기 다른 경로를 통해 진행되고 있던 유출도 감소하였음이 주목된다. 우선 고려 국왕의 여행경비로서의 반전(盤纏)경비 지출이 점차 줄어들고 있었다. 물론 1290년대 초에는 몇몇 사례가 발견된다. 1291년 12월 쌀 6,964석으로 백은 111근, 은병 57구, 저포 1,450필을 확보하고, 영송고와 대부의 백저포 각 150필을 내어 여비에 충당한 사례, 1292년 8월 백관에게 은과 저포를 차등있게 내게 하여 입조여비에 충당한 사례, 그리고 국왕의 입조길에 인근 지역의 각 만호, 총관, 다루가치와 대왕(大王) 등이 양주(羊酒) 및 말, 낙타를 바친 것에 대한 보답으로 국왕이 은과 포를 하사한 사례 등이 확인된다.[35]

---

32) 『고려사』 권28, 세가28 충렬왕4년(1278) 7월 무술.
33) 『고려사』 권26, 세가26 원종10년(1269) 11월 계해.
34) 『고려사』 권33, 세가33 충선왕 복위2년(1310) 7월 을미.
35) 『고려사』 권30, 세가30 충렬왕17년(1291) 12월 계사; 권79, 志33 食貨2 科斂 충렬왕 18년(1292) 8월; 권30, 세가30 충렬왕19년(1293) 12월 무술.

그러나 1290년대 전반 이래에는 이러한 사례가 한동안 발견되지 않는다. 물론 충선왕의 1314년 1월 발언을 통해 1310년대 특정 시기에 '재상·사신의 여비'로 포·은·웅피·호피 등이 유출되었음이 확인되긴 한다.[36] 그러나 이 기사들 외에는 1300년대 및 1310년대에 반전비용 마련을 위해 고려 정부가 과렴(科斂), 즉 임시징발을 하거나 반전비용을 원내에서 지출했다는 기사는 더 발견되지 않는다. 요컨대 국왕들이 원제국에 들어가 체류경비를 소비하는 과정에서 고려 밖으로 유출되던 고려 물자의 유출 빈도와 규모가 13세기 후반에 비해 감소하고 있었음을 확인할 수 있다.[37]

고려 물자 유출의 맥락도 일부 변했다. 대표적인 정황으로 13세기 말 인삼·수유·쇠고기 등의 방물 사례들이 이어지긴 하였으나 그러한 물품들이 주로 '탐라'에서 생산된 물품들이었음을 주목할 필요가 있다. 1290년대의 저포, 말, 가죽 진상 사례 중 적지 않은 경우 역시 탐라산 물자의 진상 사례들이었다.

예컨대 1291년 11월 탐라에서 동저(東紵) 100필을 바쳤고, 1294년 5월에는 탐라인들이 원에 가서 말 400필을 바쳤다. 1295년 3월에는 원에서 탐라의 말을 취하였고, 동년 윤4월에는 중랑장(中郞將) 조침(趙琛)이 원에 가 제주의 방물로 저포 100필, 목의(木衣) 40엽(葉), 포 6농(籠), 말안장 5부(副), 그리고 여러 종류의 가죽을 바쳤다. 1296년 5월에는 장군 이연송(李連松)을 원에 보내 탐라의 피화를 바쳤고, 대장군 남정(南挺)을 보내 탐라의 말을 바쳤다. 1297년 1월에는 낭장 황서(黃瑞)를 원제국에 보내 금화옹기(金畵甕器)와 꿩〔野雉〕, 탐라 쇠고기를 바쳤고, 동년 11월에는 상장군 김연수를 원에 보내 내륙의 인삼 및 탐라의 수유를 바쳤다. 1298년 5월의 경우『원사』에 '탐라국에서 방물을 바쳐왔다'는 드문 형태의 기사가 등장하고, 동년 11월 고

36) 『고려사』 권34, 세가34 충숙왕원년(1314) 1월 갑진.
37) 물론 14세기 전반 충선왕, 충숙왕 등이 원에 체류할 당시 그 체제비용 마련을 위해 대규모 반전비용 과렴이 단행되었는데, 그에 대해서는 후술하도록 한다.

려는 장군 이백초를 원에 보내 탐라의 쇠고기를 바쳤으며, 1301년 12월에는 원에 매·수유·인삼을 바쳤다.[38] 이러한 경향은 1309년 7월 무종이 환자(宦者) 이삼진(李三眞)을 보내와 탐라의 쇠고기 진상을 중지케 할 때까지[39] 지속되었으며, 탐라의 수유는 그해 12월에도 원에 바쳐졌다.[40]

13세기 말~14세기 초의 진상과 관련하여, 종래에는 내륙산 물자 징발로 인한 내륙의 피해정도와 탐라산 물자 징발로 인한 내륙의 피해정도를 구분해 인식하지 않았다. 그러나 당시 고려와 탐라 사이의 유동적인 관계, 그리고 바다를 사이에 둔 지형적 정황 등을 고려할 필요가 있다. 당시 탐라에는 고려 내지와 별도로 다루가치가 파견되고[41] 총관부가 설치되면서, 탐라 지배권의 귀속을 두고 충렬왕과 원 사이에 갈등이 일어나기도 하였다.[42] 게다가 탐라는 일찍이 원으로부터 고려와는 별개의 지역으로 간주되었으며,[43] 목장 설치 후 몽골인들이 다수 왕래하고[44] 몽골 죄수들까지 유

---

38) 『원사』권16, 본기16 세조 지원28년(1291) 11월 정미; 『고려사』권31, 세가31 충렬왕 20년(1294) 5월 경인; 충렬왕21년(1295) 3월 경오; 윤4월 경오; 충렬왕22년(1296) 5월 기묘; 갑오; 충렬왕23년(1297) 1월 임오; 11월 무인; 『원사』권19, 본기19 성종 대덕2년(1298) 5월 기유; 『고려사』권31, 세가31 충렬왕24년(1298) 11월 갑신; 권32, 세가32 충렬왕27년(1301) 12월 병인.

39) 『고려사』권33, 세가33 충선왕 복위1년(1309) 7월 기유.

40) 『고려사』권33, 세가33 충선왕 복위1년(1309) 12월 갑인. 수유는 이후 원이 1339년 8월 및 1349년 8월 다시 요구해왔을 뿐(『고려사』권36, 세가36 충혜왕 복위원년(1339) 8월 신묘; 권37, 세가37 충정왕원년(1349) 8월 계묘), 그후에는 다시 징구의 대상이 되지 않았다.

41) 『고려사』권27, 세가27 원종14년(1273) 윤6월 병진.

42) 『고려사』권32, 세가32 충렬왕27년(1301) 5월 경술.

43) 원은 전선(戰船) 건조를 위해 탐라에 칙령을 내려 목재를 내게 하였고(『원사』권11, 본기11 세조 지원17년(1280) 5월 갑인), 탐라국에서 별도로 백저를 진상받았으며(지원18년(1281) 5월 임자), 1282년 9월에는 칙을 내려 평란(平灤), 고려, 탐라 및 양주(揚州), 융흥(隆興), 천주(泉州)에서 대·소선 3,000척을 건조케 하는 등(권12, 본기12 세조 지원19년(1282) 9월 임신), 탐라를 고려와는 별개의 경제단위로 취급하였다.

배 오면서,[45] 고려 국왕의 통제와 지배로부터 사실상 벗어나 있었던 시기가 적지 않았다고 할 수 있다.[46]

이런 상황에서, 내륙의 물자가 징발되는 것과 탐라의 물자가 징발되는 것은 내륙인들에게는 전혀 다른 상황이었을 가능성이 높다. 탐라산 물자는 최소한 내륙인들이 부담, 준비해야 할 물품은 아니었기 때문이다. 따라서 13세기 말~14세기 초 내륙인들의 진헌물 준비부담은, 탐라산 물품이 주로 진상의 대상물이 되는 와중에 상대적으로 완화되었을 가능성이 있다.

이상에서 살펴본 바와 같이, 여러모로 볼 때 이 시기 고려 물자의 해외 유출은 대폭 줄었을 가능성이 높다. 그렇다면 이 시기 고려로의 물자 유입은 어떤 추세를 보이고 있었을까. 마침 이 시기에 접어들어 원제국 정부의 고려로의 회사 및 하사가 증가하는 것으로 확인돼 주목된다.

1290년 11월의 경우 고려 세자가 원 대도에 도착해 홍군상(洪君祥)의 집에 기거할 당시 황제가 여러번 안마(鞍馬)와 의대(衣帶)를 하사하며 총애하였음이 전해진다. 1294년 4월에는 황제가 고려 왕에게 은 3만냥을 하사하는 등 일찍이 고려 왕에게 내린 재물로서는 가장 큰 규모를 하사하였다. 또 1296년 3월에는 황제와 태후가 고려 왕에게 직금단(織金段), 홍견(紅絹) 각 4필씩 및 포도주 2기(器)와 달력을 하사하고, 원 조정은 선릉(線綾), 홍초(紅綃) 2종의 비단 각 5필씩을 제공했으며, 황제가 동년 12월에도 왕에게 활, 화살 및 칼을, 그리고 종신(從臣)에게는 활 39개, 화살 500개를 하사하였음이 확인된다.[47] 한편 1296년 12월에는 황제가 고려 왕에게 금 4정, 금

---

44) 『고려사』 권28, 세가28 충렬왕2년(1276) 8월 정해.

45) 『고려사』 권28, 세가28 충렬왕원년(1275) 4월 임자; 충렬왕3년(1277) 5월 무술.

46) 탐라지역 물자에 대한 원의 징발 및 원 치하 탐라의 상황에 대해서는 김일우 『高麗時代耽羅史硏究』, 신서원 2000; 고창석 「麗·元과 耽羅와의 關係」, 『제주대 논문집』 17, 1984 등을 참조할 수 있다.

47) 『고려사』 권30, 세가30 충렬왕16년(1290) 11월 정묘; 권31, 세가31 충렬왕20년 (1294) 4월 을사; 충렬왕22년(1296) 3월 기묘; 12월 을묘.

단(金段) 2필, 견(絹) 2필을 하사하고, 종신에게는 은 50정, 금단 18필, 수단(繡段) 10필, 능소단(綾素段) 578필, 견 486필을 하사했으며, 부인들과 환관들에게 능(綾), 견을 각각 27필씩 주었다. 그리고 하인들에게까지도 목면(木緜)과 견을 각 411필씩 하사하였다.[48]

이 1296년의 하사 사례들은 앞서 언급한 바 있는 1296년 11월 국왕의 원 황실에의 예물 진상과 정황상 맞물려 있다. 즉 이 기사에서 하사된 물품들은 이른바 회사품(回賜品)의 성격을 강하게 지닌다. 게다가 기사에서 발견되는 물품의 종류와 규모를 볼 때, 이전에 비해 많고 또 다양하다. 13세기 말~14세기 초에 들어와 예물 진상에 대한 회사로서의 하사가 실질적으로 관찰되며 이전에 비해 그 규모가 커졌다고 할 수 있다.

아울러 일반 하사 기사들도, 비록 일반 하사라는 점에서 회사라 보기는 어렵지만, 빈도가 이전에 비해 훨씬 잦아졌음이 주목된다. 1290년대의 경우, 1297년 1월 황제가 왕에게 어안(御鞍)을 하사하고 종신에게도 안장을 하나씩 제공하였다. 2월에는 태후가 왕의 생일을 축하하여 양 40두, 괘(鵠) 10수(首)를 하사하고 아울러 내온(內醞)도 하사하였다. 3월에는 원 태후가 왕과 공주를 진송하는 주연을 베풀면서 금단의(金段衣)를 하사하고, 3품 이상 종신 20인에게도 금단의 각 한벌씩을 하사했으며, 다음날에는 종신에게 금단 100필과 능소 800필을 하사하였다. 이달 황제는 왕에게 포도주를 하사하였고, 태후는 왕과 공주에게 안마를 하사하였다. 그리고 동년 6월 공주가 사망하자, 원에서는 공주의 상(喪)을 조문하면서 원보초를 제공해 불교식 추모행사 비용에 쓰게 하였다.[49]

1300년 7월에는 황제가 왕에게 활과 화살, 해청(海靑)과 요자(鶴子) 두 종류의 매와 금으로 장식한 말안장 2구를 하사하고, 종신에게는 금단, 표과

---

48) 『고려사』 권31, 세가31 충렬왕22년(1296) 12월 신해.
49) 『고려사』 권31, 세가31 충렬왕23년(1297) 1월 을해; 2월 경신; 3월 을축; 무진; 경오; 6월 임자.

(表裏) 각 336필과 궁검(弓劍) 30개, 안자(鞍子, 안장) 20개를 하사하였다. 같은 달 황후도 왕에게 옷 3벌을 하사하였다. 1301년 3월에는 황제가 왕에게 저폐(楮幣) 1만정이라는 거액을, 1302년 2월 다시 포도주를 하사하였다.[50] 1308년 2월 황제는 다시금 왕에게 포도주를 하사하였고, 동년 5월에는 황제가 충선왕을 심양왕으로 봉하면서 금호부, 옥대(玉帶), 칠보대(七寶帶), 벽세금대(碧鈿金帶) 및 황금 500냥, 은 5,000냥을 하사하였으며, 황후와 황태자 또한 그를 총애하여 하사한 '보배와 비단(珍寶錦綺)'이 가히 헤아리지도 못할 정도였던 것으로 전해진다. 1314년 2월에는 원에서 사신을 보내 상왕 충선왕과 공주에게 술을 하사하였고, 동년 7월에는 원 황태후가 사신을 보내 공주에게 술과 과일을 하사했으며, 황제는 왕에게 서적 4,371책 17,000권을 하사하기도 하였다. 황제는 1318년 11월에도 고려 왕에게 옷을 하사하였고, 1319년 12월에는 해청을 하사했다.[51]

이상의 사례들을 살펴보면, 13세기 말 이래 실제적 '회사'라 할 만한 사례들이 다수 등장하기 시작하고, 사여의 빈도나 사여물의 종류가 확실히 늘어났으며, 사례별 사여액의 규모가 전에 비해 커졌음이 확인된다. 13세기 후반에는 대단히 적었던 회사와 하사가 13세기 말 이후 더 지속적으로 그리고 더 크게 진행된 결과, 물자의 고려 유입이 현저하게 늘었을 것으로 생각된다.

---

50) 『고려사』 권31, 세가31 충렬왕26년(1300) 7월 임오; 계미; 을유; 권32, 세가32 충렬왕 27년(1301) 3월 계묘; 충렬왕28년(1302) 2월 경인. 한편 이 시기에는 원 제왕의 선물 등을 통해서도 물자가 유입되었음이 확인되는데, 1302년 11월 안서왕(安西王) 아난달(阿難達)이 사신을 보내와 해청과 금단을 전달하거나, 1305년 9월 그가 다시 사자를 보내와 금을 바치고 좌우에 뇌물을 주어 어린 여자를 구한 사례 등이 그것이다(『고려사』 권32, 세가32 충렬왕28년(1302) 11월 정사; 충렬왕31년(1305) 9월 무오).

51) 『고려사』 권32, 세가32 충렬왕34년(1308) 2월 정사; 권33, 세가33 충선왕 복위원년 (1308) 5월 무인; 권34, 세가34 충숙왕원년(1314) 2월 정사; 7월 갑인; 충숙왕5년(1318) 11월 무진; 충숙왕6년(1319) 12월 병자.

아울러 기타 외국물자의 고려 유입도 증가하였다. 공식 불교행사와 관련해 원으로부터 제공된 물자들이 좋은 예이다. 1300년 12월 원이 향(香) 15근, 필단(匹段) 20필, 견 300필, 초 864정을 보내와 장경(藏經)을 전독(轉讀)하게 하거나, 1303년 2월 관소(官素) 15표리(表裏)와 경리아견(經裏兒絹) 300필, 황향(黃香) 15근, 초 615정 25냥을 보내와 장경을 전독하게 한 일, 그리고 1311년 8월 원 황태후가 사경(寫經)작업의 포상금으로 초 5,800정을 하사한 사례 등에서 다양한 물자의 유입이 확인된다.[52] 이전의 경우 유출은 많고 유입은 적었던 반면, 이 시기에는 그 반대의 양상이 확실한 추세로 자리잡았음을 엿볼 수 있다.

이상에서 살펴본 바와 같이, 13세기 말~14세기 초의 경우 이전과 달리 고려 물자에 대한 원제국 정부의 일방적 징발이 크게 감소했고, 고려의 대원(對元) 물자 제공은 '예물 진상'의 형태를 더 강하게 띠었으며, 그에 대응한 회사나 하사 사례 또한 규모와 빈도에 있어 크게 증가했음이 확인된다. 그 결과 물자 유출과 유입 사이의 총량 및 빈도상의 불균형이 크게 완화되면서, 고려 내부의 경제환경이 이전에 비해 비약적으로 호전되는 데 적지 않은 역할을 했을 것으로 생각된다. 바로 이러한 상황이 몽골 침공 이후 많은 시간이 흘러 고려측의 전쟁피해가 상당정도 복구된 그간의 사정과 결합됨으로써, 민간 차원의 대외교역을 가능케 할 여건과 토대를 조성했던 것이라 할 수 있다.

다만 '경제사정의 회복'이 '대외교역의 재개'로 이어지기 위해서는, 해결해야 할 큰 문제가 하나 더 있었다. 내부 잉여의 충분한 축적 외에도, 교역 상대방이 될 외국상인들이 고려 물자의 상품성과 한반도 시장의 잠재성에 새로이 주목해야 했다. 그것이 없이는 고려의 내부사정이 아무리 좋

---

52) 『고려사』 권31, 세가31 충렬왕26년(1300) 12월 갑오; 권32, 세가32 충렬왕29년 (1303) 2월 정해; 권34, 세가34 충선왕3년(1311) 8월 계사.

아져도 이전 수준의 대외교역 복원은 어려운 상황이었다. 그런데 마침 당시 이전의 강남 상인들과는 다른 부류의 해외상인들이 고려에 출입하기 시작하였다. 이른바 회회인으로 불리는 '서역 상인'들이 그들이었다.

2. 이번에는 회회인이 온다

앞서 당대와 송대 중국과 서아시아세계 간 교역이 번성하면서 강남지역 상인들의 시선이 서아시아로 고정되었고, 그 결과 그들의 고려 방문이 감소하였음을 언급한 바 있다. 이른바 '동서 세계간 교역'이 활발해지면서 국지시장으로서의 한반도는 일종의 소외를 당한 셈이라 하겠다. 심지어 천주를 대신해 고려 방문 상인들의 거점항 역할을 하던 명주마저도 더이상 고려에 상인들을 보내지 않게 되었다. 동서 세계간 교역이 천주 상인들은 물론 국지항으로서의 명주지역 상인들까지 유인했음을 보여주는 의미심장한 대목이다.

특히 12세기 중엽 이후 강남 상인들의 왕래 부진이 10~11세기 이래 동서 세계간 교역의 심화에서 비롯했다면, 13세기 말 강남 상인들의 왕래가 거의 중단상태에 빠져든 것은 13세기 중후반 개시된 몽골인과 회회인의 '오르탁(알탈)교역'과 무관하지 않다. 잘 알려진 바와 같이 송대에 이미 대식(大食) 상인 및 위구르인 등의 '번객(蕃客)'들이 대거 중국으로 이주하였고, 뒤이어 원대에도 '서역인'들이 육·해로를 통해 동방으로 대규모로 이동했다. 그런데 이 시기 그러한 중세 동서 세계간 교역의 '상호(商胡)'들, 예컨대 아랍, 페르시아, 소그드, 위구르, 유태인 상인들 중 '알탈(斡脫)', 즉 '오르탁(Ortaq)'으로 불리던 중앙아시아 무슬림 상인들이 단연 두각을 드러냈다. 이들은 투르크어를 사용하는 소그드 상인이나 페르시아어를 사용하는 페르시아 상인들의 후예로서, 일찍부터 몽골인들과 관계를 맺고 교역활동을 벌였다. 몽골 귀족들은 노획한 금은보화를 그들에게 맡겨 경영케 함으로써 서아시아의 진기한 보화를 구매하거나 정기적으로 이식을 챙겼다. 오르탁 상인들은 귀족들과 거래하는 한편 일반 몽골인·한인들을 상대로 고리대업도 경영하였다.[53] 그들이 귀족들로부터 투자받은 무역자금을 이르는 총칭이 '알탈전(斡脫錢)'이었고, 이 알탈전을 활용한 교역이 '오르탁교역'이었다.

이 알탈전은 개념적으로는 알탈공전(斡脫公錢)·알탈관전(斡脫官錢)과 알탈사전(斡脫私錢)으로 나뉘는데, 황제나 정부가 자금을 출연하여 제색호계(諸色戶計)의 하나인 알탈호(斡脫戶, 오르탁 상인)에게 대여, 투자하는 경우 그 자금을 알탈공전(알탈관전)으로 분류할 수 있고, 황제 이외의 여러 지배층 인사들이 알탈호에게 대여, 투자한 자금은 알탈사전으로 분류할 수 있다. 경우에 따라서는 알탈공전채(斡脫公錢債), 알탈사전채(斡脫私錢債)라 불리기도 했는데, 그러한 투자금은 기본적으로 알탈 상인들이 몽골 정부·귀족들에 대해 지고 있던 일종의 '채무금'이기도 하였기 때문이다. 알탈호들은 이윤 획득에 가장 효과적인 사업에 자금을 투여, 규정된 이식을 과부공헌(課賦貢獻), 즉 세금 납부 형태로 출자자들에게 다시 납입할 의무를 지니고 있었다.[54]

요컨대 오르탁교역은 무역에 밝은 회회인 등 중앙아시아 출신 무슬림 상인들이 몽골 귀족들로부터 은 및 기타 귀중품을 투자받아, 그 투자금으로 서아시아에서 진기한 보화 등을 구입한 후 귀족들에게 환납(還納)하던 형태의 무역을 일컫는 것이었다고 할 수 있다. 오르탁교역은 이를테면 동서 세계간 교역의 새로운 형태로서, 오르탁교역의 성행이야말로 동서 세계간 교역이 일층 강화됐음을 보여준다고 할 수 있다.

---

53) 이상의 서술은 정수일 『실크로드학』, 창비 2001 참조.
54) 알탈전과 관련한 연구로는 앞서 소개한 바와 같이 愛宕松男「斡脫錢とその背景－13世紀元朝における銀の動向」; 村上正二「元朝の斡脫と泉府司」 등을 참조할 수 있다.

1230년대 회회인들이 화북지방에서의 포은제 시행을 악용해 박매 행위 및 고리대금업에 종사하던 사례들에서 확인되듯이, 오르탁교역은 이미 13세기 전반에 시작되었다. 원 황실과 정부를 등에 업은 회회 상인들의 재력과 영향력은 실로 막강했고, 그런 만큼 폐단과 부조리도 횡행하였다.

그리하여 1260년대 들어서는 원제국 정부가 오르탁교역을 공식적으로 관리하기 시작한다.[55] 1263년에는 대도의 권세가들이 상고(商賈) 노릇을 하며 관에서 융자받은 은을 밖에서 거래하여 수익을 내는 경우 그들에게서 세금을 징수하였고,[56] 1264년 8월에는 은을 자신의 관할하에 있지 않은 사람들에게 주어 오르탁교역을 벌이는 것을 금지하였다.[57] 이러한 조치들은 당시 알탈전 운영이 과열돼 있었기 때문에 불가피하게 내려진 조치들로서, 오르탁교역이 그만큼 성행하였음을 보여준다. 이러한 조치들이 효과를 내지 못하자, 원제국 정부는 담당 관청을 설치해 그를 관리하려 하였다.[58] 1267년 12월에 제위(諸位) 알탈총관부(斡脫總管府)를 세웠고, 1272년 8월에는 알탈소(斡脫所)를 세운다.

그러나 무역 열기를 정부의 시책으로 단속하려 하는 것만큼 비효율적인 것은 없었다. 그것을 깨달은 원제국 정부는 1280년 11월 천부사(泉府司)라

---

55) 원제국 정부 차원에서는 오르탁교역의 성행을 단속, 견제하는 조치가 계속 내려졌지만, 황실 수장으로서 황제는 당연히 당시의 해외교역에 깊이 관련돼 있었다. 해외교역에 부정적 조치가 유독 많았던 세조대와 성종대에도 황제를 위해 교역 관리업무를 담당하며 교역품과 조공품을 평가, 감정하는 정신(廷臣)들이 있었음이 비한어(非漢語) 사료를 통해 확인된다(四日市康博「元朝宮政における交易と廷臣集團」,『早稻田大學大學院文學硏究科紀要』46-4, 2000).

56)『원사』권94, 志43 食貨2 商稅.

57)『원사』권5, 본기5 세조 지원원년(1264) 8월 을사.

58) 고병익은 알탈 관련 기관의 설치가 '국가적 관리'를 위한 것이었고, 알탈전 운영에서의 이자율 등이 그러한 기관들이 설치되기 전의 수준보다 낮아지는 등 '통제'의 효과가 발생했다고 지적한 바 있다(고병익「이슬람敎徒와 元代社會」,『東亞交涉史의 硏究』, 365~68면).

는 관청을 설립, 황제, 황태자, 황태후, 그리고 여러 제왕의 금은 출납사무, 즉 '육·해상을 통한 제국 외(外) 교역업무'를 담당케 함으로써, 당시의 무역추세를 거스르기보다는 그에 편승하게 된다.[59]

이렇듯 원제국 정부의 관리 아래 황제와 귀족, 그리고 일반인 들까지 서역 시장을 대상으로 한 오르탁교역에 열광하는 상황에서, 강남 한인이든 몽골인이든 한반도에 대한 관심은 당연히 적어질 수밖에 없었다. 앞서 살펴본 방문 감소의 추세가 더욱 심화할 수밖에 없는 상황이었다. 한반도가 12세기 중엽 이후 동서 세계간 교역에서 소외되면서 강남 상인들의 방문이 현저히 줄었다면, 13세기 중엽 이래 서아시아와 몽골 간에 극성하던 오르탁교역은 그러한 추세에 쐐기를 박았다고 할 수 있다.

그런데 대단히 흥미롭게도, 중국 강남인들의 한반도행을 더욱 위축시킨 원인 제공자로서의 이 오르탁 상인들, 그리고 그 모집단으로서의 '회회인'들이 13세기 후반 이래 14세기 전반에 이르기까지 파상적으로나마 한반도를 방문함으로써 새로운 외국인 방문 추세를 형성하였음에 주목할 필요가 있다. 강남 상인들의 발걸음을 멈추게 하는 한편으로, 스스로는 그들을 대신해 한반도를 새로이 방문하고 있었던 셈이다. 게다가 이전의 강남 상인들이 대개 물품의 매매를 위해서만 주로 고려를 방문했던 것과는 달리, 이 시기의 회회인들은 여러 다양한 방문 목적을 보인다. 그를 통해 당시 동아시아 교역권 내에서, 그리고 당시 동서 세계간 교역에서 고려가 새로운 위상을 지니게 되었음을 확인할 수 있다.

---

59) 『원사』 권6, 본기6 세조 지원4년(1267) 12월 경진; 권9, 본기9 세조 지원9년(1272) 8월 정유; 권11, 본기11 세조 지원17년(1280) 11월 을사. 천부사는 대표적인 알탈전 관리기관으로 알려져 있다(愛宕松男, 앞의 글; 村上正二, 앞의 글). 중앙아시아 상인들이 주도했다는 '협의'의 오르탁교역은 일차적으로 육로를 매개로 한 동서 교역을 지칭하지만, 오르탁 관련 기구들이 진화한 결과물로서의 천부사는 해상을 매개로 한 동서 교역에도 적극 개입하였던바, 이 책에서는 '오르탁교역'을 '광의'의 의미, 즉 육로를 매개로 한 동서 교역 및 해상을 매개로 한 동서 교역을 모두 포괄하는 의미로 사용하고자 한다.

과연 서역인과 회회인이 한반도 역사에 처음 등장한 때는 언제인가? 회회·회골·회흘·서역 상인들은 이미 삼국시대 이래 한반도와 접촉했던 것으로 전해진다. 장보고 활동 당시 신라인들이 중국의 여러 국제도시에 구축된 이슬람공동체들을 통해 아랍인과 접촉하거나, 9세기 중엽 이후 아랍이나 페르시아의 상인들이 한반도에도 온 것으로 추정된다. 경주 고분에서 발견된 서아시아계 출토품과[60] 『삼국사기』에 등장하는 아랍 상인들의 교역품, 그리고 아랍어 기록 속의 신라에 대한 묘사도 그를 잘 보여준다.[61]

그렇다면 한반도측 기록을 통해 확인되는 '회회·회골·회흘·서역'인들이 고려를 방문하기 시작한 것은 언제였을까? 그들의 방문이 문헌상 확인되는 것은 대체로 고려 중기 이래로, '대식 상인'들의 한반도 방문이 대표적인 사례다.[62]

그런데 그들의 방문은 불규칙했으며, 사료상 3회에 그쳤을 따름이다. 당시 고려인과 서역 상인 들은 상대국의 물자를 각기 송상을 통해 확보할 수 있어, 양자 간 직교역이 그리 필요하지 않았던 것이 그 원인으로 제기된 바 있다.[63] 다만 여러 '대식의 산물'들이 『고려사』 기록에 대거 등장하고, 아

---

60) 이난영 「통일신라와 서역」, 『석당논총』 20, 1994.

61) 9세기 아랍의 저서 「왕국과 도로총람」에 신라의 물산을 자세히 소개했으며, 신라의 쾌적한 자연환경을 유토피아에 준하는 것으로 묘사하였다(이상 이희수 「걸프해에서 경주까지, 천년의 만남」 참조).

62) 고려 중기 모두 세 건의 대식 상인 방문 사례(『고려사』 권5, 세가5 현종15년(1024) 9월; 현종16년(1025) 9월; 권6, 세가6 정종6년(1040) 11월)가 확인된다. 열라자(悅羅慈)·하선(夏詵)·라자(羅慈)·보나합(保那盍) 등의 인명은 각기 Al-Raza·Hassan·Raza·Barakah 등의 이름을 음역한 것이며(이희수 『한이슬람교류사』, 문덕사 1991), '大食'(Ta'sik)이라는 명칭 자체가 'Ta'jir'(이슬람어로 '상인')라는 단어를 음역한 결과라는 의견이 개진된 바 있다(홍성민 「중세 한중동간 교역」, 『한국중동학회논총』 20-2, 2002).

63) 서각·상아·정향·침향 등 동남아·아랍 지역의 물산을 송상들이 고려 왕에게 바친 사례가 그러한 가능성을 뒷받침한다(김철웅 「고려와 대식의 교역과 교류」, 『문화사학』 25, 2006).

랍 쪽 기록에도 고려에 대한 언급이 남아 있다. 따라서 고려인과 아랍 간의
교류가 이후 제한적으로나마 유지되었을 개연성도 상정할 수 있다.[64]

그러한 교류는 몽골 원제국이 13세기 중국과 유럽을 아우르는 대제국을
건설하면서 활성화되었을 가능성이 높다. 대형 칸국들이 출현하면서 동서
세계간 연결이 이전에 비해 훨씬 강화되었기 때문이다. 초원로와 오아시
스로 등 육상 실크로드 전체가 몽골제국 치하에 들어가면서 동서 교통이
일원화되었고, 육로망의 동쪽 끝이 이전의 장안에서 화림(和林)과 대도로,
서쪽 끝은 로마에서 유럽 중부지대로 연장됐다.[65] 또 원제국 정부의 동남
아시아 진출 및 의욕적 해상정책으로 인해 대외교역이 번성, 천주항이 인
도와 이란으로 뻗어나가는 중국의 창구 역할을 했다. 군사적 정복을 통해
세계적 대제국이 출현함에 따라 동서 세계간 교통이 '완전 개통'되었으므
로, 당시 중국을 방문하던 회회인, 서역인들 역시 자연히 한반도에도 관심
을 갖게 됐을 가능성이 있다.

13세기 후반 회회인들이 고려에 적지 않게 들어와 있었음은 여러 기사
를 통해 확인된다. 1279년 10월 여러 회회인들이 왕에게 잔치를 베풀었음
이 확인되고,[66] 1280년 3월 원 황제가 보내온 칙서에 회회인들의 '도살 자
행'을 금지한 것도 확인된다.[67] 『악장가사(樂章歌詞)』에 실려 있는 고려가
요 「쌍화점(雙花店)」의 이른바 '회회아비' 또한 고려 내 회회인들의 존재
를 간접적으로 증언하고 있다.[68] 그외에 수많은 색목인들이 14세기 전반

---

64) 고려인들의 아랍에 대한 정보는 윤보(尹誧, 1063~1154)가 『대당서역기』에 의거해
    1146년 제작했다는 『오천축국도』의 존재에서 확인된다(방동인의 연구를 인용한 김철
    웅, 같은 글 참조).
65) 이 책의 실크로드와 관련된 모든 서술은 정수일, 앞의 책을 참조한 것임을 일러둔다.
66) 『고려사』 권29, 세가29 충렬왕5년(1279) 10월 경자.
67) 『고려사』 권29, 세가29 충렬왕6년(1280) 3월 무오.
68) 고려가요 「쌍화점」에는 '회회아비'라는 인물이 등장하는데, 이 작품은 쌍화 상점을 비
    롯, 사찰, 우물, 주점 등 사람들이 일상적으로 왕래하던 곳을 배경으로 하고 있으며, 이런

고려 국왕들(충렬왕·충선왕·충숙왕·충혜왕)의 측근 역할을 했다는 점 또한 잘 알려진 사실이다. 일칸국의 저명한 역사가 라시드 앗 딘(Rashid ad-Din)의 『집사(集史)』에도 '카오리(고려)'라는 명칭이 언급돼 있고, 무슬림으로 추정되는 '라마단'이라는 인물이 한동안 고려에 거주하다가 1349년 중국 광주로 돌아와 병사한 후 이슬람 묘역에 안장되었다는 기록도 있다.[69]

이렇듯 다양한 경로를 통해 고려를 방문하던 회회·회골·서역인들은, 과연 무슨 이유로 한반도를 방문했던 것일까? 당시의 서역인·회회인들은 직종이 상인인 경우 대체로 오르탁교역에 종사하고 있었던 것으로 보이므로, 오르탁교역의 일환으로 한반도를 방문한 것이라 추정해볼 수 있다. 그런데 오르탁교역의 본령은 앞서 언급한 바와 같이 동아시아의 은 및 보물을 투자받아 그것을 서역 시장으로 운송하고, 그를 매개로 서역의 특산물을 구입해 동아시아로 운송하는 것이었다. 그런데 한반도는 우선 다량의 은을 제공할 수 있는 시장이 아니었으므로, 회회인과 서역인들이 그를 위해 한반도에 왔던 것이라 보기는 어렵다. 견직물과 도자기 등 서역 시장에서 찾던 동양 특산물에 있어서도 고려산이 중국산에 비해 경쟁력에서 밀리는 바가 있었다. 따라서 회회인들이 그것을 구매하기 위해 고려를 방문한 것이라 보기도 어렵다.

작품에 회회인이 등장했다는 사실 자체가 당시 다수의 회회인이 고려에 들어와 있었음을 의미한다. 주지하는 바와 같이 「쌍화점」에 대해서는 다수의 어문학계 연구를 참조할 수 있으며, 여기서는 일일이 제시하지 않는다(이 책의 「참고문헌」 참조).

69) 이희수 「중국 광저우(廣州)에서 발견된 고려인 라마단 비문에 대한 한 해석」, 『한국이슬람학회논총』 17-1, 2007. 그는 이 논문에서 "大都路宛平縣青玄關住人, 剌馬丹, 高麗人氏. 年三十八歲, 今除廣西道容州陸川縣達魯花赤"의 내용을 분석, 이 라마단(Ramadan)이라는 인물(1349년 3월 23일 사망, 8월 18일 광주 성북 유화교 계화강에 매장, 비석 건립)이 비록 '고려인'으로 기록돼 있긴 하지만 그가 '개종한 고려인 무슬림'이었을 가능성은 적다고 보았다. 대신 이 라마단이 광주지역의 종교성지에 묻혔고, 동남아시아-중국 간 해상무역의 중요 거점 중 하나인 광서 육천현에서 다루가치로 근무했음을 고려할 때, 고려를 자주 오가던 중앙아시아 위구르족 투르크계 무슬림이었을 것으로 판단하였다.

이런 점들을 감안한다면, 회회인과 서역인이 고려인을 중국인이나 몽골인과 같은 '오르탁교역 투자자'로 기대하고 한반도를 방문한 것은 아니었다고 보아야 할 것이다. 고려의 물자를 구매해 서역에 팔거나, 서역의 물건을 고려민에게 팔기 위해 방문한 것은 아닌 듯하다는 얘기다. 더 큰 중국 시장이 바로 옆에 있는 상황에서 굳이 그럴 필요는 없었을 것이기 때문이다.

그렇다면 그들이 한반도에 왔던 이유는 과연 무엇이었을까? 파편적인 사료들이나마 검토해보면 그들은 (1) 오르탁교역에서 즐겨 거래되던 특정 물산 또는 제품을 고려에서 '추가로 확보'하거나, (2) 오르탁교역과 관련한 모종의 상황으로 인해 동서 교역로를 이탈해 잠시 고려에 머무르거나, (3) 당시 유라시아를 관통해 이뤄지고 있던 인신매매 활동의 일환으로 고려에 들르는 등, 여러 다양한 계기로 고려를 방문하고 있었음이 확인된다. 동서 세계간 교역의 주요 종사자이던 이들이 중국과 서아시아를 잇는 '기간(基幹)노선'을 오가며 활동하다가, 어떤 특정의 필요로 인해 인근의 '지선(支線)'을 따라 고려를 방문하는 일종의 일탈을 보였던 셈이다.

그들의 이러한 일탈은, 그 이유와 경위가 어찌 되었든 동서 세계간 교역에 한반도를 '연동'시키는 맥락의 방문이었다고 할 수 있다. 어떤 형태로든 고려를 세계교역에 개입시키는 성격의 방문이었던 것이다. 그들의 당시 활동이 한편으로 13세기 후반~14세기 전반 고려를 동아시아 교역권 및 서역 시장 간 교류에서 더욱 소외시키기도 했지만, 동시에 그들 스스로 다양한 계기를 통해 고려를 몸소 방문한 것이다. 중국 시장과는 '다른 시장'으로서 고려의 새로운 가능성을 탐색하고 있었음이 흥미로운데, 당시 동서 세계간 교역에서 고려 시장의 위상 변화를 엿보게 하는 대목이라 할 것이다. 아울러 그 와중에 한반도 상인들 또한 수많은 정보를 제공받았을 것인데, 그것이야말로 당시 그들의 고려 방문이 한국 대외교역사에서 지니는 역사적 의미라 할 수 있다.

1270년대의 경우 고려를 방문한 회회인들이 국왕에게 연회를 베풀어 우호관계 구축을 모색하는 한편,[70] 고려의 진주를 징발하는 데 참여한 정황이 확인된다. 1276년 윤3월 원은 임유간(林惟幹) 및 회회인 아실미리(阿室迷里)를 보내와 탐라에서 진주를 채취했는데,[71] 성과가 시원치 않자 임유간이 동년 6월 백성들이 소장한 진주 100여개를 빼앗아 돌아간 것으로 전해진다.[72] 원제국 정부가 회회인을 파견한 주체로 등장하긴 하지만, 당시 원 조정 내의 실력자였던 아합마(阿哈馬)가 정부의 알탈전 운영뿐만 아니라 민간인 오르탁교역 또한 적극 독려하고 있었던 점을 고려할 필요가 있다. 즉 이 사례는 오르탁교역에 종사하던 회회인 상인들이 고려 내에서 자신의 교역에 도움이 될 물자인 진주를 확보하려 한 사례로 간주할 수 있다.

당시 진주는 동서 세계간 오르탁교역에서 일종의 '핵심 상품'으로 취급되던 물자였으며, 주로 인도반도 연해안에서 많이 생산되었다. 인도 진주의 명성은 『동방견문록』에도 언급되었다. 인도에서 가장 개화한 지방으로서 최고의 진주를 산출했다는 마아바르 왕국의 솔리(Soli)에 대한 서술에서, 사람들이 브라만(Braaman) 족 라르(Lar) 지방에서 이 솔리 진주들을 두배의 가격을 주고 구매하곤 했음이 전해진다.[73]

그런데 그러한 인도산 진주들이 중국 및 서역 양쪽으로 활발히 판매되면서, 공급이 수요를 따라가지 못하는 상황들도 종종 발생했을 것으로 추측된다. 그럴 경우, 동서 세계를 오가며 교역에 종사하던 상인들은 인도산 진주를 대신해 별도의 물량을 제공할 만한 후보 지역들을 추가로 모색했을 가능성이 있다. 중국 주변에서 진주를 제공할 만한 시장으로는 당연히 고려와 일본 정도가 고려됐을 것이다. 그리고 앞서 회회인들의 고려 진주

---

70) 『고려사』 권29, 세가29 충렬왕5년(1279) 10월 경자.

71) 『고려사』 권28, 세가28 충렬왕2년(1276) 윤3월 정유.

72) 『고려사』 권28, 세가28 충렬왕2년(1276) 6월 임신.

73) 탄센 센, 앞의 글 115면(인도에서 진주·청금석·산호 수출); 마르코 폴로, 앞의 책 177면.

채취 또한 그러한 사정 속에서 발생했을 가능성이 높다.

그런 점에서 앞의 사례는 회회 상인들이 오르탁교역 관련 물자 확보를 위해 종종 고려를 방문했을 가능성을 보여준다. 더 나아가 고려가 진주를 공급할 일종의 보조적 자원시장으로 인식되었을 가능성도 함께 시사한다. 서역 시장에 공급할 물건을 중국에서 충분히 확보하지 못하거나 반대로 중국 시장에 팔 물건을 서역에서 제대로 공급받지 못할 경우, 그런 물건들을 제공해줄 일종의 '보조시장'으로서 한반도가 부상했을 가능성이 있는 것이다.

물론 이런 사례가 많이 발견되지 않은 탓에, 그같은 의도로 이루어진 회회인들의 고려 방문이 얼마나 오래, 어느 정도의 빈도로 계속됐는지 판단하기란 대단히 어렵다. 아울러 고려가 당시 진주를 얼마나 생산해내고 있었는지도 짐작하기 어려우므로, 진주 채취를 위한 방문은 이후 이어지지 않았을 수도 있다.

그러나 회회인·서역인들이 고려를 방문하던 양상만큼은 이후에도 계속되었을 가능성이 높다. 1290년대에 접어들어, 원제국 정부로부터 알탈관전을 위탁받아 활동하다가 그 채무를 변제하지 못하고 고려로 도피한 회회인들의 모습이 확인되기 때문이다.

원 황제 성종이 '원제국 정부에서 대출해준 오르탁 원금'을 회수할 방침을 천명하며 내린 조서에서 당시의 상황을 엿볼 수 있다. 1295년 윤4월, 성종은 조서를 통해 "오고타이(太宗 窩闊台) 황제 시절부터 지금에 이르기까지 관전[알탈전]을 대출하고서 이자와 원금을 상환하지 않고 숨기는 [오르탁 상인들이] 많다"고 지적하였다. 아울러 "관원들은 이들을 잡아 이자와 원금을 천부사에 납부케 할 것이며, 거래자들의 은닉을 보고하면 포상하겠다"며, 원제국 정부의 채권추심 정책을 명확히하고 있다.[74]

---

74) 『고려사』 권31, 세가31 충렬왕21년(1295) 윤4월 기미, 元遣小云失不花來詔曰: "自窩闊

그간의 연구에서는 이 '관전(官錢)'을 고려인들이 원으로부터 빌린 돈으로 해석해왔다. 그러나 당시 원제국 내에서 알탈전 관리를 책임지고 있던 천부사가 기사에 등장한다는 점에서, 이 '관전'은 전술한 알탈전의 한 종류로 알탈공전 또는 알탈관전채(斡脫官錢債)임이 확실하다. 더불어 조서에 언급된 '매매인'들도 고려인이 아닌 외국인, 즉 오르탁 상인들이었음이 분명하다. 이 조서가 고려로 오기 두달 전, 원제국 정부에서 거의 유사한 취지의 조치를 단행하면서 '알탈전'을 명시한 데서도 그를 확인할 수 있다.[75]

결국 원제국 정부가 원 내지에 있던 알탈전 채무자들에 대한 채권 행사에 그치지 않고, 한걸음 더 나아가 외지(이 경우는 고려)에 체류하던 채무자들의 빚 또한 추심하기 시작한 셈이다. 그리고 뒤집어 보면, 이 조치가 고려지역도 겨냥했다는 점을 통해 당시 오르탁교역에 종사하다가 원제국 정부에 채무를 지게 된 인물들이 원제국뿐만 아니라 한반도에도 적지 않게 들어와 있었음을 엿볼 수 있다. 중국 안팎의 오르탁교역 과열로 강남 상인들의 고려 방문은 더이상 없다시피 했지만, 그를 대신해 파산한 회회인 '세금 포탈자'들이 고려로 몰려들던 당시의 현실은 대단히 흥미롭다. 게다가 이들의 고려 방문은 이미 1280년대 이래 시작되었을 가능성이 높은데, '원에서 고려에 사신을 보내와 세금을 거두었다'는 표현이 1280년대 중반 이미 확인되기 때문이다.[76]

이들이 고려로 몰려온 이유는 과연 무엇이었을까. 물론 단순한 도피의 결과였을 수 있다. 그러나 현실적으로 고려에도 원제국의 행정력이 미치

台皇帝[오고타이황제: 태종]到今以來, 賣買人等貸出官錢[알탈관전], 不以利錢還納[무역 이윤], 彼此隱匿者多矣. 其內外官員尋捕買賣人, 收取利錢依數交納泉府司[천부사는 알탈 관련 행정을 담당]. 若有見賣買人隱匿首告者賞之."

75) 『원사』 본기에 따르면, 이미 동일한 명령이 동년 2월 원 내지(內地)의 알탈전 채무자들을 대상으로 내려진 바 있다(『원사』 권18, 본기18 성종 원정1년(1295) 2월 임오: "詔貸 斡脫錢而逃隱者罪之, 仍以其錢賞首告者").

76) 『고려사』 권30, 세가30 충렬왕12년(1286) 4월 갑진: "元遣使 筭 商人稅錢."

제3장 터널의 끝: 새로운 외국인들의 도래, 그리고 잉여의 생성 **143**

고 있는 상황에서 고려 역시 이들에게 안전한 도피처였을 것이라 보기는 어렵다. 아울러 1291년 상가의 몰락과 함께 원제국 정부 내에 회회인·서역인 들의 '식리성(殖利性) 알탈전 운영'에 비판적인 정책기조가 강화되고 있었다.[77] 이런 상황에서 이들이 징벌을 피할 길은 결국 어떻게든 재화를 마련해 자신의 채무를 청산하는 것일 수밖에 없었다. 오르탁교역에 다시금 나섬으로써 재기를 도모하는 것이 최선이었던 것이다.

그러나 자본금까지 소진한 상황에서 이들이 다시금 본격적인 해외무역에 나서기는 어려웠을 것이다. 따라서 당분간 소규모 활동을 계속하면서 나름대로의 경제적 동력을 확보하려 했을 것으로 생각된다. 그럴 경우 고려 시장은 '재기'를 암중모색하기에 나쁘지 않은 공간이었다고 할 만하다. 그들은 중국 사회에서도 그러했듯이 고리대금업을 통해 고려의 민간을 파고들었을 것으로 추측된다. 고려의 귀족들이 고려 내 알탈 상인들에게 공격적으로 재화를 투자하고 그 수익금을 분배받으려 했다면 오르탁 상인들의 재기는 더욱 빨라졌을 것이다. 그러나 원제국의 물자 징발이 겨우 감소하기 시작했던 당시의 여건상 고려인들이 그러기는 어려웠을 것이다. 대신 물자가 순환하는 고려 시장 자체는 오르탁 상인들의 재기를 위한 보조시장으로서 그들에게 적지 않은 의미를 지녔을 가능성이 높다. 그런 점에서 당시의 고려 시장은 보조적 자원시장으로서의 역할을 하고 있었을 뿐만 아니라, 파산한 국제상인들에게 임시 활동처를 제공하기도 했던 셈이다.

게다가 14세기 초에 접어들면, 인신매매를 목적으로 고려에 왕래하던 이들이 발견돼 주목된다.[78] 당시 원에서는 외국상인들이 고리대금업을 통해 몽골인들을 노비로 만든 후 회회·인도 지역에 방매하는 행위가 빈발하고 있었다. 이에 세조대 이래 인종(仁宗)·영종 등 다수의 몽골 황제들이 그

---

77) 이강한 「정치도감(整治都監) 운영의 제양상에 대한 재검토」, 『역사와 현실』 66, 2008.
78) 『大元聖政國朝典章』 刑部 권19, 禁誘略 過房人口.

144

에 대한 금지를 강화한 바 있다.[79] 그런데 그러한 인신매매 상인들이 고려에도 오고 있었던 것이다.

노비매매 상인들이 고려 등지를 방문하고 있었다는 사실은 1316년 3월 18일 원제국 정부 내 행어사대의 논의에서 확인된다.[80] 이 논의에는 이른바 '걸양과방(乞養過房, 입양)'을 명분으로 한 공공연한 인신매매(展轉販賣) 행위, 그리고 그렇게 매매한 인구를 함부로 '구노(駈奴)'나 '사환(使喚)'으로 만드는 행위에 대한 감찰부서의 지적이 담겨 있다. 아울러 그러한 행위를 일절 금지하자는 제안도 담겨 있다. 그런데 그러한 '유략(誘掠, 유인, 납치해 불법 점유한 인구)'의 매매 또는 처분과 관련하여 "[범법자들이] 일반 백성의 자식들을 싣고 과방(過房)을 칭탁하며 수레로 또는 배로 많이들 고려 등지에 가 팔아넘기고 있다"[81]는 문장이 명시돼 있어 주목된다.

이러한 상황이 시작된 것은 언제부터였을까. 원에서 이 문제가 대두한 것은 이미 세조대부터였는데, 『통제조격(通制條格)』의 법령을 통해서 그를 확인할 수 있다. "1291년 6월 1일 받든 성지(聖旨)에, [황제께서] '천주나 그러한(那裏每) 지역의 선박으로서 몽골의 남자 및 부녀자들을 매매를 목적으로 회회 땅이나 흔도(忻都, 인도) 땅에 데리고 가는 바 있다고 들었다. 지금 문서로 금지하라. 데리고 가는 것을 중단시켜라. 데리고 가는 사람은 죄를 범한 것으로 다뤄라'라 하셨으니 이를 따른다"는 기사가 그것이다.[82]

---

79) 『원사』 권16, 본기16 세조 지원28년(1291) 6월 정묘; 『通制條格』 권27, 蒙古男女過海 條 지원28년(1291) 6월; 『元典章』 권57, 禁下番人口等物.

80) 『大元聖政國朝典章』 刑部 권19, 禁誘略 過房人口.

81) "爲這船行了的上頭, 歹人每將好百姓每的兒女, 推稱過房爲由, 車裏船裏多載着, 往高麗等地 面裏, 貨賣去有."

82) 『通制條格』 권27, 蒙古男女過海 條 지원28년(1291) 6월 初一日 欽奉 聖旨: "'泉州那裏每 海船裏, 蒙古男子婦女人每, 做買賣的往回田地裏·忻都田地裏將去的有.' 麼道, 聽得來. 如今 行文書禁約者! 休教將去者! 將去人有罪過者!" 麼道, 聖旨了的. 欽此. 이 문장의 해석과 관련 해서는 岡本敬二·小林高四朗 『通制條格の研究譯註』 1·2·3, 中國刑法志研究會 1964의 해 석을 참조하였다.

아울러 "공법을 무서워하지 않는 이들이 종종 몽골인들을 데리고 해외에 팔아넘기므로, 만약 위반·범법하는 자가 있으면 엄히 죄를 물을 것"이라는 유사한 언급이 『대원성정국조전장(大元聖政國朝典章)』(이하 『원전장』)에서도 확인된다.[83] 『원전장』의 '금유략과방인구조(禁誘略過房人口條)'에는 세조가 지원22년(1285) 당시 '팔아넘겨진 아이들'을 돈 주고 되찾아오라고(典賣 親孩兒 收贖完聚) 지시한 내용이 포함돼 있는데, 그 후속 조치로 지원28년(1291) 인신의 매매행위를 금지한 것임을 엿볼 수 있다. 즉 이미 1290년대, 또는 더욱 이른 시기부터 몽골인들이 회회(서아시아)·인도 지역에 끌려가 노예로 판매되고 있었던 것을 알 수 있다. 기사상으로는 이 '노예상인'들의 국적이 드러나지 않지만, 몽골인들이 끌려간 지역을 고려할 때 그 노예상인들은 이들 지역에 드나드는 회회 상인이었을 가능성이 높다.

물론 1290년대만 하더라도 이 노예상인들은 아직 고려에는 들르지 않았을 가능성이 크다. 세조대 당시의 법령에는 고려가 등장하지 않기 때문이다. 그러나 몽골인 유략행위 자체는 이후에도 근절되지 않아 앞서 살펴본 1316년의 법령이 빈포되었다. 그리고 그러한 성황이 1320년대에도 계속된 탓에, 1321년 10월 영종이 칙을 내려 몽골인의 자녀로 회회인·한인(漢人)의 노비가 된 자들은 관(官)에서 거두게 했음이 확인된다.[84] 세조대의 법령과 유사한 법령이 인종, 영종대 계속 반행되었음에서, 몽골인들이 13세기 말을 지나 14세기 전반에도 회회인이나 한인을 통해 계속 외국으로 팔려

---

83) 『元典章』권57, 禁下番人口等物條: "體知得一等不畏公法之人, 往往將蒙古人口 販入番邦博易, 若有違犯者嚴罪." 1291년 6월 '몽골인들이 회회지역에 가서 상행위를 하는 것을 금하였다'는 기사가 『원사』본기에서 발견되지만(권16, 본기16 세조 지원28년(1291) 6월 정묘: "禁蒙古人往回回地爲商賈者"), 『통제조격』의 기록을 고려할 때 본기 기사의 '몽골인(蒙古人)' 구절은 '장몽골인구(將蒙古人口)'의 오기로 받아들여지고 있다.

84) 『원사』권27, 본기27 英宗 至治1년(1321) 10월 계축: "勅蒙古子女 鬻爲回回漢人奴者 官收養之."

146

나가고 있었음을 엿볼 수 있다.

중국을 방문한 서아시아인들이 몽골인을 약취하는 일은 이미 송대 위구르인들의 고리금융업이 성행하는 와중에 몽골인들이 자녀를 담보로 잡히고 돈을 빌리던 사례들에서 확인된다.[85] 따라서 외국인이 몽골인을 납치해 노예로 팔아넘기는 상황은 13~14세기를 통틀어 내내 진행되었을 가능성이 높다. 다만 14세기 초 인종대에 이르러 이들의 활동범위가 주변 지역으로 확대된 것으로 생각된다. '인신매매 상인들이 고려에 가고 있다'는 기록이 이 시기 새로 등장한 것도 그 때문이었을 것이다.

그렇다면 이 노예상인들이 고려까지 오게 된 연유는 과연 무엇이었을까? 종래의 연구에서는 이 기사를 근거로 이 시기 '강남 상인들이 각종 물품과 노비를 배에 싣고 고려를 방문'하고 있었다고 판단하였다.[86] 그러나 이들의 목적은 엄연히 '노비매매'였던 만큼, 그렇게 보기에는 어려움이 있다. 그보다는 이러한 인신매매가 당시 일칸국과 킵차크칸국 지역에 걸쳐 성행하던 이른바 동서 세계간 '노예무역'과 무관치 않았을 가능성에 주목해볼 필요가 있다.

당시 서아시아에는 강력한 맘루크(Mamluk)왕조들이 건설되고 있었다. 이르게는 십자군전쟁, 그리고 이후에는 몽골과의 교전 등에서 큰 역할을 담당하며 강력한 군사집단으로 성장한 노예신분의 무슬림 맘루크들이 정치권력까지 쟁취하게 된 것이다. 맘루크 출신 장군들은 12세기 이래 이집트·시리아에 맘루크왕조를 건립했고, 13세기 이후 인도에 노예왕조 등 이슬람왕조를 건설하였다. 그 결과 14세기에도 서아시아 맘루크왕조들과 몽골 사이에 갈등이 계속되었다.

그러한 갈등이 바로 맘루크왕조들로 하여금 생존을 위해 끊임없는 군

---

85) 사또오 케이시로오가 자신의 저서 『イスラーム商業史の研究』 중 「北宋時代における回紇商人の東漸」, 「南宋時代における南海貿易について」 등의 장에서 이를 논한 바 있다.

86) 장동익, 앞의 책 147면.

사충원 정책을 쓰게 하는 요인이 되었고, 그 결과 러시아와 이슬람사회, 그리고 서양을 잇는 노예무역이 활성화된 것으로 연구자들은 평가한다. 1260년대 초 훌라구의 서아시아 정벌이 진행되는 와중에 맘루크는 반(反) 일칸국' 정책의 일환으로 흑해 이북 초원지대에서 투르크노예들을 지속적으로 수입해 군대를 키웠는데, 특히 킵차크칸국의 광대한 영역에서 노예들을 정규적으로 수집했다. 사실상 킵차크칸국의 묵인 아래 진행된 이러한 맘루크의 대규모 노예 수입에서, 다양한 민족들이 몽골 아동들을 유괴해 노예로 팔아넘긴 정황이 확인된다. 어린 몽골인들이 유괴돼 이집트와 시리아에서 맘루크로서의 역할을 하기 위해 노예로 팔렸던 증거도 연구자들에 의해 제시돼 있다. 이러한 노예무역은 적어도 맘루크 술탄국 초기 몇 십년간 계속됐을 것으로 추측되며, 주요 수출지역은 시리아, 이집트 등이었던 것으로 전해진다.[87]

결국 몽골과 무슬림세계의 군사적 대치상황이 서아시아 왕조들의 극단적인 군사 확보책을 낳고, 몽골 칸국들 사이의 갈등과 경쟁도 심해지면서 (킵차크칸국 대 일칸국) 일부 칸국(킵차크칸국)이 맘루크왕조들과 제휴한 결과, 러시아·이란 지역의 몽골인들이 맘루크왕조 및 비산틴제국 쪽으로까지 끊임없이 유출되는 결과를 낳았던 것이라 할 수 있다. 중국 내지의 몽골인들이 노예가 돼 회회·인도 등지로 팔려가던 정황 또한 기본적으로 이 맘루크 노예무역의 연장선상에서 발생한 정황이 아니었던가 한다. 앞의 기사들에서 몽골인들이 팔려간 지역 중 하나로 거론된 회회지역이 당시 킵차크칸국 지역의 몽골 노예들이 팔려가던 오늘날의 이집트나 시리아와 중첩되는 지역이라는 점에서,[88] 전술한 법령들에 묘사된 상황과 맘루크

---

87) 맘루크 술탄국과 동서 노예무역에 대한 기술은 루벤 아미타이 「초기 맘루크 술탄국으로의 노예무역에 대한 고찰」, 『실크로드의 교역과 상인』을 참조.

88) 러시아 남부 우크라이나 지역의 투르크·몽골 소년·소녀들로 구성된 국제 노예무역의 희생자들은 대개 크림반도로 끌려갔고, 이후 비잔틴 당국의 묵인 아래 이집트·시리아의

주도 노예무역이 서로 분리된 정황이 아니었을 가능성을 엿볼 수 있다. 또 그들이 팔려간 또다른 지역으로 거론된 인도지역 역시, 당시 동서 세계간 교역 루트인 중국 → 인도 → 이란 → 시리아(터키·크림반도) → 이집트의 요충지였음을 고려할 때,[89] 법령들에 묘사된 정황과 맘루크 노예무역이 서로 연관되었을 가능성이 대단히 높다.

그렇다면 당시의 대륙간 노예무역에 고려가 연루된 이유는 과연 무엇이었을까? 우선 회회인들이 원제국 정부의 단속과 처벌을 피해 고려로 도피한 것에 불과한 것이라 추측해볼 수 있다. 그러나 좀더 적극적인 의미 부여도 가능하다. 육·해상 동서 실크로드 교역의 또다른 단면인 '서유라시아 스텝지역-동지중해 간 노예무역'에서, 고려가 일종의 중간기착지 역할을 했을 가능성도 상정해볼 수 있는 것이다.

몽골제국 내에서 노예가 수집되던 지역들은 다양했을 것이다. 앞서 언급한 바와 같이 가장 대표적인 형태는 러시아(킵차크칸국) 또는 이란·이라크 지역(일칸국)에서 수집된 경우로, 이런 경우의 노예 수집에는 굳이 한반도가 개입될 필요가 없었을 것이다. 그러나 원 황제들이 직접 거론한 유략 사례들은 중국 내지에서 발생했을 가능성이 높고, 이러한 거래에는 경우에 따라 고려지역이 연루될 수도 있었을 것이다. 물론 천주에서 출발해 서아시아로 가는 선박들이 굳이 고려에 기항(寄港)할 필요는 없었을 것이나, 수집된 노예들 중 서아시아까지의 장거리 항해를 견디지 못할 것으

노예시장으로 운송되었다. 그들은 도착 후 맘루크가 되기 위해 노예시장에 내놓아졌고, 술탄과 관리 대리인들에게 매득돼 정식 무슬림과 군인으로 변모하기 위해 수년간 훈련을 받았던 것으로 판단되고 있다.

89) 한편 『동방견문록』 36장에 따르면 오늘날의 카마딘(Qamadin) 평원에 사방을 뒤지고 다니며 노략질하던 '카라우나스'(Caraunas, 1250년대 몽케칸 당시 아프가니스탄, 후라산 지방 정복을 위해 파견됐다가 잔류한 몽골군들이 현지 인도 여성들과 관계해 형성한 일종의 군사집단)들이 1만명 이상의 규모로 군집행동을 하며 고령자는 살육하고 젊은 이들은 노예로 팔아넘기곤 했던 것으로 전해진다.

로 판단돼 서둘러 팔아야 할 경우도 더러 있었을 것이고, 여러가지 이유로 원거리 항해를 시작하기 전 주변 시장을 대상으로 노예 일부를 먼저 처분함으로써 푼돈이라도 만들어야 하는 상황이 있었을 수 있다. 심지어 필요한 수의 노비를 중국에서 확보하지 못했을 경우, 고려에서 추가로 확보하려 했을 가능성도 있다.

이 경우, 당시의 노예상인들은 고려 시장을 일종의 '준소비시장' 또는 '준인력시장'으로 이해했을 가능성이 있다. 그리하여 중국과 서역을 잇는 기간노선망에서 주로 활동하다가도 일종의 지선인 중국-고려 무역망 또한 자신들의 노예교역 운용에 활용했을 가능성이 있다.

이상에서 살펴본 여러 사례, 진주를 구하러 온 회회인들, 오르탁자금 추심을 피해 고려로 들어온 회회인들, 그리고 노예무역을 위해 고려에 온 회회인들은, 당시의 왕성한 동서 세계간 교역에 고려가 어떻게 연결되어 있었는지를 보여주는 존재들이라 할 수 있다. 이 시기 세계교역에 종사하던 여러 외국상인들은 중국-서역 간 교역이 제공하는 광대한 이윤에 일차적으로 주목하면서도, '기간교역망 주변의 여러 지선'을 따라 포진해 있던 시장들 또한 인지하고 있었을 것인데, 경우에 따라 그러한 모세혈관 같은 교역시장들을 자신들의 이윤 극대화에 활용하려 했을 것이고, 한반도 역시 그중 하나였을 가능성이 높다.

한반도의 지정학적 위치상 당시 외국상인들은 고려를 중국을 보조하는 하나의 보조시장으로 간주했을 가능성이 크다. 예컨대 중국 시장을 상대로 한 상품의 구매와 판매에 어려움을 겪거나 대중국 교역의 범위를 국지적으로 확대하려 할 경우, 고려 시장이 제한적 규모로나마 '거래 후보지' 또는 '보조시장'으로서의 역할을 수행해줄 것을 기대했을 수 있다. 물품 구매 차원에서 고려 시장이 그런 기능을 수행했을 가능성을 진주 채취 및 알탈 상인들의 한반도 내 도피를 통해 엿볼 수 있다면, 인력 확보 차원에서 고려 시장이 그런 기능을 수행했을 가능성을 인도·회회 상인들의 몽골 노예매매 사례를 통해 엿볼 수 있다.

이처럼 동서 세계간 교역의 활성화가 비록 국제항 천주 등지로부터의 고려 방문의 감소를 야기하였고, 13세기의 오르탁교역이 그러한 추세를 가속화함으로써 고려 시장 자체가 동아시아 교역권에서 '소외'되는 상황을 초래하긴 했지만, 동시에 새로운 현상도 시작되었음을 확인할 수 있다. 회회·회골·서역 상인들이 여러 다양한 형태로 고려를 방문하게 된 결과, 고려 시장이 교역물자를 제공하거나 파산한 외국상인들이 재기를 모색하며 은신할 수 있는, 그리고 물자와 인신을 구매할 수 있는 시장으로 거듭나면서 새로운 위상을 점하게 되었다고 볼 수 있다.

침공과 항전, 정치 간섭 등으로 얼룩진 13세기가 끝나고 원제국과의 관계가 재설정되는 와중에, 바로 그 원제국을 통해 여러 회회인들이 고려를 방문했던 셈이다. 게다가 13세기 후반 시작된 회회인들의 고려 방문은 단순한 일회성 왕래로 끝나지 않고, 14세기 초에도 지속된 것으로 추정된다.

당시 회회인들의 방문이 수적인 측면 또는 빈도의 측면에서 이전의 강남 상인들보다 많았는지 또는 잦았는지 여부는 현전 사료로는 확인하기 어렵다. 그러나 강남 상인들의 방문이 매번 물품 진상 및 구매라는 동일한 패턴을 보였던 데 비해, 회회인들의 방문은 그 배경과 이유가 더욱 다양했음을 기억할 필요가 있다. 그 점에서 고려 후기 회회인들의 방문은 고려 전·중기 강남 상인들의 방문보다는 외국상인들의 고려 내 활동상을 더욱 복합적으로 보여주는 바가 있다. '고려인과 서역 시장의 접촉'을, '고려인과 강남 시장의 접촉'과는 또다른 중요한 역사적 정황으로 간주하고 검토해야 할 궁극적 이유라 할 것이다.

무엇보다도 이들과의 교류가 고려인들의 대외교역 재개에 또 하나의 '자산'이자 '계기'로 기능하게 되었을 가능성에 주목할 필요가 있다. 회회인들과 빈번히 접촉하는 와중에, 고려인들도 동서 세계간 교역에 참여하고자 하는 욕구를 느끼게 되었을 가능성이 높기 때문이다. 실제로 충렬왕

이 1280년대 초 그러한 시도를 보였음이 주목된다. 다음 장에서 그를 살펴
보도록 한다.

제4장

고려 왕, 승부수를 던지다: 고려발 해외교역의 재개

1. 서역 시장과의 접선 시도

충렬왕은 고려를 방문한 여러 회회인, 서역인을 접하면서, 은을 매개로 당시 성황이던 오르탁교역에 깊은 관심을 갖게 됐을 것으로 생각된다. 아울러 원 황실 인사들이 수익성 높은 오르탁교역에 앞다퉈 투자함으로써 많은 부(富)를 취하고 있음 또한 인지하고 있었으리라 여겨진다. 세조 쿠빌라이의 부마이자 정동행성의 승상이었던 충렬왕으로서는, 자신 역시 오르탁교역에 나서지 못할 이유가 없다고 여겼음직하다. 다만 13세기 전반 이래 다량의 고려 은이 몽골 치하 중국으로 유출되는 상황에서, 오르탁교역에 투자할 만한 막대한 양의 은을 확보하는 것이 물리적으로 불가능하다는 문제가 있었다.

이에 충렬왕은 한가지 흥미로운 발상의 전환을 하게 된다. 앞서 언급한 바와 같이 일찍이 고려에 설치되어 민간의 은과 모시를 흡수하고 있던 '원응방'들의 존재에 주목한 것이다. 응방에 적립돼 있던 물자는 고려민들의 주머니에서 나와 몽골인들의 수중에 들어간 상황이었지만, 아직 고려 밖으로 빠져나가지 못한 채 국내에 잔류한 물량도 있었다. 이에 충렬왕은 측근을 풀어 고려 내 원 응방들에 접근하게 된다.

충렬왕은 사실 초기에는 응방에 대해 대단히 부정적인 입장을 지니고 있었다. 1276년 3월에는 응방 사람들이 세력을 믿고 백성을 학대하자 중랑장 원경(元卿) 등을 각 도에 보내 감독하게 하였다.[1] 또 1277년 7월에는 응방에 귀속된 백성 205호 중 102호를 해방시켰다. 재상들에게 '나라는 작고 백성은 가난하며 가뭄으로 인한 피해가 심하니 응방을 파하고자 한다'고 했다가, '응방은 황제에게 청해 설치한 것인데 어찌 파하겠습니까'라는 만류를 인후로부터 듣기도 하였다.[2]

그래서 충렬왕은 응방을 견제하는 데 그치지 않고, 응방에 대한 자신의 영향력을 강화하고자 하게 된 것으로 보인다. 응방들을 적극 옹호하고 그 활동을 과감히 후원하기도 했음에서 그를 엿볼 수 있다.[3] 고려 내 응방 설치에 원 황제의 의사뿐만 아니라 고려 국왕의 동의 또한 작용하였음은 이미 앞서 언급한 바이다(고려 국왕의 요청을 원 황제가 승인). 게다가 응방 설치과정에서 충렬왕 측근 윤수 등의 물밑작업이 있었던 것으로 전해진다.

1275년 8월 원제국 정부는 윤수, 이정(李貞), 원경으로 하여금 매를 잡거나 길러 진상하게 하였다. 그리고 나주에 배치한 응방자(鷹房子) 50인 등 응방 관련자들의 작업을 방해하는 것을 금지하면서 박의(朴義)에게 그 관리를 맡겼다. 이 모든 조치의 배후에 있던 윤수는[4] 일찍이 충렬왕의 원 숙위 당시 매와 개로써 사랑을 얻어 측근이 되었고, 심양에서 귀국한 이래 고려 내 응방들의 관리를 맡았으며, 황제가 파견한 응방자 낭가알 등 20인의

---

1) 『고려사』 권28, 세가28 충렬왕2년(1276) 3월 기묘.
2) 『고려사』 권123, 列傳36 嬖幸1 印侯.
3) 이인재는 충렬왕의 그러한 의도가 왕권 강화에 있었다고도 보았으며(이인재, 앞의 글), 이 책에서는 그 의도의 경제적인 맥락을 살펴보고자 한다.
4) 『고려사』 권28, 세가28 충렬왕1년(1275) 8월 신해; 권124, 列傳37 嬖幸 尹秀.

경상도 방문에 원경과 함께 동행하였다. 응방 운영에 실로 깊숙이 개입했던 인물이라고 할 수 있다.

충렬왕은 이렇듯 자신과 가장 긴밀한 관계에 있던 윤수를 통해 고려 내 원 응방들의 동태를 예의주시하고 있었다. 그리고 스스로도 응방과 활발한 교류를 가졌다. 홀치들과 함께 응방 관련자들을 인솔해 사냥을 나서거나 격구를 관람하는 일이 잦았으며,[5] 응방을 관리할 몽골인들이 고려에 왔을 때 사택을 제공하기도 했다. '처음에는 윤수의 무리가 매로써 총애를 샀다고 생각했더니, 이제 곧 왕이 스스로 깊이 좋아하는 것을 알았다'는 이습(李槢, 이분성)의 언급을 통해서도 그를 엿볼 수 있다.[6] 심지어 충렬왕은 응방 비판세력을 박해하기까지 했다. 1277년 8월 전유(田裕)라는 인물이 왕에게 '매 잡는 일로 안동을 지나가다가 현지 관리로부터 박대를 받았다'고 호소하자 충렬왕이 관련자를 문책한 바 있고, 1279년 5월 응방 관련자 임정기(林貞杞)의 고신에 서명하지 않았다는 이유로 대관과 간관들을 귀양 보내기도 했으며, 응방 관련자 오숙부가 자신에게 예를 갖추지 않은 관료들을 자신이 기르던 매의 죽음에 연루시켜 음해하자 그들을 유배하기까지 했던 것이다.[7]

이렇듯 충렬왕과 측근들의 관심과 비호가 지대했던바, 고려 내 원 응방들은 강력한 권위를 갖게 되었다. 안찰사나 주(州)·목(牧)·군(郡) 수령들이 응방의 폐해를 제어하지 못하는 사이에 윤수·이정·원경·박의 등은 이른바 착응별감(捉鷹別監)들을 각 도에 파견하였다. '응방사(鷹坊使)를 설치해 악소(惡小) 이정의 무리더러 주군(州郡)을 침탈하게 했다'는 충렬왕 졸기

---

5) 『고려사』 권28, 세가28 충렬왕2년(1276) 8월 갑술; 권29, 세가29 충렬왕8년(1282) 5월 신유.
6) 『고려사』 권123, 列傳36 嬖幸1 李汾禧.
7) 『고려사』 권123, 列傳36 嬖幸1 李汾禧; 권123, 列傳36 嬖幸1 林貞杞; 권124, 列傳37 嬖幸2 尹秀; 권106, 列傳19 安戩.

(卒記)의 기술에서도,[8] 충렬왕이 측근들과 함께 응방을 적극 육성하고 있었음을 확인할 수 있다.

위정자로서 충렬왕이 백성들을 침탈하던 응방을 견제하기도 하고 한편으로는 자신의 측근들을 통해 응방을 육성하기도 하던 이러한 이중적인 모습을 어떻게 이해해야 할까? 응방의 위험성을 잘 알고 있던 그가 정작 응방 관리에 자신의 측근들을 투입한 이유는 무엇이었을까? 단순히 응방을 없애려 하다가 원제국 정부가 받아들이지 않자 차선책으로 응방에 대한 주도권을 잡아 사리(私利)를 취하고자 함이었을까? 그보다는 고려의 공적 질서를 저해하는 응방을 견제하는 한편으로, 응방의 효용을 자신의 정책에 접목해보려 한 것으로 해석하는 것이 타당하지 않을까 한다.

그러한 가능성을 뒷받침하는 정황으로, 충렬왕이 돌연 회회인을 유치해 응방의 관리를 맡기려 시도하였음이 주목된다. 이러한 시도는 1280년 3월에 이뤄졌는데, 옹진지역 백성들이 원제국의 사신을 대접하면서 '고을 백성들이 모두 응방에 예속된 상황에서 몇 안 남은 가난한 자들은 세금을 내기 어려워 죽을 지경'이라며 고통을 호소한 것에서 일이 시작되었다. 사신은 그 호소를 듣고 재상들을 책망하였고, 재상들은 돌아와 왕에게 '응방의 폐해를 없앨 것'을 요청하였다. 그런데 충렬왕이 이 얘기를 듣고 분노하며 '회회인으로서 황제에게 신임을 받는 사람(回回之見信於帝者)'을 청해 와 여러 도의 응방을 나누어 관리하게 함으로써, 재상들이 감히 다시 말을 못하게 하려 한 것으로 사료는 기록하고 있다.[9]

충렬왕은 과연 응방을 통해 무엇을 하려 했고, 회회인들은 왜 부르려 했던 것일까? 이와 관련하여 당시 원제국 내에서도 응방은 '해외무역'과 모종의 연관을 지녔던 존재라는 데 주목할 필요가 있다.

---

8) 『고려사』권32, 세가32 충렬왕34년(1308) 史臣贊.
9) 『고려사』권29, 세가29 충렬왕6년(1280) 3월 임인.

관련 사례들은 몽골제국 초기로까지 거슬러올라간다. 서역의 사서인 『집사』를 보면,[10] 어느 매꾼이 병든 매 한마리를 '대칸'에게 진상하며 '이 매의 병을 고칠 수 있는 처방은 닭고기'라고 말한 일화가 전해진다. 당시 칸이던 칭기스칸은 그에게 닭을 사라고 발리시, 즉 은괴(銀塊) 하나를 주었으나, 정작 재무관은 그 발리시를 제3자인 전주(錢主)에게 주고는 대신 닭을 몇마리 살 만한 액수를 매꾼의 예치금으로 남겼다. 이후 칸은 재무관에게 매꾼의 상황을 묻고는 화를 내며, "그 매꾼은 닭을 원했던 것이 아니라 그를 핑계로 뭔가를 얻으려 한 것"이라며, "내게 오는 사람은 발리시를 받아가서 그것으로 이윤을 만들어주겠다고 하는 오르탁들이나 [다른] 물품을 갖고 오는 사람들이니, 나는 그들이 무엇을 잡으려고 그물을 치는지 알 수 없으나[매꾼을 염두에 둔 언급인 듯], 모든 사람들이 내 축복에서 자기 몫을 갖기 바란다"라 했음이 주목된다. 매꾼과 물품 진헌자, 그리고 오르탁 상인 모두를 몽골 황제를 찾아와 뭔가를 거래하는 주체로 묘사한 이 일화는, 당시 평범한 매꾼들마저 매 사냥·판매 수입 외에 '다른 무엇인가'를 희구하고 있었으며, 그러한 추구가 대외무역에 종사하던 오르탁 상인들의 활동과 유사한 맥락을 지녔을 가능성을 암시한다. 실제로 특정 황제가 대외교역에 대해 어떤 입장을 가졌는지에 따라, 응방 활성화에 대해서도 입장이 갈렸음이 확인된다.

물론 '매를 기르는 응방'과 '해외에서 진행되는 대외교역' 간에 어떤 관련이 있었을까 싶을 수도 있겠다. 그러나 앞서 언급한 바와 같이 원제국 내의 응방들이 원제국의 은 수급 상황과 깊은 관련을 맺고 있었다면, 그 응방들이 당시 대외교역과도 연관되었을 가능성을 제기하는 것은 지극히 자연스러운 일이라 할 수 있다. 원제국 정부가 육·해상의 동서 세계간 오르탁 교역을 적극 추진한 시기에는 응방도 활발히 운영했고, 원제국 정부가 오

---

10) 라시드 앗 딘 지음, 김호동 역주 『칸의 후예들(집사)』, 사계절 2003, 132면.

르탁교역에 부정적인 입장을 지녔던 시기에는 응방에 대해서도 견제가 심했음이 확인된다.

응방과 관련한 원제국 정부의 제도적 조치들이 내려지기 시작한 것은 세조가 즉위한 1260년 이후이다. 여러 응방 관련 단위들이 산발적으로 설치되기 시작했지만, 가장 중요한 것은 전국 응방의 '총수 조사'였다. 앞서 언급한바 '응방의 적(籍)을 다시 정하여 영구의 정제(定制)로' 삼은 조치가 그것이다.[11]

그런데 이 작업을 주도한 것은 전국의 행상서성들이었고, 이 행상서성들의 모기관은 중앙의 상서성이었다. 상서성은 당시 유명한 무슬림 재상 아합마나, 이후 노세영(盧世榮) 및 상가의 공격적인 증세정책을 뒷받침하던 당시의 최상층 재무기관이었다.[12] 이들의 증세정책은 원제국의 경제적 골간 마련에도 기여했지만, 동시에 원제국의 대외교역 정책과도 궤를 같이하는 것이었다. 특히 아합마가 대외교역에 큰 관심을 갖고 있었는데, 그랬던 그가 전국 응방의 총수 조사에 나섰다는 것은 실로 의미심장한 바가 있다.

아합마는 육로 오르탁교역에 나서기 위해[13] 적극적인 은 확보에 나섰다. 1266년 11월에는 환주곡(桓州峪)에서 채취한 은광(銀鑛) 16만근(斤)의 활용

---

11) 『원사』 권101, 志49 兵4 鷹房捕獵.

12) 1260년대 초 이래 재상을 역임한 아합마의 경제정책은 제국용사사(制國用使司), 중서성(中書省), 상서성 등을 통해 전개되었다(『원사』 권5, 본기5 세조 지원원년(1264) 11월 임진; 권6, 본기6 세조 지원3년(1266) 1월 임자; 권7, 본기7 세조 지원7년(1270) 1월 병오; 지원9년(1272) 1월 갑자). 아합마의 행적은 『원사』 권205, 列傳92 姦臣 阿合馬; 田村實造 「世祖と三人の財政家」, 「世祖時代の稅制」, 『中國征服王朝史の硏究』(京都 東洋史硏究會), 同朋舍出版 1974 참조.

13) 오따기 마쯔오(愛宕松男)는 1282년 아합마가 암살당하면서 알탈인들이 타격을 입었을 것이라 보았고(愛宕松男, 앞의 글), 무라까미 마사쯔구(村上正二)는 세조의 신임을 한 몸에 받았던 아합마가 정권을 움직이며 강력히 알탈 관련 정책을 추진했던 것으로 보았다(村上正二, 앞의 글).

과 관련해, 100근에서 은 3냥, 석(錫) 25근을 얻을 수 있으니 산출량이 많은 석을 팔아 산출량이 상대적으로 적은 은의 채광에 필요한 비용을 대자고 건의하기도 하였다.[14] 그 뒤를 이은 재상들 역시 유사한 모습을 보였다. 아합마를 이어 집권한 노세영의 경우 금은의 값을 정하고 사적인 매매를 금지했으며,[15] 상가의 경우 송대 민간의 금은을 수색하였다.[16] 당시 재상들의 이같은 적극적인 은 확보 노력은 결국 그들의 오르탁교역 의도와도 무관치 않았을 것으로 생각된다.

그러한 와중에 응방에 대한 관리도 강화되었다. 특히 응방에 대한 아합마의 지배력이 강화되었다. 여러 응방 관련 단위들이 '병부 휘하'로 배치된 후, 아합마의 아들에게 병권이 부여되었다.[17] 1268년 7월에는 제로 타포응방공장동야총관부(諸路打捕鷹房工匠銅冶總管府)들을 줄여 아합마의 영향력 아래 있던 전운사가 관장케 하였다.[18] 한편 1275년 아합마의 측근이 정적을 공격하기 위해 "(그 정적이 예산에서) 매 먹이를 지급하지 않아 매들이 야위고 죽어간다"고 참소하기도 했다.[19] 응방들이 당시 아합마의 비호 아래 강력한 영향력을 휘둘렀음을 보여주는 대목이다. 이렇듯 아합마가 집권하던 1260년대 초 이래 1280년대 초에 이르기까지 응방 또는 관련 단위들에 대한 장악이 계속되었다.[20] 그리고 같은 시기에 시박사 설치(1277), 천부사 출범(1280) 등 무역정책 정비도 계속되었다.

응방의 장악과 무역정책 정비의 연동은 1270년대뿐만 아니라 이후

---

14)『원사』권205, 列傳92 姦臣 阿合馬.

15)『원사』권205, 列傳92 姦臣 盧世榮; 권13, 본기13 세조 지원21년(1284) 11월 신축.

16)『원사』권15, 본기15 세조 지원26년(1289) 2월 병인; 권16, 본기16 세조 지원27년(1290) 7월 정묘.

17)『원사』권158, 列傳45 許衡.

18)『원사』권6, 본기6 세조 지원5년(1268) 7월 경오.

19)『원사』권148, 列傳35 董俊 子文用.

20) 이강한「1270~80년대 고려 내 鷹坊 운영 및 대외무역」.

1280,90년대에 이르기까지, 즉 노세영과 상가의 집권기간에도 지속되었다. 노세영이 관영교역 정책으로 '관본선 제도'를 새로이 출범시킨 1284년에[21] 관령 타포·응방·민장 다루가치 총관부(管領打捕鷹房民匠達魯花赤總管府)가 세워졌고,[22] 1년 뒤인 1285년에는 수로 타포·응방·제색·민장 총관부(隨路打捕鷹房諸色民匠總管府)가 설치되었다.[23] 또 1280년대 후반 상가가 집권하면서 행천부사와 시박제거사가 해운·시박을 함께 담당하게 되는데, 그가 집권한 첫해인 1287년에 수로 제색·민장·타포·응방 도총관부(隨路諸色民匠打捕鷹房都總管府)가 설치되었다.[24] 1280년대의 이러한 상황은 재화 집적 단위로서의 응방이 앞서 살펴본 은 세제(稅制)뿐만 아니라 해외무역과도 깊은 연관성을 가졌음을 엿보게 한다. 원제국 정부가 남해무역을 국가 관리 아래로 적극 끌어들이던 시점에, 응방 관련 단위들의 신설·관리 조치 또한 활발히 내려진 셈이기 때문이다.

그리고 이러한 추세는 14세기 전반에도 계속되었다. 대외교역에 적극적이었던 무종의 재위기간에는 무역과 응방 모두 육성되었고, 대외교역에 부정적이었던 인종 재위기간에는 양자 모두 퇴조하였다.[25] 무종은 1308년 초 즉위 직후 황실 오르탁교역 담당 부서인 천부사를 천부원(泉府院)으로 승격하고 인원을 늘렸으며, 동시에 정2품의 인우원(仁虞院)이라는 관청을 신설해 응방들을 관리케 하였다.[26] 반면 인종은 즉위 직후인 1311년 천부사를 혁파함과 동시에 천부사가 여러 상인들에게 지급했던 새서(璽書)들을 회수했는데,[27] 그에 앞서 인우원을 혁파해 응방총관부로

21) 宮澤知之「元朝の商業政策-牙人制度と商稅制度」,『史林』64-2, 1981.
22)『원사』권89, 지39 百官5(제2황후 알이타 위하 세사歲賜 재물財物 조작造作 업무 담당).
23)『원사』권89, 지39 百官5(세조의 4자 북안왕北安王 위하 전량錢糧 담당).
24)『원사』권89, 지39 百官5(4알이타 위하 호계 민장들의 조작 담당).
25) 이강한, 앞의 글.
26)『원사』권22, 본기22 무종 지대1년(1308) 2월 갑오; 계사.
27)『원사』권24, 본기24 인종원년 지대4년(1311) 5월 경진; 6월 병인. 인종은 2년 뒤인

환원하고[28] 응방의 '요민(擾民)'도 강력히 금지하였다.[29]

이렇듯 원제국 정부의 무역정책과 응방정책은 강한 연동성을 보였다. 응방이라는 단위가 비록 지역물자 징발(또는 수탈) 기관으로 출발했지만, 바로 그 점에서 수출물자를 지속적이고도 원활하게 공급할 최적의 존재이기도 했기 때문일 것이다. 그렇기 때문에 원제국 정부가 세조대 이래 남해무역에 본격적으로 뛰어들 당시 응방 또한 꾸준히 관리해왔으리라 생각된다. 원제국 정부, 황실, 제왕 모두 무역을 위해 다량의 은을 필요로 하고 있었으므로,[30] 응방은 무역정책을 위한 재원을 마련하는 상설 창구로서 원제국 정부 또는 황실에 의해 다양하게 활용되었을 것이다.

충렬왕은 그러한 원 응방들이 고려 내에서도 유사한 기능을 하고 있음에 주목, 그러한 상황을 역이용하고자 한 것이라 여겨진다. 먼저 응방들이 다량의 은을 흡수하는 것을 거의 묵인하다시피 하고, 다음에는 그렇게 거두어진 은을 자신의 교역정책의 발판으로 삼고자 한 것이다. 회회인 상인을[31] 불러들여 응방의 관리를 맡기고자 했던 충렬왕의 시도가 그것을 잘

1313년에는 '회회의 보옥(寶玉)보다는 선인(善人)이 더 중요하다'며 당시의 '해외무역을 통한 식리(殖利)' 풍조를 비판하였다(황경2년(1313) 2월 정해).

28) 『원사』 권24, 본기24 인종원년 지대4년(1311) 2월 정묘.

29) 『원사』 권24, 본기24 인종원년 지대4년(1311) 1월 임인; 4월 정묘.

30) 『원사』 식화지(食貨志) 세사조(歲賜條)에서도 볼 수 있듯이 그들은 적지 않은 규모의 은·사(絲)를 정기적으로 하사받았지만, 그것으로는 부족했을 것이라 추측된다.

31) 물론 충렬왕의 이 회회인 초치 기사에는 회회인들의 '직종'이 명시돼 있지 않다. 당시 중국 내 회회인들은 이슬람 신자로, 상인으로, 그리고 이재(理財)에 밝은 재무장관 등으로 존재하였다. 그런데 충렬왕이 종교인을 응방관리에 위촉하려 했을 가능성은 적을 것이며, 재무장관을 직접 초치하는 것도 어려웠을 것이다. 결국 기사 속의 회회인은 여러 경제 거래에 익숙한 상인이었을 가능성이 크다. 더구나 이 기사의 회회인은 '황제로부터 총애받는 자'라는 수식어를 달고 있다. 당시 원 황제였던 세조가 총애한 회회인은 제도 개혁 및 재정 정비에 적극적이었던 재무재상들을 제외하면 원 황실 및 관료들에게 막대한 이윤을 가져다준 회회 출신 오르탁 상인들이 대부분이었다. 이들의 존재는 앞서 소개한 『집사』에서도 누차 거론된다.

보여준다. 회회 상인이 초치됐을 경우, 그들은 일차적으로 응방이 모아둔 다량의 은·모시를 관리하게 됐을 것이다. 그럴 경우 육·해상의 동서 세계 간 교역에 직간접적으로 관련돼 있던 그들이 그러한 재화들을 어떻게 쓰려 했을지는 불을 보듯 뻔하다. 응방에 집적된 물자를 그들 자신의 무역활동에 출자하거나 동료 상인들에게 댓가를 받고 공급하려 했을 것이며, 그 경우 고려의 재화는 바로 해외로 유출되었을 것이다.

그러나 그 유출이 '고려 국왕의 투자' 형태로 이뤄질 경우, 즉 국왕이 주체가 된 공적 교역 또는 국왕세력이 주체가 된 사적 무역의 일환에서 이뤄질 경우는 사정이 다르다. 앞서 언급한 오르탁교역의 속성을 고려할 때, 국왕으로부터 그러한 투자를 받은 회회 상인들은 그 투자로 인해 발생한 이윤을 출자자인 고려 국왕 및 국왕세력에 상환해야 할 책무를 지닌다. 그럴 경우 고려 은이나 여타 물자들이 해외로 나가긴 하지만, 일방적으로 상실되는 대신 고려로 재유입되거나, 다른 재화의 국내 유입을 가능케 하는 지렛대 역할을 했을 것으로 추정된다. 고려 국부(國富)의 일방적인 해외유출이 아닌, 대외교역을 통한 새로운 이윤 창출이 가능해지는 것이다.

충렬왕 억시 그간 응방에 축적된 막대한 재화를 자신의 주도하에 지출, 어떤 형태로든 수익을 내겠다는 심산이었을 가능성이 크다. 어쩌면 충렬왕의 이러한 계산은 응방이 처음 고려에 도입되던 1270년대 중엽 이미 서 있었을 수도 있다. 원 황제에게 응방의 설치를 요청하고, 측근을 통해 응방을 거의 '직영'하다시피 한 것도 그러한 계산에서 비롯했을 가능성이 높아 보이기 때문이다. 이렇게 보면 응방의 폐해를 징벌하면서도 한편으로는 측근들을 시켜 고려 내 여러 지역에 응방을 유치했던 것이 설명이 된다.

그러나 당시 동서 세계간 교역에 참가해본 경험이 없던 충렬왕으로서는 그러한 무역 투자에 신중할 필요가 있었다. 자칫하면 고위험이 따르는 원거리 서역교역에 선불리 투자했다가 투자금을 몽땅 날릴 위험도 없지 않았기 때문이다. 그가 '황제의 신임을 받는 회회인'을 끌어들이려 한 것은 바로 그 때문이었던 것으로 생각된다. 당시 원제국의 귀족들이 회회인 오르탁 상인들의 기술·조예·거래망을 필요로 했듯이, 충렬왕도 그들에게 의존하지 않을 수 없었던 것이다. 더구나 회회인들이 고려에 다수 들어와 있어 그들에게 자문을 구하는 것이 상대적으로 용이하던 당시 상황에서는 더욱 그러했다. 고위험에 맞서 고이윤을 내기 위해서는, 그들을 응방으로 유치해 응방의 자원을 '직접' 운용케 하는 것이 가장 현실적인 방안이었을 것이다.[32]

게다가 충렬왕이 회회인 초빙을 시도한 1280년은, 세조 쿠빌라이가 천부사를 설치해 황제·황태자·황태후·제왕 등의 금은 출납업무를 관장케 함으로써 오르탁교역을 정부의 관리하로 적극 포섭하던 시점이기도 했다.[33] 따라서 충렬왕도 부마로서 자신의 특수한 지위를 최대한 활용, 그러한 분위기에 편승해 새로운 이윤 확보를 추구한 것으로 짐작된다.

아울러 충렬왕의 이러한 시도에는 왕비 제국대장공주의 영향도 있었던 듯하다. 고려 국왕과 혼인한 최초의 원 공주로서 제국대장공주는 중국에 수출할 정도의 수준을 갖춘 고려 물자의 확보에 꽤 열심이었다. 일찍이 한 여승(女僧)이 '가늘기가 매미 날개와 같고 꽃무늬까지 섞어놓은' 백저포를 바쳐온 일이 있었다. 그녀는 그것을 시장의 상인들에게 보여주었고, 모두들 '전에 보지 못한 것'이라 하자 공주는 여승에게 그 출처를 묻고는 그것을 만든 여승의 여종을 보내달라 요청하였다.[34] 당시의 주요 대원(對元) 수출품이던 저마포 중 특상의 품질을 가진 물품에 공주가 관심을 가지고 있

---

32) 아울러 충렬왕은 원제국 정부 내 회회인 재상들과의 접촉도 시도했는데, 1280년대 들어 원 재상 아합마와 고려 관료가(官僚家) 여식의 혼인을 추진했음에서 그를 엿볼 수 있다(원 재상 아합마가 아름다운 여인을 구하자 장인경張仁冏의 자식을 보냈다가 아합마가 거부하자 김원金洹과 조윤번趙允璠의 여식을 보냄. 『고려사』 권29, 세가29 충렬왕 6년(1280) 4월 병술; 11월 병오).

33) 『원사』 권11, 본기11 세조 지원17년(1280) 11월 을사.

34) 『고려사』 권89, 列傳2 后妃2 齊國大長公主.

었음을 볼 수 있다. 또 송자(松子)와 인삼을 중국 강남에 보내 많은 이익을 얻었고, 환관들로 하여금 생산지역도 아닌 곳에서 그를 구하게 하여 많은 백성들을 힘들게 하기도 하였다.[35]

그녀는 동시에 금은의 확보에도 적극 나섰다. 흥왕사의 황금탑을 내전에 들이고는 흥왕사 승려들의 반환 요청을 거부한 채 장차 그것을 헐어 쓰려 한 것이나,[36] 홀라대(忽剌歹)로 하여금 대부시의 은을 한데 모아 접수케 한 것에서 그를 확인할 수 있다.[37] 그런데 그녀가 후자의 조치를 내린 1280년 2월은 공교롭게도 충렬왕의 회회인 초빙 시도(3월)가 있기 직전이었으며, 동시에 원 천부사의 출범(11월)을 앞둔 시점이기도 했다. 따라서 이는 제국대장공주가 대외교역에 투자할 은 물량 확보를 위해 대부시의 재화를 압수한 것이었을 가능성이 높다고 하겠으며, 이러한 행위가 남편 충렬왕에게 적지 않은 영향을 끼쳤을 가능성을 배제할 수 없다. 세조 쿠빌라이의 여식이자 원 황실의 일원인 그녀는 고려에 왕비로 와 있는 중에도 오르탁교역 등 대외교역에 적극 나선 것이라 여겨지며, 그녀의 그런 행보는 충렬왕을 자극하기에 충분하였으리라 생각된다.

이러한 정횡을 고려하면, 충렬왕이 '응방을 없애자'는 관료들의 말에 분노한 것도 이해가 된다. 당시 전국의 은소(銀所)들이 이미 붕괴해 있어 해외에 투자할 물자들을 수집할 경로가 마땅치 않은 상황이었다. 고려의 붕괴된 부세(賦稅)제도를 대신해 원에서 설치한 응방들이 은 수집을 도맡고 있던 형국이었다. 충렬왕은 종전의 부세제도를 복구할 여력이 아직 없는 상황에서, 그리고 대외교역에 투자할 자산도 없는 상황에서, 그러한 응방들을 활용함으로써 두마리 토끼를 잡고자 한 것이 아닌가 한다. 응방들의

---

35) 『고려사』 권89, 列傳2 后妃2 齊國大長公主.

36) 『고려사』 권89, 列傳2 后妃2 齊國大長公主.

37) 중랑장 유거(柳琚)에 명령하여 대부(大府)의 재화(財貨)를 수색하여 내부에 들이도록 한 것이다(『고려사』 권29, 세가29 충렬왕6년(1280) 2월 병술).

폐해에 일정부분 눈을 감고서라도 윤수 등의 측근을 시켜 응방에 적립된 은에 대한 통제권을 확보, 결국 해외무역 투자를 시도하고자 했던 것이다. 그런데 관료들이 그런 의도를 헤아리지 못하고 응방 폐지를 건의하고 나섰으니, 충렬왕의 관점에서는 자신의 시도를 근저에서 무산시키려는 것으로 보였을 법도 하다. 그리하여 충렬왕은 관료들의 반대를 무시하고 회회인 초빙을 강행하려 했던 것으로 추정된다.

다만 조인규(趙仁規)가 강력히 간하고 제국대장공주도 안 된다고 반대하자, 충렬왕은 결국 자신의 뜻을 접은 것으로 전해진다.[38] 제국대장공주가 반대한 이유는 확인하기 어렵지만, 우선 오르탁교역의 생리에 대한 지식이 부족했을 충렬왕의 섣부른 시도를 만류했을 가능성이 있고, 한편으로 제국대장공주 자신만의 의도가 있었을 가능성도 배제할 수 없다. 앞에서 살펴본 것처럼 제국대장공주 스스로가 당시 고려의 물자를 활용해 원 내지의 무역주체들과 거래하는 데 상당히 적극적이었기 때문이다.

이후 최측근 윤수가 1282년 이후 정적들의 공격을 받으며 급격히 권력을 잃고 1283년 3월 사망하자, 충렬왕은 응방과 관련한 일체의 시도를 중지하게 된다. 물론 원경, 박의 등이 이후에도 응방도감(1283년 7월 설치)을 통해 활동을 계속했던바, 재원을 취급하는 단위로서 응방의 위상과 기능은 윤수 사후에도 여전했던 것으로 보인다.[39] 다만 윤수의 사망을 계기로 측

---

38) 『고려사』 권89, 列傳2 后妃2 齊國大長公主.

39) 제원(諸院)·사사(寺社)·응방·순마(巡馬)·양반(兩班) 등이 직(職)이 있는 인원과 전전(殿前)·상수(上守)를 전장(田莊)으로 파견해 민을 초집하고 아전을 꾀어 악행을 저질렀고, 응방이 미곡 과렴 대상 중 하나로 지정됐으며, 홀치·응방·상승(尙乘)·순마·궁궐도감(宮闕都監)·아차적(阿車赤) 등이 새 관원 부임 때 갑작스러운 봉송(奉送) 징구(徵求) 등을 기화로 백성에게서 취렴하는 것을 금한다는 기사 등을 통해, 응방이 1280년대 후반 이후에도 영향력을 유지했음을 확인할 수 있다(『고려사』 권85, 志39 刑法2 禁令, 충렬왕12년(1286) 3월 下旨; 권79, 志33 食貨2 科斂, 충렬왕15년(1289) 3월; 권84, 志38 刑法1 公式 職制, 1298年 正月 忠宣王 卽位敎書).

근들을 통해 응방을 관리하고 그를 통해 무역물자를 확보하고자 했던 충렬왕의 계획은 그 동력을 상실했을 가능성이 있다.[40] 실제로 이때 충렬왕이 응방 폐지를 시도했음이 주목된다.[41] 윤수가 없는 상황에서, 즉 충렬왕이 응방을 통해 관적(官的)인 대외교역 투자를 시도할 만한 여건이 존재하지 않는 상황에서, 폐단만 양산하는 지역경제 침탈자로서의 응방은 고려 국정의 최고책임자 충렬왕에게는 부담만 되는 존재였기 때문이다. 오히려 혁파해야 할 존재임이 자명했던바, 이러한 수순은 자연스러운 것이었다고 하겠다. 당시 인후가 만류했기 때문에 응방은 결국 존속했지만, 응방의 폐단이 계속되자 충렬왕은 이후 응방의 폐단을 다시 지적하였다.[42] 그리고 그 폐지도 재차 시도하였다. 응방이 이후 1288년 8월 잠시 폐지되었음에서 그를 엿볼 수 있다.[43]

비록 충렬왕의 시도는 실패했으나, 그의 시도 자체는 중요한 의미를 지닌다. 13세기 후반 이래 고려 정부의 첫 대외투자 시도였다는 점에서, 그리고 한반도로서는 처음으로 '대서역 직접투자'를 도모한 것이었다는 점에서 그러하다. 서역 시장과 회회인, 그리고 은이라는 대외교역의 삼박자를 고려 국왕이 주도적으로 결합해보려 했던 점에서도 그러하다. 성패와 관계없이, 당시 한반도가 직면하고 있던 교역여건 및 그에 대한 국왕들의 선제적인 대응을 엿볼 수 있는 정황이라 할 만하다.

이상의 정황에서, 충렬왕이 13세기 후반 고려를 방문하던 회회인들을 통해 동서 세계간 교역의 효용을 알게 되었고, 그에 직접 참여하고자 교역

---

40) 이인재 또한 1283년 응방도감의 출범을 계기로 고려 내 응방 운영이 이전과는 달라졌으며, 이 조치는 초기와 달리 응방의 직능을 본래의 역할인 매 사육으로 국한하는 차원의 조치였다고 보았다.
41) 『고려사절요』 권20, 충렬왕9년(1283) 5월; 『고려사』 권123, 列傳36 嬖幸1 印侯.
42) 『고려사』 권85, 志39 刑法2 禁令, 충렬왕12년(1286) 3월 下旨(응방의 폐단에 대한 금령).
43) 『고려사』 권30, 세가30 충렬왕14년(1288) 8월 계해; 기사.

주체로서의 회회인들 및 투자물자로서의 응방 내 적립 은을 활용하고자 한 것이었음을 확인할 수 있다. 몽골 원제국 치하에서 성행하게 된 동서 세계간 오르탁교역이, 고려인들로 하여금 오랜 침묵에서 깨어나 적극적인 대외투자 및 해외교역을 재개하게 한 강력한 동인이 되었던 셈이다. 바로 이 점이 13세기 후반 이래 기존의 강남 상인(송상)을 대신해 한반도를 방문한 회회인·서역인들이 고려의 대외교역사에서 가지는 또다른 중요한 의미라 하겠다. 그들의 활동이 처음에는 고려를 동서 세계간 교역에서 소외시키면서도, 이후에는 고려를 다시금 그 한가운데로 끌어들였다는 것은 바로 이러한 대목들을 염두에 둔 평가라 하겠다. 한반도 시장에 새로운 위상을 부여하고, 더 나아가 고려인들로 하여금 이전과는 다른 새로운 대외교역에 적극 나서게 한 것이다.

다만 그의 그러한 시도는 여러 정황상의 어려움으로 인해 결국 실패하고 말았다. 이에 충렬왕은 전략을 다소 수정하였을 가능성이 있다. 한반도에서는 아직 이질적이던 서아시아와의 교역에 직접 나서기보다, 그간 전통적인 교역 상대방이었던 중국과의 교류를 복원하려 했을 가능성이 있는 것이다. 실제로 1290년대 중반 충렬왕이 원의 경원항(송대 명주항)에 '관영교역선'을 파견하였음이 주목된다.

2. 원 항구지역에의 교역선 파견

사실 고려의 관료들은 이미 1260년대 전반 원제국 사행길에 나서면서 개인적으로 대중국 교역을 하고 있었다. 몽골이 점령한 중국에 사신으로 다녀오면서 외국의 물건을 하나도 가져오지 않았던 이순효(李純孝)를 당시 사람들이 칭송한 것도 역설적으로 당시의 왕성한 교역 분위기를 잘 보여준다.[44] 1263년 12월에는 주영량(朱英亮) 등의 관료가 사람들로부터 뇌물을 받고 그 댓가로 17인을 자신들의 사행길에 대동, 원제국 현지에서 대규모 무역을 행하기도 하였다. 이 일이 발각되자 고려 정부는 뇌물 공여자 17인을 유배하고 은병 170개, 진사(眞絲, 직물) 700근을 몰수했으며, 주영량의 개인 물자도 몰수하였다.[45] 사행무역에 대한 고려 정부의 입장을 잘 보여주는 사건이라고 할 수 있다.[46]

이렇게 처벌을 당할 정도로 고려 관료사회의 대원 교역이 적지 않았음은 원제국 쪽 사료를 통해서도 확인된다. '여러 고려 사신이 대동하는 인원은 오면 모두 오고, 가면 모두 갈 것이며, 중간에 남아 매매[교역]하는 것을 금지한다. 말을 교역하여 국경을 나서는 것도 금지한다'는 법령의 내용이 그를 잘 보여준다.[47] 일찍이 송의 소식(蘇軾) 등이 고려 사신의 중국 방문을 기피한 이유를 연상시키는 대목이라 하겠는데, 당시 원에 온 고려 사신과 그 수행원 들이 원제국에 들어가 교역에 종사하며 중국의 민간을 동요시키고 있었음을 엿볼 수 있다. 당시 사절의 규모가 작지 않았던 상황에서는 더욱 그러했을 것으로 생각되는데, 1278년 4월 국왕의 입조 당시 국왕 스스로 수행인원을 감축한 결과가 190명 선이었고, 1284년에는 수행원이 1,200명이나 되었다.[48] 1289년 11월에는 왕, 공주, 세자가 원에 가는데 행차를 수행하고 공(功)을 요구하려는 자가 많아 수행원의 규모를 확정하지 못할 정도였다.[49] 1296년 9월에는 왕이 공주와 함께 원에 가는데 종신

---

44) 『고려사』 권102, 列傳15 李純孝.

45) 『고려사』 권25, 세가25 원종4년(1263) 12월 임술.

46) 주영량과 정경보는 일찍이 동년 4월 몽골에 가 달피 500령, 주(紬) 100필, 백저포 300필, 표지(表紙) 500장, 주지(奏紙) 1,000장 등 대규모 진상품을 바쳤던 인물들이며 (『고려사』 권25, 세가25 원종4년(1263) 4월 갑인), 그러한 원 방문을 계기로 개인적인 교역을 단행했던 것임을 알 수 있다.

47) 『원사』 권103, 志51 刑法2 職制 下: "諸高麗使臣 所帶徒從 來卽俱來 去卽俱去 輒留中路郡邑買賣者 禁之, 易馬出界者 禁之."

48) 『고려사』 권28, 세가28 충렬왕4년(1278) 4월 을축; 권29, 세가29 충렬왕10년(1284) 4월 경인.

이 143인에 겸종이 590인이었으며 말이 990필이었다.[50] 국왕을 따라 원으로 들어가던 이러한 대규모 사행단이 원에서 어떤 활동을 했는지 짐작하기란 어렵지 않다.

그런데 원으로 향하던 고려 사절단의 이러한 교역행위는, 어디까지나 정부가 제공한 수단인 배편을 통해 중국으로 건너가 중국 연안이 아닌 내륙에서 벌인 교역이었다. 민간 차원에서는 가능하지 않은, 비정상적이고도 이례적으로 조성된 여건에서 전개된 교역이었다. 진정한 교역은 고려에서 관영 또는 민영 선박이 출항해 원 항구지역에 도착, 관세를 지불하고 중국 내지로 진입한 후 여러 교역을 벌이는 형태라고 할 수 있다. 그런 식의 교역이 제대로 전개되지 못한 지 상당한 시간이 흐른 끝에, 고려 정부의 수반 충렬왕이 그것을 처음으로 시도하게 된다.

원대의 명유(名儒) 요수(姚燧)의 『목암집(牧庵集)』에는, 복건행성 평장정사 및 강절행성 우승 등을 역임한 사요(史燿, 1256~1305)라는 인물의 「신도비문(神道碑文)」이 실려 있다.[51] 이 비문에 충렬왕이 파견한 주시랑(周侍郎)이라는 인물이 무역을 위해 원 항구에 입항했음이 기록돼 있다. 기사의 내용은 다음과 같다.

고려 왕이 주시랑을 보내 바다로 와 상행위를 하니, 유사(有司)가 천(泉)·광(廣)〔천주·광주〕 시박(사)에 비하여 10의 3을 취하고자 함에, 공이 말하기를 '왕이 〔원제국에〕 복속하여 신하가 되었으며, 또 내부(內附)한 지가 오래되었으니 어찌 가히 하대(下待)하여 해외의 신(臣)〔신속〕하지 않은 나라와

49) 『고려사』 권30, 세가30 충렬왕15년(1289) 11월 임자.
50) 『고려사』 권31, 세가31 충렬왕22년(1296) 9월 정해.
51) 「영록대부복건등처행중서성평장정사대사농사공신도비(榮祿大夫福建等處行中書省平章政事大司農史公神道碑)」. 이 자료는 양가락(楊家駱)의 『원문류(元文類)』에서도 확인할 수 있다(『國朝文類』 권62, 神道碑).

동일하게 대하리오. 오로지 영(令)과 같이 30의 1만 세(稅)로 거둘 것'이라 하였다.[52]

사요가 강절행성 우승으로 부임한 것이 1295년이라는 점에서, 이 기사는 1295년 또는 그후 몇년 이내의 것으로 보인다.[53] 다만 기사의 공간적 배경이 어디인지는 나와 있지 않다. 사요가 지방관을 역임한 지역도 여타 자료에 광역으로만 등장할 뿐, 이 사건이 발생한 지역이 중국의 여러 항구 중어느 곳이었는지는 명기돼 있지 않다.

당시 원은 항주·상해(上海)·감포(澉浦)·온주(溫州)·경원·광주·천주 등 7개 지역에 시박사를 설치한 상황이었다. 따라서 이 기사의 배경 지역도 그중 한곳이었을 것으로 생각된다. 그런데 '천주·광주에 비하여'라는 언급이 있음을 고려할 때, 이 기사의 배경은 일단 광주·천주를 제외한 나머지 항주·상해·감포·온주·경원 다섯곳 중 하나였을 것으로 보인다. 또 원제국 정부가 1293년 4월 온주의 시박사를 경원에 병합하고 항주의 시박사도 세무(稅務)에 통합한 점을 고려하면, 이 기사의 배경은 상해, 감포, 경원 중 하나로 좁혀진다. 그리고 1296년, 원제국 정부가 감포·상해의 시박사를 경원시박제사(慶元市舶提司)에 병합한 후 중서성에 소속시켰다는 기사가 발견된다. 남은 세 항구 간의 위상을 보여주기도 하는 이 기사는, 결국

---

52) "高麗王遣周侍郎, 浮海來商, 有司求比泉廣市舶十取其三, 公曰 '王于屬爲福車且內附久, 豈可下同海外不臣之國, 惟如令三十稅一.'" 필자는 이 기사의 존재를 장동익『元代麗史資料集錄』, 서울대학교출판부 1997을 통해 인지하게 되었음을 밝혀둔다.

53) 장동익, 같은 책 326면. 한편 충렬왕이 익도부(益都府)에 사신을 보내 마포(麻布)로써 세자의 혼례비용을 마련하려 한 적이 있음이 주목된다(『고려사』 권79, 志33 食貨2 科斂, 충렬왕21년(1295) 4월). 충렬왕이 보낸 선박이 경원항에 입항한 후 익도부로 이동했을 가능성도 있으므로, 이 익도부 환전 사례와 사요「신도비문」에 묘사된 사건은 서로 연동돼 있었을 가능성이 있다. 그럴 경우 이 익도부 환전 사례는「신도비문」의 사건이 발생한 시점을 1295년으로 잡게 하는 또다른 근거가 될 수 있을 것이다.

경원항이 세 항구 중 최후로 남았음을 보여준다. 이러한 점들을 고려할 때, 이 기사의 공간적 배경은 결국 경원항이었을 가능성이 크다고 할 수 있다.

즉 이「신도비문」기사는 충렬왕이 1295년경 경원항에 관영 교역선을 파견하여 일종의 정부 차원 교역을 시도하였음을 전하고 있다고 하겠다. 국왕의 이러한 교역행위는『고려사』나『원사』등의 정사류 사료에는 좀처럼 기록되지 않는데, 대단히 귀중한 기록이 발견된 셈이다.

다만 고려의 국왕이 이렇듯 정부의 재화를 투입한 교역에 나서기 위해서는 한가지 선결 문제가 있었는데, 중국 항구들의 악명 높은 고율관세가 그것이었다. 중국 항구들의 살인적인 고관세(高關稅)는 이미 남송 시절 이래 고착화돼 있었다. 그것이 인하되지 않고서는 관영 교역선을 출범시켜봤자 별다른 이익을 기대하기 어려운 상황이었다.

그런데 마침 이 자료에, 원제국이 당시 이 고려 관영선의 화물에 부과했던 관세가 언급돼 있다. 아울러 고려 무역선과 원 항구 담당자들 사이에 그와 관련한 모종의 갈등이 있었던 것으로 보여 매우 흥미롭다.

충렬왕은 어떠한 판단에서 하필 이때 관영 교역선을 출범시킨 것일까? 앞서 언급한 바와 같이, 응방을 활용한 그의 시도가 좌절된 것은 1280년이었다. 응방의 횡포를 묵인하면서까지 야심차게 추진했던 대외무역 시도가 허무하게도 실패로 돌아간 것이다. 이에 충렬왕은 전략을 수정하여 다른 방식의 대외투자를 시도했을 것이라 앞서 추측한 바 있다. 그런데 1290년대 중반은 그로부터 15년이나 지난 시점이다. 충렬왕으로서는 상당히 오랜 기간을 기다렸던 셈이다. 이렇게 긴 암중모색이 필요했던 연유는 과연 무엇이었을까? 강남지역 항구들에 관영 교역선을 파견했을 경우 일정한 수위의 이윤 획득을 전망할 수 있을 정도로 강남 항구들의 관세가 합리화되기를 충렬왕은 기다렸던 것이 아닌가 추측된다.

그럼 과연 1295년을 전후한 시점에 종전의 고관세가 어느 정도로 인하돼 있었던 것일까? 원제국 정부의 대외교역 정책을 처음부터 살펴보자.

주지하는 바와 같이 원제국 정부의 시박행정은 1270년대 후반에나 시작되었다. 남송이 복속되지 않은 상황에서 몽골 정부가 강남의 주요 해외무역항들인 천주·복주(福州)·명주 등을 활용할 수 없었기 때문이다. 그러다가 강남 복속이 어느정도 완료되자, 원 조정은 송대의 관행에 의거해 여러 번국(蕃國)의 상인들에게서 재화의 1/10 또는 1/15을 관세로 징수하는 시박행정을 개시하였다. 시박행정을 담당할 관청으로서의 시박사가 1277년 천주·경원·상해·감포에 설치되었고,[54] 1283년에는 추분법(抽分法, 관세법)이 확정되는 동시에 관세율도 1/10, 1/15로 확립되었다.[55] 앞의 「신도비문」에 묘사된 일화도 시기상으로 그러한 시박정책 정비가 어느정도 전개된 이후의 일화였다고 할 수 있다.

그런데 이 「신도비문」 기사의 배경인 '시비'가 발생하기 직전인 1293년, 교역선 및 상인들의 여러 불법행위를 견제하기 위한 이른바 '시박추분잡금(市舶抽分雜禁)'이 설정된 것에 주목할 필요가 있다. 원 시박정책이 출범한 지 10여년 이상이 경과했음에도, 정부시책에 어긋나는 관행들이 정부의 단속에도 불구하고 잔존하고 있었던 것이다. 행정 차원의 개혁과 과거 관행이 병존했던 셈이다. 1290년대 중반을 배경으로 한 이 일화를 해석하기 위해서는 그 점을 반드시 고려해야 한다.

앞의 기사는 여러가지 사실을 담고 있는데, 가장 주목되는 대목은 ① '3/10을 취하고자'라는 부분과, ② '1/30만 세로 거둘 것'이라는 부분이다. 이 부분의 해석을 위해서는 두가지를 살펴볼 필요가 있다. 먼저 당시 원제국의 '공식 관세'(추분抽分, 추해抽解), 즉 1차 관세를 알아야 한다. 다음으로 공인된 2차 관세로서 일종의 '선박세(정박 수수료)'[56] 개념을 띠었던 '박

---

54) 『원사』 권94, 志43 食貨2 市舶.

55) 『원사』 권94, 志43 食貨2 市舶. '추분(抽分)'이라는 것은 말 그대로 '분(分)을 정하여 추(抽)한다'는 것으로, 세(稅)를 거두는 행위를 이르는 것이라 할 수 있으며, '추해(抽解)'라는 용례로도 자주 등장한다.

세전(舶税錢)'의 정착과 시행 과정을 살펴봐야 한다.

당시 원제국 정부는 외래상인들을 적극 유치하고자 했고, 그를 위해 관세를 현실화, 합리화하는 데 많은 노력을 기울였다. 그러한 원제국 정부의 방침을 보여주는 초기 사례 중의 하나로 지원17년(1280) 2월의 조치를 들 수 있다. 외국의 상인(객선)들이 천주·복주 지역으로 와 자신들이 가져온 외국 물건을 팔고, 그 지역의 토산물(즉 중국 천주·복주지역의 토산물)을 구입한 후, 상해로 이동해 그 중국 물품들을 중국인들에게 판매하고자 하는 경우가 있었다. 그럴 경우, 원제국 정부는 그들에게 관세를 부과함에 있어 '번화(番貨)', 즉 외국상품 과세기준으로서의 '쌍추(雙抽)' 방식을 택하지 말고, '토산물', 즉 중국 상품 과세기준으로서의 '단추(單抽)' 방식을 택하라고 지시하였다.[57] 외래 객선들이 원제국 내지에서 교역하는 부담을 덜어줌으로써, 더 많은 수의 외국상인들을 유치하려 한 조치라 할 수 있다.[58]

정책적·제도적 경로를 통해 관세율을 합리화함으로써 외국 선박들의 방문을 촉진하려는 원제국 정부의 노력은, 앞서 언급한 바와 같이 지원20년(1283)과 지원30년(1293)년에도 이어졌다. 1283년에는 시박추분의 예를 정하여 해외물자(舶貨) 중 세련된(精) 것은 1/10, 조악한(粗) 것은 1/15[의 세금]을 취하기로 결정하였다. 그리고 1293년에는 '시박추분잡금'23조를 반포함으로써, 해외 선박의 관세부담은 경감해주되 물건을 은닉하면 강력하게 처벌하는 등의 여러 방침을 강력히 천명했다.[59] 남송 말의 관세가 워

---

56) 이를 운송세와 연관시켜 보는 입장도 있는데, 현재로서는 정확한 정의가 존재하지 않으며, 선박의 입항 및 화물 출하, 판매 등 전과정에 관련된 세목으로 보고 있을 따름이다.

57) 『원사』 권94, 志43 食貨2 市舶.

58) 지원17년(1280) 2월의 이 기사에 등장하는 물화는 천주와 복주에서 추분을 거친 '외국의' 물화가 아니라, 외국상인들이 천주와 복주에서 구매한 '중국의' 물화이므로, 1280년의 이 조치 또한 후술할 지원18년(1281) 9월, 지원29년(1292) 11월, 지원30년 (1293) 4월 등의 조치와는 대체로 무관한 것임을 미리 일러둔다.

59) 『원사』 권94, 志43 食貨2 市舶; 『大元聖政國朝典章』 권22, 戶部8 市舶-市舶則法二十三

낙 고율이었음을 고려할 때,[60] 1283년 조치는 상인 유치에 적잖이 긍정적인 영향을 끼쳤을 것으로 생각된다. 또 1293년 '잡금'의 반포 역시, 관세 합리화 추세를 더욱 촉진했을 것이다.

그런데 이러한 원 시박정책 정비의 대략적 흐름만을 가지고서는 앞에 인용한 기사에 담긴 정보를 제대로 분석하기 어렵다. 따라서 1280년대 초이래 1293년 '잡금'이 반포되기 전까지 내려진 몇가지 조치들을 추가로 살펴볼 필요가 있다.

지원18년(1281) 9월, 원제국 정부가 "이미 천주에서 세금을 낸 물품을 [다른] 여러 곳에서 무역할 때에는 다만 수세(輸稅)만 하도록 명령했다"는 기사가 발견된다.[61] 기사의 문맥상 이 수세는 별도의 항목, 즉 운수세(運輸稅) 등을 가리키는 것은 아닌 것으로 보인다. 따라서 이 기사에 등장하는 '수세'는 다만 '세를 납부한다'는 의미로 해석해야 할 것이다. 이 세가 무엇인지는 현재 미상이다. 그러나 이미 관세를 거둔 물건을 이후 원 내지에서 거래할 경우 그에 부과한 세금임은 분명하다. 따라서 이 '세'는 상거래에 부과되는 세금, 즉 '상세(商稅)'였을 가능성이 크다.

한편 지원29년(1292) 11월에는 원제국 정부가, 상인들이 천주·복주 등처에서 이미 세금을 거둔 물건을 '본성(本省, 강절행성)의 시박사 소재지역'인 천주·상해·감포·온주·경원·광주·항주에서 판매하려고 할 경우, '세

條. 23개항으로 구성된 이 '잡금'의 내용은 『원사』 식화지 시박조(市舶條), 병지(兵志) 시박조 및 형법지(刑法志)의 금령조(禁令條)에 그 일부가 인용되어 있다. 이 '잡금'은 무역과 관련한 제반 규정을 강조하고 과정 및 절차를 환기하는 내용을 담고 있으며, 특히 관세 징수와 관련된 각종 비리행위에 대한 금칙들을 담고 있다.

60) 佐藤圭四郎 「元代における南海貿易-市舶司條令を通して觀たる」, 『イスラーム商業史の研究』. 앞서 언급한 '시박추분잡금'도 그 첫 조항에서 "議得, 市舶抽分則例, 若依亡宋例抽解, 切恐舶商生受, 比及定奪以來, 止依目今定例抽分, 麤貨十五分中一分, 細貨十分中一分"이라 하여, 남송 말기의 관세율이 대단히 고율이었던 탓에 상인들이 고통을 겪었음을 언급하고 있다.

61) 『원사』 권11, 본기11 세조 지원18년(1281) 9월 계유.

련된 물품(細色)'은 '1/25'의 세금을 취하고 '하급 물품(粗色)'은 '1/30'의 세금을 취하며, 대신 그 '수세는 면제토록 하는' 조치를 내렸음이 확인된다.[62] 앞서 지원18년(1281) 9월의 조치가 이미 관세를 낸 물품을 '다른 여러 곳에서' 파는 경우 '[상]세'만 납부케 하는 조치였다면, 이 지원29년(1292) 11월의 조치는 세금을 거둔 물품을 '시박사 소재지역에서' 팔 경우 '[상]세'는 면제하되, 대신 '1/25 또는 1/30의 세금'을 내게 하는 조치였다고 할 수 있다.

두 기사를 대조해보면, 결국 1281년의 수세(상세)가 1292년에는 1/25 또는 1/30이라는 새로운 세율로 대체되었음을 알 수 있다. 그러나 1292년의 '1/25과 1/30세'가 1281년의 상세를 대체했다고 해서, 이 1/25과 1/30세가 상세에 해당하는 세였던 것은 결코 아니다. 1281년 기사는 지역을 특정하지 않았으므로, 그 과세 대상은 일부 지역에서 발생하는 거래 또는 일부 지역에서 거래된 물화에 한정된 것이 아니었다고 할 수 있다. 즉 원 내지의 '일반적·보편적 거래행위(또는 물화)'를 대상으로 한 조치로 해석된다. 이 경우 기사에 나타나는 '세'는 당연히 내지거래에 일반적으로 부과하는 '상세'였을 가능성이 높다. 반면 1292년 기사의 경우, 그 과세 대상을 '시박사 소재지역에서 발생하는 거래', 또는 그에서 거래되는 물화에 한정하고 있다. 즉 일반적인 내지거래가 아닌 '시박사 소재지역', 다시 말해 관세(1차 추분)가 부과되는 특수 공간인 '항구 세관'에서의 거래와 물품을 염두에 둔 조치라 할 수 있다. 따라서 두 세금은 엄연히 다른 세목이라 하겠다. 1292년의 '1/25과 1/30세'는 어디까지나 원제국 정부가 당시 '새로 부과하기 시작한 세'임을 미루어 짐작할 수 있다.

그렇다면 이 1/25과 1/30 세율의 정체는 과연 무엇이었을까? 이상에서 살펴본 기사들만으로는 그 정체를 해명할 수 없다. 그러나 확언할 수 있는

---

62) 『원사』 권94, 志43 食貨2 市舶 是年(지원29년(1292)) 11월.

것은, 그것이 '정상적인 관세(1차 추분)가 부과된 후에 다시 부과되는 세'
였다는 점이다. '이미 관세를 거둔 물품(已抽之物)'을 대상으로 한 세목이
었음에서 그를 확인할 수 있다. 따라서 이 세율의 정체를 확인하기 위해서
는 앞서 살펴본 기사들 외에 당시 정상적 1차 관세 외에 '2차로 부과되는'
세금이 있었는지를 추가로 살펴볼 필요가 있다.

그와 관련해 『원사』 본기의 다음 기록이 참조된다.

지원30년(1293) 4월 행대사농(行大司農) 연공남(燕公楠), 한림학사승지(翰
林學士承旨) 유몽염(留夢炎)이 말하기를, "항주·상해·감포·온주·경원·광
주·천주에 시박사를 둔 곳이 모두 일곱곳인데, 오로지 천주에서만 화물의
30분의 1을 '취'하고, 나머지는 모두 15분의 1을 '추(抽)'하고 있습니다. 청
컨대 천주[의 예]로 제도를 정하소서" 하니 그대로 따랐다. 인하여 온주박
사(溫州舶司)를 경원에 병합하고, 항주박사(杭州舶司)를 세무(稅務)에 병합하
였다.[63]

이 기사는 그 구조상 오독하기가 쉽다. 천주를 제외한 나머지 6개 지역은
상선들의 관세부담이 1/15인 데 비해, 천주지역만은 1/30로 기록돼 있다.
따라서 얼핏 보기에 천주에 입항하는 무역선들의 관세부담이 가장 적고,
기사에 나타난 조치의 취지는 다른 지역들에 입항하는 무역선들의 관세부
담도 그에 맞춰 낮추자는 것으로 해석하기 쉽다. 그러나 『원사』 식화지(食
貨志) 시박조(市舶條)의 기록에 따르면 천주·상해·감포·온주·광주·항주·
경원 등 7개 시박사 중 오직 천주에서만 '관세(추분)를 거두는 한편'으로
'1/30 또한 별도로 취하고' 있었음이 확인되며,[64] 이는 『원전장』에도 기록

---

63) 『원사』 권17, 본기17 세조 지원30년(1293) 4월 기해.
64) 『원사』 권94, 志43 食貨2 市舶, 지원30년, 又定市舶抽分雜禁: "凡二十二條, 條多不能盡
載, 擇其要者錄焉. 泉州, 上海, 澉浦, 溫州, 廣東, 杭州, 慶元市舶司凡七所, 獨泉州於抽分之外,

176

돼 있다.[65] 다시 말해 오히려 천주지역 상선들의 관세부담이 가장 큰 상태였고, 나머지 지역을 드나드는 상선들은 원래 1/30세 부담은 지지 않다가, 이번 조치로 인해 그것을 '새로이 부담'하게 될 상황이었음을 알 수 있다.

즉 지원30년(1293) 4월을 기점으로, 원제국 정부는 시박사가 설치된 7개 지역으로 하여금 외국 선박들의 물화에 대해 먼저 1차 관세를 단행한 후 연이어 특정한 세율의 세금을 한번 더 내게 했던 것이라 할 수 있다. 물론 그 세금의 명목은 이 기사에도 자세히 명시돼 있지 않지만, 1차 관세 이후 '2차'로 과세된 세목이라는 점과, 그 세율이 '1/30'이었음이 주목된다. 즉 이 1293년 4월의 이 1/30세는 앞서 언급한 1292년 11월의 1/25, 1/30 세율과 유사하거나 '동일한' 종류의 세목이었을 가능성이 있다. 시기적으로 지원 30년(1293) 4월과 지원29년(1292) 11월 사이에는 시차도 거의 나지 않는다.

그렇다면 '정례적 1차 관세가 부과된 후'에 2차로 징수되었다는 이 1/30 세율은 과연 무엇이었을까. 『원전장』의 '시박추분잡금'에 대한 기록을 살펴보면 1/30세에 해당하는 '박세전'이라는 세목이 등장한다.[66] 『원전장』의

又取三十分之一以爲稅. 自今諸處, 悉依泉州例取之 (…)."

65) 『大元聖政國朝典章』 권22, 戶部8 市舶-市舶則法二十三條, (中書省) 議得市舶抽分則例 (…) 爲此於지원30년 4월 13일, 奏過事內一件: "江南地面裏, 泉州·上海·澉浦·溫州·慶元·廣東·杭州七處市舶司有. 這市舶司裏, 要抽分呵, 分麁貨十五分中要一分, 細貨十分中要一分有. 泉州市舶司裏, 這般抽分了的後頭, 又三十分裏官要一分 '稅'來(『원사』 본기 기사의 "惟泉州物貨三十'取'一" 부분이 식화지 시박조에는 이렇게 표현돼 있는데, '세'와 '취'라는 서로 다른 동사가 쓰였지만 일단 같은 의미로 쓴 것이라 여겨짐). 然後不揀那地面裏賣去呵, 又要稅有. 其餘市舶司裏, 似泉州一般三十分要一分稅的無有. 如今其餘市舶司, 依泉州的體例 裏, 要者(『원사』 본기 기사의 '餘皆十五抽一, 乞以泉州爲定制' 부분이 식화지 시박조에는 이렇게 표현돼 있다). 溫州的市舶司倂入慶元, 杭州市舶司倂入杭州稅務裏的怎生? 商量來." 奏呵, "那般者." 聖旨了也.

66) 『大元聖政國朝典章』 권22, 戶部8 市舶-市舶則法二十三條, (中書省) 議得市舶抽分則例: "若依亡宋例抽解, 切恐舶商生受. 比及定奪以來, 止依目今定例抽分, 分麁貨十五分中一分, 細貨十分中一分. 所據廣東·溫州·澉浦·上海·慶元等處市舶司, 舶商回帆, 已經抽解訖貨物, 並依泉州見行體例, 從市舶司更於抽訖貨物內以三十分爲率, 抽要舶稅錢一分 (…)."

기사에 따르면, 원제국 정부는 광주·온주·감포·상해·경원 등의 시박사들더러 무역선이 돌아올 때(입항할 때) '천주의 체례(體例)에 의거하여' '이미 추분을 거친 화물의 1/30'을 박세전으로 거두라 지시했다. 이는 우리가 이미 살펴본 지원30년(1293) 4월 기사의 내용과 정확히 일치한다. 즉 '시박 추분잡금'의 이 규정은 앞서 살펴본 지원30년(1293) 4월의 조치를 그대로 옮긴 것으로, 역으로 이 지원30년(1293) 4월 기사에 등장하는 1/30이 바로 박세전이었음을 확인해준다.

그리고 이러한 정황을 토대로 지원29년(1292) 11월 기사에 나오는 1/25과 1/30세의 정체도 미루어 짐작해볼 수 있다. 즉 지원18년(1281) 9월의 '상세'와는 엄연히 맥락을 달리하던 이 정체불명의 '1/25과 1/30세'는 시박사 소재지역에서 부과되던 박세전의 초기 형태였을 것이다.[67] 다시 말해 원제국 정부는 지원29년(1292) 11월, 1차 관세 다음 단계의 2차 관세를 1/25과 1/30의 세율로 시박사 소재지역들에서 시범 부과한 후, 지원30년(1293) 4월에는 (이미 그것을 잘 시행하고 있는) 천주뿐만 아니라 여타 6개

---

67) 그런데 에노모또 와띠루(榎本涉)의 경우, '쌍추'는 '추해(抽解)'(1293년에 세화 1/10, 조화 1/15)와 '박세전'(동법, 1/30) 두가지를, 그리고 '단추'는 그중 하나만을 부과한 것이었다는 高榮盛의 해석을 인용하면서, 박세전 세율 1/30은 (사또오 케이시로오도 지적했듯이) 원제국 내에서 '상세'의 세율이기도 하다는 점을 들어, 이 '박세전 1/30'을 사실상 '상세'로 규정하고, '단추'의 개념을 (국내거래 물품을 대상으로) '상세(또는 상세와 동일개념으로서의 박세전)'만을 징수한' 세목으로 재정리하였다(榎本涉『東アジア海域と日中交流─9~14世紀』, 吉川弘文館 2007, 161면). 토산물화에 부과되는 단추의 경우, 당연히 해외물화에 매기는 관세 부과 없이 상세만 부과하는 방식이었을 가능성이 크다. 그러나 그것이 상세와 박세전을 동일시할 근거가 되지는 못한다. 전술했듯이, 상세로 추정되는 지원18년(1281) 9월의 '[수]세'와, 지원30년(1293) 박세전의 전신임이 확실한 지원29년(1292) 11월의 '1/25, 1/30세'는 엄연히 다른 맥락의 세이기 때문이다. 따라서 상세와 박세전을 동일시하는 에노모또 와따루의 의견에는 동의하기 어렵다. 아울러 그는 '거래물화에 상세=박세전만을 부과하는 방식은 토산물화에 적용하는 단추 방식'이라는 자신의 판단을 근거로 이 기사를 통해 당시 고려와 원제국의 관계도 간략히 논하고 있는데, 이에 대해서도 필자는 의견이 다른바, 후술하도록 한다.

178

시박사 소재지에서도 시행케 한 것이라 하겠으며, 그 과정에서 이 세목이
박세전이라는 명목으로 확립된 것으로 추측된다.[68]

---

68) 사또오 케이시로오의 경우 이 부분에서 필자와 해석을 달리한다. 그는 지원29년
(1292) 11월 기사의 1/25, 1/30을 1차 추분(1/10, 1/15), 2차 추분(1/30, 박세전)에 이
은 '3차 추분'으로 간주한다(佐藤圭四郞『イスラーム商業史の硏究』, 379면). 그리고 그
근거로『지정사명속지(至正四明續志)』의 "抽分舶商物貨, 細色十分抽二分, 麤色十五分麤
二分, 在於貨內抽稅, 三十分取一(①), 又一項, 本司每遇客商於泉廣等處, 興販已經抽舶物貨,
三十分取一(②)" 기사를 들고 있다. 필자는 앞서 A. 지원29년(1292) 11월의 1/25·1/30세
를 지원30년(1293) 4월 기사 및 '시박추분잡금' 23개조상에 나타나는 "1/30(박세전)"
의 '전신'으로 보았고, B. 그러한 박세전의 후 형태가 1342년 이『지정사명속지』기사
속의 두 1/30 중 ①번 1/30이라 판단한다. 그에 비해 사또오 케이시로오는 지원29년
(1292) 11월의 1/25·1/30세를 1342년 이 기사 속의 두 1/30 중 ②번 1/30의 전신으로
보고 있다.
　지원29년(1292) 11월 기사와 1342년『지정사명속지』기록의 경우, 전자는 관세를 통
과한 물화를 시박사 소재지역(천주·상해·감포·경원·온주·광주·항주)에서 판매하는 경
우를 배경으로 하고 있고, 후자는 관세를 통과한 물화를 천주와 광주 등처에서 판매하는
경우를 배경으로 하고 있다. 따라서 외견상 상통하는 지점을 공유하는 기사들이기는 하
다. 그런데 각각의 기사들이 등장한 시기를 고려할 필요가 있다. 1/25·1/30은 전술했듯
이 지원29년(1292) 11월 기사에서 처음 확인되는 세율이고, 박세전으로서의 1/30은 지
원30년(1293) 4월 기사 및 같은 해 반포된 '시박추분잡금'에 공식적으로 포함되었던 세
율이다. 사또오 케이시로오의 논리대로 ①번 1/30세를 2차 추분 박세전(1293)으로 간
주하고 ②번 1/30세를 3차 추분으로 간주하며 1292년의 1/25과 1/30세를 '3차 추분율'
의 원형이자 ②의 전신으로 간주하게 되면, '2차 추분 이후'에나 시행되었어야 할 '3차
추분'의 세율이 조정에서 1292년 먼저 확정되고, 2차 추분의 세율(1/30)은 그다음 해
인 1293년에나 법제에 포함되었던 것이라 보는 셈이 된다. 이는 자연스럽지 못하다. 아
울러, 과연 ①번 1/30세와 ②번 1/30세를 순차적으로 부과된 세율, 즉 과세과정의 선후
단계로 보는 것이 타당할지 자체를 따져볼 필요가 있다. ②번의 내용을 담고 있는 문장
은 사실 '우일항(又一項)'으로 시작되고 있다. 즉 이 문장은 '부가조항' 또는 '단서조항'
이었을 가능성이 있다. ①번 1/30세는 '화(물) 내에서 추하는 세'로 묘사돼 있고, ②번
1/30세는 '천·광 등처에서 이미 추를 거친 (선)박의 물화를 흥판할 때 걷는 세'로 묘사
돼 있다. 즉 ①번 1/30세는 비록 지나치게 소략하지만 '화물 내에서'라는 표현이 1293년
'시박추분잡금'의 기사에 등장하는 표현과 닮은 측면이 있다면("(…) 從市舶司更於抽訖
貨物內以三十分爲率, 抽要舶稅錢一分 (…)"), ②번 1/30세는 전술했듯이 지원30년(1292)

그렇다면 원제국 정부는 왜 입항하는 해외상인들의 뱃머리를 되돌리게 할 수도 있었을 이러한 2차 '추가' 관세를 박세전이라는 명목으로 공식화 했던 것일까? 그에 대한 대답은, 이러한 2차 관세가 사실 이전부터 있어왔 다는 점에서 찾을 수 있다.

남송 시절인 1228년, 경원지역의 지방지로『보경사명지(寶慶四明志)』가 발간되었다. 이 책에는 경원부(慶元府)의 지부(知府)를 역임한 호구(胡榘) 라는 인물의 1226년 상신(上申)이 담겨 있다. 그런데 이 상신에서 1차 관세 외에 2차 관세의 존재가 공식적으로 확인된다.[69] 즉 2차 추분의 전통은 이 미 송대부터 있어왔던 셈이다.

앞의 1293년 4월의 조치 역시, 원제국 정부가 그것을 공식화하고 천주 이외 지역으로 확대 시행할 것을 지시한 것으로 해석된다. 이 조치로 인

11월 기사와 흡사한 점이 있다. 따라서 ①번 1/30세와 ②번 1/30세가 서로 다른 존재가 아니었고, ①번과 ②번 모두 박세전 1/30세에 대한 나름의 설명으로서, ②의 정의가 ① 의 정의를 보완하고 있는 것이 아닌가 한다. 그렇게 볼 경우 ②번 1/30세를 '3차 추분'이 라는 별도의 세목으로 볼 수 없을 것이다. 물론 또다른 가능성도 있다. '우일항'으로 시 작되는 문장을 "천주와 광주 등처에서 온 객상들이 이미 관세를 낸 물화를 판매하려고 할 경우(…)"로 해석하면, 천주와 광주는 객상들의 출발지를 언급하는 것이 되며, '판매' 의 지역적 공간은 기사 내에는 묘사되지 않은 셈이 된다. 그럴 경우 '우일항' 기사는 앞 서 언급한 바 있는 1281년 9월 기사(판매지역을 특정하지 않아 결과적으로 '보편적 내 지거래'에 부과되는 세, 즉 상세를 언급했던 기사)와 상당히 흡사한 기사로 판독할 수 있 으며, 그렇다면 여기서의 1/30세는 지원18년(1281) 9월의 '수세'와 마찬가지로 '상세' 를 지칭하는 것이라고 해석할 수 있게 된다. 사실 사또오 케이시로오 역시, '3차 추분으 로서의 이 1/30'이 내지거래에서 부과되는 상세를 대체하는 것이었을 가능성을 암시하 고 있다. 그렇다면 이 1/30을 3차 추분으로 개념화할 필요 자체가 없어지고, 이 '우일항' 기사는 관세 문제를 언급한 문장 뒤에 '토산물화를 대상으로 한 상세 부과규정'을 추가 해놓은 데 불과한 것이 된다. 이 모든 가능성을 고려할 때, 1292년의 1/25과 1/30세를 '3차 추분'으로 간주하는 것은 타당하지 않다는 결론을 얻을 수 있으며, 현재로서는 그 것을 어디까지나 2차 추분으로서의 '박세전 1/30'에 관련된 세목으로 보는 것이 타당하 다고 할 것이다.

69)『寶慶四明志』권6, 郡志6 敍賦下 市舶(佐藤圭四郞, 앞의 책 345~46면 참조).

해 원의 7개 항구에 드나드는 선박은 1/10이나 1/15의 1차 관세에 더해 1/30세를 별도로 다시 부과받게 되었다. 산술적으로 볼 때 7개 항구를 드나드는 선박에 부과된 관세의 총량은 어찌 되었든 이전에 비해 많아진 것이라 할 수 있다. 그런데도 원제국 정부가 이같은 조치를 강행한 배경과 관련해서는, 남송시절 이래 강남 항구지역들에서 불법적 고관세가 자행되고 있었음을 고려할 필요가 있다.

남송 당시 중국으로 들어오는 무역선들은 사실 많은 손해를 감수하고 있었다. 중국 항구에서 부과하는 관세(추해)와, 관세 납부 이후에도 항구지역에 소재한 각종 지방부서들이 입항하는 해외 선박들로부터 터무니없이 저렴한 가격으로 그 화물 중 일부를 거의 뺏다시피 구매하던 이른바 '화매(和買)·박매' 관행 때문이었다.[70] 따라서 송 정부는 우선 그에 대한 개혁을 단행하였다. 관세 자체를 폐지할 수는 없는 일이므로, 화매·박매 등을 폐지하는 것에 개혁의 초점을 맞추었다. 그러한 노력의 일환으로 1164년 양절로시박사(兩浙路市舶司)가 1/5세를 부과하고 다시 2/5를 추가로 박매하던 물건이나(서각·상아), 1/10세를 부과하고 다시 3/5을 박매하던 상품(진주)에 대해, 추분율은 1/10로 인상하는 대신 박매는 폐지할 것을 건의했음이 주목된다.[71]

그러나 그러한 노력에도 불구하고 불법 고관세 문제는 남송 말까지 이어지고 있었다. 이에 그 문제를 해결하고자 나선 것이 바로 앞서 소개한 명주항의 지방관 호구였다.

호구는 우선 '종전의 폐해'를 지적하였다. "이전에는 먼저 시박무(市舶務)가 1/15세를 부과하여 그것을 수도〔임안臨按〕에 보내고〔1차 추분〕, 다음으로 강수가 1/15세를 부과하여 그것을 기타비용〔강운선綱運船의 각

---

70) 佐藤圭四郎, 앞의 책 345면.
71) 『宋會要輯稿』職官44 市舶司, 융흥2년(1164) 8월(佐藤圭四郎, 앞의 책 345면 참조).

미비(脚縻費)으로 삼았다(2차 추분). (그런데 그후에도) 경원부가 추가로 3/15세를, 그리고 다른 관청들(통판通判·전운부사轉運副使)이 각기 1/15에 해당하는 화물을 싼 값에 강제매입(화매·박매)하는 바람에, (물화의 5/15가 추가로 징수되어) 결국 전체 화물의 절반에 가까운 양이 징수되었다. 상인들에게 남겨지는 화물은 8/15에 불과했다"고 기술한 대목이 그것이다. 그의 지적에 따르면 상인들이 실어온 물화의 거의 절반 정도가 남송의 항구 세관을 통과하는 과정에서 '뜯긴' 셈이다.

그리하여 호구는 그러한 불법적 추가징수를 근절할 방안을 제시하게 된다. 상기한 '불법 강제매입' 행위를 중지하고, '정당한 과세분(추해 상공분 抽解 上貢分)' 외에는 상인들에게 추징한 세금을 반환할 것을 공시한 것이다. 그러한 노력의 효과는 적지 않았던 것으로 보이는데, 그 스스로 '그러한 조치를 취하자 상인들이 오게 되었다'고 언급한 데서 그를 엿볼 수 있다. 요컨대 1,2차의 추분에 그쳐야 할 관세 부과가 점차 문란해지고, 남송 말기에 접어들어서는 각종 추가세 및 강제매입의 형태로 거의 절반에 가까운 양을 관세로 징수하는 폐단이 만연하자, 13세기 전반 호구가 나서서 1,2차 정규과세를 제외한 일체의 추가세를 폐지하였고, 그것이 더욱 많은 상인들을 유치하는 데 도움이 되었던 것이라 할 수 있다.

호구의 그같은 해법이 내포한 취지를 생각해보면, 앞에서 언급한 1/30세 부담이 천주 이외 6개 지역으로 확대 실시된 것을 부담의 '증가'로만 해석하기는 곤란하다는 점을 확인하게 된다. 입항 선박들에 부과된 과세 부담이 명목상으로는 늘었지만, 대신 그것이 음성적 불법 고관세의 철폐를 전제로 한 것이었다면, 그 자체로도 상인들에게는 큰 도움이 되었을 것이기 때문이다.

게다가 13세기 후반 원제국 정부는 2차 추분의 세율을 호구 당시의 수준에서 오히려 더 '인하'한 것이었음이 주목된다. 1293년 원제국 정부가 '시박추분잡금'을 반포하면서 2차 추분에 해당하는 박세전을 1/30세로 설정함으로써, 이전 호구가 정한 2차 추분율 1/15세보다 더 낮은 세율의 '신2차 추분율'을 천명한 셈이었기 때문이다. 즉 원제국 정부는 1290년대 전반 박세전(2차 관세)을 1/30으로 확정함으로써, 이전에 비해 상인들의 세금 부담을 높인 것이 아니라, 상인들의 세금 부담이 원제국 초기는 물론 남송대 호구 당시의 수준에 비해서도 더욱 경감되게끔 조치한 것이다. 그 점에서 '박세전'의 등장은 상인 유치에 일대 전기를 마련했을 가능성이 큰, 대단히 파격적인 조치였다고 하지 않을 수 없다.

그리고 그러한 조치가 모든 시박사 소재지역에 확대 적용되면서, 1293년 이후 원을 방문하는 외국상인들은 임의로 설정된 불법 고관세에 시달리던 예전에 비해 상당한 부담을 덜었을 것으로 생각된다.[72] 고려 국왕 충렬왕이 원에 파견한 관영 교역선의 존재가 1295년 최초로 발견되는 것도 우연은 아니라고 할 것이다. 충렬왕은 원제국 정부 관세정책의 추이를 지켜보다가, 이제는 원제국 관세의 수준이 자신의 교역정책 및 영리 구상에 그리 큰 장벽이 아니라는 판단에 도달, 관영 교역선을 출범키로 결심했던 것이 아닌가 한다.

물론 충렬왕이 파견한 이 교역선이 당시 대원 교역차 파견된 이 시기 최초의 관영 교역선이었는지 여부는 확언하기 어렵다. 그러나 역설적으로 앞의 「신도비문」에 묘사된 상황에서, 고려 교역선이 입항할 당시 납부해야 할 관세의 액수를 둘러싸고 '분쟁'이 벌어졌음에 주목할 필요가 있다. 그런 점에서 이 「신도비문」에 묘사된 고려 교역선이 당시 중국에 '오랜만

---

72) 사또오 케이시로오도 비슷한 해석을 내렸지만(佐藤圭四郎, 앞의 책 375면), 그는 "천주 이외 지역의 '2차 추분' 1/15가 천주 수준의 1/30으로 인하되었다"고 표현함으로써, 결과적으로 앞서 필자가 언급한 '오독'을 범했다. 앞서 언급한 호구의 개혁으로 '2차 추분율 1/15세 체제'가 일정기간 유지되다가, 1293년의 기사에서 엿볼 수 있는 것처럼 이후 원대 6개 지역 시박사에서 시행도 안 되고 있을 정도로 형해화되었다면, '천주 이외 지역에서' 시행되었다는 1/15세를 '2차 추분'으로 보기는 어려운 일이라 할 수 있다. 기사 속의 '천주 이외 지역 1/15'은 '2차 추분'이 아닌 '1차 추분'이라 보아야 할 것이다.

에' 파견된 관영선이었음은 어느정도 분명해 보인다. 아울러 원제국의 시박정책 및 관세율이 확정된 후 '가장 빠른 시점에' 파견된 교역선들 중 하나였음 또한 확실하다.

그런데 앞에 묘사된 '시비'는 과연 왜 발생한 것이었을까? 이제 그 내용을 간략히 살펴보도록 하자.

원 항구에서 애초 고려 선박에 부과하려 한 것은 고율의 '3/10세'였다. 과연 이는 어떤 규정에 의해 부과된, 어떤 세목이었을까? 사실 원대뿐만 아니라 송대의 공식 관세율에서도 3/10세에 버금가는 수치는 발견되지 않는다. 상식적으로 생각해보아도 1/3세에 육박하는 세율은 정상적 상거래질서를 침해하기에 충분한, 비정상적·비공식적 세율이었을 가능성이 높다.

결론부터 얘기하자면 이 기사에서의 3/10은 1차 추분으로 부과된 것이 결코 아니었다. 만약 3/10이 1차 추분으로서 부과된 것이라면, 지방관 사요의 개입에 힘입어 고려 선박이 대신 부담했어야 할 관세율은 1/10 또는 1/15, 즉 당시의 공식적 1차 추분 세율이었어야 한다. 그런데 사요의 개입으로 인해 고려 선박이 3/10 대신 부과받은 세율은 1/30세로서, 1차 관세와는 전혀 무관한 세율이었다. 따라서 기사 내용상 1/30세의 대립항에 해당하는 3/10세 또한, 1차 관세로 부과된 것이 결코 아니었다는 결론이 도출된다.

그렇다면 이 3/10의 정체는 과연 무엇이었을까? 이 3/10세 부과 시도는, 앞서 언급한 바와 같은 남송대 이래 남아 있던 비공식적인 고율과세 관행의 소산이었을 가능성이 크다고 여겨진다. 즉 공식적인 정규관세 외에, 송대 또는 원대 초기까지도 상선 물화에 '추가적으로 부과되곤' 하던 '불법적 고관세'에 해당하는 것이 아니었나 생각된다. 앞서 언급한 남송 말기 호구의 상언을 상기해보자. 당시 경원부를 포함한 여러 지방관부들이, 1/15+1/15 등 '2/15'라는 합법관세가 부과된 후에도 화매·구매의 형태로 상선의 화물 중 5/15, 즉 '1/3'을 거의 강취하듯이 추가징세하곤 하였음을 이미 살펴본 바 있다. 바로 그러한 불법적 추가 징세가, 사요의 「신도비문」 기사에서는 '3/10'이라는 수치로 표현된 것이 아닌가 생각된다.

남송 말기 여러차례의 부가적 징수, 즉 구매의 형태를 띤 염가징수로 결국 전체 화물의 절반 가까이를 관세로 걷는 경우가 빈발했듯이, 원대 초기에도 여러 항구에서 1/10, 1/15 등의 정식관세를 걷는 한편으로 '관행적 추가세' 또한 3/10이나 걷으려 했을 가능성을 배제할 수 없다. 앞서 살펴본 것처럼 원 조정은 1276년 강남지역을 복속한 후 제국 차원의 시박정책을 바로 출범했지만, 남송 말기의 혼란으로 말미암아 각 항구지역들에서 극심하게 나타나던 불법적 고율관세를 잡는 데에는 일정한 시간이 필요하였다. 1283년의 추분율 공식천명 후에도 이 문제가 해결되지 않아 원제국 정부가 무려 10여년이나 지난 1293년에나 '시박추분잡금'을 반포했음에서 그를 엿볼 수 있다. 즉 원 조정의 관세 합리화 노력에도 불구하고, 고율관세 문제는 1290년대 초까지도 완전히 잡히지 않았던 것이다.

따라서 잔존하던 전 시대의 관행이 고려에서 막 파견된 관영 교역선의 화물에도 적용될 상황이었던 셈이다. 우승 사요가 그것에 제동을 걸었기에 고려는 고율관세 부과를 피할 수 있었으나, 원 항구들에서는 정부의 방침에도 불구하고 여전히 외국 선박에 대해 이렇게 불법적 고율관세를 부과하기도 했었음을 고려의 선박이 연루된 이 일화를 통해 엿볼 수 있다 하겠다.

이로써 원 항구가 고려 선박에 3/10세를 부과하려 한 배경은 대체로 해명이 되었다. 그렇다면 고려 선박에 수정 부과된 1/30세의 정체는 무엇이었을까? 앞서 필자는 3/10세를 남송 이래의 불법 고율 관세율(추가세율)이라 정리한 바 있다. 그렇다면 그 대립항인 1/30세는 당연히 앞서 언급한 '박세전'이었음을 쉽게 알 수 있다. 박세전이야말로, 원제국 정부가 새로이 확립한 낮은 세율의 공식적 2차 관세율이었으며, 1/3·3/10에 육박하던 남송 이래의 기존 불법 고율 추가세를 대체하고자 도입한 세목이었기 때

문이다.[73]

결론적으로 사요의「신도비문」에 묘사된 두가지 세율인 3/10과 1/30의 경우, 전자는 '(불법) 추가세'의 영역에, 그리고 후자는 '(법정) 2차 관세'의 영역에 속한다고 할 수 있다. 대단히 흥미롭게도, 두 세율 공히 1차 관세와는 무관한 세율들이다. 그렇다면 사요의「신도비문」에 묘사된 상황은 1차 관세가 이미 부과된 상태에서 추가 관세 또는 2차 관세(박세전)를 고려 물화에 부과하는 문제를 놓고 논란이 벌어진 상황을 배경으로 하고 있다고 할 수 있다. 즉 사요의「신도비문」은 원 항구에 입항한 고려 선박의 물화를 대상으로, 관세가 부과되던 '모든 과정'을 묘사하기보다는 그 일부만, 특히 과세과정의 '중반 이후' 상황만을 선별적으로 묘사했던 것이다.

기왕의 연구에서는 이 3/10세를 '신속(臣屬)하지 않은 번이(蕃夷)', 즉 해외 오랑캐의 물품에 대한 관세로, 그리고 1/30세를 '신속한 번이의 물품'에 대한 관세로 파악하였다. 그리고 강절행성이 종래의 입장을 철회하고 1/30세를 적용한 것은, 종속국 지위에 있던 고려의 무역선을 '중국 내지를 다니며 거래활동을 하는 자국(중국)의 선박'과 동일하게 간주했기 때문이라고 판단하였다. 즉 이 일화가 양국 사이에 관세상의 무역장벽이 없었음을 보여주는 것이라 평가하면서, 그러한 관세장벽의 부재는 결국 양 경제권이 '동일 경제권'으로 존재하고 있었음을 보여준다고 판단한 것이다.[74]

이러한 가설은 13세기 고려와 원제국 사이의 역학관계를 고려할 때 적지 않은 개연성을 지닌다고 할 수 있다. 그러나 그 가설의 전제에 문제가 있

---

73) 물론 당시 원 내지거래에서의 상세율(商稅率)이 또한 1/30이었기 때문에, 기왕의 연구자들은 이 1/30세가 상세를 가리킨 것이라 추측하기도 했다. 그러나 현장거래시에 과세되기 마련인 상세는 외국 선박이 중국 관내에 들어서고 있는 상황인 이 기사의 시점에서 거론될 이유가 없다. 따라서 이 1/30세는 박세전이었을 것이라 보는 것이 자연스럽고 적절하다.

74) 위은숙, 앞의 글 참조.

다. 기사에 등장하는 두 종류의 세율이 '번이의 신속(중국에의 귀부) 여부'에 따라 규정된 것이라는 전제에는 근거가 부족하다. 『원사』 식화지 시박조나 『원전장』의 시박 관련 규정 어디에도, 추분율(관세율) 책정에 있어 '번이의 신속' 여부가 고려되었음을 시사하는 언급은 없기 때문이다. 물론 기사 자체에 '고려의 귀속이 오래되었으며 따라서 신속하지 않은 지역과 같이 대할 수 없다'는 언급이 나왔음은 사실이다. 그 점에서, 고려-원의 관계가 과세과정에서 고려되었음은 부정할 수 없다. 문제는 그러한 '고려(考慮)'의 성격이라 할 것이다.

앞서 언급한 바와 같이 3/10은 남송 말 이래의 불법 고율 추가세였고, 강절행성 우승 사요가 제시한 것은 '영'에 근거한 1/30세로서의 2차 추분인 박세전이었다. 즉 불법 고율과세를 지양하고 합리적인 2차 관세율을 적용하는 맥락의 '관세 합리화 정책'을 위해 도입된 '1/30세 박세전'이 이 일화에서 언급되고 있는 것이다. 당시 양국관계의 성격을 논단하기 전에 바로이 점에 주목할 필요가 있다. 박세전이 이 기사에 등장했다는 사실이야말로, 이 기사에 묘사된 원제국의 조치가 '고율과세를 지양하고 합당한 관세율을 부과하려' 하던 당시 원 시박 담당자들의 지향을 반영하고 있었음을 시사하기 때문이다.

즉 강절행성 우승이 고려-원 관계를 고려해 일종의 배려를 베푼 것은 맞지만, 그 '배려'는 어디까지나 고율과세를 지양하고 합당한 관세율을 부과하려는 당시의 원칙을 벗어나지 않는 수위의 것이었을 가능성을 염두에 두어야 한다는 얘기이다. 사요는 공식세율 이하의 세율을 적용해주는 등 비정상적인 방식의 특혜를 제공하기보다는, 우선 이전 시대의 불법적 고율관세가 고려 물화에 부과되는 것을 막고, 대신 조정이 당시 제도화하고자 했던 '(낮은) 2차 세율', 즉 박세전을 부과하는 방식으로 고려 선박을 배려한 것이 아닌가 한다. 즉 당시 사요의 조치로 인해 고려 상선의 부담이 적어진 것은 사실이나, 그것이 비정상적인 배려의 결과, 또는 양국관계의

'특이성'을 특별히 고려한 결과였다기보다는, 어디까지나 정상적인 시박 행정 조치의 결과에 불과한 것이었던 셈이다.

상황이 그러했다면, 고려가 적용받은 박세전에 단순 배려 이상의 '혜택'의 맥락이 개입되어 있었다고 보기는 어렵다는 것이 필자의 생각이다. 이 조치는 오히려, 원제국이 고려 물화에 대해 다른 여러 해외 선박들의 물화에 부과하던 것과 동일한 수준의 박세전을 부과한 조치에 불과했던 것으로 해석되어야 하기 때문이다. 즉 제도 정비 차원에서 종래의 관행을 극복하고 새로운 세율을 정착시키려던 원 조정의 노력이 반영된 일화였을 따름이라 여겨진다. 원제국 정부 또는 원 항구지역 지방관들이 고려의 선박 역시 여느 외국 선박과 다를 바 없는 경우로 간주하고, 모든 외국 선박들이 싣고 오던 물화에 공통적으로 부과하던 관세율을 고려 선박의 물화에도 적용한 사례인 것이다.

그럴 경우, 이 기사에 근거해 고려·원 관세권 및 경제권의 관계를 논하던 이전의 입장은 성립하기 어렵게 된다고 할 수 있다. 오히려 원제국의 항구지역에서는 고려를 '외국'으로 간주하고 있었음을 이 일화에서 엿볼 수 있다. 이 '관세분쟁'을 통해, 양국 간 교역권이 통합돼 있었던 것이 아니라 오히려 고려 선박들은 중국 중심 동아시아 교역권에서 '중국과는 다른 국적의 선박'으로 활동 중이었음을 확인할 수 있다.[75]

---

75) 앞서 소개한 에노모또 와따루 역시, 조금 다른 맥락에서이긴 하지만 사요 「신도비문」이 '고려 물산이 원 내지의 물산으로 간주'되고 있던 정황, 즉 '고려가 원의 일부분으로 간주'되고 있던 당시 상황을 반영하는 것으로 판단한 바 있다. 이 기사에서 고려 상선이 결국 1/30세만 부과받은 사실을 두고, 고려 상선의 물화가 사실상 '토산물화'에 적용되는 세율(그의 입장에 따르면 '상세율')을 부과받은 셈이었고, 그것은 원이 고려의 물화를 중국(원)의 '토산물화'로 취급한 결과였다고 본 것이다. 그러나 앞서 필자가 반박한 바와 같이 상세와 박세전은 서로 엄연히 다른 세목인바, 1/30세 박세전을 부과받은 것을 두고 1/30세(토산물화용) 상세만을 부과받은 것으로 판단한 에노모또 와따루의 가정은 성립되기 어려운 것이라 하겠다. 게다가 그의 가정은 결정적으로 앞의 '3/10세'의 정체를 해명하지 못하는 문제도 지니고 있다.

아울러 다른 중요한 두가지 또한 짐작할 수 있게 된다. 먼저 충렬왕이 파견한 고려의 관영 교역선이 이같은 소동을 겪은 이후에는 고려 선박에 부과하는 2차 관세율이 1/30으로 공식화되고, 그것이 하나의 전례로 남아 이후에 원을 드나드는 고려 선박들을 보호하는 근거로 작동했을 것이라는 점이다. 그리고 그러한 과정을 지켜보고 있던 고려의 해외교역 상인들이, '이제는 원제국과 교역해도 좋을 때'라는 확신을 가지게 되었을 것이라는 점이다.

13세기 후반 고려의 상인들은 중국 항구지역의 동향 및 시박정책의 변동을 지켜보고 있었을 것이다. 정보의 전달이 오늘날만큼 빠르지는 않았겠지만, 상인들은 전통적으로 정부의 대중국 교역에 어떤 형태로든 참가하거나 심지어 관련 행정을 도맡기도 했으므로, 중국의 동향을 어느정도 전해 듣고 있었을 터이다. 남송대 이래 중국 항구에서 입항 선박들에게 불법적 고율 추가세를 임의로 부과하고 있었음 또한 잘 알고 있었을 것이다. 그러한 상황에서 그들이 대중국 교역에 적극적이기는 어려웠으리라 생각된다.

그런데 남송이 멸망하고 원이 들어서면서 상황이 변했을 가능성이 높다. 사요의 조치를 포함, 앞서 검토한 여러 시박 관련 조치들이 시행되고 있음을 전해 들으면서, 고려 상인들은 새로이 원 치하에 놓이게 된 중국 항구들이 더이상 이전의 고율 추가세를 부과하지 않고, 대신 새로 제도화된 낮은 관세율을 부과하고 있음을 인지하게 되었을 것이다. 항해술과 조선술, 그리고 틈새시장을 공략한 수출품 등 그야말로 대외무역에 필요한 모든 것을 구비하고 있던 고려 상인들에게, 이러한 소식은 향후 무역의 규모를 '확대'할 주요한 동기가 되었을 것이다. 앞으로 원과의 교역이 안정적으로 이뤄질 수 있을지, 그리고 더 나아가 그러한 교역이 그들에게 적지 않은 이윤을 보장할 것인지 의문스러워하고 있던 고려 상인들에게, 원 항구에서 2차 관세로 1/30세만 부과하게 되었다는 소식은 나름대로 긍정적 확신을 심어주었을 것이기 때문이다.

다시 말해 사요「신도비문」은, 당시의 고려 상인들에게 무역 전망과 관련한 강한 확신을 주었을 중요한 조치가 1290년대 중반 원제국 정부에 의해 내려졌음을 보여주는 동시에, 그로 말미암아 고려-원 간 교역이 급증할 여건이 13세기 말 조성되었음을 보여준다고 하겠다. 그리고 고려 충렬왕이 보낸 관영선이 입항하는 과정에서 이루어진 절충과 조율이 향후 그러한 추세를 더욱 권장하고 또 뒷받침하는 토대가 되었을 것이라 생각된다. 일찍이 1280년대 초 회회인들을 활용해 동서 세계간 교역을 넘보던 충렬왕의 대외교역 정책은, 이렇듯 1290년대 중반을 기점으로 고려 후기 해상 교역사에 있어 중요한 계기를 마련한 것이라 평가된다. 그리고 이러한 상황 속에서, 앞서 살펴본 고려 민간인들의 대원 교역도 가능해졌을 것으로 생각된다.

물론 바로 앞에서 살펴본 정황은 해상교역인 데 비해, 그전에 살펴본 민간인들의 우마 유출(교역)은 육로교역에 해당한다. 다만 민간인들의 해상을 통한 해외진출도 곧 활발해져서, 14세기 전반과 중반 폭발하게 된다. 그리고 그러한 추세를 수렴, 확대하는 데에 역시 14세기 초의 국왕과 정부가 기여한 부분이 있었다. 다음 장에서 살펴보도록 한다.

제3부

14세기 전반: 고려의 대외교역, 전성기를 다시 맞다

제5장

충선왕, 인도와 염색직물을 양손에 잡다

1. 고려 민간인들의 폭증하는 외국행

13세기 이전의 고려인들은 육로로는 요·금 사람들과 더불어 한반도 북변의 '각장(榷場, 국경 시장)'에서 교역을 펼쳤고, 해로를 통해서는 사신들을 따라 중국에 건너가 대송(對宋) 교역을 전개하였다. 반면 13세기 후반의 경우 원제국의 물자 징발 등 여러 악조건으로 인해, 육·해상을 막론하고 교역을 위한 고려인의 중국 방문이 사료상 거의 확인되지 않는다. 그러다가 13세기 말, 앞에서 살펴본 것처럼 육로를 경유한 민간상인들의 활동이 관찰되기 시작한다. 그리고 14세기 전반, 더 많은 고려 민간인들이 교역에 참가하게 되었으니, 그를 보여주는 대표적인 자료가 바로 『노걸대(老乞大)』이다.

이 『노걸대』라는 독특한 이름의 책은, 교역을 위해 원제국을 방문하던 상인들의 언어 문제를 해결하고자 고려 정부가 발간한 일종의 어학 교습서라고 할 수 있다. 상인들을 위한 어학 교습서가 나왔다는 점 자체가 당시 원에 가는 고려 상인들의 수가 적지 않았음을 보여준다. 『노걸대』는 고려 상인이 고려를 떠나 원 대도에 도착,[1] 무역을 벌이는 과정을 따라간다. 그 과정에서 생길 수 있는 각종 상황들을 배경으로, 그러한 상황에 필요한 대화의 내용이 소개돼 있다. 주인공인 고려 상인 아무개는 대원(對元) 교역에 종종 나서곤 했던 전문 상인으로 설정돼 있다. 관인(官認)무역 허가증을 지니고 있고,[2] 고려-원 간을 정기적으로 왕래하며,[3] 원내에서 모시 천을 파는 친척을 가진 자로[4] 설정돼 있다.

『노걸대』에 예시된 교역의 순서는 이미 이전의 연구에 의해 정밀하게 분석돼 있다. 판본에 따라 좀 다른 모습이 보이기도 하지만, 기본 구조는 본질적으로 동일하다. 요컨대, 우선 1월에 모시 130필, 인삼 100근, 말 10여 필을 갖고 고려를 출발한다. 다음 도보로 요동지역을 거쳐 북경에 도착, 물건을 팔고 돈을 마련한다. 5월경 제녕부(濟寧府), 동창(東昌), 고당(高唐)에 가서 견직물(견·능·면자) 및 각종 잡화를 구매한 후, 직고(直沽)에서 그것을 배편으로 본국으로 운반해 10월에 고려에 도착하는 식이다.[5] 특히 '배

---

1) 『원본노걸대(原本老乞大)』에 따르면, 개경을 출발해 도보로 대도에 이르는 데 한달 정도가 걸린 듯하다. 고려 상인은 동경에서 한인 상인을 만나게 되는데(58화), 이 한인은 고려인이 동경에 오는 데 보름이나 걸린 것에 놀랐으며, 동경에서 대도까지 보름 내에 갈 수 있겠느냐는 질문에 고려 상인이 확답을 하지 않았음이 흥미롭다. 이하의 『원본노걸대』 자료는 鄭光 譯註·解題 『원본노걸대』, 김영사 2004를 출처로 한다.
2) 동경성 소재 거주민들이 대로로 교역하러 올 때 관청의 도장이 찍힌 통행증서를 갖고 온다는 점이 언급된 『원본노걸대』 38화, 그리고 고려 정부의 국경관문에서의 통행검사가 엄해 고려인들이 통행증서를 갖고 고려를 나선다는 점이 언급된 40화 등을 통해 그를 알 수 있다.
3) 이 고려 상인은 그 전해에도 원을 방문한 적이 있었던 것으로 설정돼 있는데, 그가 그 해 원제국 내의 물가를 전해 듣고는 자신이 '작년에' 대도에 있을 때의 물가와 같다고 한 점(『원본노걸대』 7화), 그리고 동쪽에서 온 나그네들이 모두 특정 장소에 묵는다는 중국 상인의 말에, 자신도 '작년에' 거기서 묵었음을 언급한 점 등(8화)에서 확인할 수 있다.
4) 『원본노걸대』 55화에서 확인된다.
5) 위은숙, 앞의 글 61~62면 참조. 한편 『원본노걸대』 11화에서는 그 과정이 다음과 같이

편을 활용해 고려로 돌아간다'는 언급이 주목된다. 갈 때에는 육로로, 그리고 올 때는 해로를 활용했다는 점에서, 『노걸대』는 민간 차원의 육·해로 고려-원 교역을 동시에 보여준다고 할 수 있다.

고려인들은 이러한 무역을 통해 인삼·모시 등을 원에 활발히 수출했다. 고려 인삼의 경우, '선상(船商)과 거상(車商)이 다퉈 인삼을 매입하여 원방(遠方, 중국)에서 높은 가격으로 팔았으며 이에 따라 관가도 이익을 탐했다'는 기사를 통해 이전부터 그 수출 규모가 컸음을 엿볼 수 있다.[6) 고려 모시의 경우도 원제국의 수요가 높아 수출열기가 지속되었다. 특히 견직업·저직업의 규모가 비대해져 생산구조가 왜곡될 정도였는데, 농가 마직업의 피폐상에서 그를 엿볼 수 있다.[7)

반면 고려 상인들이 수입한 물자 또한 대단히 많았다. 『노걸대』에 소개된 각종 물자의 목록을 통해 그를 확인할 수 있다. 직물의 경우 능자(綾子)·견자(絹子)·면자(綿子, 목화), 면견(縣絹) 등 다양한 종류의 직조품이 고려로 들어왔다. 이외에도 갓끈·바늘·약재·화장품·화장용기·빗·장신구·각종 칼·생활용구·놀이기구·장식용구·도량형기·서적 등이 수입되었다.[8)

기술돼 있다. "你自來 到京裏 賣了貨物 却買縣絹 到王京賣了 前後住了多少時, 我從年時正月
裏 將馬和布子 到京都賣了 五月裏到高唐 收起縣絹 到直沽裏上船過海 十月裏到王京 投到年
終 貨物都賣了 又買了這些馬幷毛施布來了."

6) 『謹齋集』권1, 蔘歎 蔘貢多弊故云.

7) 위은숙 「고려 후기 직물수공업의 구조변경과 그 성격」, 『한국문화연구』 6, 1993. 위은숙은 이 글에서, 당시의 권세가들이 문저포 직조기술을 지닌 사원과 결탁하거나 그런 기술을 가진 장인, 노비들을 불러 직물을 생산케 한 후, 그 물자를 무역에 투자했을 가능성을 언급하였다. 그리고 그 과정에서 권세가들이 자신들의 농장에 다른 밭작물 대신 모시 경작을 강요함으로써, 그에 응하지 않을 수 없었던 소작농민들이 결국 자신의 농업을 희생하고 모시 생산에 진력했을 것이라 보았다. 그 결과 농민들에게는 전혀 이득이 되지 않는 모시 생산의 기형적 비대화 현상이 야기되었다고 본 것이다.

8) 한편 『원본노걸대』에는 이 고려 상인이 원에서 특별히 무엇을 구매하여 고려에 돌아가면 좋을지에 대한 생각이 아직 없었던 것으로 묘사돼 있는데(102화), 많은 경비와 시간을 들여 원 대도에 도착한 고려 상인이 무엇을 구입해 귀환하면 좋을지에 대한 계획이

이러한 수출과 수입을 통해 고려 민간상인들은 상당한 이윤을 획득할 수 있었던 것으로 보인다. 기왕의 연구는 고려 물품의 원제국 내 판매가격 및 고려 상인의 중국 물품 구매가격을 비교, 고려 상인들이 고려 물품 수출보다는 중국 물품 수입에 상대적으로 적극적이었을 것으로 보았고,[9] 경우에 따라 50%에 이르는 상당한 수익을 거두었을 것으로 보기도 하였다.[10] 당시 고려 상인들이 대원 교역에 적극 몰린 것도 그러한 교역전망을 잘 알고 있었기 때문일 가능성이 높다.

물론 고이윤에 대한 기대로 활성화된 『노걸대』류의 무역이 고려 사회에 궁극적으로 이득이 되었는지 손해가 되었는지는 별개의 문제이다. 기왕의 탁월한 연구에서는 『노걸대』 등에 명기된 당시의 물가를 분석하고, 그를 토대로 고려가 일종의 '무역역조(貿易逆潮)'에 직면하게 되었을 가능성을 제시하기도 하였다.[11] 13~14세기 원제국에 왕래하던 고려 상인들의 무역형태는 앞에서 살펴본 바와 같이 대체로 모시·인삼·말의 수출과 중국 견직물의 수입으로 요약될 수 있다. 그리고 당시 양국의 물가를 고려할 경우, 고려 상인들은 직물류 등 고려 물자를 원에 수출해 1/3 정도의 차익을 얻고, 중국 물자를 수입해 고려에서 두배 이상의 가격으로 판매함으로써 100%의 이익을 거두는 식의 무역전략을 취했을 것으로 추정된다. 그러한 무역전략은 결국 앞서 언급한 바와 같이, '수출보다는 수입에 치중하는' 모습으로 나타났을 가능성이 높다. 상황이 그러했다면 결제수단으로서 고

없었을 리 없다. 이런 묘사는 당시 상인들이 구입하던 물품의 종류를 설명하기 위한 상황 설정의 결과로 여겨진다. 아울러 한인 상인이 '고려에서는 좋은 물건은 안 팔리고, 조악한 물건이 빨리 팔린다'고 하였음이 주목되는데(103화), 고려 상인들이 원에서 구입해 간 것이 대체로 고급품보다는 일상 생활용품이었을 가능성을 보여준다.

9) 위은숙 「元干涉期 對元交易 — 老乞大를 中心으로」.

10) "通滾筭著 除了牙稅 緻計外 也覓了 加五利錢"(『원본노걸대』 10화, 앞의 책 59면 주13 참조).

11) 위은숙, 앞의 글 474~78면.

려 은 등이 원으로 다량 유출되는 무역역조가 발생했을 소지가 있다. 고려로서는 일종의 적자가 발생했던 셈이며, 이러한 속성의 교역이 계속되면 될수록 적자는 누적되었을 것이다.[12]

한편, 고려-원 간 상품가격의 차이에서 발생하는 손해들 외에, 원에 진출한 고려 상인들의 경험부족 및 언어불통 문제가 야기한 손해도 있었을 것이다. 실제로 『원본노걸대』를 보면, 중국 상인들이 고려 베의 품질을 계속 문제 삼거나(88화), 고려 상인이 인삼을 팔면서 물건 값을 바로 지불해줄 것을 요청했으나 중국 상인들로부터 관례가 그렇지 않다며 거부당한 사례(97화),[13] 모시·삼베 등을 팔 때 나름대로의 값을 제시했다가 '고려인들이 제시한 값은 너무 비싸다'고 퇴짜를 당하고 결국 중국측의 가격을 수용한 사례(98화), 고려인들이 지니고 있던 말까지 팔면서 보초 120정을 그 값으로 불렀지만 결국 다소 손해를 보는 가격에 말을 팔 수밖에 없었던 사례(62화, 64화), 그리고 고려인 스스로 매매에 익숙하지 않다는 것을 시인하며 보초에 그 가치를 인증하는 도장을 찍어주기를 요구한 사례(101화) 등이 다양하게 소개돼 있다. 이런 사례들을 통해 당시 고려인들이 대원 교역에서 많은 어려움을 겪고 있었음을 알 수 있으며, 그로 인한 유·무형의 손실 또한 적지 않았을 가능성을 엿볼 수 있다.

그러나 뒤집어 생각해보면, 이러한 '상황'들은 원을 방문할 예정인 고려 상인들을 대비시키기 위해 설정된 것들이므로,[14] 이런 상황들만 가지고

---

12) 다만 교역의 모든 단계, 모든 물자에서 손실이 발생했다고 보기는 어려우며, 주지하는 바와 같이 고려 말에 이르기까지 민간인들의 대원·대명 사교역이 왕성하였으므로, 그러한 적자를 상쇄해주는 또다른 변수들이 있었을 수 있다. 향후의 고려 말 조선 초 교역사 연구에서 정밀하게 다루어야 할 대목이라 하겠다.

13) 반면 모시는 바로 돈을 지불받은 것으로 보인다(100화).

14) 『노걸대』라는 어학 교습서의 발간에 고려 상인들을 대비시키려는 의도가 내재해 있었음은 고려인들의 '신규 보초, 정상적 상태의 보초'에 대한 '집착'을 묘사한 대목들에서 엿볼 수 있다. 고려인들은 모든 매매에서 관인(官印)이 선명한 보초, 즉 '상등' 보초

당시 고려인들이 원과의 교역에서 일방적으로 손해를 감수했다고 보기만은 어렵다. 이러한 일화들은 오히려 당시 고려 상인들이 좀더 대비를 하고 원을 방문하곤 했음을 보여준다고도 할 수 있다. 그랬다면 대원 교역과정에서의 실수나 경험미숙으로 인한 손해는 그만큼 적어졌을 가능성도 있다.

이렇듯 『노걸대』는 당시 민간 차원의 대원 방문 교역이 활발해지고 있었음을 보여주는 동시에, 그것이 어떤 형태로 이루어졌는지, 그리고 그 결과가 어떠했는지에 대한 포괄적인 답을 주는 자료라고 할 수 있다. 아울러 『노걸대』뿐만 아니라, 『박통사(朴通事)』 또한 당시 고려 상인들의 대원무역과 관련한 여러 모습을 보여주는 자료다. 『박통사』는 『노걸대』와 같은 중국어 학습서였지만, 대체로 『노걸대』보다는 한 단계 높은 수준의 어학교습을 가능케 하려는 의도 아래 만들어진 서적으로 알려져 있다. 『노걸대』가 고려를 출발해 원으로 교역을 하러 가는 고려 상인의 여정을 따라가는 형태를 취하고 있다면, 『박통사』는 당시 중국의 상황 및 중국인의 생활에 대한 묘사를 주로 담고 있다.[15] 이러한 『박통사』에서는 고려 서경에서 황두(黃豆)를 싣고 원에 오는 선박이나(西京來的載黃豆的船), 1,000여통의 포자(布子)를 싣고 오는 고려 선박(高麗地面里來載千餘筒布子的大船) 등, 한반도를 출발해 원 항구로 오는 상선들에 대한 언급이 발견된다.[16]

종래의 연구를 통해 『노걸대』와 『박통사』에 담겨 있는 고려-원 교역의

로 대금을 지불해줄 것을 요구하였고(65화, 97화), 그러한 요구에도 불구하고 중국 상인이 새 지폐로 교환할 때 당국에 내야 하는 수수료를 문제삼아 새 지폐로 대금을 지불하기를 주저하자, 재차 따져 기어코 그를 받아내곤 했다. 당시 혼초(昏鈔) 및 질 낮은 보초 등이 심각한 문제를 발생시키고 있었음을 고려할 때, 이러한 묘사는 고려인들에게 신초(新鈔)의 가치 및 중요성을 사전에 주지시키기 위한 것이었을 가능성이 높다.

15) 이에 대해서는 이종서 「『老乞大』와 『朴通事』의 저작 배경과 자료 성격」, 『역사문화논총』 1, 2005 참조.

16) 陳高華 「從老乞大朴通事看元與高麗的經濟文化交流」, 『元史硏究新論』, 2005.

여러 양상은 이미 상세히 검토되었다. 그 양상은 고려 민간상인들의 육로를 통한 활발한 원 방문, 그리고 해로를 경유한 고려 선박들의 중국 방문 및 귀환으로 정리된다. 14세기 전반 고려 대외교역의 역사를 재구성하는 데 실로 많은 정보를 제공하는 자료들이라 할 수 있다.

다만 14세기 전반 들어 이렇듯 활발한 대외교역 추세가 형성된 '원인'이 과연 무엇이었는지에 대해서는, 그간 연구자들의 관심이 상대적으로 미흡하였다. 무엇이, 어떠한 요인들이 고려인들로 하여금 이렇듯 왕성한 대외교역에 나서게 했는지, 그 배경에 대한 검토가 부족했던 것이다.

앞서 13세기 말만 하더라도, 고려의 민간상인들이 소와 말을 끌고 원으로 들어가는 정황만이 확인되는 상황이었다. 13세기 후반 고려가 처해 있던 곤경을 고려할 때 이는 대단히 놀라운 변화, 의아한 정황이라고 많은 이들이 생각하였다. 그러나 이는 사실 그리 놀랄 만한 정황이 아니었다. 당시 원제국의 징발이 줄고 회회인들의 방문이 늘면서 고려 국왕과 정부가 활발한 대외교역 투자를 시작하던 13세기 말의 상황이 그러한 민간교역의 '재개' 양상과 무관하지 않았음은 이미 앞서 살펴본 바 있다.

그런데 14세기 중엽의 상황을 보여주는 『노걸대』는 이제 고려인들이 육로로 요동지역을 거쳐 중국에 들어가고, 내륙을 통해 중국 대도와 주변 지역을 여행한 후 중국의 배를 빌려 한반도로 돌아오는 좀더 온전한 순환구조를 보여준다. 고려 민간인들의 대중국 교역동선이 13세기 말에 비해 훨씬 길어지고 그 활동도 더욱 활발해진 것이다. 이러한 상황은 과연 어떻게 가능해졌을까? 충렬왕이 동서 세계간 교역에 직접투자를 시도하고 원 항구지역과의 교역에 나서게 된 것만으로 이러한 현상이 가능해졌다고 보기는 어렵다. 고려 정부의 대외교역이 일상적·상시적인 것으로 정착하고, 다양한 시책을 통해 더욱 적극적으로 구현되지 않고서는, 민간 차원에서 13세기 말의 상황을 넘어서는 이러한 활발함이 조성되기 어려웠을 것이라 생각된다.

이와 관련해 주목되는 것이 바로 충렬왕의 아들 충선왕, 손자 충숙왕, 증손 충혜왕의 행적이다. 이들의 개인적 성향, 정치적 행적, 경제적 입장은 제각기 달랐다. 원과 맺었던 관계의 수위도 달랐고, 원제국에 대한 입장도 달랐다. 고려 내에서의 정책적 행보는 물론이고 국정의 지향 자체가 달랐다. 그러나 이들에게는 몇가지 공통점이 있었고, 그중 하나가 바로 적극적인 대외교역 정책이었다. 그리고 그러한 공통점을 낳게 한 배경 또한 동일했는데, 그들 모두 원에 장기간 체류한 바 있고, 각자의 대외교역 정책을 가능케 할 여건 또는 단초가 그 체류기간 동안에 마련되었음이 주목된다. 아울러 한가지가 더 있다. 13세기 후반 충렬왕대의 경우 대외교역 투자가 단순한 수익 확보 및 증대에 있었던 것으로 판단되는 것과 달리, 14세기 전반 국왕들의 대외교역 투자는 고려 정부의 재정세입을 늘리려는 재정적 목적하에 단행되었다는 점이다. 그러한 공통의 목표 아래에서 원과의 관계, 그 성향과 인식, 처한 여건에 따라 국왕들의 교역정책은 실로 다양한 모습으로 전개되었다.

2. 충선왕, 무역을 위해 관제 개편에 나서다

충선왕은 고려 후기의 여러 국왕들 중에서도 무척 유명하다. 정치적 지향, 문화적 개성, 경제적 욕심, 열린 관점 등 모든 면에서 다른 왕들과 다른 바가 있었다. 고려시대의 역사에서 주목해 볼 만한 단 하나의 국왕을 꼽아 보라면 필자는 당연히 충선왕을 들 것이다. 비록 재위기간은 짧았으나 후기 고려 제도의 거의 모든 것을 손보았기 때문이다. 그는 재위기간의 대부분을 중국에서 보냈지만, 그런 상황에서도 고려의 정치·경제·군사 제도, 지방제도, 심지어 국가의례까지 포괄하는 광폭의 제도 정비를 단행했다.

그랬던 그가 대외교역에도 지대한 관심을 갖고 있었다. 1308년 그는 한

가지 흥미로운 실험을 선보였다. 고려 정부 내의 여러 부서 중 각종 '직물' 생산에 개입돼 있던 정부부서들을 돌연 통폐합한 것이다. 그리고 '직염국(織染局)'이라는 새로운 부서를 만든다.

직염국의 전신은 문종대 세워졌던 도염서(都染署)로, 원래 각종 색염(色染, 염색)업무를 담당하던 부서이다. 문종은 이 도염서를 세우면서 그 수장인 영(令) 1인의 품급을 정8품으로 설정했고, 그 아래에 2명의 정9품 승(丞)을 배치하였다.[17] 그런데 충선왕은 복위원년 관제 개편에서 이 도염서에 또다른 방직 관련 부서였던 잡직서(雜織署)를 병합해 직염국이라는 새 관부를 만든 후,[18] 이 기구를 선공사(繕工司)에 귀속시켰다. 그 이유가 무엇인지는 기록돼 있지 않지만, 직물 상품의 제작과 밀접하게 관련된 염색공정의 특성을 감안, 직조 관련 부서를 그 휘하에 배치함으로써 '유기적인 직염(織染, 방직과 염색) 행정'을 의도한 것으로 여겨진다.

게다가 충선왕은 직염국에 2명의 사(使)를 두면서 그 품질을 종5품으로 설정하고, 그 밑의 부사(副使) 1명 및 직장(直長) 1명에게도 각기 종6품·종7품을 부여했다. 관부의 격을 이전에 비해 대폭 승격한 것이다. 신생의 '방직·염색 통합' 부서에 대단히 높은 품급을 부여한 이유는 무엇이었을까? 직염업무가 정부의 정책적 최우선순위 중 하나였음을 천명한 것이라 생각된다.

아울러 충선왕은 '직염업무에 누락되거나 미비한 점이 많다'면서, 내알자감·장(內謁者監·長), 그리고 내시백(內侍伯) 등에서 각기 2명씩 내어 그 일을 맡게 하였다. 주지하듯이 내시는 국왕의 측근들이고, 문종대 설치된 액정국(掖庭局)의 후신이던 내알사(內謁司) 역시 정3품 관료 2인을 수장으로 하는 강력한 측근기구였다.[19] 충선왕의 이 조치는 결국 직염업무를 국

---

17) 『고려사』 권77, 志31 百官2 都染署.
18) 『고려사』 권77, 志31 百官2 雜織署.
19) 『고려사』 권77, 志31 百官2 掖庭局.

왕의 직접 관리하에 놓음으로써, 그 중요성을 정부 내에 널리 환기하려는 것이었다고 하겠다. 이 업무를 앞으로는 국왕 스스로 직접 챙기겠다는 의지를 분명히 한 것에 다름 아니었다고 할 수 있다.[20]

당시 '직염'이 과연 어떤 의미를 지니는 일이었기에 충선왕이 이렇듯 관심을 쏟고, 행정적 지원 또한 아끼지 않았던 것일까? '직물 염색'이라는 것은 결국 직물의 품질을 향상하고, 그것을 하나의 상품으로 완성하는 마지막 공정에 해당한다. 일반 모시도 올이 세밀하면 세밀할수록 고급으로 쳤지만, 그에 염색까지 돼 있을 경우 금상첨화라 할 만 했다. 그 점에서 방직 부서와 염색 부서의 통합은 정부 차원에서 '고급 직물(모시였을 가능성이 크다) 가공품'을 본격적으로 생산할 예정임을 알리는 신호탄이었다고도 할 수 있다.[21]

그렇다면, 충선왕이 고려 정부를 움직여 고급 염직물을 본격적으로 생산하게 된 '연유'는 과연 무엇이었을까? 국내의 수요를 충족하기 위해서였을 따름이라면, 관청을 통폐합하는 이른바 '관제 개편' 수준의 수고를 할 필요가 없었을 것이다. 마찬가지 이유에서 국왕이나 왕실의 사적 수요를 위해서도 아니었을 것으로 생각된다. 따라서 충선왕이 직염국을 통해 생산한 고급 염직물 상품들은 해외 수요를 겨냥, 공적인 대외수출에 투입됐을 가능성이 높다고 생각된다.

---

20) 물론 액정국이 정부의 수공업적 생산과 관련을 맺은 것이 충선왕대가 처음은 아니었다. 이미 금장(錦匠)·나장(羅匠)·능장(綾匠) 등이 액정국에서 녹봉을 받은 정황이 문종대에도 관찰된다(『고려사』 권80, 志34 食貨3 祿俸 諸衙門工匠別賜). 다만 문종대 당시 액정국의 수장 내알자의 품계는 정6품에 불과했다. 충선왕의 내알자는 이에 비해 그 위상이 더욱 강화된 존재였다.

21) 한편 같은 관제개혁에서 장야서(종7)가 영조국(종5)으로, 그리고 도교서(종8)가 장작국(종5)으로 바뀌는 등 주로 '생산공정'과 관련한 관부들의 격이 복위원년 다른 관부들에 비해 파격적으로 승격된 것도 이와 무관치 않았던 것 같다. 이들은 다른 하위관부를 복속한 경우도 아닌데, 3품 이상씩 그 직급이 상승하였다.

염색공정의 대상이 된 수출품으로서의 직물은, 고려 직물 생산의 역사를 고려할 때 아마도 모시였을 것이다. 앞서도 언급한 바와 같이 고려의 모시는 11~12세기 당시 이미 중국에서도 인기가 높은 상품이었다. 이후에도 고려 민간상인들의 주요 대원 수출품으로서 인삼과 함께 팔려나갔다.[22] 제국대장공주가 일찍이 고려의 모시에 반해 그를 짤 기술자 확보에 나서고, 응방에 드나들던 몽골인들이 모시를 다량 탈점한 사실[23] 등은 당시 고려 모시에 대한 원제국의 수요가 높았음을 보여준다.

그런데 일반 모시제품에 비해 충선왕의 고급 '염색모시'는 상품성이 배가된 신제품이었다고 할 수 있다. 당연히 중국 시장을 겨냥한 상품이었음을, 14세기 중반 고려의 '염색모시' 제품들이 원으로 다량 수출되거나 어떤 경우 징발되기도 했음에서 엿볼 수 있다.

아울러 충선왕이 구매자로 염두에 두고 있던 것이 중국만이 아니었을 가능성도 있다. 일찍이 충렬왕은 순수 고려인이면서도 동서 세계간 교역에 직접 뛰어들 구상을 할 정도였다. 고려와 몽골의 혈통을 함께 지닌 혼혈 태생으로서, 원에서 생장하는 동안 몽골 황실의 오르탁교역을 직접 목도했을 충선왕 역시 그에 생각이 미치지 않았을 리 없다. 그렇다면 충선왕이 중국을 넘어 서역 시장을 겨냥했을 가능성도 배제할 수 없다.

그런데 고려의 염색모시가 과연 서역 시장에서도 경쟁력을 지닐 수 있었을까? 당시의 동서 세계간 교역에서는 서역의 물산 및 중국의 고가품들이 주로 교환됐고, 중국은 견직물과 도자기로 서역 시장을 상대하고 있었다.[24] 특히 서역인들의 중국 견직물에 대한 기호와 수요는 송대에 이르러

---

22) 위은숙 「고려 후기 직물수공업의 구조변경과 그 성격」; 「元干涉期 對元交易－老乞大를 중심으로」.

23) 『고려사』 권89, 列傳2 后妃2 齊國大長公主; 권28, 세가28 충렬왕3년(1277) 7월 병신.

24) 전·후한 시기를 전후하여 중국의 견직업이 북방에서 남방으로 확대되고, 수·당 시기에는 전성기를 맞은 것으로 전한다. 그 결과 견직물 및 양잠기술이 전한시대부터 서역에

이미 극성스러워져 있었다.[25] 회흘·회회인들은 향약·보석·서각·상아·용뇌·진주 등을 갖고 와 견직물을 구입해갔다.[26] 중국의 견직물 수출은 원대에도 이어졌다. 해외로 유출되면 안 되는 '금수물자'에 견직물이 포함되었음에서 역설적으로 그를 엿볼 수 있다.[27]

그러한 중국 견직물의 경쟁력은 한반도가 상대하기에는 버거운 것이었다. 따라서 한반도가 같은 견직물로 서역 시장에서 중국 제품들과 경쟁하기는 어려웠을 것으로 추측된다. 일찍이 요·금 등의 이른바 '북방왕조'들

수출됐는데, 2~3세기경에는 실크로드의 '오아시스 육로' 주변 여러 지역에, 3세기 말에는 서북인도와 카슈미르에, 4~5세기경에는 페르시아와 시리아에, 그리고 6세기 중엽에는 비잔틴에 전파된 것으로 알려져 있다. 다만 중국의 기술이 다른 지역으로 전수된 후에도 중국 비단에 대한 외국인들의 수요는 여전히 높았던 것으로 전해진다(정수일, 앞의 책).

25) 송은 금은을 지출해 다양한 해외 물화를 구입하고, 반대로 견직물과 도자기를 수출하였다(『송사』 권186, 志139 食貨 下8 互市舶法).

26) 佐藤圭四郎 「北宋時代における回紇商人の東漸」; 「南宋時代における南海貿易について」, 앞의 책.

27) 13세기 후반 이래 원제국 정부는 시박법칙(市舶法則) 반포를 통해 해외로 유출되지 말아야 할 사례들을 지정하곤 했는데, 주로 금은·동전·철화·사람이었다(『원사』 권94, 志43 食貨2 市舶, 지원30년(1294)). 이러한 조치는 1296년(권19, 본기19 성종 원정2년 8월 정유) 및 1303년(권21, 본기21 성종 대덕7년 2월 임오)에도 계속되었으며, 경우에 따라 군기·마필도 추가되었다. 그러다가 1303년 금은뿐만 아니라 '사면(絲綿)' 또한 하번 금지물자로 새로 지정되었고(권21 본기21 성종 대덕7년(1303) 2월 임오), 1309년 9월 상서성 설립 및 지대은초 발행 와중에 '금사(錦絲)·포백(布帛)'이 추가됐으며(권23, 본기23 무종 지대2년 9월 경진), 1314년 재반포된 '시박추분잡금' 23개조에는 금지물품으로 종래의 물품 외에 '사면, 단필(段匹)' 외에 '소금능라(銷金綾羅)'가 처음으로 포함됐음이 주목된다(『大元通制(通制條格)』 권12, 斷例 廐庫 市舶). 당시 1295년 단필 직조와 관련된 체례(體例)가 강화되고(『大元聖政國朝典章』 권58, 工部1 緞定, 講究織造緞定) 관련 비리에 대한 구치가 이미 요구되는 상황이었다(권48, 刑部10 雜例, 羅織淸廉官吏, 1303년). 견직물이 이미 오래전부터 중국의 주력 수출품이었지만, 특히 13세기 말~14세기 초 이후 정부의 관리가 요망될 정도로 생산과 수출이 활성화, 과열되고 있었음을 엿볼 수 있다.

이 탁월한 견직물을 생산하는 상황이기도 했다. 그래서인지 13~14세기 고려인들은 주로 중국에서 견직물을 수입할 뿐,[28] 그것을 수출하는 경우는 좀처럼 등장하지 않는다.[29]

반면 모시의 경우는 사정이 달랐다. 중국인들을 매료시킨 모시였던 만큼, 염색모시는 중국 시장에서 충분한 경쟁력을 지니고 있었다. 그럴 경우 고려의 염색모시는 중국인들을 통해 서역에도 소개되어 일정한 상품성을 획득하게 되었을 가능성이 높다. 그리고 충선왕은 그러한 상황을 인지한 상태에서 염색모시 생산체제를 정부 차원에서 구축하고 나섰던 것으로 짐작된다.

다만 그러한 투자에는 좀더 구체적인 전망이 필요했을 것이다. 모시는 비단과 다르니 국제시장의 틈새를 파고 들 수 있을 것이라는 안이한 전망은 한 나라의 경제를 책임지는 국왕에게는 허용되지 않는 것이었다. 아울러 많은 정치적 비용을 동반하는 관제 개편을 정당화하는 데에도, 좀더 구체적인 전망과 사실적 근거가 필요했음직하다. 충선왕이 그만한 비용을 감수하고 염색직물(모시) 생산에 나선 이면에는 어떠한 확신, 또는 적어도 일정 정도의 이윤에 대한 상당한 기대가 있었을 가능성이 높다.

그와 관련하여, 직염국이 창설되기 10년 전인 1298년, 즉위했다가 퇴위 당하고 원에 체류하던 충선왕이 인도 마아바르국 재상의 예방을 받았음이 주목된다.

마아바르는 당시 동서 세계간 교역의 핵심 거점 중 하나였던 인도 동쪽

---

28) 『노걸대』에서도 고려인들의 주요 수입품이 능자·견자로 등장하며, 1350년대 강남 군웅과 고려 사이의 교류에서도 고려가 주로 군웅세력들로부터 견직물을 받았다.

29) 사실 고려로서는 견직물 생산과 관련한 노하우는 충분하게 지니고 있었으나, 중국산에 비해 경쟁력이 그리 월등하지 못했고, 품질은 양호해도 생산경비가 너무 많이 들어 지속적 생산의 효용성이 적었을 가능성이 있다. 아울러 양잠기술 등 비단사를 뽑아내는 과정에 무리가 있어, 주로 수입에 의존하기도 했다(장경희 「14世紀의 高麗 染織 硏究」, 『미술사학연구』 190·191, 1991).

코로만델 해안에[30] 소재하던 나라다. 세계교역 중심지로서의 마아바르국의 면모는 마르코 폴로가 언급한 카일(Cail)이라는 도시의 면모에서도 확인된다. '쿠르모스·키시·아덴·아라비아 각지에서 상품과 말을 싣고 오는 모든 선박들이 이 도시에 정박해 진귀한 보화를 풀어놓았고, 왕은 외국상인들을 특히 공정하게 대우해 상인들이 그를 좋아했으며, 그들은 막대한 이익을 거두었다'는 것이다.[31]

그런데 이 마아바르국의 '왕자'라는 패합리(孛哈里)라는 인물이, 1298년 6월 충선왕에게 은사모(銀絲帽)와 금수수박(金繡手箔), 침향(沈香) 5근 13냥, 토포(土布) 2필의 예물과 사신을 보내왔음이 확인된다. 그가 갑자기 고려의 국왕을 예방한 이유는 무엇이었을까?

충선왕은 일찍이 측근 채인규(蔡仁揆)의 딸을 원의 승상인 상가에게 혼인시킨 바 있었다. 그런데 상가가 주살되자 원 황제가 이 채인규의 딸을 당시 마아바르의 국왕과 틈이 있어 천주에 와 살고 있던 패합리에게 하사하였다. 바로 이 패합리가 자신의 '새 부인의 아버지의 주군'인 충선왕을 예방한 것으로, 그의 방문은 이전에는 교류가 거의 없던 동인도 해안지역의 고위 인사가 고려의 위정자를 예방한 최초의 사례로 주목된다.[32] 그리고 그러한 '최초 조우'의 구체적 의미는 마아바르국과 원제국 사이의 교류의 역사가 웅변한다.

1278년 이래 1290년대 초에 이르기까지 원제국 정부는 미얀마(緬), 베트남(안남安南·교지交趾·점성占城〔참파〕지역), 마아바르와 코람, 샴(暹羅), 자바, 류

---

30) 마아바르국의 위치와 관련해서는『원사』권210, 列傳97 外夷3 馬八兒等國條의 기록 ("俱藍〔俱蘭〕爲馬八兒之後障"), 그리고 '코일룸〔코람〕은 마아바르를 출발해 서남쪽으로 500마일 가면 나오는 왕국'이라는『동방견문록』의 언급(마르코 폴로, 앞의 책 478면) 등 이 참조된다.

31) 마르코 폴로, 앞의 책 179면.

32)『고려사』권33, 세가33 충선왕 즉위원년(1298) 6월 을축.

206

우규우 등 남해 여러 지역을 적극적으로 초유(招收)하였다. 1279년 12월 세조는 해외 여러 나라를 초유하라 지시하였고, 같은 달 국내외의 여러 군주들에게 조유(詔諭)를 내리기도 했다.[33] 그러고는 1281년 10월 해선 100척, 군사 및 사공 등 도합 1만명으로 하여금 1282년 정월을 기해 해외 여러 지역을 원정하게 하였다.[34] 원정은 1280년대 내내 계속되었다. 그리고 그러한 원정의 결과 동남아시아 지역 여러 국가들의 입조가 이어지게 된다.

그런데 당시 원제국 정부가 가장 적극적으로 접근한 지역이 바로 마아바르국이었다. 『원사』 열전 외이조, 또는 『도이지략(島夷誌略)』 및 『동방견문록』 등의 자료가 그를 잘 보여준다. 이 기록들에 따르면 원제국 정부는 마아바르 및 인근의 코람 지역을 '인도반도의 여러 나라들을 다스릴 만한' 지역으로 평가하였다.[35] 일종의 요충지로 평가한 것이다.

아울러 마아바르국은 "회회 상인이 취급하던 핵심 물자들의 최대 원산지" 중 하나이기도 했다. 여러 회회국의 금은보화와 진주가 모두 마아바르에서 나니 많은 회회인들이 와서 무역을 한다는 『원사』의 기록이나,[36] '마팔아서(馬八兒嶼, 마아바르섬)'에서는 취우(翠羽), 세포(細布), 큰 양(大羊)이 생산되고 사금(砂金), 청단(青緞), 백반(白礬), 홍록소주(紅綠燒珠) 등을 무역한다고 기술한 『도이지략』의 기록에서[37] 그를 엿볼 수 있다. 마아바르국의 가장 대표적인 상품은 앞서 논한 바 있는 진주였던 것으로 보인다. '이 지역에서는 매우 크고 아름다운 진주를 생산하니, 여러 상인들이 조합을

---

33) 『원사』 권10, 본기10 세조 지원16년(1279) 12월 병신; 정유.

34) 『원사』 권11, 본기11 세조 지원18년(1281) 10월 경술.

35) 『원사』 권210, 列傳97 外夷3 馬八兒等國. 원제국 정부는 초기에는 코람 초유에 더욱 적극적이었고, 1280년 3월 코람 국주 필납적(必納的)이 입공(入貢) 의지를 밝히긴 했으나, 양국 간 교류는 그리 활발하지 못했다(1280년 11월 한 차례, 1282년 9월 한 차례 방문이 있었고, 1283년 두 차례 타이른 후 1287년에 한 차례 내조가 확인될 따름). 반면 마아바르국과 원의 교류는 사료상 상례를 넘을 정도로 활발하였다.

36) 『원사』 권210, 列傳97 外夷3 馬八兒等國.

만들고 많은 사람을 고용해 4~5월 중순까지 진주잡이를 하며, 채집된 진주는 전세계로 수출되는데, 국왕은 막대한 관세를 받아 거대한 재화를 집적하였다'는 마르코 폴로의 기술에서 그를 확인할 수 있다.[38]

이렇듯 진주 등의 핵심 물화를 생산, 중개하던 마아바르국은 당시 번성하던 오르탁교역에도 밀접하게 관련돼 있었다. '국왕이 예쁜 천, 보석 목걸이, 비단 끈, 루비, 금팔찌로 치장했고, 매년 사람들이 진주나 보석을 궁정으로 갖고 오면 두배의 가격을 지불했다'는, 후술할 것이지만 1320년대 원제국 정부의 '중매보화(中賣寶貨, 황실·정부와 오르탁 상인들 간 직거래)' 제도를 연상시키는 묘사에서 그를 엿볼 수 있다. 그러한 나라의 '왕자'가 고려에 먼저 접촉을 시도해온 것은 대단히 의미심장한 일이라 하지 않을 수 없다. 당시 고려 또한 동아시아 오르탁교역권(교역망)과 모종의 관련을 맺기 시작했음을 의미하는 사건일 수도 있기 때문이다.

다만 이 접촉의 행정적·정책적 의미를 가늠하기 위해서는 이 마아바르국에서 왔다는 '왕자'의 정체에 대한 검토가 선행되어야 할 것이다. 기사의 내용만으로 보면 국왕과 사이가 좋지 않았던 왕자가 충선왕을 예방한 것이므로, 경우에 따라 이러한 접촉이 교역정책적 차원에서 이뤄진 것이라 보기 어렵다는 판단도 가능하기 때문이다.

이 '왕자'의 정체에 대해서는 이미 검토가 이뤄진 바 있다. 유민중(劉敏中)의 『중암집(中庵集)』 권4에는 '불아리(不阿里)'라는 인물의 신도비명(「景義公不阿里神道碑銘」)이 실려 있는데, 이 불아리와 패합리가 동일인물이라는 상당한 설득력을 지닌 주장이 제기돼 있다.[39]

신도비명에서 불아리를 소개하는 대목에 그의 본명과 출신이 기록돼 있다. 그의 본래 이름은 살역적(撒亦的)이며, 부친의 이름 불아리를 자신의

---

37) 王大淵 著, 蘇繼慶 校釋, 『島夷誌略校釋』, 中華書局 1981.

38) 마르코 폴로, 앞의 책 441~44면.

39) 陳高華 「印度馬八兀王子字哈里來華新考」, 南京大學學振〔1980/3〕 1980.

공식명으로 사용했다. 아울러 불아리는 서역 사람으로 소개되었는데, 비명의 다른 곳에서는 '서양'이라고도 표현되었다.

다음으로 그의 부친에 대한 소개가 이어진다. "〔공의〕 아버지 불아리가 서양주(西洋主)의 총애를 얻어 여러 동생과 더불어 〔나라를〕 다스리니, 동생이 모두 다섯명이었는데 불아리는 여섯번째 동생이라 칭했으며, 여러 재화를 다스리게 되어 더욱 부귀하였고, 시첩(侍妾)도 300여명에 이르렀다"는 대목이 그것이다. 이어서 "〔부친〕 불아리가 사망함에 공이 그 업을 능히 이어받으니, 군주가 더욱 의지하였고 그를 부르기를 또한 오로지 그 아비의 이름으로 하였다"는 대목도 등장한다.

우선, 기왕의 추정과 같이 비명에 드러난 '서양주(마아바르 국왕)의 다섯 동생'이라는 표현은 마아바르에 대한 설명에 자주 등장하는 '마아바르국의 다섯 국왕'을 가리키는 것일 수 있다. 살역적의 부친인 불아리가 300여명의 시첩을 거느렸다는 부분도, 마아바르 국왕이 500여명의 부인을 거느리곤 했다는 마르코 폴로의 기록을 연상시킨다. 아울러 아버지 불아리가 '서양주의 여섯번째 동생' 대접을 받을 정도로 '국왕에 준하는' 권력과 재력을 갖췄다면, 그 아들 불아리의 위상 역시 왕실 인사 수준의 대우를 받았을 가능성이 있으며, 그럴 경우 '왕자'로 불렸던 패합리의 위상과 외형적으로나마 유사해지게 된다. 마지막으로 세조가 마아바르에 파견한 것으로 비명에 등장한 '별첩목올(別帖木兀), 열석주유(列石往諭)'의 이름이, 1291년 9월 세조가 마아바르국에 파견한 것으로 『원사』 본기에 기록된 '별철목아(別鐵木兒), 역렬실금(亦列失金)'의 이름과 유사하고,[40] 불아리가 세조로부터 받은 여인의 성씨 또한 패합리의 새 부인과 같은 채씨(蔡氏)였음을 고려한다면, 비명의 주인공인 '아들 불아리'가 『고려사』에 등장하는 패합리와 동일 인물임은 확실하다고 하겠다.[41]

---

40) 『원사』 권16, 본기16 세조 지원28년(1291) 9월 신유.

그런데『고려사』의 '왕자 패합리'가 실은 신도비명 속 '불아리'라면, 패합리는 진정한 왕자가 아니었으며 그저 '왕에 준하는' 위상을 지닌 인물의 아들이었을 따름이라는 얘기가 된다. 그럴 경우 이 패합리라는 인물의 정책적 역할은 제한적인 것에 불과했을 수도 있다. 따라서 그의 영향력의 정도를 확인하기 위해서는 그가 상징적 명예 외에 어느 정도나 실질적인 권능을 지니고 있었는지를 확인할 필요가 있다.

그런데『원사』외이전(外夷傳) 마팔아등국조(馬八兒等國條)에는 '불아리'가 '재상'으로 묘사돼 있어 주목된다. 일찍이 세조는 지원16년(1279) 12월과 지원17년(1280) 10월 두 차례에 걸쳐 양정벽을 코람으로 파견했는데, 그가 지원18년(1281) 4월 마아바르국 신촌항(新村港)에 도착해[42] 코람으로 가는 길을 요청하자, '재상 마인적(馬因的)과 불아리'가 그 요청을 거절했다는 문장에서 그것이 확인된다. 즉 충선왕을 예방한 사람이 마아바르국의 왕자는 아니지만 엄연히 관료세력의 일원이긴 했음이 확인되는 셈이며, 그가 인도 코로만델 해역에서 어느정도 정책적 영향력은 발휘할 수 있었을 것이라는 점 또한 추론된다.

물론 이 인물의 영향력이 어떠한 정책 영역에서 작동하고 있었는지의 문제를 마저 살펴볼 필요가 있다. 신도비명의 내용을 볼 때 '불아리(패합리)'는 그 부친의 권능과 재력을 이어받았을 가능성이 크다. 즉 그는 동서 세계간 교역의 중심지였던 인도반도의 마아바르국에서 상당한 정치·경제적 기반을 갖고 있던 인물이라고 할 수 있다. 그리고 신도비명에 따르면 그

---

41) 이상의 검토는 陳高華, 앞의 글의 내용을 요약한 것임을 밝혀둔다. 한편 이 불아리는 무슬림이었을 가능성도 엿보이는데, 그의 본명 '살역적'이 Sayyid로 음역될 수 있기(陳高華) 때문이다. 탄셴 센도 이 인물을 '지방 무슬림 관료 사이드'로 소개하고 있다(앞의 글 129면).

42) 그가 도착한 마아바르 신촌항이 위치한 도시가 카일인 것으로 추정된다(정수일, 앞의 책 422면).

는 원에 와서도 복건등처행중서성사를 제수받고 여러차례 '거만의 재화'를 하사받았다. 원에서도 해안지역 지방관으로서 상당한 권력과 재화를 확보했음을 확인할 수 있다. 그의 이러한 면모는 그가 '해외무역'에 강하게 개입할 능력을 갖고 있었음을 보여준다.

실제로 그는 원과의 교역관계 수립에 대단히 적극적이었던 것으로 보인다. 『원사』 열전 외이조 마팔국항(馬八國項)에 따르면, 일찍이 4월 양정벽의 요청을 거부했던 마인적과 불아리 등이 한달 뒤 조용히 양정벽을 찾아와, 자신들은 원 황제를 섬기고자 하는데 술탄(算彈)이 자신들의 재산을 빼앗고 자신들을 죽이려 했으며, 간신히 거짓말을 둘러대어 죽음은 면하게 되었음을 밝히고 있다. 이 기록을 통해 마인적이나 불아리와는 달리, 마아바르국의 술탄은 당시 원제국과 어느 정도 수준의 관계를 맺어야 할지 고민 중이었음을 엿볼 수 있다.[43] 그 이유는 명확지 않지만 '술탄의 형제 5인이 코람과 전쟁을 하려는 와중에, 천자의 사신이 온다는 얘기를 듣고는 나라가 가난하다는 핑계를 댄다'는 언급에서, 당시 마아바르국이 인도의 여러 경쟁세력과 각축하느라 원제국과의 관계를 본격화하는 데에는 소극적이었을 가능성도 엿볼 수 있다.

한편 두 재상이 '가난하다'는 국왕(술탄)의 해명을 '망언'이라 성토하며, 앞서 소개한 바와 같이 회회국의 금은보화와 진주가 모두 여기서 나고 여타 회회인들이 모두 와 상행위를 한다는 점을 강조한 것이 주목된다. 국왕세력과는 달리 마인적과 불아리(패합리) 등은 여러 나라가 원에 항복할 마음이 있으니 마아바르가 항복하면 다른 나라들도 항복시킬 수 있을 것

---

43) 『원사』 본기 기록에 따르면 1279년 6월 마팔아(마아바르)에서 처음으로 원에 진물(珍物), 상서(象犀) 등을 보내왔고 다음해(1280) 8월 '봉표칭신(奉表稱臣)'을 하자, 원 조정이 3개월 뒤인 11월 마아바르를 포함해 진표(進表)해온 여러 국가에 답조(答詔)할 것을 결정, 1281년 4월 양정벽 일행이 코람에 가는 길에 마아바르에 먼저 들렸던 것인데, 그에도 불구하고 마아바르쪽의 원제국에 대한 입장은 여전히 유동적이었던 셈이다.

이라고 자신했던 셈이다. 이들은 원제국과의 정치·경제적 교류에 적극적이었으며, 그러한 세력을 대변하고 있었을 가능성 또한 높다고 생각된다.

이렇듯 해외무역과 강한 연관을 맺고 있었으며, 더 나아가 무역정책을 입안하고 그에 영향을 미칠 수 있는 위치에 있던 존재가 고려 정부, 특히 충선왕에 접촉을 시도한 것은 주목할 만한 일이라 할 수 있다.[44] 물론 패합리가 '무역의 가능성'을 타진하기 위해 충선왕에게 접촉해온 것이라는 증거는 없다. 그러나 패합리가 충선왕에게 서역의 물산을 선물한 행위만큼은 충선왕의 환심을 사고, 그러한 물자들에 대한 충선왕의 관심도 끌었을 것이다. 그럴 경우 충선왕의 관심 여하에 따라, 그의 통치 아래 있던 고려 시장이 인도 물산의 잠재적 구매자가 될 수도 있는 상황이었다. 그에 대한 기대와 짐작이 패합리가 충선왕을 예방한 동기 중 하나였을 가능성을 상정하는 것이 그리 무리는 아니라고 생각된다.[45]

---

44) 충선왕은 사실 원에 있으면서 이러한 인물들의 방문을 적지 않게 받았을 가능성이 있다. 박현규는 복건지방 '장락현'에 있다는 '고려 왕 조상묘'의 존재를 검토한 바 있는데 (「복건 長樂(복주의 현급 시) 高麗王祖墓 고사 고찰」, 『중국어문논총』 36, 2008), 이 기록에는 원말 의주 판관으로 있던 고려인 왕의싱(王宜星)의 부친이 막 출생한 아들 왕의성을 데리고 당시 본국으로 귀환하던 고려 왕과 함께 고려로 가니, 고려 왕이 그를 귀하게 여겼고 훗날 왕의성을 자신의 후사로 삼았다는 내용을 담고 있다. 박현규는 여러 전거를 통해 이 왕의성이라는 인물이 일찍이 고려로 망명했던 송대 동문(東門) 왕씨가의 인물들 중 다시 송으로 돌아온 왕빈이라는 인물의 후손으로, 의주(義州), 난주(灤州) 등에서 지방관을 했던 왕몽룡(王夢龍)의 아들임을 밝혔다. 그가 소개한 이 지방의 설화들에 따르면 왕몽룡은 고려에 사신으로 온 적도 있고, 충선왕도 퇴위당했을 때 난주로 와 그에게 의탁하는 등 사이가 막역해 결국 충선왕이 그 아들 왕의성을 총애해 아들로 삼고 왕위도 물려준 것으로 전해진다. 설화 자체는 명백한 허구이지만 당시 이 지역과 한반도 사이의 교류가 워낙 활발해 이 지역 사람들이 중국 왕씨와 고려 왕씨를 혼동한 것이라는 것이 박현규의 결론이며, 하필 충선왕이 등장한 것은 그가 다른 왕들에 비해 원내 활동이 활발했기 때문이었을 것으로 보고 있다. 즉 충선왕은 중국에서 여러 현지인들과 밀접한 관계를 맺었을 가능성이 있고, 박현규의 지적처럼 이 장락지역에 '고려 국왕 왕의성' 고사 외에 '안남 국왕 사승경(謝升卿)'의 고사도 남아 있음을 고려한다면, 그가 접한 외국인들의 국적 또한 다양했을 가능성이 높다.

충선왕은 마아바르국 재상과의 접촉을 계기로 고급 무역상품 생산지로
서 인도의 주요 물산을 인지하게 된 데 그치지 않고, 그러한 지역들에서 각
광받고 있던 '이국(異國)의 주요 품목'들을 인지하게 되었을 것이다. 그가
제공받은 예물 자체가 일종의 견본품 역할을 했을 가능성이 높다. 그런 점
에서 마아바르 재상의 방문은 충선왕에게 국제시장의 상황을 알려주고,
어떤 물품을 어느 정도 규모로 생산하면 수지타산이 맞을 것인지 계산하
는 데 필요한 고급 정보를 제공해준 중요한 방문이었다고 할 것이다. 경제
관료 출신인 전직 인도 재상의 예방이 충선왕에게는 큰 영감과 자극이 된
셈으로, 그 결과 충선왕은 관제 개편 및 염색직물(모시) 생산에 적극적으
로 나섰던 것이라 생각된다.

다만 충선왕의 그러한 과감한 투자에는 상당한 위험 또한 도사리고 있
었다. 특히 외국과의 원격 교역은 언제나 많은 변수를 안고 진행되기 마련
이어서, 아무리 투자전망이 좋은 상대방과의 거래라 하더라도 몇가지 변
수로 인해 재앙으로 돌변하는 경우가 다반사다. 해외교역을 막 시작하는
충선왕 역시 그러한 위험에 고스란히 노출돼 있었다. 충선왕이 만약 그 점
을 깊이 고려하지 않고 관제 개편 등을 단행한 것이었다면, 경솔했다는 비
판을 면하기 어려운 대목이라 할 수 있다.

그런데 공교롭게도 당시 마아바르 재상의 충선왕 예방은, 중국과 인도
의 공식적 교역관계가 1296년 이래 일종의 '조정기'를 거치는 상황에서 이
루어졌다. 원제국 정부로부터 인도지역에 어떤 '압박'이 가해지고 있을 때
발생한 일이었던 것이다.

원제국 정부와 마아바르국 사이의 교류는 1270년대 후반 시작되어

---

45) 물론 1298년은 그가 마아바르국을 떠나 천주에 정착한 이후의 시점으로, 당시 그가 이
   미 마아바르국을 대변할 수 없는 처지에 있었을 가능성도 없지 않지만, 해상세력으로서
   의 네트워크 및 인적 고리들은 그의 정치적 입지나 소재지역과는 별개의 문제였다고 보
   아야 할 것이다.

1290년대 초까지 활발하게 계속되었다. 앞서 언급한 바와 같이 1281년 상반기에 원 사신 양정벽과 마아바르국 재상 마인적, 불새인(不塞因) 등이 공식·비공식적으로 접촉한 이래, 원제국과 마아바르국의 관계는 정례화된다. 마아바르국에서는 대체로 초기에는 격년에 1회 꼴로 원제국 정부에 공물을 진상하다가, 이후에는 거의 매년 사신을 보냈다. 우선 1282년 11월 금엽서(金葉書)와 토산물을 바쳤고, 1284년 1월 진주와 여러 보물, 비단을 바쳤으며, 1285년 6월에는 반대로 원제국 쪽에서 초(鈔) 1,000정으로 마아바르에서 각종의 진기한 보화를 구입하였다. 1286년 1월에는 마아바르국이 동 방패를 진상했고, 동년 9월에도 방물을 바쳤으며, 1287년 2월과 3월에도 방물과 기이한 동물들을 바쳤고, 1289년에도 화로(花驢) 2두를 진상하였다. 1290년 4월에는 원제국 정부에서 마아바르국의 재주꾼들을 구하였고, 1291년 8월에는 마아바르국이 화우(花牛), 물소(水牛), 토표(土彪) 등을 진상했으며, 동년 9월 원에서 마아바르국에 사신을 파견하였다.[46) 패합리(불아리)가 천주를 통해 중국에 귀부한 것도 바로 이 당시였다.

원제국과 마아바르국 사이의 이러한 관계는 원이 다른 지역들과 맺고 있던 관계와는 사뭇 다른 것이었다. 초기에는 마아바르뿐만 아니라 베트남, 코람, 자바, 미얀마 등이 원의 교류 상대방으로 등장하지만, 이후 사료상에는 마아바르 홀로 남아 오랜 기간 빈번하게 등장한다. 원제국 정부는 또 안남과 점성(이상 오늘날의 베트남 지역),[47) 면국(緬國, 오늘날의 미얀마)과[48) 조

---

46) 『원사』 권10, 본기10 세조 지원16년(1279) 6월 갑진; 권11, 본기11 세조 지원17년(1280) 8월 무인; 11월 기해; 지원18년(1281) 11월 기축; 권12, 본기12 세조 지원19년(1282) 11월 무인; 권13, 본기13 세조 지원21년(1284) 1월 기묘; 지원22년(1285) 6월 병진; 권14, 본기14 세조 지원23년(1286) 1월 경진; 9월 을축; 지원24년(1287) 2월 병진; 3월 병진; 권15, 본기15 세조 지원25년(1288) 11월 신축; 지원26년(1289); 권16, 본기16 세조 지원27년(1290) 4월 병술; 지원28년(1291) 8월 기사; 9월 신유.

47) 『원사』 권11, 본기11 세조 지원17년(1280) 6월 임신; 11월 정묘; 지원18년(1281) 7월 신유; 10월 기유.

왜(爪哇, 오늘날의 자바)[49]에 대해서는 회유와 저항, 토벌과 위무를 반복했지만, 마아바르만큼은 군사적으로 정벌한 적이 없었다. 원제국과 마아바르의 관계는 일관되게 '상업적 물자 거래'의 성격을 강하게 견지했음이 주목된다.

그런데 그러한 원과 마아바르국의 관계가 1291년 이후 몇년간 잘 관찰되지 않는다. 그리고 1296년 원제국 정부는 돌연 마아바르 지역을 왕래 금지지역으로 지정하였다. 해상교역 상인들이 고급물자를 갖고 마아바르 등지(馬八兒, 唄喃, 梵答剌亦納)에서 교역하는 것을 금지하고, 별도로 초 5만정을 내어 사부정 등으로 하여금 '규운(規運)의 법'을 의논하게 한 것이다.[50] 이 조치를 계기로 원과 마아바르국 사이의 관계는 전격적으로 변하게 된다. 다음해인 1297년 7월 원 황제가 마아바르의 군주에게 이주호부(二珠虎符)를 하사하긴 했지만,[51] 양국 간의 교류를 전하는 기사는 더이상 확인되지 않는다.

원제국 정부가 마아바르국과의 관계를 바꾸기로 결심한 배경으로는, 우선 원제국 정부의 남해교역에 대한 통제 및 독점의지를 들 수 있다. 일반적으로 '상인들의 해외지역 방문 금지(下蕃禁止)' 조치는 국내 물자의 해외유출을 막는 데 대단히 유용한 조치인 동시에, 민간상인들의 도해(渡海)를 줄이고 대신 관영선의 출항을 늘림으로써 정부의 무역수입을 늘리는 데 효과적인 방책이었다. 즉 마아바르국에 대한 '왕래 금지' 조치는 원제국 정부가 중국 민간인들과 마아바르국 사이의 교역을 단속하고, 대신 그 지역에 관영선을 직접 출범시킴으로써 인도양에서의 무역이익을 더 많이 거두려 한 데

---

48) 『원사』 권8, 본기8 세조 지원10년(1273) 2월 병신; 권11, 본기11 세조 지원17년(1280) 2월 정축; 5월 계축; 권12, 본기12 세조 지원19년(1282) 2월 임자.

49) 『원사』 권17, 본기17 세조 지원29년(1292) 2월 을해; 6월 계미.

50) 『원사』 권19, 본기19 성종 원정2년(1296) 7월 병술; 권94 志43 食貨 市舶.

51) 『원사』 권19, 본기19 성종 대덕1년(1297) 7월 갑신.

에서 비롯된 것이었다고 볼 수 있다. 당시 '해상(海商)들의 왕래를 금'하되 '별도의 자본을 내어 규운을 논하게' 한 점, 그리고 그 논의를 '사부정'이라는 서역 출신 관료에게 주관시킨 점이 그를 잘 보여준다.[52]

그러나 당시 원제국 정부 내의 분위기를 고려할 때, 이 조치에 관영이든 민영이든 무역 자체를 '단속'하려는 의도 또한 내재해 있었음을 간과할 수 없다. 일찍이 세조 쿠빌라이의 집권 초기에 회회인·서역인 재상들인 아합마 및 노세영, 상가 등이 연달아 집권했음은 앞서 살펴본 바 있다. 그들은 화북과 강남의 토지를 비롯한 여러 재원, 재물들을 남김없이 파악함으로써 원 조정의 재정수입이 급증하였다.[53] 그런데 이들이 중국의 내수시장 확대에 그치지 않고 해외무역 및 오르탁교역에도 적극적으로 나서면서,[54] 재화의 남용 및 과도한 부세 등의 폐단이 발생하게 된다.

이에 상가가 퇴진한 후 권력을 잡은 관료들은 아합마·노세영·상가 집권기의 상황을 '요민(擾民)'으로 규정한 후 일련의 '개혁'을 단행하였다. '위민(爲民)'의 기치 아래 그간 문란해진 인선과 비대해진 관부조직, 추락한 기강 등을 정상으로 회복하기 위해 전선(銓選) 정비, 용원(冗員) 감축, 형정(刑

---

52) 四日市康博「元朝南海交易經營考−文書と錢貨の流れから」,『東洋史論集』34, 2006. 특히 당시 규운 논의의 당사자가 일찍이 알탈교역을 담당한 천부사 관료 출신인 사부정이었음이 주목된다. 그는 일찍이 상해, 복주 만호부 설치 당시 오마아(烏馬兒, Omar)와 함께 해운선 관리(維制)를 맡았고,(『원사』권14, 본기14 세조 지원24년(1287) 5월 임인) 행천부사(行泉府司)의 관료로서 해선천호소(海船千戶所), 시박제거사(市舶提擧司) 설치를 관철시켰으며(권15, 본기15 세조 지원25년(1288) 4월 신유), 시박사의 세수 역시 대폭 늘렸던 인물이다(지원26년(1289) 1월 신묘). 그의 활동은 이후 지원초(至元鈔) 1,000정으로 행천부사를 만들어 진기한 물품을 세수하여 식(息)으로 삼는 원제국 정부 정책의 원형이 되기도 하였다(윤10월 경인). 그는 무역이익 추구로 유명했던 위구르 출신 재상 상가와 긴밀한 관계를 지녔으며('黨與', 지원28년(1291) 11월 을묘), '값을 올려 중보하는(增價中寶)' '무역식리(貿易殖利)'에 매진한 혐의로 지탄을 받기도 하였다(권175, 列傳 62 張珪).

53) 田村實造「世祖と三人の財政家」,『中國征服王朝史の研究』.

54) 愛宕松男, 앞의 글; 村上正二, 앞의 글.

政) 강화 등 폭넓은 정치개혁을 단행했다. 그런데 그에 수반하여 채택한 경제노선이 '절용(節用)'을 강조하는 맥락의 것이었음이 주목된다.[55] 증세를 통해 무역에 투입할 재원을 확충하기보다는 절용과 감세를 통해 무역에 투입되는 재화의 양을 통제하겠다는 의도가 여실히 확인된다.[56]

실제로 해외상인들의 입항 및 원제국인들의 해외진출 모두를 적극 장려한 세조와는 달리, 그 뒤를 이어 즉위한 성종은 출항하는 원 상인들의 해외 무역 활동을 적극 통제하고, 관료와 귀족 들의 해외무역 투자도 견제했으며, 항구지역 시박사들의 활동을 위축시켰다. 1295년 2월 알탈전을 빌리고서는 채무를 이행하지 않은 채 도망가 숨은 자들을 처벌하였고,[57] 1297년에는 각지에서 무역업무를 보던 행천부사를 폐지했다.[58] 같은 해 5월에는 여러 제왕 '위하(位下)'의 상인(오르탁 상인)들로부터 역참 사용증서들을 회수했으며, 회회인으로서 내륙에 거주하던 자들에게서도 상세(투자된 알탈전의 원금과 이자)를 거두라 지시하였다.[59] 1298년에는 감포와 상해의 시박사들을 경원지역 시박제거사에 병합했고, 1299년에는 상인들이 해외 여러 지역에서 무역하는 것도 엄격히 금하였다.[60] 이후 1303년에는 더욱 포괄적

---

55) 장규(張珪)의 경우 다스림의 요체 중 으뜸인 '안민(安民)'을 실현함에 있어 낭비(濫費)를 제거하고 용원(冗員)을 줄이는 것보다 급한 것이 없다고 보았고(『원사』 권175, 列傳 62 張珪), 장공손(張孔孫)은 재용(財用)을 허비하지 말고 검약하며, 관용(官冗)하고 이번(吏繁)한 것은 재감(裁減)할 것 등을 건의하였다(권174, 列傳61 張孔孫). 무엇보다도 성종 스스로 유독 절용을 강조하였다(권18, 본기18 성종 지원31년/(1294) 11월 신해; 권19, 본기19 성종 원정2년(1296) 2월 기해; 대덕2년(1298) 2월 병자(권93, 志42 食貨 총론); 권20, 본기20 성종 대덕3년(1299) 1월 임진; 대덕4년(1300) 5월 계미; 권22, 본기22 무종 대덕11년(1307) 8월 갑오).

56) 이강한 「충선왕의 정치개혁과 元의 영향」, 『한국문화』 43, 2008.

57) 『원사』 권18, 본기18 성종 원정원년(1295) 2월 임오.

58) 『원사』 권94, 志43 食貨2 市舶.

59) 『원사』 권19, 본기19 성종 대덕원년(1297) 5월 무진.

60) 『원사』 권20, 본기20 성종 대덕3년(1299) 6월 무오.

인 조치가 내려졌다. 일찍이 1298년 설치한 제용원(制用院, 치용원致用院)을 혁파하고, 강남재부총관부(江南財賦總管府)와 제거사, 강남도수용전사(江南都水庸田司)와 행통정원(行通政院)도 혁파했으며, 상인들이 금은·사·면 등 중요 물자를 갖고 하번(下番)하여, 즉 외국에 나가 무역하는 것을 금하는 동시에,[61] 황제의 승인 없이는 무역세력들이 보화(寶貨)도 함부로 황제에게 진헌하지 못하게 한 것이다.[62] 그리고 1304년, 제왕들의 오르탁교역 투자 자체를 규제하였다.[63]

이러한 분위기 속에서 성종 정권이 '독점' 위주의 무역정책을 펼쳤다고 보기에는 어려운 점이 있다. 따라서 마아바르국에의 왕래 금지 조치는 역시 오르탁교역 및 남해·서아시아 교역에 대한 성종의 '부정적' 인식의 연장선상에서 나온 것이라 보아야 할 것이다.[64] 이 조치가 일반적 '하번 금지' 조치의 외형을 띠는 데 그치지 않고, 동서 세계간 교역의 상징적 존재였던 동인도 지역을 특정하여 거론하고 있음에 유의할 필요가 있다. 당시 성종이 해상교역을 '단속'하는 차원에서 마아바르와의 민간교류를 중지시킨 것이었을 가능성을 강력하게 시사하기 때문이다.

이런 점에서 앞서 살펴본 마아바르국 재상 패합리(불아리)의 고려 왕 예방이 공교롭게도 1296년의 조치가 있은 지 얼마 안 된 시점인 1298년에 이뤄졌음이 주목된다. 당시 마아바르국으로서는 원과의 교류가 중단 또는

---

61) 『원사』 권94, 志43 食貨2 市舶

62) 『원사』 권21, 본기21 성종 대덕7년(1303) 2월 임오.

63) 『원사』 권21, 본기21 성종 대덕8년(1304) 9월 계유(제왕의 천부규영전泉府規營錢은 봉지奉旨 없으면 지대支貸를 금지).

64) 원제국 정부와 마아바르국의 교류 기사가 마지막으로 확인되는 1291년경, 위구르 재상 상가를 비롯한 이른바 서역 재상들이 퇴진하고, 무역식리를 배척하는 일종의 '한법적(漢法的)' 정치·경제 운영노선을 담은 '지원신격(至元新格)'이라는 신법령이 반포되었음 또한 당시의 분위기를 잘 보여준다(이강한 「征東行省官 闊里吉思의 고려제도 개변 시도」, 『한국사연구』 139, 2007).

급감하고 한정된 수의 원 관영선들만이 마아바르국을 방문하게 됨에 따라, 원과의 무역에서 거둬들이는 이윤이 대폭 감소해 있었을 것으로 짐작된다. 바로 그때 마아바르국의 전직 재상이 고려의 국왕에게 접촉해온 것이다.

아직 천주로 옮겨오기 전의 재상 패합리(불아리)가 원제국의 사신 양정벽에게 적극 협조와 '장밋빛' 무역 전망을 약조한 데서도 엿볼 수 있듯이, 중국과의 교역은 인도지역에 대단히 중요하였다. 그래서 패합리(불아리) 등의 노력으로 원제국과 마아바르지역 사이의 교류가 성행하게 된 것이다. 그런데 10여년 뒤 돌연 성종의 조치가 내려져, 그러한 교류가 끊기고 만 것이었다. 당연히 인도로서는 원과의 관계 회복이 더욱 절실해졌을 것임을 짐작할 수 있다.

마아바르국은 일단 성종 정부와의 관계 개선을 도모했을 것이다. 그러나 사정이 여의치 않을 경우 '새로운 판로'를 모색하는 노력을 병행했을 가능성이 높다. 특히 13세기 말 이후에는 양 지역간 교류가 더이상 관찰되지 않는다. 마아바르국은 원제국과의 소원해진 관계가 회복될 가능성이 점차 희박해져가는 것을 절감하였을 것이다. 그리고 어쩔 수 없이 새로운 시장 확보 차원에서 인근 시장들과 부단히 접촉하기 시작했을 가능성이 있다.

그런 상황에서, 비록 마아바르국을 떠나 있긴 했으되 인근 지역의 교역에서 여전히 유력한 위상을 지녔을 가능성이 높은 관료가, 자신에게는 장인(채인규)의 주군이 되는 충선왕을 예방했던 것이다. 인도지역의 무역세력이 장기화된 위기상황을 타개하기 위해, 일종의 보조시장으로서 고려 시장을 접촉하고 그 전망과 잠재력을 타진해보려 한 결과라 추측해볼 수 있다.[65]

충선왕 역시 해외의 여러 연결고리나 소식통을 통해 1290년대 중반 이

---

65) 이강한 「1270년대~1330년대 외국인들의 고려 방문: 13~14세기 동서 교역에서의 한반도의 새로운 위상」, 『한국중세사연구』 30, 2011.

래 인도와 원제국 간의 교역이 이전 같지 못한 상황임을 인지하고 있었을 것이다. 그럴 경우 충선왕은 새로운 구매세력을 필요로 하고 있던 인도의 사정을 충분히 '활용'하고자 했을 가능성이 높다. 인도의 사정을 고려할 때 향후 당 지역과의 교역전망이 나쁘지 않다고 판단, 인도측 무역주체들을 고려의 새로운 교역 상대방으로 유치하려 했을 가능성이 있는 것이다. 그러한 판단과 계획이 서자, 복위한 직후 직염국을 출범시켜 무역수출품 생산체제의 본격 가동에 나선 것이라 할 수 있다.

물론 이후 인도지역에서 추가로 고려를 방문한 사례, 또는 인도인들이 고려 왕과 접촉함에 있어 '중국 천주'라는 제3의 지역을 활용하지 않고 한반도의 고려 정부를 직접 방문하는 사례는 나타나지 않는다. 따라서 양국 간의 접촉은 일회성으로 끝났을 가능성도 있다. 그런 점에서 당시 고려가 해상 실크로드상의 여러 상업세력과 '활발히' 교역했다고 보는 데에는 신중할 필요가 있다. 패합리(불아리)가 49세의 나이로 일찍 사망해 고려 지도부와 인도지역 사이의 연결고리가 조기에 단절된 점 역시 관계가 지속되지 못한 원인 중 하나였을 것이다.

그러나 그럼에도 불구하고 이 사례는 인도지역의 무역세력이 고려를 일종의 교역거래 후보지역으로 고려하고 있었을 가능성을 강하게 드러낸다. 비록 인도 상인들이 와서 인도의 물화를 고려인들에게 판매하고, 고려의 산물을 구매해 인도 및 여타 지역에 판매하는 모습은 관찰되지 않지만, 동서 세계간 교역으로 인해 전통적 동아시아 교역권은 이미 급속히 확장돼 있었다. 그런 상황에서 고려의 외국인 접촉범위도 자연히 이전에 비해 넓어지고 있었던 셈이다. 그것이 충선왕의 무역정책을 촉발할 만한 정황이었음을 부인하기 어렵다.

실제로 1309년 충선왕이 예성강에서 원으로 출항시킨 선박 50척에도, 그가 생산케 했던 염색직물 상품들이 가득 실려 있지 않았을까 상상해본다. 이 사실은 "우군(右軍) 천호(千戶) 김섬(金暹)과 좌군(左軍) 천호 정기

(鄭琦)가 배 50척으로 원에 갔다"는 기사를 통해 확인된다.[66] 기사 자체가 일반 사절단의 파견을 전하는 기사들과는 전혀 다르므로 이 50척의 배에 외교사절들이 타고 있었을 가능성은 적고, 당시 양국 사이에 군사적 교류를 요망하는 정황이 없었다는 점에서 이 배들에 병력이 승선해 있었을 가능성도 적다. 그렇게 볼 때, 이 50척의 배는 고려 정부가 교역을 목적으로 출범시킨 선박들이었을 가능성이 크다. 앞서 언급한 기사들에서 충선왕의 교역품 생산만 엿볼 수 있을 뿐 그가 실제로 관련 물자를 해외로 수출한 정황은 찾아보기 어려웠는데, 이 기사를 통해 그의 교역품 생산이 실제 수출로도 이어졌고, 더 나아가 그 규모가 작지 않았을 가능성을 엿볼 수 있는 것이라 하겠다.

---

66) 『고려사절요』 권23, 충선왕 복위1년(1309) 4월.

제6장

고려 왕들, 그들만의 방식으로
바깥세상과 교역하다

1. 충숙왕, 상인을 관료로 발탁하다

한편 충선왕의 아들 충숙왕은 어떤 정책을 선보였을까? 부왕 충선왕이 무역수출품 생산에 대한 정부 차원의 지원을 강화했다면, 충숙왕은 그와는 전혀 다른 문제에 주목했다. 그는 무역을 위한 정부 차원의 인프라, 그중에서도 '인적 네트워크'의 측면에 주목한 것으로 보이는데, 조정의 요직에 상인들을 등용한 거의 최초의 국왕이었다는 점에서 그렇게 평가할 만하다.

한 예로, 1328년 8월 미행(微行)으로 예성강에 행차했을 당시 충숙왕이 '상인(商人)의 아들' 이노개(李奴介)를 밀직부사(密直副使)로 삼는 파격적인 인사를 단행한 바 있다.[1] 충숙왕이 그를 특별히 섭외하기 위해 미행을 했는지, 아니면 미행을 나갔다가 우연히 만난 사람을 충동적으로 별 의도 없이 등용한 것인지는 알 수 없다. 그러나 이노개가 부여받은 밀직부사라

---

1)『고려사』권35, 세가35 충숙왕15년(1328) 8월 갑인.

는 관직은 여느 하위직이 아니었다. 밀직사(密直司)의 관원이 된 이상, 그는 국왕의 최측근으로 기용된 것이라 할 수 있다. '상인 집 자식' 이노개의 견식이 충숙왕의 국정에 어떤 형태로든 반영되게 되었을 것이라는 얘기이다.

게다가 당시 충숙왕에 의해 기용된 상인들은 그뿐만이 아니었다. 심왕(瀋王) 왕호(王暠, 왕고)의 준동에 맞서 충숙왕을 변호하고, 1325년 그가 억류에서 풀려나 귀국길에 오르는 데 기여한 손기라는 인물 또한 상인 출신이었음을 기억할 필요가 있다.[2] 즉 1320년대 후반 들어 충숙왕대의 국왕 측근 및 관료 중에 상인들의 비중이 커지고 있었던 것이라 할 수 있다. 충숙왕은 과연 왜 상인들을 등용하기 시작한 것일까?

충숙왕은 재위 전반기만 하더라도 국내의 상업활동 자체에 대단히 부정적인 입장을 지니고 있었다. 아울러 재정세입 증대책에만 골몰하던 부왕 충선왕의 국정에 대해서도 상당히 비판적이었다. 자연히 그 일환으로 추진된 해외무역에도 긍정적 입장을 갖고 있지 않았다. 재위 전반기에는 이른바 찰리변위도감(拶理辨違都監) 등을 내세워 토지와 백성의 소유권을 변정(辨正, 辯定)해주는 이른바 '소유권 정립' 및 '분배 정의' 실현에도 나섰다. 그 결과 충선왕의 무리한 세입 증대책이 낳은 폐해 중 상당부분이 시정, 개선되었다.[3]

그러나 그 와중에 세금은 대단히 '온건하게' 징수되었고, 세입의 증가폭이 현저히 낮아졌으며, 결국 재정도 악화되었다. 충선왕과 충숙왕에 대한 사관의 대조적 평가가 그를 잘 보여준다. 사료에 따르면, 충선왕대는 '국가의 정사와 창고 출납을 모두 측근에게 맡긴 결과, 비록 과오는 있었지만 창고는 차고 넘쳤던' 시기였다. 그에 비해 충선왕이 1320년 12월 티베트로 유배를 떠난 후의 상황에 대한 평가는 대단히 인색해서, "관료와 측근 들

---

2) 『고려사』 권124, 列傳37 嬖幸2 孫琦. 손기는 이후 충혜왕의 총애를 받아 1332년 충숙왕 복위 당시 숙청되었다.

3) 이강한 「고려 충숙왕의 전민변정 및 상인등용」, 『역사와 현실』 72, 2009.

이 충선왕대의 제도를 고치고 충선왕대의 구신(舊臣)들을 내쫓아" 재정이
바닥났다고 묘사하고 있다.[4]

이에 충숙왕은 충선왕의 증세정책 기조에 대한 비판을 완화하고, '증세'
이외의 방식으로 재정수입을 늘리고자 노력하게 되었다. 사료상으로는 충
숙왕의 그러한 입장 전환을 그가 1325년 "서정(庶政)을 새롭게 하고자 했
다"거나[5] "다시 정사를 맡으면서[1325] 고친 것이 많았다"는 식으로 묘사
하고 있다.[6] 그런데 조정의 인적 구성에서 '상인 출신 인물'들이 다수 발
견되기 시작하는 것이 바로 이 시기, 즉 1320년대 후반이다. 충숙왕의 상인
등용이 재정문제 해결을 위한 새로운 해법의 일환이었을 가능성을 시사하
는 대목이다. 그리고 이러한 경향은 그가 잠시 왕위를 내놓은 뒤 다시 복귀
한 1332년 이후 본격화된다.

물론 고려 조정에 진입한 상인들이 구체적으로 어떤 활동을 했는지는
사료상 확인되지 않는다. 국내시장에서만 활동했을 수도 있고, 아니면 주
로 해외무역에 나섰을 수도 있다. 현재로서는 이들이 어느 쪽에 해당했는
지를 가늠하기가 쉽지 않다. 그런데 애초 충숙왕이 이들과 교류하게 된 배
경과 계기를 살핌으로써 단서를 얻어볼 수 있다. 일찍이 충선왕이 천주에
체류하고 있을 때 인도 재상의 예방을 받았듯이, 충숙왕 역시 원에 체재할
당시 몇몇 중요 인물들을 알게 되었기 때문이다.

그 대표적인 인물로 양재(梁載)와 왕삼석(王三錫)을 들 수 있다.[7] 왕삼석

---

4) 『고려사』 권35, 세가35 충숙왕8년(1321) 4월 임신.

5) 『고려사』 권106, 列傳19 金晅 附 金開物.

6) 『고려사』 권110, 列傳23 金台鉉(이 기사는 충선왕의 유배를 언급한 기사 뒤에 배치돼 있
   다).

7) 『고려사』 권124, 列傳37 嬖幸2 王三錫. 한편, 1275년 당시 내부(內都)에 소속돼 있던 '연
   남하북도 숙정염방사(燕南河北道 肅整廉訪司)'(진정로眞定路에 설치)라는 명칭(『원사』
   권86, 志36 百官2 肅整廉訪司)과, 1345년 당시 존재한 '연남산동도(燕南山東道)'라는 도
   단위명(권92, 志42 百官8 中書省 奉使宣撫) 등을 고려할 때, '연남'은 중서성 내 대도 근

224

은 『고려사』에 충숙왕의 '폐행(嬖幸)'으로 기록돼 있는 인물이다. 강남지역 출신의 남만인(南蠻人)으로서, 무역상인들을 따라 '연(燕)'지역에서 사람들에게 '붙어먹고 살던(糊口)' 인물이었다. 양재 역시 연남인(燕南人)으로서, 왕삼석에게 '의지하고 있던(附)' 인물이었다. 둘 다 상인 또는 그에 준하는 인물이었던 것으로 보인다. 충숙왕은 1321년 원에 입조한 후 이른바 심왕 왕호 옹립세력의 준동 및 그들의 입성(立省) 책동으로 인해 5년여간 억류돼 있었다. 바로 그 당시 이들과 교제하게 된 것으로 알려져 있다.

이들은 충숙왕이 1325년 고려로 돌아올 당시 따라 들어온 것으로 추측되지만, 충숙왕이 국정을 재개할 당시에는 별다른 행적을 보이지 않았다. 그러다가 충숙왕이 1330년 잠시 퇴위하고 그 2년 뒤인 1332년 복위하게 되자 본격적으로 활동하기 시작하였다. 특히 양재가 당시의 재무관료 채홍철(蔡洪哲)과 더불어 이윤(李閏)이라는 인물을 천거하는 과정에서, 일종의 '실세' 노릇을 하기 시작한 것으로 판단된다. 1336년경 채홍철이 과거를 관장할 당시 양재가 부탁한 인물을 선발하곤 한 것으로,[8] 이러한 일들을 계기로 '상인과 잡류(商賈雜類)'들이 양재를 의지해 관직을 얻으려 하게 된 것으로 전하고 있다.[9] 이렇게 해서 1330년대 초 고려인 채홍철 및 중국인 왕삼석과 양재의 주도 아래, 고려 및 한인(漢人) 상인들이 다수 고려 조정에 채용되었다.

충숙왕은 아울러 고려인 및 한인 유치에 그치지 않고, 회회인 등의 서역 상인들도 유치하려 한 듯하다. 1335년 4월 우문군(佑文君) 양장(梁將, 양재梁載)이 주도한 인사에서, 충숙왕은 색목인 최노성(崔老星)이라는 인물을 회의군(懷義君)으로 책봉한 바 있다.[10] 본명이 당흑시(党黑廝)였던 최노성은

처 산동 지역 인근을 일컫는 것으로 추측된다.

8) 『고려사』 권108, 列傳21 蔡洪哲.

9) 『고려사』 권124, 列傳37 嬖幸2 王三錫 附 梁載(梁將).

10) 『고려사』 권35, 세가35 충숙왕 복위4년(1335) 4월 정축; 권124, 列傳37 嬖幸2 王三錫

대단히 부유한 상인이었던 것으로 전해진다.[11] 그가 무슬림(회회인) 출신이었는지 아니면 위구르 등 서역으로부터 유래한 인물이었는지는 정확히 알 수 없지만, 그의 색목인으로서의 배경 및 그가 지니고 있었다는 재력(財力)을 고려할 때, 그는 당시 동서 세계간 교역에 깊숙이 개입해 있던 오르탁 상인이었을 가능성이 있다. 그렇다면 충숙왕과 그 측근들은 원 대도·강남 상인들과의 교류에 그치지 않고 서역 상인들까지도 조정에 적극 끌어들이고 있었다는 얘기가 된다.

이렇듯 충숙왕은 일부 고려 출신 상인 및 다수의 외국상인들을 고려 조정에 끌어들이고 있었다. 그러한 양상은 그의 재위기간 후반부에 시작됐으며, 특히 충숙왕이 원제국 내에서 양재와 왕삼석을 알게 된 후 본격화했다. 앞서 충선왕의 1310년대 교역정책을 촉발한 것이 1298년 마아바르 재상의 방문이었음을 언급한 바 있다. 그와 유사하게, 충숙왕의 재위 후반부(1320년대 후반~1330년대 전반) 상업정책을 촉발한 것은 1321년부터 1325년에 이르기까지 4,5년간 계속된 그의 대도 억류생활, 그리고 그 기간 동안 전개된 왕삼석, 양재와의 교류였던 셈이다. 충숙왕으로서는 생존을 위해 다양한 형태의 경제행위를 하다 보니, 중국 내의 상업세력과 상당히 긴밀한 관계를 맺게 되었던 것이다.

충숙왕이 원에 체류하는 동안 체재비용 등으로 운용한 재화의 규모는 실로 막대했다. 1321년 8월 손기가 금은과 저포를 갖고 원에 가 왕에게 바친 일이나,[12] 충숙왕의 원 체재 당시 심왕 왕호가 그러한 반전 물자가 충숙왕에게 전달되는 것을 막으려 한 점,[13] 그리고 충숙왕이 고려로 돌아온 이

附 梁載(梁將).

11) 『고려사』 권124, 列傳37 嬖幸2 王三錫附 崔老星.

12) 『고려사』 권35 세가35 충숙왕8년(1321) 8월 정사.

13) 『고려사』 권91, 列傳4 宗室2 江陽公滋 附 王冏. 충선왕도 일찍이 반전비용 마련으로 고심했으며 그 과정에서 많은 고려 물자를 해외에서 소비하였다. 김심(金深)이 밀직사(密

후인 1329년 12월 왕의 재입조를 위해 고려 정부가 반전도감을 설치하고 관료·주민 들에게 백저포를 내게 한 사례 등에서[14] 그를 엿볼 수 있다. 당시 몇만필, 몇만석 규모의 금은·미곡·저포가 소비된 것으로 사료들은 전한다. 게다가 충숙왕은 부왕 충선왕으로부터 의주(懿州)지역의 해전고(廨典庫) 점포(店鋪) 및 강남(江南)의 토지 등을 물려받은 바 있었으며, 원 황제로부터는 영성(營城)·선성(宣城)의 두 소리(掃里)를 받아 보유하고 있었다.[15] 충숙왕이 원제국 내에서 운용한 재화의 규모가 대단히 컸던지라, 현지의 경제·무역 주체들과 필연적으로 접촉, 교류할 수밖에 없었다.

충숙왕의 원내 재정 운용규모가 대단히 컸고 그것이 다양한 형태의 '교류와 교역'을 유발했을 가능성이 컸음은, 무엇보다도 충숙왕과 심왕 왕호 사이의 갈등에서 확인할 수 있다. 충선왕의 조카이자 그로부터 심왕 자리를 물려받은 왕호는, 고려가 연경(燕京)의 충숙왕 거처로 다량의 돈과 재물을 보내는 것을 심히 불편해하고 있었다. 그리하여 '황제의 명(命)'이라면서 그러한 돈과 재물을 징수하고, 수송을 관리한 신하들도 협박하기 시작하였다. 포 2만필이 선박으로 운송돼온 것에 문제를 제기하거나, 심지어 고려에 사람을 보내 역시 '황제의 명'이라면서 고려의 모든 창고를 봉쇄하기까지 하였다.[16]

충숙왕에 대한 그의 공격의 변(辯)은 상당히 강경했다. 그는 우선 충숙왕이 입조할 당시 나라의 창고가 고갈되어 여러 민호들로부터 반전을 추

直使) 이사온(李思溫)과 더불어 의논하기를, '황제 및 태후가 여러번 왕에게 조(詔)하여 돌아가게 하여도 왕이 갈 뜻이 없어, 본국더러 해마다 포 10만필, 쌀 400곡을 실어보내게 하고 타물(他物)도 가히 다 기록하지 못할 정도이니, 국인(國人)이 운송하는 폐가 더욱 심하다'고 한 것에서 그것이 잘 드러난다(『고려사』 권104, 列傳17 金周鼎).

14) 『고려사』 권79, 志33 食貨2 科斂.

15) 『고려사』 권35, 세가35 충숙왕15년(1328) 7월 기사. 이에 대해서는 앞서 언급한 바와 같이 김혜원 「고려 후기 瀋(陽)王의 정치·경제적 기반」에서 자세히 검토한 바 있다.

16) 『고려사』 권91, 列傳4 宗室2 江陽公滋 附 王暠.

렴해왔는데, 그로 인해 '황제의 지엄한 견책'을 당하자 충숙왕이 그 죄를 면해보기 위해 권세가들에게 뇌물을 쓰느라 재물을 탕진하였음을 비난했다. 그는 또 충숙왕이 신하들을 지속적으로 본국에 보내 백성에게서 재물을 징수했음을 지적하고, 황제가 형부에 명해 그것을 추징케 했음에도 정작 충숙왕은 자신의 신하들을 징계하지 않고 오히려 거듭 징수에 골몰하였음을 비난했다. 그리고 마지막으로, 고려에서 물자를 아무리 보내와도 '국왕은 그것을 마음대로 쓰지 못할 것'이니, 이제부터는 이러한 징수를 일체 금단하고 어기는 자는 '황제에게 아뢰어 엄하게 징계할 것'이라고 위협하였다.[17]

왕호의 이러한 과격하고도 예민한 입장은 단순히 정치적 의도에서만 비롯한 것은 아니었던 것 같다. 왕호는 당시 황제인 영종으로부터 많은 총애를 받고 있었고,[18] 이후 즉위한 태정제의 조카 양왕(梁王) 왕선(王禪)과는 처남-매부지간으로서, 태정제와의 관계도 긴밀하였다. 특히 양왕 왕선은 태정제의 측근으로서, 당시 무역정책을 주도하고 있던 드라우트 샤(다울라트 샤Daulat Shah, 倒剌沙)의 정치적 동지이기도 하였다.[19] 즉 왕호는 당시 원내의 경제직 실력자들과 돈독한 관계를 맺고 있었으며, 그를 기반으로 당시 원제국 내외의 교역활동에도 깊이 개입해 있었을 것으로 짐작된다. 그런데 충숙왕의 경제행위로 인해 이윤상의 침해를 받게 되자, 충숙왕을 공격하고 나선 것이 아닌가 한다.

실제로 고려에서 선박으로 몇만필 규모의 직물을 원으로 운송하는 과정에서 다양한 교역과 거래 행위가 파생될 수밖에 없었다. 미곡과 직물 등 기간 물자의 운송 자체가 '교역'의 맥락을 지닐 수밖에 없는 상황이었

---

17) 『고려사』 권91, 列傳4 宗室2 江陽公滋 附 王暠.
18) 『고려사』 권91, 列傳4 宗室2 江陽公滋 附 王暠.
19) 김혜원이 일찍이 심왕 왕호와 그 주변 인물들의 관계에 대해 상세한 분석을 한 바 있다(金惠苑 『고려 후기 藩王 연구』 이화여자대학교 박사학위논문 1999).

다.[20] 충숙왕의 반전비용 마련과정에서 불거진 수많은 부정과 비리, 그리고 혼란상이 역설적으로 당시 '반전 운송은 곧 교역'이었음을 잘 보여준다.[21] 왕호가 충숙왕을 그토록 집요하게 물고 늘어진 것도 이 때문이었을 것이다.

이렇듯 국왕의 원제국 내 억류라는 초유의 상황이 국왕이 생존을 위해 막대한 규모의 재화를 원제국 내에서 운용하는 결과로 이어졌고, 그것이 국왕과 현지 상업세력 간의 긴밀한 유대를 창출해냈을 가능성이 높다. 그리고 그러한 유대가 바로 충숙왕대 재위 후반부의 상인 유치로 이어진 것이라 생각된다.

강남 및 서역 상인들을 조정에 끌어들이고 있던 충숙왕 및 그 측근들의 의도는 과연 무엇이었을까? 당연히 그러한 인사들이 활동하고 있던 해외교역의 영역에서 이들의 조예와 경험, 그리고 인적 관계망을 활용하고자 하는 것이었을 가능성이 높다. 충선왕의 경우 인도 시장을 바라보고 '염색 모시' 생산체제를 갖추는 데 집중했던 반면, 충숙왕은 '인물'에 주목, 외국 상인들을 고려 정부의 '어용상인'으로 끌어들여 미래의 인적 자산으로 활용하는 데 주력했던 셈이다. 1320년대 전반 원 억류 당시 여러 다양한 상인 인맥을 구축하고, 1325년 이들 중 일부와 함께 귀국한 후, 1330년 잠시 퇴위했다가 1332년에 복귀, 더욱 많은 외국상인들을 고려 정부로 영입함으로써 자신만의 대외교역 정책을 가다듬었던 것이라 생각된다.[22]

---

20) 이 점은 위은숙의 연구에서도 지적된 바 있는데(위은숙 「13·14세기 고려와 요동의 경제적 교류」, 『민족문화논총』 34, 2006), 그것이 통상적 상인들의 왕래와 어떤 관련을 맺고 있었는지에 대해서는 추가적인 검토가 필요하다.

21) 『고려사』 권79, 志33 食貨2 科斂, 충숙왕15년(1328).

22) 물론 상인들의 등용 사례 자체는 국왕 측근정치의 일환으로 전에도 더러 있었다(예컨대 고려 중기 숙종대). 그런데 충숙왕대 후반기는 그와는 경우가 조금 달랐던 것으로 생각된다. 이러한 움직임에 재정관료 채홍철이 개입돼 있었고, 내국인 상인뿐만 아니라 외국인 상인들 또한 초치(招致)되었기 때문이다. 아울러 실직(實職)을 부여하는 데에 그치

아울러 충숙왕이 이러한 상인 초빙정책으로 선회하게 된 것에는 당시 원제국 내의 기류, 즉 대외교역에 우호적이었던 원제국 정부 내의 분위기 또한 일정하게 작용한 것으로 생각된다. 충숙왕이 억류에서 풀려나 고려로 귀환하기 직전, 해외교역에 부정적 입장을 지녔던 영종이 사망하고 그와 정반대의 성향을 지닌 새 황제 태정제가 즉위했기 때문이다. 그의 주도아래 원제국 정부는 1320년대 중반 동서 세계간 남해무역 및 육로 오르탁교역에 다시금 나서기 시작했다. 원제국 내의 이러한 상황 변화가 충숙왕에게 큰 영향을 미쳤을 가능성을 배제할 수 없다.

태정제는 우선 1323년 즉위 직후 해상무역을 허락하고 세금을 거두도록함으로써, 자신의 무역노선이 이전 황제들과는 다를 것임을 예고하였다. 동시에 즉위를 자축하며 회회인 오르탁 상인들의 대정부 채무를 해소하는조치를 단행하는 등, 오르탁교역과 관련해 향후 전향적인 모습을 보일 것임을 시사했다.[23] 이전 황제들과는 달리 동남아시아 지역 초유에도 관심을 기울여, 세조대 이후 오랜만에 미얀마로부터의 세공을 적극적으로 챙기기도 하였다.[24]

지 않고 책봉을 통해 우대하려 한 점 또한 흥미롭다. 이러한 노력은 외국상인의 환심을 사고자 하는 것이었거나, 역으로 그들의 '기여'에 대한 포상이었을 수도 있다.

23) 태정제는 12월 내린 조서에 이례적으로 알탈포전(斡脫逋錢) 면제 조치를 포함시켰다 (『원사』권29, 본기29 태정제 즉위원년(1323) 12월 정해). 원 황제의 즉위를 기념하는 여러 감면세 조치들은 통상적으로 내려지곤 했으나 알탈인들의 채무에 대한 조치가 포함된 경우는 거의 없었다(정부 차원의 조서였던 만큼 이 채무는 원 황족들이 관련된 '알탈사전채斡脫私錢債'보다는 원제국 정부가 개입된 '알탈관전채斡脫官錢債'로 추정됨). 따라서 이 조치는 알탈 상인들에 대한 향후 정부의 '관대한' 입장을 예고하는 것이라 하겠다.

24) 예컨대 1324년 10월 면국의 내부 갈등으로 인해 대원(對元) 세공(歲貢)이 소홀해지자 태정제가 운남행성에 명해 경고케 했음이 주목된다(『원사』권29, 본기29 태정제 태정원년(1324) 10월 정축). 면국의 경우 인종대에는 파상적으로 대원 조공을 계속해오다가 (권24, 본기24 인종 황경원년(1312) 11월 경신; 권25, 본기25 인종 연우2년(1315) 6월 병오; 권26, 본기26 인종 연우6년(1319) 7월 병진) 영종대에는 조공을 중단한 상태였는

그의 교역정책이 대단히 공격적이었음은 그에 대한 관료들의 비판이 거셌음에서도 역설적으로 확인된다. 1324년 6월 장규(張珪)는 보물 '중매(中賣, 中買)'의 폐단을 지적하였다. 그는 "해외 선박〔해외상인〕들이 가져온 상품은 마땅히 국용에 보태고〔정부의 수입으로 잡고〕(…) 들어온 보물〔상품〕에 대한 댓가는 이후 재정상태가 개선되거든 지불하자"고 건의하였다. 또 1325년에는 어사대에서 '고호(賈胡, 상인)의 육보(鬻寶, 상품 판매를 위한 원 조정 방문)' 행위를 문제삼으면서, "비용이 많이 들고 국가에는 무익하다"며 그를 혁파할 것을 건의하기도 하였다.[25]

여기 등장하는 '중매'나 '육보'는, 태정제의 교역정책 기조를 상징하는 '서역 물화 구매제도'로서의 이른바 '중매보화' 제도를 가리킨다.[26] '중매'는 기본적으로 '값을 쳐주는' 매매행위를 가리키는 것이지만, '중매보화 제도'는 일종의 시대적 개념으로, 이른바 '서역'이나 여러 지역에서 생산된 물화를 원제국 정부가 구입하던 제도이다. 앞서 설명했던 13세기 몽골-서역 간 오르탁교역의 한 변형이었다고 할 수 있다.[27]

1325년 이래 시행된 이 제도로 인해 원제국 정부와 서역 상인들 간의 교

데, 태정제가 즉위하자마자 다시금 세공을 요구한 셈으로, 해외 제번과의 교류를 활성화하려는 의도를 내비친 것이라 할 수 있다. 1326년 면국이 내부 상황을 이유로 원에 원병을 요청하고 태정제가 면국을 안무케 했음에서, 양국 간 교류가 이후 유지되었음을 엿볼 수 있다(권30, 본기30 태정제 태정3년(1326) 1월 무진; 3월 무오).

25) 『원사』 권175, 列傳62 張珪; 권29, 본기29 태정제 태정2년(1325) 7월 임신.

26) 중매보화 제도에 대해서는 四日市康博 「元朝の中賣寶貨-その意義および南海交易·オルトクとの關にずいて」; 이강한 「고려 충혜왕대 무역정책의 내용 및 의미」, 『한국중세사연구』 27, 2009; 김찬영 「元代 中賣寶貨의 의미와 그 특성」, 『중앙아시아연구』 12, 2007 참조.

27) 태정제는 즉위 직후인 1323년 12월 4일에는 "기이하고 진귀하며 이채로운 물화는 짐이 귀하게 여기지 않는바, 사람들의 중헌은 이미 일찍이 금지해왔으며 자신도 그러할 것"이라 밝힌 바 있으나(『至正條格』 권28, 條格 關市: "禁中寶貨"), 이후 노선을 180도 바꾸어 완전히 다른 모습을 보였다.

역은 더욱 확대되었다. 1327년 1월 신균(辛鈞)이 "서역 상인들이 보물을 〔원 조정에〕 파는 것이 수십만정에 달하는데, 지금 수재·가뭄으로 백성이 가난하니, 〔그런 보물들을 사들이는 데 투입하는〕 비용을 절약할 것"을 황제에게 요청한 바 있을 정도였다.[28] 그러나 태정제는 그러한 건의에도 불구하고 이후 중매보화 제도를 더욱 확대하였다. 1327년 1월 '보화를 거래하도록' 하고, 3월 제왕 아부 사이드(Abû Saʼîd, 不賽亦) 등이 문표(文豹, 무늬표범)·서마(西馬, 서역말)·패도(佩刀)·주보(珠寶, 보물) 등의 보화를 바치자 금과 초(鈔)를 수만의 규모로 하사했음에서 그를 확인할 수 있다.[29] 관료들의 지적에도 아랑곳하지 않고 서역 상인들을 적극 유치하며 대서역 교역에 열중한 것이었다.

태정제의 교역정책이 이러한 모습으로 전개된 것은 태정제의 잠저 시절 측근 신료이자 유명한 재무재상이었던 드라우트 샤 때문이기도 하였다. 그는 서역 회회인 출신으로, 태정제가 서역과 교류하고 서역 상인들을 후원하게 된 배경이자 통로 역할을 하였다.[30] 드라우트 샤와 우바이드 알라(Ubayd Allah, 烏伯都剌) 등 서역인들의 집정 아래 서역의 부유한 상인들이 '그 나라(서역)'의 '진기한 돌(보석)'을 가져와 원 조정에 바치는 것이 헤아릴 수 없이 많아서 '이루 다 값을 쳐주지 못할 정도'였던 것으로 전한다. 그뿐 아니라 다수의 서역인들이 그들을 통해 원제국 정부에 줄을 대기도 하였다.[31]

이러한 경향은 태정제의 뒤를 이어 즉위한 문종대에도 마찬가지였다.

---

28) 『원사』 권30, 본기30 태정제 태정4년(1327) 1월 경술.

29) 『원사』 권30, 본기30 태정제 태정4년(1327) 1월 무오; 3월 신해.

30) 드라우트(다울라트) 샤는 『원사』 내에서 '서역인'으로 묘사되기도 하고(권192, 列傳 69 宋本), '회회인'으로 암시되기도 한다(권32, 본기32 문종 치화원년(1328) 9월 무인: "회회종인(回回種人)의 이해를 보호하였다").

31) 『원사』 권182, 列傳69 宋本; 권190, 列傳77 儒學二 贍思: "時倒剌沙柄國, 西域人多附焉."

문종의 경우 초기에는 태정제의 중매보화 제도를 중지하기도 했지만, 이후에는 서역과의 교류를 재개하였다. 1329년 1월 '서역 제왕' 연지길태(燕只吉台)에게 사신을 보내 해동골(海東鶻) 두마리를 하사하고, 9월 다시 금 2,500냥, 은 15,000냥, 그리고 여러 초와 폐(幣)를 주었으며, 1330년 3월에는 사신들을 '서북 제왕'인 연지길태, 불새인(不賽因), 즉별(卽別, 월즉별월) 등의 처소에 파견하는 등, '서역'과의 교류·교역을 적극적으로 지속하였다.[32]

이렇게 1320년대 후반~1330년대 전반 당시 해외상인들과의 거래를 확대하던 태정제, 문종대 원제국 정부의 무역노선은 원정부에 일정한 수입 증대(서역 물화)를 가져오는 맥락의 정책노선이었다.[33] 그런 점에서 충숙왕이 궁핍해진 재정을 정상화하고자 상인을 등용하는 등 여러 새로운 시도들을 하게 된 배경으로 주목할 수 있다.[34]

충숙왕은 5년여간의 원 억류에서 벗어나 1325년 고려로 귀환하는데, 바로 그해와 그전 해 태정제의 서역교역 정책이 진행되는 것을 목도하였다. 따라서 그에 깊은 영향과 영감을 받은 상황에서 1325년 왕삼석, 양재 등과 함께 귀국, 원제국 정부의 서역 물화 구매제도에 준하는 자신만의 교역

32) 『원사』 권33, 본기33 문종 천력2년(1329) 1월 병인; 9월 무오; 권34, 본기34 문종 지순 1년(1330) 3월 계해.

33) 이강한 「고려 충숙왕의 전민변정 및 상인등용」.

34) 아울러 태정제가 즉위하면서 충선왕이 유배지에서 소환되고(『고려사』 권35, 세가 35 충숙왕10년(1323) 9월 정사) 충숙왕이 국왕인을 돌려받고 귀국하게 되는 등(충숙왕11년(1324) 1월 갑인), 태정제와 충숙왕의 관계가 대단히 우호적으로 시작되었음이 주목된다. 충숙왕은 이러한 태정제의 지원에 힘입어 고려 내 심왕세력 처단에 나서기 시작했다. 그는 우선 심왕을 위해 서명한 자들을 파면하고(4월 임오), 심왕의 동생 연덕대군 왕훈(王塤)을 위사 금영장(金永長)의 처와 간통했다는 혐의로 순군에 하옥했으며(2월 임오; 4월 신미), 이심(異心)을 품었다는 이유로 김원상과 조연수를 숙청했다(2월 임오). 원에서도 중서성, 추밀원, 어사대의 관료들을 보내와 그들에 대한 대규모 국문을 진행하였다(권91, 列傳4 宗室2 江陽公 滋, 王塤). 이러한 일련의 정황은 태정제 정부가 충숙왕의 복권에 (그 이유야 어쨌든) 우호적이었음을 보여주는데, 역으로 충숙왕 또한 태정제의 정사에 대해 열린 시각과 관심을 갖게 되었을 가능성이 있다.

정책을 개시하려 했을 가능성이 있다. 그러나 그가 고려로 귀환한 이후에
도 심왕세력은 준동을 계속하였다. 충숙왕이 심왕 왕호에 맞서 자신을 옹
호한 관료들을 1326년과 1327년 두해에 걸쳐 공신으로 임명해놓고는,[35] 정
작 1327년경 심왕 왕호에의 양위를 심각하게 고려한 것에서도 그를 엿볼
수 있다.[36] 게다가 1328년에는 유청신(柳淸臣)과 오잠 등이 신료로서는 차
마 입에 담지 못할 소리를 하며 국왕을 참소하기도 했다.[37] 즉 충숙왕으로
서는 천신만고 끝에 귀국을 했음에도 교역정책을 바로 개시하기가 어려
운 여건이었다고 할 수 있다. 그런데 마침 원제국 정부와 서역의 교역 또한
1328년 태정제의 사망으로 잠시 주춤한 상태였다. 이에 충숙왕의 상인 초
빙정책도 이때에는 적극 추진되지 못했던 것으로 짐작된다.

그러다가 문종 정권이 서역과의 교류를 1330년 재개했는데, 당시 충숙
왕 역시 1330년 초 충혜왕에게 양위한 후 윤7월 원에 들어간 이래, 1333년
4월 귀국 전까지 원에 체류하고 있었다. 1320년대 전반 억류 당시와는 또
다른 처지에서 (양위한 상태의 '선왕'으로서) 원제국 정부의 대서역 교역
재개를 지켜보게 된 것이다. 아울러 이때에는 2차 심왕 옹립운동도 허사로
돌아가고, 심왕 왕호 본인과 충숙왕이 어느정도 화해를 한 시점이었다.[38]
충숙왕으로서는 교역정책 출범을 앞두고 집안 정리가 이뤄짐으로써 상당
한 정치적 부담을 던 셈이었다고 할 수 있다.

게다가 문종의 갑작스러운 사망 및 어린 영종의 즉위를 전후한 1332년

---

35) 『고려사』 권35, 세가35 충숙왕13년(1326) 7월 정묘; 14년(1327) 11월 무자.

36) 『고려사』 권110, 列傳23 韓宗愈.

37) 1328년에는 유청신과 오잠 등이 충숙왕을 참소하며, 그가 "눈, 귀가 멀고 입도 막힌 무
능한 군주로서 정사를 돌보지 못한다"고 해 원 황제가 관료들을 보내 실사를 하기도 하
였다(『고려사』 권35, 세가35 충숙왕15년(1328) 7월 기사).

38) 1333년 4월 충숙왕이 원에 입조할 때 심왕 왕호가 행궁에 와 국왕을 알현하고, 충숙왕
이 그와 함께 뱃놀이를 하며 그를 위로한 것에서 그를 엿볼 수 있다(『고려사』 권35, 세가
35 충숙왕 복위2년(1333) 4월 정묘; 기축).

8월 원제국 형부(刑部)에서 일찍이 1293년과 1314년 반포한 23개조의 시박추분 관련 '잡금' 조치들 중 일부 조항을 재검토하여 11개 법령으로 새로이 반포했음이 주목된다.[39] 이 법조항들은 당시 통제 가능한 수위를 벗어나 있던 무역의 과열에 대응하기 위해 입안된 것으로 여겨지는데, 충숙왕은 바로 이 시기 원에 체류하면서 그러한 개정절차를 지켜 본 것이다. 그 과정에서 충숙왕은 당시 원제국 내외 지역들의 무역열기뿐만 아니라, 정부의 통제를 통한 세금·관세 수입 확보 등에 깊은 인상을 받았을 가능성이 높다.

결국 충숙왕이 1332년 이후에나 양재 등을 통해 '상인'들을 정부로 적극 수혈해 들이기 시작한 것도 우연은 아니었다고 할 것이다. 1320년대 말 여러 정치적·외교적 사유로 상인 유치에 소극적이던 충숙왕이, 1330년대 초 '심왕의 준동'이라는 족쇄를 떼고 다시금 원에 들어가 있던 상황에서 원제국 정부의 대서역 교역이 재개되는 과정을 지켜보고는, 1332년 귀국 이후 측근들을 활용해 본격적인 상인 유치에 돌입했던 것이 아닌가 한다.

국내 상인들에게 상당한 고위 관직을 수여한 점, 초빙한 중국 상인 출신 측근으로 하여금 과거제를 관리하게 하고는 그를 통해 상인들을 발탁한 점, 그리고 서역 상인들까지도 '봉군(封君)'의 방식 등으로 회유한 점 등에서, 그의 상인 유치는 단순한 상인 우대나 측근 양성의 일환이 아닌, 어용 상인의 증대 및 관영교역 주체 육성의 맥락까지도 띠었다고 할 수 있다. 종래에는 한번도 존재하지 않았던 새로운 시도라 하겠다.

2. 충혜왕, 대규모 무역생산 시설을 만들다

한편 충숙왕이 사망한 후 국왕으로 복귀했던 그의 아들 충혜왕대에는

---

39) 『至正條格』 권28, 條格 關市. 자세한 내용은 후술하도록 한다.

상황이 어떠했을까?

충숙왕의 아들 충혜왕은 잘 알려져 있듯이 가혹한 재정정책 및 '무모한' 대외무역으로 유명한 국왕이었다. 그의 재정정책은 일반적으로 사리사욕을 채우기 위한 것으로, 도탄에 빠진 백성들의 처지에는 아랑곳하지 않은 채 전개된 것으로 알려져 있다. 그런 평가에 대해서는 이견도 있지만, 그의 국정이 전반적으로 '이중적인' 면모를 지녔음은 부인하기 어렵다. 공공의 이익을 중시하는 측면과 사적 이해관계에 기반한 측면이 공존했다고 할 수 있다.

다만 그의 무역정책의 경우, 그것이 '적극적'이었다는 데에는 이론이 없다. 너무 적극적이어서 결국은 피를 부르기도 하였다. 삼현(三峴)지역에 조성한 신궁(新宮)을 방직시설로 활용하면서, 업무를 게을리한 것으로 추정되는 두 여인을 충혜왕이 몸소 구타해 숨지게 했음이 대표적인 사례다. 어떤 경우에든 용납될 수 없는 일을 자행한 셈이었다.

이 '삼현신궁'은 과연 어떠한 시설이었을까? 주지하는 바와 같이, 대규모 방직시설로 설계, 설립된 공간이었다. 명칭은 '궁'이지만 그 구조는 일반 궁궐과 달랐던 것으로 전해진다. 충혜왕이 "신궁의 창고와 방 100칸에 곡식과 비단을 채우고, 낭무(廊廡)에는 채녀(綵女, 방직공) 역할을 할 비자(婢子)들을 두었으며, 〔충혜왕의 측근이자 상인이었던 임신林信의 딸〕은 천옹주(銀川翁主)의 뜻을 받아들여 방아와 맷돌을 두었다"는 기사에서 그를 확인할 수 있다.[40]

삼현신궁이 이와 같은 시설이었다면, 당연히 각종 직물제품들을 대량으로 생산하는 역할을 수행했을 것으로 추정된다. 대단히 특이한 사례라 하지 않을 수 없다. 고려의 역대 국왕들이 천도(遷都)나 이궁(移宮)을 위해 궁궐을 영건한 경우는 많았지만, 궁의 이름을 빌려 '다른 기능'을 할 공간을

---

40) 『고려사』 권89, 列傳2 后妃2 銀川翁主林氏.

만든 것은 충혜왕이 처음이기 때문이다. 조부 충선왕이 방직 및 염색을 지원할 정부 부처의 개편에 주력했다면, 충혜왕은 한 걸음 더 나아가 대규모 방직시설을 구축한 것이라 할 수 있다.

그런데 충혜왕은 이렇게 대량의 직물을 생산하여 과연 무엇을 하고자 했던 것일까? 1340년대 초 충혜왕이 복위한 직후의 두 기사가 주목된다.

첫 번째 기사는 충혜왕이 '2만필의 포화(布貨)를 원에 보냈다'고 전하고 있다. "측근 남궁신(南宮信)으로 하여금 금은·초 그리고 포를 유(幽)·연(燕) 지역에서 무역하게 했다"는 내용이다.[41] 이전의 국왕들이 자신의 원제국 내 체제비용으로 쓰고자 다량의 재화를 원제국으로 보내던 사례들과는 다른 기사다. 충혜왕은 당시 원제국이 아닌 고려에 있었고, 원제국을 방문할 임박한 계획도 없었기 때문이다.

게다가 2만필의 포화를 원으로 보내기 직전 원제국에서 초 3,000정, 단자(段子) 100필을 고려에 보냈고,[42] 그 직후에는 충혜왕이 의성·덕천창·보흥고에서 포 48,000필을 꺼내 점포를 열고(開鋪) 시중에서 그를 거래케 한 바 있음이 주목된다.[43] 충혜왕이 삼현신궁에서 생산한 직물들이 국내에서 거래되는 것에 그치지 않고, 원에서 수입된 직물들과 교환되는 형식으로 국외 수출되기도 했음을 보여주는 대목이다.

두번째 기사는 충혜왕이 "포를 회회가(回回家)에 주어 그 이윤을 취했다"고 전한다.[44] 일찍이 증조부 충렬왕이 '황제의 신임을 받는 회회인'을 응방 관리자로 초빙하여 그에 적립된 은을 동서 세계간 교역에 투자하려 했던 일을 연상시키는, 아니 거의 흡사한 대목이라 할 수 있다.

실제로도 충혜왕은 증조부 충렬왕이 그랬던 것처럼 자신의 재정정책

---

41) 『고려사』 권36, 세가36 충혜왕 복위3년(1342) 3월 병신.
42) 『고려사』 권36, 세가36 충혜왕 복위3년(1342) 3월 신사.
43) 『고려사』 권36, 세가36 충혜왕 복위3년(1342) 2월 무오.
44) 『고려사』 권36, 세가36 충혜왕 복위5년(1344) 1월 무진.

에 응방을 활용한 것으로 보인다. 충혜왕이 원으로 끌려가는 도중 사망하자 그 아들 충목왕이 즉위하게 되었고, 충목왕의 즉위 직후 관료들이 충혜왕의 무역기반을 해체할 당시 "내승과 응방도 함께 퇴출시킨"[45] 점에서 그를 엿볼 수 있다. 게다가 충혜왕대의 응방에는 대정(隊正)과 산직(散職), 그리고 노비들이 배속돼 있었다는 점 또한 주목된다.[46] 충렬왕이 회회인에게 응방의 관리를 '대행'하게 하려는 데 그쳤다면, 충혜왕은 하위 관료와 노비 들을 응방의 상주인원으로 부리면서 응방의 재물을 자신이 '직접' 운영했을 가능성도 있다.

무엇보다도 충혜왕의 시도는 실제로 '성공'했다는 점에서, 증조부 충렬왕의 시도를 뛰어넘은 것이라 할 수 있다. 응방 등을 통해 확보된 재물 중 일부가 회회인들에게 '투자'된 것으로 사료는 전하고 있기 때문이다. 충렬왕의 시도는 불발로 끝났던 반면, 충혜왕은 서역의 회회인들에게 실제로 포화를 투자하고, 이윤까지 거두었던 것이라 할 수 있다.

물론 충혜왕이 회회인들에게 투자한 물량의 규모는 현재 확실히 알 수 없다. 그러나 앞서 언급한 첫번째 기사 및 그와 관련된 정황들을 검토하면, 충혜왕이 당시 기본적으로 몇만필 규모의 물량을 취급하고 있었음을 알 수 있다. 그럴 경우 회회인에게 투자된 물량 또한 그 일부에 속하거나, 그에 준하는 수준을 보였을 것이라는 짐작이 가능하다. 서역교역에 줄을 대려다가 실패한 증조부 충렬왕과 달리, 충혜왕은 다른 여러 원 황실 인사들과 마찬가지로 동서 세계간 오르탁교역에 참가, 이윤경쟁을 벌이고 있었던 것이라 할 수 있다.

이렇듯 두 기사는 충혜왕의 공격적인 대외수출을 전하고 있다. 그리고 두 기사 모두에 수출물자로서 '직물'이 등장한다. 충혜왕이 대서역·대원

---

45) 『고려사』 권81, 志35 兵1 兵制, 충혜왕 복위5년(1344) 5월.
46) 『고려사』 권77, 志31 百官2 諸司都監各色 鷹坊; 권81, 志35 兵1 兵制(忠穆王初).

238

교역의 주력 물자로 삼았던 것은 결국 직물이라고 할 것이며,[47] 삼현신궁은 그러한 수출용 직물상품들을 생산, 조달하기 위한 일종의 방직기지였다고 할 수 있다.

그렇다면 그 직물(포)의 종류는 과연 무엇이었을까. 그와 관련해서는 앞서도 언급했지만, 당시 원제국에서 14세기 전반 고려의 '저포제품'에 크나큰 관심을 보이고 있었음을 참조할 수 있다.

1322년 원제국 정부는 오랜만에 고려에 공물을 요구해왔는데, 일반 저포가 아닌 '직문저포(織紋苧布)', 즉 '무늬가 있는 저포 가공품'을 요청했다. 염색으로 무늬를 만든 제품이나 직조과정에서 염색한 실을 써서 짠 제품 등, '특화된 형태의 저포'에 대한 외국(원제국)의 수요가 당시 존재했음을 보여주는 정황이다. 원의 이러한 요구에 대해 고려 정부는 두 차례에 걸쳐 직문저포를 보냈다. 그리고 5,6년 후, 충혜왕의 즉위 직전인 1329년 5월에도 재차 문저포를 원에 진상했다.

그런데 특화상품으로서의 고려 문저포에 대한 원제국의 관심은 이 사례를 끝으로 향후 10여년간 확인되지 않는다. 그리고 1344년 3월, 즉 충혜왕이 퇴위한 이후에나 저포 요구가 재개되었다. 문저포에 대한 요구 역시 1345년에 비로소 재등장, 다시금 빈번해졌음이 이채롭다.[48]

원에서 고려의 '가공 저포'에 막 관심을 보이기 시작하던 정황이 충혜왕 즉위 직전까지 이어지다가, 정작 충혜왕이 재위하던 당시에는 사라지고 그가 퇴위한 후에나 재개되었던 셈이다. 이는 충혜왕의 재위기간에는 원에서 그것을 고려에 별도로 요구할 이유가 없었거나, 충혜왕대에 그것이 '별도의 형태'로 원에 건너가고 있어 원에서 그것을 진상품으로 요구하는

47) 『고려사』 권36, 세가36 충혜왕 복위5년(1344) 1월 무진.
48) 『고려사』 권35, 세가35 충숙왕9년(1322) 7월 병신; 9월 을묘; 10월 정묘; 16년(1329) 5월 정축(文苧布); 권37, 세가37 충목왕원년(1344) 3월 을사; 충목왕1년(1345) 5월 갑신(紋苧布).

것이 '여의치 않았을' 가능성을 시사한다. '별도 형태의 제공'이 이뤄지고, '요구하는 것이 여의치 않은' 상황은 과연 어떤 것이었을까? 고려의 저포 제품들이 '수출'의 형태로, 즉 징발이 아닌 '교역'의 결과로 원으로 건너가는 상황을 상정해볼 수 있지 않을까 한다.

당시 충혜왕의 정책적 행보를 고려하면, 충혜왕의 적극적인 '가공 저포 제품' 수출정책이 바로 이 시기 원제국의 고려 저포 일방징발 기사들이 없어진 배경이 아닌가 한다. 고려가 이전부터 경쟁력을 갖고 있던 대표 직물인 저포에 이미 충선왕대 개발된 직염기술을 적용하여 상품가치를 제고하고 당시의 문양기술까지 가미함으로써 상품가치를 높인 후[49] 외국에 활발히 수출한 결과,[50] 상당 규모의 직문저포가 이미 원으로 유입돼 별도의 징

---

49) 아울러 고려인들이 14세기에 들어와 전 시기의 기술을 발전적으로 계승, 화려한 직금 기술 등을 새롭게 창출하는 성과를 거두고 더욱 세련된 문양 표현도 구현하게 된 것으로 평가된다.

50) 고려 저포의 원내 명성에 대해서는 워낙 기록이 많아, 고려 저포가 대원 인기 수출품이었음에는 의심의 여지가 없다. 다만 이러한 저포(또는 가공저포)가 충혜왕의 재위기 간이기도 했던 1342년에 간행된 『지정사명속지』의 경원항 내 거래물품 목록에 명확히 등장하지 않는 점은 앞으로 해명돼야 할 대목이다. 남송 후기인 1228년의 경원지역 지방지인 『보경사명지』의 경우, 권6 서부 하 시박(舶賦 下 市舶)의 추색조(麤色條)에 '고려의 대송 수출 방직품'으로 '대포(大布)·소포(小布)·모사포(毛絲布, 苧·麻)·주(紬)'를 언급하고 있으나, 1342년의 『지정사명속지』에는 그것이 보이지 않는다는 점을 이미 천 가오화가 지적한 바 있다. 그는 본 지방지 권5 토산(土産)의 시박물화(市舶物貨) 조색조(粗色條)에서 언급되는 '생포(生布)'가 종래 고려 포의 또다른 명칭일 수도 있다고 보았다. 이 '조색'항에는 초포(焦布)와 수포(手布) 등이 함께 기재돼 있는데, 이들과 고려 포의 관계도 향후 해명될 필요가 있다. 한편 세색(細色) 직물로는 '길패포(吉貝布), 목면(木棉), 삼폭포단(三幅布單), 번화기포(番花棋布), 모타포(毛駝布), 말포(襪布), 혜포(鞋布), 길패사(吉貝紗)' 등이 등장하는데, 이들 중 고려 저포와 관련된 물품이 있는지도 논의돼야 한다. 한편, 만약 이들 모두 고려 저포와 무관했다면, 앞서 살펴본 것처럼 당시 해상교역에 '법금(法禁)'이라는 변수가 발생하면서 충혜왕 및 고려인들이 저포의 경우는 주로 육지로 운송했던 탓에 원 항구지역 지방지상에 '시박물화'로 잡히지 않았을 가능성도 있다. 역시 보론되어야 할 대목이다.

발이 필요하지 않았을 수도 있는 것이다.

원의 주력 상품과의 경쟁을 피하고, 이른바 '잠재(蠶災)'로 인해 원 내부의 견직물 생산에 어려움이 발생하고 있던 상황도 적절히 활용하며,[51] '직문저포'라는 저포 신상품 개발에 주력한 그의 정책은 상당히 성공적이었을 가능성이 높다. 앞서 살펴본 수만필의 대중국·대서역 포(布) 수출 사례들이 그를 잘 보여준다.

충혜왕의 이러한 수출전략은 일차적으로 충혜왕 스스로 고려 내부의 강점 및 중국 시장의 상황을 잘 알고 있던 데에서 비롯한 것이라 할 수 있다. 그런데 충혜왕은 그것을 넘어 서역 시장까지도 겨냥했다. 앞서 소개한 회회인에게 포를 투자하였다는 기록이 그를 잘 보여준다. 일찍이 충선왕은 인도 마아바르국의 전직 재상과의 인연으로, 그리고 충숙왕은 연남지역 중국 상인들과의 인연으로 대서역 교역에 관심을 갖기 시작한 바 있다. 그 두 국왕의 경험에 비견되는 충혜왕만의 고유한 배경으로는 어떤 인연들이 있었을까?

충선왕이 퇴위 후 1298년 천주에서 인도의 재상을 만나고, 충숙왕이

---

51) 1320년대 말~1330년대 초 중국에서는 여러 지역에 걸쳐 '잠재(벌레들이 뽕잎을 해치는 피해)'가 발생하고 있었다. '잠재' 기사들은 1290~1300년대 간헐적으로 나오다가 1320~21년에 재등장하고, 한동안 뜸하다가 1328년 이래 집중 등장하며(『원사』 권33, 본기33 문종 천력2년(1329) 2월 병진; 4월 병진; 5월 경진; 6월; 권34, 본기34 문종 지순 원년(1330) 3월 신사; 4월; 권35, 본기35 문종 지순2년(1331) 2월 갑술; 3월 갑신; 계묘; 5월 갑진; 6월 경오; 권36, 본기36 문종 지순3년(1332) 3월 기해; 4월 무진), 1332년 후 다시 적어진다. 당시의 '잠재'는 원제국 내 양잠의 지연 및 견직물 생산 차질을 유발했을 가능성이 있으며, 더 나아가 중국의 대서역 견직물 수출에도 악영향을 끼쳤을 것이다. 실제로 원사(原絲) 공급의 문제가 완성품의 질적 저하로 나타났음을, 1335년과 1336년 조잡한 금소화양단필(金素花樣段疋) 및 금소사라(金素紗羅)의 생산이 문제되고 있음에서 엿볼 수 있다(『至正條格』 권3, 斷例 職制, 監收段疋不如法; 織作不如法). 직문저포는 견직물과는 엄연히 다른 상품으로서 당시 중국 내에서는 서로 경쟁관계에 있지 않았을 수도 있지만, 서역 시장에서는 서로 각축하는 대상이었을 수 있으므로, '잠재'가 성행하던 원제국 내의 현실이 충혜왕에게 불리할 것은 없었던 것으로 생각된다.

1320년대 전반 원에 억류돼 있으면서 중국과 서역의 여러 상인들을 만났다면, 충혜왕의 경우 어릴 때부터 원 조정에서 숙위하며 회회인들 및 서역 상인들에 둘러싸이다시피 한 특수한 여건에서 생장하였다. 특히 그가 유년기 이래[52] 회회인들과 맺은 관계는 각별했다. 그가 위구르 소년들과 교류하고, 한 위구르 여인을 사랑해 숙위 근무에 빠지기까지 하자 당시의 실력자 바얀(伯顔)이 그를 미워했다는 일화는 유명하다.[53] 이러한 환경 속에 충혜왕은 회회인들의 무역형태에 대해 상당한 지식을 축적했을 가능성이 높다.

다만 권력자의 주선 또는 후원 없이는 그러한 교분과 조예가 실제적 무역역량으로 나타나기 어려웠을 것이다. 그런 점에서 바얀의 경쟁자이자 충혜왕의 정치적 후원자 역할을 했던 엘 테무르(燕鐵木兒)가 당대의 권신이자 엄청난 재력가로서 충혜왕의 향후 행로에 끼친 영향을 살펴볼 필요가 있다. 충혜왕과 엘 테무르 사이의 돈독한 관계는 충혜왕이 그의 자제들과 교류했다는 점 외에도, 1331년 4월 원 황제가 궁중의 고려 여인 불안첩니(不顔帖你)를 엘 테무르에게 주자 충혜왕이 고려의 밭을 비용으로 제공하려 했던 일화나,[54] 둘이 함께 매를 사냥하고 향연에서 같이 춤을 추었다는 일화에서 잘 확인된다.[55]

엘 테무르는 중신으로서 그의 정치권력과 재력을 토대로, '서역'과의 교역에 깊은 관심과 이해관계를 갖고 있었다. 1331년 2월 그가 올린 건의를 통해 그를 엿볼 수 있다. 엘 테무르에 따르면, 서역의 제왕 불새인의 신하 겁렬목정(怯列木丁)이 일찍이(1321~23) 상당량의 보화를 원의 태후에게 바

52) 엘 테무르가 세자시절의 충혜왕을 보고 크게 기뻐했다는 기록(『고려사』 권36, 세가36 충혜왕2년(1332) 2월 갑자)에서 그를 엿볼 수 있다.
53) 『고려사』 권109, 列傳22 李兆年.
54) 『원사』 권35, 본기35 문종 지순2년(1331) 4월 무신.
55) 『고려사』 권36, 세가36 충혜왕원년(1330) 2월 기유; 4월 계묘.

친 바 있었다. 이 '불새인'에 대해서는 후술할 것인데,[56] 그가 바친 보화의
시가가 초 12만정 규모로 산정되자, 당시 재상이던 배주(拜住)가 7만정을
먼저 쳐주기로 하고 몇년 후 정부가 염인(鹽引) 10,660도(道)로 그 값을 마
저 계산해주었으나, 이후 유사가 그것을 박탈, 환수했다는 사실이 엘 테무
르의 언급 속에 환기돼 있다. 엘 테무르의 건의는 기본적으로 환수한 돈을
돌려주는 것이 마땅하다는 것이었다.[57] 서역 제왕의 신하가 받지 못한 대
금을 챙겨서 사후에 변상해주는 형식으로 엘 테무르가 서역 인사의 이권
을 '보호'하고, 또 원제국 정부와 서역 간 거래에도 개입하고 있었음을 엿
볼 수 있다.

　아울러 엘 테무르가 겁렬목정 등 서역의 관료들과 결탁, 황제-제왕 간
교역 외에 '별도의' 대서역 교역선(交易線)을 가동하고 있었을 가능성도
있다. 엘 테무르가 2월의 일화에서 비호한 대상은 사실 '겁렬목정의 이권'
이었을 뿐, 그 주군 아부 사이드의 이권은 아니었기 때문이다. 실제로 반년
후인 1331년 8월, 아부 사이드는 원제국 정부에 사신을 보내 '겁렬목정이
왕명(王命)을 속이고 내조했으니 그를 잡아 보내줄 것'을 요청한 것으로
전해진다.[58] 원제국 정부와 거래하는 과정에서 그 파트너인 서역 제왕의
지휘체계 내에 일종의 내홍(內訌)이 발생한 것으로, 겁렬목정은 주군 아부
사이드의 명령 없이 독자행동을 했던 셈이다. 앞서 언급한 1331년 2월의
상황을 고려하면, 그는 오히려 엘 테무르와 깊이 연계돼 있었을 가능성이
높다. 엘 테무르가 두달 뒤인 1331년 10월 서역에서 온 물자에서 '이우(犛

---

56) '불새인'이 일칸국의 수장 아부 사이드를 가리키는 것이었음을 일찍이 김찬영이 지적
　　해주었다. 이 자리를 빌려 감사를 표한다.
57) 『원사』 권35, 본기35 문종 지순2년(1331) 2월 갑인.
58) 『원사』 권35, 본기35 문종 지순2년(1331) 8월 갑진('복새인 卜賽因'으로 표기); 경신
　　('왕명을 속이고 내조한 것'이 1331년 2월 및 1320년대 초 중 어느 시점을 지칭한 것인
　　었는지는 현재 미상).

牛, 소) 50마리를 취했다'는 일화에서 그러한 가능성이 느껴진다.[59] 엘 테무르는 서역 교역에 깊은 관심을 가지고 서역에서 온 자들의 편의를 봐주는 대신, 경우에 따라 서역에서 보내온 물자의 일부를 수령하거나 심지어 착복, 횡령하는 등, 서역의 교역주체들과 일종의 음성적 '공생관계'를 지니고 있었을 가능성이 높다.

당시 엘 테무르의 막대한 경제기반을 고려할 때, 그가 독자적으로 전개한 대서역 교역도 규모가 상당했으리라 추측된다. 그리고 그와 긴밀한 관련을 맺고 있던 충혜왕 역시 서역과의 교역에 대해 더욱 많은 것을 익힐 수 있었을 것으로 여겨진다. 게다가 충혜왕이 원에서 숙위를 시작한 1328년 2월이[60] 앞서 언급한 태정제의 재위기간이기도 하였음에 주목할 필요가 있다. 앞서도 언급했고 뒤에서도 다시 한번 논할 바이지만, 태정제는 서역의 제왕·관료 들과 지속적인 경제교류를 한 황제로 유명하다.[61] 충혜왕은 원에 숙위하며 당시 원제국 정부의 대서역 교역을 근거리에서 목도했을 가능성이 높으며, 당시의 경험은 그가 중국-서역 간 교역에 익숙해지는 중요한 배경이 되었을 것으로 생각된다.

그러나 이러한 젊은 시절의 견식만으로 충혜왕이 삼현신궁이라는 대규모 방직시설의 설립을 기도하고 감행할 수 있었던 것은 아닐 것이다. 국왕의 교역정책이라는 것이 국왕 개인의 무역의지만으로 가능한 일은 아니기 때문이다. 충선왕과 충숙왕의 경우처럼, 그 또한 외부로부터의 더욱 직접적인 자극과 구체적인 전망, 그리고 근거를 갖춘 확신 등을 필요로 하였다.

그와 관련하여 앞서 언급한 이란 지역의 대표적인 '서역 제왕'이 1330년대 초 충혜왕에게 사신을 보내 예방한 사실이 주목된다.[62] 1320년대 후반

---

59) 『원사』 권35, 본기35 문종 지순2년(1331) 10월 병인.
60) 『고려사』 권35, 세가35 충숙왕15년(1328) 2월 정사.
61) 이강한, 앞의 글.
62) 『고려사』 권36, 세가36 충혜왕원년(1331) 9월.

244

이래 1330년대 초에 이르기까지 원 황제 태정제 및 문종과 긴밀하게 교류하던 서역의 대표적인 위정자 아부 사이드(Abû Saʾîd, 普賽因·卜賽因·不賽亦, 일칸국)'가, 한반도에도 접촉해왔던 것이다.

아부 사이드의 사신이 한반도를 방문, 충혜왕을 예방한 것은 1331년 9월이었다. 『고려사』는 이 사신의 주군을 '서북(西北) 보새인(普賽因)'이라고 표현하고 있다.[63] 이란식 이름이 한자로 표기되면서 조금 독특한 글자 조합이 되었지만, 이 '보새인'은 『원사』에 누누이 등장하는 '서역 제왕 불새인', 즉 아부 사이드와 동일한 인물이다.[64] 기록에 따르면 아부 사이드는 충혜왕에게 '토산품'을 보내온 것으로 전하고 있다.

서역 제왕 아부 사이드의 충혜왕 예방이 가지는 의미는 과연 무엇일까? 그를 가늠하기 위해서는 '예케 몽골 울루스'(대몽골제국) 내에서 일칸국이 점하는 비중과 일칸국의 마지막 지도자 아부 사이드가 지녔던 위상, 그리고 북경의 대도와 일칸국 간 교류가 지닌 교역사적 의미를 살펴볼 필요가 있다.

몽골제국 내 총 네곳의 칸국 중 하나였던 일칸국은, 주지하는 바와 같이 칭기스칸의 손자이자 몽케·쿠빌라이·아릭부케와 동기간인 훌라구가 세운 나라이다. 13세기 중엽 훌라구는 오늘날의 이란·이라크 지역 정벌을 맡아 페르시아 및 시리아 공략에 나섰고, 바그다드의 압바스 칼리프를 공격해 멸망시켰으며, 점령한 지역에서는 기독교도였던 부인의 영향을 받아 기독교 신자들에게 대단히 관대한 정책을 시행하였다. 그런데 무슬림들에 대해서는 정반대의 정책을 펼쳤고, 결과적으로 그들을 가혹하게 박해했다. 그 결과 인근 무슬림세계와 극한 대립을 계속하게 되었음은 물론, 킵차크칸국이나 차가타이칸국과도 갈등하게 되었다. 이후 훌라구가 1260년대

---

63) 『고려사』 권36, 세가36 충혜왕원년(1331) 9월.
64) 『원사』에는 불새인 외에 '복새인(卜賽因)' '불새역(不賽亦)' 등 다양한 표기가 등장하는데, 모두 동일인물을 가리키는 것으로 간주된다(『元史辭典』, 山東敎育出版社).

초의 황위 쟁탈전에 개입하느라 이 지역에 다소 소홀해진 사이 카이로의 맘루크 술탄이 시리아 무슬림 전역을 합병했고, 평소 훌라구의 무슬림 정책을 비판해온 킵차크칸국의 베르케가 무슬림 맘루크조와 합세해 훌라구를 견제하면서, 이 지역의 불안정이 극대화하게 된다. 일칸국 칸들과 무슬림권의 갈등은 훌라구의 아들 아바카(1265~1282), 손자 아르군 및 1290년대 초의 바이두 시대에 이르기까지 계속되었고, 14세기 초에 이르러서야 다소 잦아들었다.[65]

아부 사이드는 이 일칸국의 마지막 칸으로, 이러한 상황이 어느정도 종식된 이후인 1317년 즉위하여 1334년까지 재위하게 된다. '서역의 제왕'으로서 『원사』에 대단히 빈번하게 등장하는 그의 치세에는, 이전과 달리 원 중앙정부와 일칸국 사이의 교류가 대단히 활발했다.[66]

---

65) 교황청을 비롯한 라틴세계와의 동맹시도는 무위로 돌아가는 한편, 무슬림 맘루크조 및 여타 무슬림화한 칸국들과의 갈등은 계속되어, 일칸국은 항시적 불안 상태에 놓여 있었다. 이후 가잔(1295~1304)이 몽골의 전통을 유지하면서도 이슬람으로 개종을 단행했고, 당시 몽골인들도 유목민적 성향보다는 정주민적 성향을 강하게 드러내게 되면서, 일칸국과 주변 세계 간의 갈등이 종족적 갈등에서 지역적 갈등으로 치환되었다. 이상의 서술은 르네 그루쎄 지음, 김호동·유원수·정재훈 옮김 『유라시아 유목제국사』, 사계절 1998 참조.

66) '불새인(아부 사이드)'을 지칭하는 『원사』 본기상의 가장 일반적인 호칭인 '서역 제왕'은 1324년 처음 등장하며, 이전의 일칸국 칸들, 예컨대 아바카, 아르군, 가잔, 울제이투 등은 그렇게 호칭된 바가 없다. 따라서 그들의 치세에는 일칸국과 북경 원제국 정부 사이의 교류가 적었을 가능성이 높아 보인다. 물론 불새인은 '서북 제왕'이라고도 불린 바 있어, 그의 선조들이 서북 제왕이라는 호칭으로 『원사』에 등장했을 가능성도 배제할 수 없다. 그런데 서북 제왕으로 불린 바 있는 인물들 중 '찰팔아(察八兒)'(『원사』 권22, 본기22 성종 대덕10년(1306) 8월; 무종 지대원년(1308) 9월 신유; 권23, 본기23 무종 지대3년(1310) 6월 임신)는 오고타이칸국 통치자 중 한명인 카이두의 아들이었다. 또다른 인물인 '야선불화(也先不花)'의 경우(권24, 본기24 인종 황경원년(1312) 2월 경오; 3월 갑인; 황경2년(1313) 2월 임오) 주보(珠寶), 피폐(皮幣), 마타(馬駝)·탁타(橐駝), 박옥(璞玉) 등 서역의 물산을 방물로 바친 것으로 확인돼 이란지역 출신 인물이었을 가능성이 엿보이지만, 1312~13년 당시 일칸국의 수장은 울제이투였으므로 '야선불화'라는 명칭

원제국 정부가 아부 사이드와 처음으로 접촉한 것은 1324년 1월로, 이때 처음으로 원제국 정부가(엄밀히 말하면 황제 태정제가) '서역 제왕 불새인'의 부(部)에 사신을 보냈던 것으로 전해진다. 원 황제의 선제적인 접촉에 아부 사이드는 1324년 2월 사신을 보내 조공하고, 4월에도 공물을 바쳤다.

이후 양자 간의 교류는 단순한 공물 진헌 및 예방접견의 수준에서 전방위적인 교류와 교역으로 진화했다. 1324년 11월 아부 사이드가 자신의 신하 출반(出班)에게 관직을 줄 것을 요청하자, 태정제가 그 신하를 개부의 동삼사(開府儀同三司) 익국공(翊國公)으로 삼은 일이 있었다. 후술하겠지만 이 출반이라는 관료는 '초판'이라는 이름의 재상으로서 아부 사이드의 재위기간 동안 국정을 주도한 인물이었으며, 그의 책봉은 태정제와 아부 사이드 간의 관계가 긴밀해지는 데 중요한 기점이 되었던 것으로 보인다. 실제로 1년 뒤인 1325년 11월 원 조정(태정제)이 아부 사이드에게 초 2만정, 비단 100필을 하사하였고,[67] 아부 사이드는 다음달인 12월 비단을 바치고 초 2만정을 받아갔다. 다음해인 1326년의 경우에는 아부 사이드가 1월에는 서마, 7월에는 낙타와 말, 8월에는 옥(玉)과 독봉타(獨峯駝, 낙타), 10월에는 호랑이, 그리고 11월에는 말을 바치는 등,[68] 무려 4,5회에 걸쳐 일칸국의 물자를 지속적으로 원제국 정부에 제공하였다. 태정제는 진상 때마

은 그와 음역이 일치하지 않는다. 마지막으로 '찰아태(察阿台)'(권31, 본기31 명종 천력 2년(1329) 3월 병인)라는 인물의 경우, 명종 즉위 당시의 상황을 고려하면 차가타이칸국 출신의 인물로 보는 것이 맞다. 즉 세 사람 모두 일칸국과는 무관했던 인물들로 판단된다. 결국 일칸국에서 북경 원제국 정부와 가장 활발히 접촉했던 유일무이한 수장은 아부 사이드 한명이라고 하겠다.

67) 『원사』 권29, 본기29 태정제 태정원년(1324) 1월 정미; 3월 계축; 4월 갑자; 11월 계사; 태정2년(1325) 11월 임신.

68) 『원사』 권29, 본기29 태정제 태정2년(1325) 12월 계미; 권30, 본기30 태정3년(1326) 1월 임자; 7월 무오; 8월 정유; 10월 계유; 11월 신해.

다 그에 대한 댓가로 막대한 양의 재화를 하사하곤 했으며, 9월에는 불새 인의 부와 교류하는 데 그치지 않고 제왕 겁별(怯別), 사별(思別, 월사별월)의 부까지 총 3개의 부에 사신을 보내는 등[69] 서역과의 교역을 확대하였다(겁 별[70] 및 사별[71] 또한 원제국 정부와 잦은 교역을 했으며 때때로 '서역'의 물산을 원 조정에 바쳤던 인물들이다). 다음해인 1327년 3월에는 제왕 삭 사반(槊思班)과 아부 사이드 등이 문표·서마·패도·주보 등의 물건을 바치 자 원 황제도 금과 초를 대거 하사하였다.[72] 그리고 동년 7월 원제국 정부 가 아부 사이드에게 사신을 보내 서역에서 모우(旄牛)를 사기도 하였다.[73] 1324년 첫 접촉 이래 매년 적어도 2,3회 이상의 접촉을 보일 정도로 태정제 와 아부 사이드 간의 교류가 긴밀하였음을 확인할 수 있다.

물론 원제국 정부와 아부 사이드 간의 교역에 기복이 없었던 것은 아니 다. 우선 태정제의 사망 직후 중매보화 제도가 전격 폐지되었다. '무역을 통 한 식리(殖利)'를 다분히 부정시하고 있던 새 황제 문종이[74] 1328년 이 중헌 (中獻)제도를 국가재정에 독이 된다는 이유로 금지한 것이다.[75] 그 결과 원 제국 정부와 일칸국 사이의 교류도 사료상 일시적으로 사라진다. 1327년 이후 1330년에 이르기까지 3년간 양자 간에는 그 어떤 교류기사도 확인되 지 않는다.[76]

---

69) 『원사』 권30, 본기30 태정제 태정3년(1326) 9월 무진.

70) 『원사』 권29, 본기29 태정제 즉위원년(1323) 11월 임인; 11월 갑인; 태정원년(1324) 2월 갑술; 6월 기묘: "馴豹·西馬"; 태정2년(1325) 1월 갑진; 권30, 본기30 태정3년(1326) 5월 갑진; 6월 계유; 태정4년(1327) 9월 임술.

71) 『원사』 권29, 본기29 태정제 즉위원년(1323) 12월 임오; 권30, 본기30 태정3년(1326) 12월 정축: "文豹."

72) 『원사』 권30, 본기30 태정제 태정4년(1327) 3월 신해(이 기사에는 아부 사이드가 '불 새역'으로 표현돼 있다).

73) 『원사』 권30, 본기30 태정제 태정4년(1327) 3월 정묘; 7월 갑인.

74) 이강한, 앞의 글.

75) 『원사』 권94, 志43 食貨2 市舶.

그러나 그러한 정책 선회가 당시 동서 교역을 필요로 하던 시장 주체들의 희망과 욕구를 억누를 수는 없는 일이었다. 이후 문종 정부는 결국 서역 제왕들과의 교류를 재개하였고, 1330년 3월 제왕 상가반(桑哥班), 살특미실(撒忒迷失), 매가(買哥)를 파견, 아부 사이드를 포함한 연지길태, 월즉별월 등 여러 서북 제왕을 예방케 하였다. 그에 화답하여 1330년 7월 아부 사이드도 다시금 사신을 보내왔고, 1331년 8월에도 홀도부정(忽都不丁)을 보내 내조(來朝)했으며, 1331년 10월 홀도부정이 서역으로 돌아가자 원제국 정부에서 홀도부정이 바친 약물(藥物)의 값을 쳐주었음이 확인된다.

1332년 3월에는 문종이 아부 사이드에게 소채폐백(繡綵幣帛) 240필을 하사했고, 다음달 4월에는 아부 사이드의 사자 야선첩목아(也先帖木兒) 등이 와서 문종에게 방물을 바친 바 있어, 양자 간에 물물교역이 재개됐음을 확인할 수 있다. 이후에도 아부 사이드가 1332년 7월 칠보수정(七寶水晶) 등을 바치고 10월에 탑리아(塔里牙) 88근, 패도 80개를 바치자 원제국 정부가 초 3,300정을 하사한 것으로 보아[77] 그러한 교역이 계속됐음을 알 수 있다. 이러한 교역은 이후 1334년 아부 사이드가 사망하고 일칸국이 해체된 이후에나 중단되었다. 동서 교역은 물론 계속됐지만, 원제국정부와 일칸국

---

76) 현재로서는 태정제의 사망이 원제국 정부와 아부 사이드 사이의 교역이 일시 중단된 가장 큰 원인이었을 것이라 여겨진다. 물론 당시 일칸국을 실제적으로 다스렸다는 초판이라는 인물이(르네 그루쎄, 앞의 책 546~47면) 태정제와의 교역을 주도했을 가능성도 없지 않지만, 1327년경 그가 처단되고 그후 1330년 원제국 정부와 일칸국 사이의 교역이 재개돼 몇년 더 계속됐음을 고려할 필요가 있다. 즉 원제국 정부와의 교역에서 수장 아부 사이드가 지녔던 정책의지를 간과할 수 없을 것으로 판단된다.

77) 『원사』 권33, 본기33 문종 천력2년(1329) 1월 병인(연지길태는 일찍이 태정제에게 래조한 바 있었다. 권30, 본기30 태정제 태정4년1327 7월 무술); 9월 무오; 권34, 본기34 문종 지순1년(1330) 3월 계해; 7월 정사; 권35, 본기35 문종 지순2년(1331) 8월 갑진; 10월 기미(이 기사에서는 홀도부정이 '제왕 복새인의 사자'로 표현돼 있다); 권36, 본기36 문종 지순3년(1332) 3월 경오; 4월 병진; 7월 임진; 권37, 본기37 영종 지순3년(1332) 10월 갑인.

지역 '서역 제왕' 사이의 교류는 아부 사이드의 사망으로 일단 소강상태에 접어들게 된다.

이렇듯 아부 사이드는 1320년대 전반 이래 1330년대 초까지 장시간 원제국 정부와 교류했던 인물로, 일칸국의 이전 술탄들은 시도하지 않았던 원제국 중심부와의 동서 교역을 선대(先代) 주군들 그 누구보다도 활발히 전개한 인물이라 할 수 있다. 아울러 서역의 다른 제왕들이 1330년대 이후에나 원제국과 교류했음을 감안할 때,[78] 아부 사이드가 다른 어떤 서역 제왕보다도 먼저 북경 원제국 정부와의 교류를 개시한 것에도 주목할 필요가 있다. 서역 제왕들이 진주, 서역 말, 각종 도검, 보물, 낙타, 옥, 무늬표범, 사자, 약물, 수정, 포도주 등을 제공하고 원 황제는 금은, 초, 견직물을 하사하는 형태의 대도(원제국 정부)−서역(일칸국) 교역에는 아부 사이드가 가장 먼저 뛰어든 것이라 할 수 있기 때문이다. 원제국 정부에서 비록 연락은 먼저 했을지라도, 그에 적극적으로 대응함으로써 '동서 세계간 교역'의 대표적 거래형태였던 중매보화 거래를 선구적으로 유행시킨 존재가 바로 아부 사이드였던 것이다.

그랬던 그가 고려 국왕에게도 접촉을 시도한 것이었으므로, 그 접촉은 한국 교역사에 있어 특별한 의미를 지닐 수밖에 없다. 아부 사이드와 충혜왕의 간접 접촉을 통해 대도와 이란지역 간 교류에 한반도 역시 일정한 역

---

78) 1331년 8월 '서역 제왕' 답아마실리(答兒麻失里)가 타열첩목아(朶列帖木兒)를 계승하고는 조공을 바쳤고, 12월에는 '서역 제왕' 독렬첩목아(禿列帖木兒)가 서마 및 포도주를 바쳤으며, 1332년 2월에는 (서역) 제왕 답아마실리와 합아만(哈兒蠻)이 포도주, 서마, 금아학(金鴉鶴)을 바쳤다(『원사』 권35, 본기35 문종 지순2년(1331) 8월 임자; 12월 무오; 권36, 본기36 문종 지순3년(1332) 2월 갑진). 이 중 합아만은 예외적으로 1327년 이래 1330년대 초반에 이르기까지 원제국 정부에 옥, 말, 매, 포도주 등 진귀한 물산을 계속해서 바쳤지만, 역시 아부 사이드에 비해서는 원과의 교류 시점이 늦었다(권30, 본기30 태정제 태정4년(1327) 10월 무술; 권34, 본기34 문종 지순1년(1330) 3월 신사; 권35, 본기35 문종 지순2년(1331) 1월 경인; 4월 임자; 7월 정해; 권36, 본기36 문종 지순3년(1332) 2월 갑진).

할과 지분을 가지고 참여할 기반이 마련될 수도 있었던 일이기 때문이다. 이미 회회 상인들과의 교류, 서역 시장과의 교역에 관심이 깊었던 충혜왕에게 아부 사이드로부터의 전갈은 충혜왕이 필요로 하던, 또는 갈구하던 하나의 '계기'였을 수 있다. 아부 사이드가 보냈다는 '토산품'들 역시 충혜왕에게 당면한 교역전망을 일깨워주고, 향후의 투자계획도 세우게 한 적지 않은 동력이 되었을 개연성이 크다.

게다가 아부 사이드의 사신이 고려를 방문한 1331년 9월은, 일찍이 마아바르의 재상이 충선왕을 예방했던 시점이 중국과 인도의 교역관계가 '조정'되던 시기였던 것처럼, 중국과 서아시아 사이의 교류양태가 잠시 중단상태에 빠졌다가 재개된 지 얼마 되지 않아서였음이 주목된다. 앞서 살펴본 바와 같이 원제국 정부와 아부 사이드의 교류는 1327년 이래 단절돼 있다가 1330년 3월 원제국 정부의 연락 및 7월 아부 사이드의 답신으로 오랜만에 재개됐는데, 바로 그다음 해에 아부 사이드가 충혜왕에게 사신을 보내온 것이다.[79]

태정제가 추진했던 중매보화 제도로 인해 북경과 일칸국 지역을 오가는 상인들이 거둔 수익은 실로 막대했을 것이므로, 태정제의 사망 및 문종의 중매보화 제도 폐지를 계기로 양국 간 교류가 중단됐던 3년간 그들이 수입 급감으로 치른 손실은 미루어 짐작하기에 어렵지 않다. 아부 사이드를 포함한 일칸국 지역의 상인들뿐만 아니라 북경-일칸국 간 교역에 연계돼 있던 상인들 모두, 어떤 형태로든 최소한의 수입을 유지하며 생존을 추구해야 했을 것이다. 더 나아가 중매보화 제도가 끝내 복구되지 않거나, 문종 정권이 일칸국과의 교역을 끝내 재개하려 하지 않을 경우에도 대비해야 했을 것이라 짐작된다. 이에 북경으로 향하는 교역로의 주변 지역에서 새

---

79) 『원사』 권94, 志43 食貨2 市舶; 권32, 본기32 문종 치화원년(1328) 9월 경신; 권33, 본기33 문종 천력2년(1329) 1월 병인.

로운 구매자, 새로운 판매자를 모색하고자 나섰을 가능성이 높다.

1324년 이미 원제국 정부와 교역하기 시작한 일칸국 지도부가 1331년에 이르러서야 비로소 고려에 사신을 파견한 것도, 원과의 교류가 활발히 유지되던 1320년대에는 추가 구매자를 섭외하는 등의 고민을 할 필요가 없다가, 1320년대 말의 '파동'을 겪고서야 새로운 시장의 개척에 관심을 갖게 됐음을 잘 보여준다. 그리하여 다시 원제국 정부와 사신을 교환하기 시작한 지 1년이 조금 넘자, 원제국을 방문한 사신이 일칸국으로 돌아오는 길에 고려도 방문케 함으로써, 예비시장으로서의 고려에 관심을 표명하는 동시에 향후 거래의 교두보도 확보하려 한 것으로 여겨진다. 1331년 8월 원제국 정부를 방문했던 아부 사이드의 사신 홀도부정이 두달 뒤인 10월 서역으로 돌아갔으므로, 이 홀도부정이 바로 아부 사이드를 대표해 충혜왕을 예방한 자였을 가능성이 높다고 하겠다.

젊은 시절부터 회회인·서역인들과 다양한 교류관계를 맺어온 충혜왕으로서는 원제국 정부와 일칸국의 그간의 관계를 어느정도 인지하고 있었을 것이라 생각된다. 다만 그것이 고려의 대외교역에 유리한 변수였는지에 대한 확인이 필요하던 차에, 1331년 일칸국 아부 사이드로부터 날아온 전갈은 충혜왕으로 하여금 상당한 확신을 갖게 했을 것 같다. 이 일을 계기로 충혜왕은 서역과의 교류를 어떤 형태로든 강화하려 했을 가능성이 높다.

그러나 그는 바로 다음해인 1332년 퇴위되었고, 부친 충숙왕이 사망하고 지난한 로비의 과정을 거친 후인 1339년에나 복위할 수 있었다. 그의 대외교역 정책은 퇴위와 함께 잠시 중단될 수밖에 없었고, 그가 복위 초인 1340년대에 들어와 재개되었다. 앞서 언급한 삼현신궁이 건설되고 대량방직이 시작된 것도 이 무렵이었다.

그렇다면 1340년대 초 시작된 충혜왕의 대외교역 투자는 구체적으로 어떤 모습을 보였을까? 그가 대외교역을 본격화하던 1340년대 초에는, 아부 사이드의 사신이 충혜왕을 예방했던 1331년과는 또다른 상황이 전개되고 있었다. 그다음 해인 1332년, 마침 충혜왕이 퇴위되기도 했던 그해에, '해상통행을 통제'하는 11개의 금칙이 원제국 정부에 의해 반포돼 10여년간 존속해오고 있었던 것이다.

앞서 언급한 바와 같이, 원제국 정부의 해상교역 정책은 몽골인들이 남송을 복속시킨 후 강남지역의 항구들을 접수하면서 본격적으로 시작되었고, 1283년 관세율이 확정되었다(1/10, 1/15).[80] 아울러 각종 비리와 부조리가 발생하는 것을 막기 위해 10년 뒤인 1293년에는 이른바 '시박추분잡금' 23조를 반포, 무역과 관련한 규정과 절차, 그리고 금지사항들을 어겼을 경우의 처벌 등을 반포하였다.[81]

이러한 금칙은 이후 1314년 거의 같은 내용으로 한번 더 공시됐는데, 과열된 무역열기에 조응하여 처벌의 강도 및 포상의 규모가 더욱 커졌다. 출항 후 부정이나 비리가 발생했을 경우 그를 신고하는 사람에게 공여하는 포상액이 신고된 물화의 '1/3'(1293)에서 '1/2'(1314)로 대폭 늘었다. 1293년에는 범법자 한 사람만 107대로 다스렸으나 1314년에는 선주(船主), 강수 및 기타 관련자 모두를 차등있게 장형으로 처벌하였다. 병기(兵器)나 기타 물품을 너무 많이 실을 경우 '사사로이 무역할 물자'로 간주해 사판법(私販法)과 동일하게 처벌한다는 규정도 1314년 추가되었다. 관세 납부를 피하기 위해 물자를 숨기는 경우나 금수물자를 유출했을 경우 등에 대한 처벌, 관리를 소홀히 한 담당관들에 대한 처벌 역시 구체화되고 강화되었다.

그런데 1330년대 전반, 유사한 기조의 금칙 조치들이 이전과는 조금 다

---

80) 『원사』 권94, 志43 食貨2 市舶.
81) 『원사』 권94, 志43 食貨2 市舶; 『大元聖政國朝典章』 권22, 戶部8 市舶-市舶則法二十三條. 1293년 법금의 전문(全文)은 『대원성정국조전장(大元聖政國朝典章)』에서, 1314년 조정에서 이 잡금을 재논의한 결과는 『대원통제(大元通制)』(『통제조격』)에서 확인되며, 이후의 법금은 1340년대에 편찬된 『지정조격(至正條格)』에서 확인된다.

른 형태로 반포되었음이 주목된다. 1293년과 1314년의 '잡금'이 반복되기보다는 '새로운' 금칙들이 반포되었다. 중요 물자에 대한 해외반출 금지조치가 1330년(금은·동·철·사람)과 1335년(북사北絲·철조鐵條·사람)에 단행되었고,[82] 그 사이인 1332년 8월 11개의 금칙들이 반포되었다.[83]

그러한 금칙들에 규정된 '금지대상 행위'를 열거하면 다음과 같다. 우선 수입 물자를 숨기거나 사적으로 판매하는 것이 금지되었다(私發番船遇革). 아울러 그러한 물자를 몰수할 것이 지시되었다(漏舶船隻遇革). 상선에 동승한 사신들이 현지에서 임의로 무역하는 것도 금지되었고(舶商回帆物貨遇革), 해외 선박들이 서로 임의로 무역하거나 허락받지 않은 곳에서 무역하는 것도 금지되었다(番船私相博易遇革, 拗番博易遇革). 여러 행정 관리자들이 비위를 범하면 처벌되었고(脫放漏舶物貨遇革), 선박들이 파손될 경우 그 지원책도 마련되었으며(衝礁閣淺搶物遇革), 뒷돈을 받고 상인들을 자신의 배에 태워주는 행위 역시 처벌되었다(船戶脚錢遇革). 범법 사실을 신고할 경우 제공해야 하는 포상금의 재원을 마련하는 방식도 언급되었고(舶商身故事産), 관리들이 헐값으로 수입품을 사들이는 것이 금지되었으며(減價買物遇革), 무역규정(시박칙례) 위반행위에 대한 처벌방침도 언급되었다(舶商雜犯遇革).

이렇듯 여러 법금과 금칙 들이 1310년대 전반 이후 20여년 만에 다시 발효되어, 1330년대 초 이래 인근 지역의 해상무역에 어느정도 '억제적인' 변수로 작용하게 된 셈이었다.[84] 1340년대 초 복위한 후 대외교역을 본격

---

82) 『至正條格』 권28, 條格 關市, '違禁下番' 지순원년(1330) 5월, 후 지원원년(1335) 7월.

83) 『至正條格』 권28, 條格 關市. 형부에서 의득(議得)하고 도성(都省, 중서성)에서 준의(准擬)한 형태를 띠고 있다.

84) 특히 중국을 방문하는 외국 선박으로서는 그러한 압박을 더욱 강하게 느꼈을 것이다. 중국 선박들의 중국 물자 유출 및 수입물자 미신고에 예민한 반응을 보이던 항구측에서, 외국 선박을 통해 들어오는 해외물자의 점검에도 철저하고자 했을 것임은 예상하기에 어렵지 않다. 원의 경우 외국상인들의 지참물품에 관세를 부과하고, 그들의 귀국시 위

화하려던 충혜왕으로서도 이러한 환경에 직면하자 효과적인 교역전략의 창출에 고심했을 것으로 여겨진다. 당장 해외교역에 뛰어들고 싶어도, 1330년대 전반 이래 여건 자체가 변화한 상황에서 섣불리 뛰어들었다가 막대한 영업손실을 입을 가능성을 고려하지 않을 수 없었던 것이다.[85] 앞서 소개한 1340~50년대 『노걸대』류의 서적에서 민간인들의 대원 무역이 일단 육로를 통해 원으로 들어갔다가 배편으로 고려로 돌아오는 모습을 보이곤 했던 것도, 당시 민간인들의 경제력이 대규모 선단 파견 및 원거리 항해를 부담스러워했기 때문이기도 하겠지만 1330년대 전반 계속해서 내려지던 법금 조치들 때문이었을 가능성도 배제할 수 없다.

물론 당시의 법금 조치들로 인해 대원 해상교역이 매우 침체했을 것이라고 보기는 어렵다. 1340년대 후반, 즉 충혜왕의 재위기간이 끝난 직후의 『박통사』 기록을 보면 전술한 바와 같이 고려에서 원으로 오는 선박들이 확인되며, 충혜왕 재위 중이던 1342년에 간행된 『지정사명속지(至正四明續志)』에도 원 항구에서 거래되던 고려 물자들이 언급돼 있기 때문이다. 따라서 1340년대는 물론 그전인 1330년대에도 해상을 통한 고려인들의 원 왕래가 이어지고 있었음은 분명하다. 그러나 정부의 수반인 충혜왕으로서는 국력을 기울여 공식적인 교역을 하는 셈이었으므로, 파상적 민간교역에 비해 원제국 정부의 법금을 더욱 민감하게 고려해야 할 처지였다고 할 수 있다.

공교롭게도 그가 복위 후 본격적으로 해외교역 투자를 재개하려 하던

법물자 지참을 금지하기를 국내 상인에게 하듯이 했던 것으로 전해진다(陳高華·史衛民 『中國經濟通史: 元代經濟圈』, 495면).

85) 아울러 1293, 1314년에는 번국 사신 및 귀국 번인들에 대한 관리(처우)가 언급됐으나 1332년에는 이와 관련한 규정이 없는데, 번방 선박들에 대한 항구측의 보호가 약화된 결과였을 가능성이 엿보인다. 이 또한 고려인 등 외국인들로 하여금 해로 경유 중국 방문을 주저케 하는 사유가 되었을 수 있다.

1341년, '금감가매물(禁減價買物)'이라는 새로운 금칙이 1332년의 '감가매물우혁(減價買物遇革)'을 더욱 확대한 형태로 반포되었음이 주목된다. 금지와 처벌 대상을 이전에 비해 대폭 늘린 이 법규에 따르면 여러 관청, 행중서성, 행어사대, 선위사와 염방사, 군과 민을 관리하는 관료들 모두 관리의 대상이 되었다. 이는 비록 무역 자체에 대한 금칙은 아니었지만 무역을 통해 중국에 유입된 물자들을 내부에서 거래하는 것에 대한 단속규정이었다는 점에서, 또다른 맥락의 무역 관리책이었다고 할 수 있다. 아울러 다음 해인 1342년에는 앞서의 1293, 1314, 1332년 법금들에 비하면 다분히 '원론적'인 조치이긴 했지만, 청렴한 관원을 관세행정 관리자로 지정하는 등 시박추분에 대한 관리를 강화하는 조치가 다시금 내려진다.[86] 이런 상황에서 충혜왕이 해로를 통한 교역을 고수하기는 무리였을 것으로 생각된다.

게다가 1331년 충혜왕에게 사신을 보내온 아부 사이드는 이미 1334년 사망한 상태였고, 일칸국 자체도 이미 해체된 지 오래였다. 1331년 아부 사이드 사신의 방문 당시 존재하던, 충혜왕으로 하여금 대외교역에 박차를 가하게 했을 두 중요한 정황들, 다시 말해 (1) 해상활동의 '편의성' 및 (2) 해상활동의 '대상'이라는 두 요소가 1340년의 시점에서는 모두 없어진 상황이었던 것이다. 결국 충혜왕은 1330년대 초의 현실이 아닌 1340년대 초의 현실을 토대로 새로운 무역전략을 구상해야 했고, 대량으로 생산된 직문저포들은 해상이 아닌 다른 경로를 통해 수출되어야 했다. 그 결과 충혜왕의 대외교역은 주로 '육로'를 활용하게 된 것으로 보인다.[87]

앞서 소개한 1342년 3월 사례의 경우, 충혜왕이 파견한 남궁신이 유연

---

86) 『至正條格』 권28, 條格 關市, 抽分市舶, 지정2년(1342) 11월 8일 中書省 奏.
87) 종래의 연구에서는 원제국의 확장으로 인해 육로교통이 원활해진 결과 해로교통이 상대적으로 적어진 것으로 보기도 했으나(陳高華 「元朝與高麗の海上交通」, 원제국이 확장된 것이 중국-한반도 간 해상교통의 위축으로 이어졌을 이유는 없다는 점에서, 이는 적절치 않은 견해이다.

(幽燕)지역으로 향하면서 육로를 취했는지 또는 해로를 택했는지 여부가 명시돼 있지 않다. 유연이 정확히 어디였는지조차 명확하지 않다. 그러나 당대(唐代)의 '유(幽)'는 원대(元代)에는 '중서성 대도로(大都路)'지역, 즉 원의 수도였던 오늘날의 북경지역에 해당한다. 아울러 즉위 전 세조 쿠빌라이가 그의 측근인 패돌로(霸突魯)와 나눈 대화에서, '유연의 땅은 용이 서려 있고 호랑이가 웅크리고 있는 곳으로 형세가 웅장하여 남쪽으로는 강회(江淮)를 제압하고 북쪽으로 삭막(朔漠)에 이어지니, 황제가 거처하며 사방의 조근(朝覲)을 받는 곳'이라는 내용이 있다.[88] 그렇게 볼 때 유연은 곧 연경, 즉 대도인 북경을 가리키는 또다른 명칭이었다고 할 수 있다. 그런데 전통적으로 한반도에서 중국 화북의 대도로 가기 위해서는 육로를 취하는 것이 일반적이었다.

1년 후인 1343년 3월에도 충혜왕은 다시금 임회(林檜), 윤장(尹莊) 등 10여명에게 내고(內庫)의 물품들을 주고서는 원에 가서 판매케 하였다.[89] 이 기사의 경우는 최종 행선지가 언급돼 있지 않아, 그들의 원제국 방문이 육로를 통해 이뤄졌는지 해로를 통해 이뤄졌는지를 확인하기 어렵다. 그런데 6개월 뒤인 1343년 9월 왕이 최안의(崔安義)에게 낙타 3두를 사오게 하여 비단, 주옥 장식 및 보초를 그에 실었고, 이틀 뒤 밤에도 역시 상인들더러 내폐(內幣, 왕실)의 물건을 가지고 원에 가서 행판(行販)케 하였음이 주목된다.[90] 낙타가 운송수단으로 동원된 것을 보면 9월의 이 무역은 육로를 통해 이뤄진 것이라 봐야 할 것이다. 그렇다면 반년 전 3월에도 육로로 출발한 것이라 볼 수 있지 않을까? 당시 충혜왕이 좋은 말들로 왕실 내구(內廏, 마구간)을 채우고 인가 100여구를 헐어 내구를 더욱 크게 지었던 점 또한 고려할 필요가 있다.[91] 육로무역을 위한 교통수단 확보를 염두에 둔

88)『원사』권119, 列傳6 木華黎.
89)『고려사』권36, 세가36 충혜왕 복위4년(1343) 3월 신미.
90)『고려사』권36, 세가36 충혜왕 복위4년(1343) 9월 갑신; 병술.

조치였을 가능성이 있기 때문이다.

결국 충혜왕은 대중국·대서역 무역을 계속하되, 이 시점에서는 중국과의 교역에 좀더 무게중심을 두게 되었을 가능성이 높다. 당시 일칸국이 쇠퇴하고 해상교역에 대한 금칙이 강화되면서, 대도의 중국 상인들은 여러 새로운 교역 가능성들, 육로를 통한 교역 가능성, 그리고 인근 지역과의 교역 가능성을 찾아나서고 있었을 것이다. 그럴 경우 중국과 육지로 연결돼 있던 고려와의 교역이 당연히 최우선적으로 고려되었을 것이라 여겨진다. 충혜왕은 그러한 상황을 꿰뚫어보고, 그러한 수요에 대비해 '직문저포 생산'을 강행하고 '육로수출 체제'를 구축한 것이라 할 수 있다. 충혜왕은 대체로 공격적이고도 가혹한 재정정책을 구사한 것으로 알려져 있고, 삼현신궁 또한 그의 탐욕의 소산으로 치부되어왔지만, 당시 국내외의 여러 여건들을 고려하면 그의 무역전략이야말로 해외교역 여건의 변동에 선제적으로 반응한 타당한 것이었다고 할 만하다.

다만 그것이 지나치게 가열된 양상으로 나타난 결과, 결국 사적인 욕구를 채우기 위한 것이었다는 오해를 산 측면이 있다. 게다가 그의 교역정책은 원 기황후의 무역전략과 상충하는 바가 있었다. 결국 그러한 충돌이 1332년 그의 1차 퇴위와 1343년의 폐위까지 촉발하게 된다.[92] 무엇보다도 이 해 11월 기황후의 측근 고용보(高龍普)가 원제국 정부의 사신들과 함께 충혜왕을 체포하고, 기황후의 오라비 기철(奇轍)과 함께 내탕(內帑)을 봉쇄했음이 주목된다. 이러한 정황은 당시 충혜왕의 퇴위와 축출이 원 황제 순제나 당시 재상 톡토(脫脫) 등으로 대변되는 원제국 정부 세력과의 '외교적 충돌'에서 비롯한 결과라기보다는, '기황후 세력'과의 '이윤경쟁'에

---

91) 『고려사』 권36, 세가36 충혜왕 복위4년(1343) 3월 을해.

92) 충혜왕의 무역정책이 1330년대 초 원제국 정부의 무역규제 노선과 충돌하였고, 1340년대 전반에는 기황후의 무역이해와 충돌하는 것이었음에 대해서는 이강한 「고려 충혜왕대 무역정책의 내용 및 의미」 참조.

서 비롯한 결과였을 가능성을 암시한다.

충혜왕은 일찍이 재위 중에도 기씨일족과 자주 충돌하였다. 충혜왕과 신예(辛裔) 사이의 충돌이 대표적인 예다. 신예가 유점사도감(楡岾寺都監)을 관장할 당시 강거정(姜居正)과 윤형(尹衡) 등이 충혜왕의 명을 받고 유비창 관원 자격으로 사원전을 거두며 유점사의 토지도 함께 회수한 것이 문제된 바 있었다. 유점사도감이 토지의 반환을 요구하자 강거정 등은 거부하였고, 이에 신예가 황제의 명령에 대한 불복을 구실로 강거정 등을 가두게 된다.[93] 이 사건은 고용보의 매서(妹婿) 신예와 충혜왕 사이의 충돌, 충혜왕과 고용보 세력의 충돌, 더 나아가 충혜왕과 기황후 간 충돌의 전형을 보여준다. 더불어 충혜왕의 무역정책이 기황후 세력의 이해관계에 저촉되는 것이었음을 잘 보여준다.

무엇보다도 당시 기황후로 대변되는 이른바 '자정원(資政院) 세력'이,[94] 1340년대 들어 13세기 후반에 버금가는 수준의 공물을 고려에 요구하기 시작했음에 주목할 필요가 있다. 이러한 요구는 충혜왕 퇴위 후 충목왕대 내내 계속되었고, 1356년 10월 공민왕이 기황후 세력이 파견하던 고려인 출신 환관들의 왕래를 공식적으로 거부할 때까지 계속되었다.[95] 앞서 언급한 바와 같이 공물 요구는 공교롭게도 충혜왕이 사망한 이후에 시작됐는데, 충혜왕이라는 장애물이 사라진 후 기황후측의 무차별적인 징발이 시작된 것이었음을 보여준다. 충혜왕의 무역정책이 그 자신의 퇴위와 사망을 불렀음을 보여주는 단적인 정황이라 할 만하다.

이상에서 살펴본 바와 같이, 14세기 전·중반 고려 국왕 및 정부 차원의 대외교역은 13세기 말 충렬왕대에 비해 비교할 수 없을 정도로 정교해지고 또 더욱 적극화되었다. 무엇보다도 수출품의 생산과 조달이 정부부처

---

93) 『고려사』 권125, 列傳38 姦臣1 辛裔.

94) 이용범 「奇皇后의 冊立과 元代의 資政院」, 『역사학보』 17·18, 1962.

95) 이강한 「공민왕 5년(1356) '反元改革'의 재검토」, 『대동문화연구』 65, 2009.

개편 및 방직기지의 구축으로 더욱 원활해졌고, 교역을 위한 해외 인적관계망이 구축돼 투자와 이윤 회수가 가능해졌다. 그 결과 13세기 말 동아시아 교역권 내에서도 소외돼 있던 한반도 시장이, 14세기 전반에는 동서 세계간 교역에 다양한 형태로 연루되어 새로운 위상을 정립해가게 되었을 것으로 생각된다.

따지고 볼 때, 이러한 커다란 변화는 당시 고려를 방문한 회회인과 고려 국왕들이 원제국 내에서 만난 서역인 들이 동서 세계간 교역의 여러 추세와 정보 들을 전해주었기 때문에 가능한 것이기도 하였음을 기억할 필요가 있다. 13세기 말 마아바르국 출신의 무역관료가 충선왕과 접촉하고, 14세기 전반 일칸국 수장의 사신이 충혜왕을 예방한 것이 중요했던 것이다. 원제국과 긴밀한 거래관계를 맺어오던 위정자급 무역주체들이 원제국 정부와의 관계가 변동하면서 새로운 대책을 모색해야 할 처지에 놓이자 처음으로 고려지역을 방문했는데, 그것이 고려인들에게는 소중한 자산이 되었던 셈이다.

물론 이란지역과 인도는 지리적으로 멀리 떨어져 있는데다, 두 사례 사이의 시간적 격차도 적지 않다. 그러나 중국과 서역세계를 연결하던 동서 세계간 교역에서, 인도대륙과 서아시아는 그 자체로 하나의 국지적 무역권을 구성하고 있었다. 아울러 마아바르국과 일칸국 모두 인도대륙과 서아시아의 대표적인 무역 중심지들이었다. 이러한 지역들에서 차례로 고려에 접촉을 시도해온 것은 결코 간과할 수 없는 정황이며, 앞서 살펴본 민간 상인들의 징발·도피·노예 판매를 계기로 한 고려 방문이 결코 우연히 일어난 파편적 사례들이 아니었을 가능성을 강하게 시사한다. 한반도가 동서 세계간 교역에 이전과는 다른 맥락으로 연동된 것만은 분명하다.

무엇보다도 이들과 고려의 접촉 모두 그간 고려의 대외무역 동선에서 지워져가던 중국의 천주지역을 매개로 하고 있었음에 유의할 필요가 있다. 마아바르 재상 패합리가 천주에서 고려 왕을 예방했고, 고려에 들어오던 노예상인들이 천주에서 출발했으며, 일칸국 귀환길에 충혜왕을 방문한 아부 사이드의 사신도 (마르코 폴로의 예를 상기할 때) 천주에서 출항했을 가능성이 높다. 천주지역 출신자들의 고려 방문이 감소하던 11세기 후반과는 달리, 13세기 말~14세기 전반에는 천주지역인들의 방문이 재개되기 시작한 것이다. 이는 당시 고려 시장의 위상이 13세기 후반 동서 세계간 교역에 의해 '소외'되었다가, 13세기 말~14세기 초 다시 주목받기 시작하였음을 상징적으로 보여준다.

물론 한반도 시장의 새로운 역할이 일종의 중국 배후시장이었는지, 소모품 공급처였는지, 인력의 조달지였는지는 알 수 없다. 고려 시장의 위상이 동서 세계간 교역을 보조하는 하나의 대체·후보 시장으로 재정립되고 있었을 가능성이 막연히 상정될 뿐이다. 그러나 중요한 것은 고려가 초기에는 동서 세계간 교역의 진흥에 밀려 소외됐다가, 이후 일종의 대안·후보 시장으로서 동서 교역 주체들의 관심을 끌게 되었다는 점이다. 더 나아가 고려의 국왕과 정부, 민간인들이 그들의 도래와 접촉을 활용, 활발한 대외무역을 재개했던 점이라 할 수 있다.

13세기 후반 회회인들의 도래에 대응하여 동서 세계간 교역에 직접 투자하고자 했던 충렬왕의 시도는 실패했지만, 충선왕과 충숙왕, 그리고 충혜왕은 서역교역에 대한 더 상세한 정보와 더 잘 짜인 인적 관계망을 토대로 세계 교역망에 직접 접촉할 수 있었다. 이는 중국 한인 상인들의 방문이 거의 끊어지다시피 한 상황에서, 대외무역의 규모와 규범 자체가 이전에 비해 달라졌음을 당시 회회인·서역인 들을 통해 절감하게 된 고려의 국왕들이, 한반도를 동서교역이라는 전지구적 현상에 새로운 모습으로 연동시켰던 것이라 할 수 있다. 그러한 노력이야말로 앞서 『노걸대』에서 살펴본 바와 같은 14세기 전·중반 민들의 왕성한 해외교역에 강력한 후원이자 토대가 된 것으로 생각된다.

14세기 후반 원제국의 몰락:
고려 정부와 상인들, 전환기에 놓이다

제7장

늘어나는 외국인들의 방문, 고려 정부의 딜레마

1. 강남인들이 다시 오다

14세기 전반 한반도 대외교역사의 새로운 '부활'은, 급기야 한동안 고려를 방문하지 않던 옛 손님들을 다시금 불러들이게 된다. 13세기 말~14세기 초를 기점으로 더이상 한반도에 오지 않게 된 중국 강남지역의 한인 상인들이, 거의 반세기 만에 다시금 고려를 방문하기 시작한 것이다. 1350년대 후반 이른바 '강남의 한인 군웅(漢人軍雄)' 세력들을 비롯, 여러 종류의 '강남인'들이 고려 정부에 접촉해왔음이 확인된다.

1350년대 접어들어 원제국 정부의 강남지역 통제가 이완되면서, 일련의 '한인 군벌'들이 득세하여 각축하고 있었다. 그리고 그 대표주자 격이었던 장사성(張士誠)과 방국진(方國珍) 등이 앞 다투어 고려에 접촉해오게 된다. 이를 근거로 그간 학계에서는 당시 오랜만에 고려를 방문한 최초의 세력이 상인들보다는 강남의 군벌세력이었다고 보아왔다.

군벌세력들이 당시 발휘하던 영향력의 규모를 고려할 때, 그들이 1350년대 고려에 접촉해온 것은 분명 주목해야 할 대목이다. 일정한 규모의 물자를 고려측에 제공하고 또 답신을 받아가는 등, 엄연히 '물자교역'에 해당하는 행적을 보였던 장사성과 방국진의 방문동기를 해명할 필요가 있기 때문이다. 고려로서도 당시 이들의 방문동기에 촉각을 세우지 않을 수 없었다. 원제국의 동요가 고려에 많은 영향을 끼치고 있던 상황에서는 더욱 그러하였다.

그러나 군벌들의 고려 방문에 지나치게 의미를 부여하다가는 이 시기 한반도와 중국 강남 간 교류의 맥락을 군사적·외교적·일회적으로만 해석하게 될 염려가 있다. 특정 군벌의 존속시기는 그렇게 길지 않았고, 이들의 의도는 어디까지나 군사력 확보를 통한 정치적 생존에 있었을 뿐이기 때문이다. 중장기적 경제·문화 교류까지 포함한 것은 아니었을 가능성이 높다. 따라서 그러한 군벌들을 매개로 이 시기의 양국 간 교류를 검토하는 것은 당시의 역사를 온전히 검토하는 데 장애가 될 수 있다.

무엇보다도 중요한 것은, 이 군벌들이 당시 한반도를 다시금 방문하기 시작한 최초의 강남인들이 결코 아니었다는 점이다. 오히려 강남의 지방 행정단위들, 즉 강남지역의 '행성(行省)'들에서 먼저 고려에 사신을 보냈음이 확인된다. 장사성, 방국진 등이 고려에 접촉해오기 전, 이미 강절행성의 최고위층에서 고려 정부에 접촉을 해온 바 있었던 것이다. 기왕의 관측처럼 당시 '강남 군웅들의 고려 접촉'으로 인해 강남과 한반도의 교류가 재개되고 이후 '강남 민간인들의 고려 방문'도 가능해졌던 것이라기보다, '강남의 행정단위'들이 고려를 방문하고 그것이 군웅들의 고려 접촉을 가능케 했으며, 더 나아가 민간인들의 고려 방문 또한 촉진했을 가능성을 상정할 필요가 있다.

군벌 장사성의 경우, 일반적으로는 1357년 7월 처음 공민왕에게 사신을 보냈던 것으로 추정되어왔다. 이는 "강절성 승상이 〔강절성의 관원인〕 이문(理問) 실랄불화(實剌不花)를 보내와 토산물을 바쳤다"는 『고려사』 1357년 7월조 기사를 근거로 한 관측이었다.[1] 그런데 당시 강절행성의 승상은 사실 장사성이 아니었다. 당시 강절행성의 승상으로는 달식첩목이(達識帖睦邇)라는 인물이 확인될 뿐이다.[2] 장사성은 '1357년 7월의 방문'이 있은 지 한달 이후인 1357년 8월, 원제국 정부군에 항복하고 강절행성의 '태위(太尉)'직을 받았을 따름이다.[3] 즉 1357년 7월 고려에 도착한 강절행성의 관료는 장사성이 아닌 달식첩목이가 파견한 것이라 보아야 한다.[4]

이 달식첩목이는 어떤 인물이었을까? 그는 여러차례 문한직을 제수받았고, 1349년 3월 호광행성 평장정사가 되었다.[5] 1351년 3월 대사농으로서 강절행성 관원들과 함께 방국진을 불러 회유했고, 1354년 6월에는 장사성을 토벌하려다 대패하기도 했다.[6] 1355년 2월 대도로 돌아와 중서행성 평

---

1) 『고려사』 권39, 세가39 공민왕6년(1357) 7월 을해.

2) 『원사』 권97, 지46 식화5 海運, 지정19년: "(…) 時達識帖睦邇爲江浙行中書省丞相, 張士誠爲太尉, 方國珍爲平章政事, 詔命士誠輸粟, 國珍具舟, 達識帖睦邇總督之."

3) 『원사』 권45, 본기45 순제 지정17년(1357) 8월.

4) 김혜원의 경우, 1357년 7월 당시 '강절성 승상'에 의해 고려에 파견된 실랄불화가 1358년 7월 장사성에 의해 다시금 고려에 파견되었음을 들어, 1357년 7월의 강절성 승상 역시 장사성이었을 것이라 추정한 바 있다(김혜원 「高麗 恭愍王代 對外政策과 漢人群雄」, 『백산학보』 51, 1998). 그러나 전술한 바와 같이 1357년 당시의 강절성 승상은 달식첩목이었고 장사성은 이후 승상이 아닌 태위의 직을 수여받았다는 점을 고려할 필요가 있고, 1357년 7월 방문 기사에서는 '방문 사실만 간략히' 기술된 것과 달리 1358년 7월 기사에는 장사성과 공민왕이 '첫 인사를 나누는 듯한' 정황이 묘사돼 있음에 유의할 필요가 있다(『고려사』 권39, 세가39 공민왕7년(1358) 7월 갑진: "(…) 稔聞國王有道, 提封之內民樂其生, 殊懸懷想"). 따라서 장사성이 공민왕에게 최초로 사신을 파견한 것은 '1357년 7월'이 아닌 '1358년 7월'로 보는 것이 적절할 것으로 생각되며, 실랄불화는 강절행성의 이문 관료로서 지도부의 변화와 무관하게, 1357~58년 연속으로 고려에 파견된 것이었다고 할 것이다.

5) 『원사』 권40, 본기40 순제 후 지원6년(1340) 3월 정축(규장각대학사); 권41, 본기41 순제 지정4년(1344) 9월 계축(제조선문각提調宣文閣 지경연사知經筵事), 지정5년(1345) 9월 신축(한림학사승지翰林學士承旨); 권42, 본기42 순제 지정9년(1349) 3월 기사.

6) 『원사』 권42, 본기42 순제 지정11년(1351) 7월; 권43, 본기43 순제 지정14년(1354) 6월 신묘.

장정사가 되었다가 1355년 8월 비로소 강절행성 좌승상이 되었고, 1356년 3월 지행추밀원사를 겸하게 됐지만 4개월 뒤인 7월 다시금 장사성에게 대패하였으며,[7] 결국 그다음 해인 1357년 8월 장사성이 강절행성의 태위로 오게 된다.

이즈음 그의 동향에서는 두가지 면모가 확인된다. 그는 우선 장사성의 항복을 믿지 않았으며, 그것이 장사성의 세력 확대를 위한 '거짓 항복'이라 의심하였다. 즉 그는 한인 군웅을 견제하는 몽골인 지방관으로서, 원제국 중앙정부의 방침에 충실했던 인물로 느껴진다. 게다가 그는 1359년 원제국 정부가 장사성의 아우 장사신을 강절행성 평장정사에 임명할 당시 모든 권한을 빼앗겼다고 되어 있어, 군웅으로서의 장씨세력과는 철저히 대척지점에 서 있던 인물이라 할 수 있다.[8] 그런데 또다른 기사에 따르면, 장사성을 강절행성의 관료체계 내로 불러들인 것이 바로 달식첩목이이기도 했음이 주목된다. 『명사』의 장사성 열전에 따르면, 답실첩목이가 당시 강절행성의 또다른 실력자였던 완자(完者)와 사이가 나빠 장사성의 병력을 불러들였고, 장사성은 그에 대한 보답으로 완자를 죽였다는 것이다.[9] 이 두 사료에 드러난 그의 면모들을 종합해보면 달식첩목이는 원제국 정부가 임명, 파견한 지방의 최고위 관원이었으되, 별도의 의도를 갖고 독자적인 행동도 서슴지 않았던 인물로 나타난다.

즉 달식첩목이는 당시 강남지방 최대 행성인 강절행성의 몽골인 지방관으로서 강남지역에서 할거, 준동하던 한인 군웅들을 견제해야 할 책무를

---

7) 『원사』 권44, 본기44 순제 지정15년(1355) 2월 병자; 8월 무진; 지정16년(1356) 3월 정유; 7월 정유.

8) 『원사』 권140, 列傳27 達識帖睦邇 普化帖木兒: "(…) 達識帖睦邇不可, 曰: "我昔在淮南, 嘗招安士誠, 知其反覆, 其降不可信 (…) 지정19년(1359), 朝廷因授士信江浙行省平章政事 (…) 方面之權, 悉歸張氏, 達識帖睦邇徒存虛名而已."

9) 『명사』 권123, 列傳11 張士誠 莫天祐, 達識帖睦邇在杭, 與楊完者有隙, 陰召士誠兵. 士誠遣史文炳襲殺完者, 遂有杭州 (…).

지닌 존재였던 동시에, 자신의 사익(私益) 운영 차원에서 필요할 경우 강남의 한인세력들과 긴밀한 관계를 유지할 동기 또한 지녔던 존재라고 생각된다. 그렇다면 그가 고려에 교역차 접촉해온 것도 전혀 이상한 일이 아니다. 그가 일찍이 강남행대 어사대부로 재직하던 시절 자신과 사이가 안 좋던 강절행성의 관료를 탄핵하기 위해 여사성(呂思誠)이라는 관원을 부당하게 동원하려 했다가 "나를 당신의 개로 생각하지 말라"는 준열한 비판을 들었음에서, 그가 도의나 명분을 중시하는 사람은 아니었을 가능성을 엿볼 수 있다.[10] 또 그가 강절행성 좌승상으로 부임할 당시 황제로부터 원보초 1,000정을 하사받았음에서, 그가 상당한 규모의 대외교역에 개입할 재력 또한 지녔음을 엿볼 수 있다.[11]

강절행성의 실력자였던 달식첩목이의 이러한 면모를 통해 당시 강남지역 행성 관료들이 강남 군웅들과는 무관하게, 아울러 그보다 앞서, 외부

---

10) 『원사』 권185, 列傳72 呂思誠.

11) 달식첩목이가 저폐를 하사받은 1355년 8월보다 두달 앞선 6월 원제국 정부가 '지원절중통초(至元折中統鈔)' 150만정으로 미곡 150만석을 매입했다는 기사(『원사』 권44, 본기44 순제 지정15년(1355) 6월 경진), 당시 친왕(親王)과 제왕의 사망에 하사하는 부조가 대체로 200~500정 규모였음을 보여주는 기사(권44, 본기44 순제 지정15년(1355) 1월 갑자; 4월 신사; 6월 을해), 황후 모친의 사망에 하사된 부의금이 300정 규모임을 보여주는 기사(권43, 본기43 순제 지정14년(1354) 9월 정묘), 말 1필 가격이 5~6정 정도였음을 보여주는 기사 등을 고려할 때(권43, 본기43 순제 지정14년(1354) 3월 병자), 1350년대 1,000정의 가치 규모가 통상적인 하사의 규모에 비해 상대적으로 큰 것이었음을 알 수 있다. 아울러 제왕 책봉 때 축하로 1,000정을 하사하는 사례, '일자(一字)' 왕호를 지닌 자에게 1,000정을 하사하는 사례 등을 고려할 때(권43, 본기43 순제 지정13년(1353) 12월 기해; 지정14년(1354) 1월 임신), 그에 준하는 금액을 하사받은 달식첩목이의 위상 또한 엿볼 수 있다. 따라서 달식첩목이가 하사받은 1,000정이 그의 경제행위에 투입되었을 가능성과, 그러한 경제행위가 교역적 맥락을 띤 것이었을 가능성을 상정할 수 있다. 시기적으로 좀 앞서는 기사이긴 하지만, 정부 차원의 대서역 교역에서 7만정 규모의 투자가 확인되는바, 1,000정은 개인이 투자 등의 명목에 동원하기에 적정한 규모의 액수로 비치기도 한다(권35, 본기35 문종 지순2년(1331) 2월 갑인).

의 여러 국가들과 교류했을 가능성을 상정할 수 있다. 그러한 교류가 정치적 교류였는지 경제적 교역이었는지 문화적 소통이었는지 또는 군사적 접촉이었는지는 알 수 없지만, 최소한 '관(官)' 차원의 강남-고려 간 교류가 '군사세력 차원의' 접촉에 선행했음은 주목할 만하다.

반면 그간 강남과 고려 간의 교류를 주도한 것으로 이해되어온 장사성이나 방국진 등의 군웅세력은, 원 조정으로부터 그 실체를 인정받고 강절행성이라는 지방 행정단위의 관직을 받은 연후에나 고려를 방문하기 시작했음에 유의해야 한다. 그들은 강절행성 또는 회남행성(淮南行省)의 성관직 등을 제수받아 강남의 행정세력으로 변신하고, 무역 인프라에 접근할 권한을 포함해 '공적인' 권력을 행사하게 된 이후에나 비로소 고려와의 접촉을 본격화한 것이다.

장사성의 경우, 1353년 5월 태주 흥화현(興化縣)을 함락한 후 고우(高郵)를 함락하였다. 또 1356년 2월에는 평강로(平江路), 호주(湖州), 송강(松江), 상주(常州) 등을 함락했으며, 7월에는 드디어 항주를 함락하였다.[12] 그러나 그는 전술한 바와 같이 1357년 8월 강절행성 태위가 된 이후인 1358년 7월에나 공민왕에게 처음으로 사자를 보냈다. 강절행성의 관직을 받고서야 고려와 접촉한 것이다.

방국진의 경우도 마찬가지다. 태주에 거점을 뒀던 그는 1348년 처음으로 '해상'에서 난을 일으켰고, 이후 온주 등지를 공격했으며, 강절행성의 누차의 토벌 시도에도 불구하고 세력을 유지하였다.[13] 1353년 1월 잠시 항복했고, 그 댓가로 그해 10월 그를 포함해 형제 방국장(方國璋), 방국영(方國瑛)이 휘주로 치중(徽州路 治中), 광덕로 치중(廣德路 治中), 신주로 치

<hr>

12) 『원사』 권43, 본기43 순제 지정13년(1353) 5월 을미; 권44, 본기44 순제 지정16년 (1356) 2월 기묘; 7월 정유.
13) 『원사』 권41, 본기41 순제 지정8년(1348) 是歲; 권42, 본기42 순제 지정10년(1350) 12월 기유; 지정12년(1352) 윤3월 신축; 5월 무인.

중(信州路 治中) 등을 제안받았지만 거부했으며, 1354년 4월에도 1,300여 척의 배를 가지고 해도에 거하면서 해운을 막고 있었다.[14] 이후 방국진은 1356년 3월 다시금 항복, 해도운량조운만호(海道運糧漕運萬戶)와 방어해도 운량만호(防禦海道運糧萬戶)를 겸하였고, 1357년 8월 강절행성 참지정사가 되었으며, 1358년 5월에는 강절행성 좌승이 되었다.[15] 그런데 바로 그 시점에 고려 공민왕에게 최초의 사신을 보냈고, 이후 1359년 8월에도 고려에 사신을 보낸다.[16] 방국진 역시 강절행성의 고위직을 역임하게 된 이후에나 고려와의 접촉을 꾀했던 것이다.[17] 이후 그가 고려와의 접촉을 재개한 1364년 6월이나 1365년 8월, 10월 역시, 그가 회남행성 좌승상이 된 1365년 9월을 전후한 시점이었다.[18] 장사성과 방국진 모두, 행정권력을 장악해가던 와중에 고려와의 통교 또한 적극 추진했던 것이다.

　이들이 굳이 강남지역의 행정권력을 일부 장악한 후에 고려와의 접촉을 시도한 이유는 무엇이었을까? 『원사』 식화지 해운조(海運條)에서도 보이듯이, 장사성과 방국진은 당시 강남 군웅들 중에서도 대표적인 해상세력이었다. 그런 점에서 당시 고려와 접촉을 시도할 만한 유일한 세력들이기도 했고, 그 의지에 따라 더욱 이른 시기에 고려와 접촉할 수도 있었다. 그러나 외국과의 통교는 일회적인 항해, 일회적인 거래로 끝날 일은 아니었다. 일정기간 지속되는 것을 전제해야 하는 것이 바로 외교이자 교역이다.

---

14) 『원사』 권43, 본기43 순제 지정13년(1353) 1월 병자; 10월 경술; 지정14년(1354) 4월 계사.

15) 『원사』 권44, 본기44 순제 지정16년(1356) 3월 무신; 권45, 본기45 순제 지정17년 (1357) 8월 을축; 지정18년(1358) 5월 무술.

16) 『고려사』 권39, 세가39 공민왕7년(1358) 5월 更子; 8년(1359) 8월 무진.

17) 방국진은 1년 뒤인 1359년 10월 강절행성 평장정사가 되었고(『원사』 권45, 본기45 순제 지정19년(1359) 10월 경신) 1366년 9월에는 드디어 강절행성 좌승상이 되었다(권 47, 본기47 순제 지정26(1366) 9월 병술, 그의 동생 국영, 국민國珉, 조카 명선明善 등은 평장정사).

18) 『원사』 권46, 본기46 순제 지정25년(1365) 9월 임오.

따라서 그들로서는 대고려 접촉을 시작하기에 앞서 좀더 영속적인 경제기반과, 그 경제기반을 통제할 정치적 권위를 확보해야 할 필요가 있었다. 그들이 외국과의 통교를 지속적으로, 또 원활히 유지하기 위해서는 해상교역 상인들의 중장기적 협조가 절실했고,[19] 항구지역을 군사적으로 지배하는 수준을 넘어 행정적인 장악이 필요했던 것이다. 그런데 그들에게 그런 힘을 제공할 수 있는 것은 결국 강절행성 등 지역 지배단위들의 행정권력이었다. 그러한 행정권력을 통할 때에만 그들은 자신들의 군사력만으로는 접근하기 어려웠던 항구지역의 시박행정 인프라 및 내륙 각지의 세원들을 장악할 수 있었을 것이라 생각된다.

앞서 언급한 장사성의 경우, 강남지역의 행정권력에 접근하기 전 그가 지배하던 지역은 강절행성의 북부, 즉 항주 이북지역에 불과했다. 1357년 8월 강절행성 태위가 될 무렵 점하고 있던 범위의 최하한이 항주지역이었던 것이다.[20] 세력권의 범위로만 놓고 보자면 그는 아직 경원항지역에도 제대로 세력을 떨치지 못하고 있었던 셈이다. 따라서 강절행성의 행정권력에 어느정도 접근하지 않고서는 주요 항구들의 자유로운 이용이 여의치 못한 상황이었다고 할 수 있다. 그에 비해 방국진의 경우 1359년 3월 시점에서 태주, 온주, 경원 등 주요 항구지역들을 보유하고 있었음이 확인된다.[21] 따라서 장사성에 비해서는 외국과의 교역에 나서는 것이 상대적으로

---

19) 장사성 휘하에 있던 대부호 심만삼(沈萬三)처럼, 원제국 말엽 혼란의 와중에 소주·경원 등 항구지역의 많은 부호들이 군웅들에게 몸을 의탁하고, 해외교역을 통해 많은 재물을 축적하였다(檀上寬「明初の海禁と朝貢-明朝專制支配の理解に寄せて」, 森正夫 等著『明淸時代史の基本問題』, 汲古書元 1997에서 재인용). 강남 군웅들은 이러한 부호들의 지원이 절실했을 것인데, 원말 명초 지방 유력 향신층의 밀무역 실태에 대해서는 『숭정장주부지(崇禎漳州府志)』나 『숭정해징현지(崇禎海澄縣志)』 등을 검토한 佐藤圭四郎「嘉靖·萬曆年間の南海交通」,『イスラーム商業史の硏究』참조.

20) 『원사』 권44, 본기44 순제 지정16년(1356) 2월(평강로平江路, 호주湖州, 송강松江, 상주常州); 7월: "張士誠 遣兵陷杭州."

21) 『명사』 권1, 본기1 태조 朱元璋, 지정19년 3월 정사: "方國珍以溫, 台, 慶元來獻";『원사』

용이했을 수도 있다. 그런데 한편으로 방국진의 경우 지역 상인들과의 관계는 그리 우호적이지 않았을 가능성이 있다. 강남행대(江南行臺) 어사대부(御史大夫) 납린(納麟)이 태주(台州)를 거점으로 발호한 방국진을 공격하면서, 태주의 백성 진자유(陳子由), 양서경(楊恕卿), 조사정(趙士正), 대갑(戴甲)을 비롯한 여러 '민정(民丁)'들을 동원했다는 기사에서 그를 엿볼 수 있다.[22]

즉 장사성과 방국진 모두 지역적으로 그리고 세력적으로 상당한 영향력과 기반을 구축한 상태이긴 했으나, 외국과의 교역에 본격적으로 나서기에는 각자만의 취약점들을 지니고 있었던 셈이라 할 수 있다. 그런 상황이었기에 장사성과 방국진은 강절행성의 성관(省官)이 된 후에야 비로소, 강절행성 최고위층(예컨대 달식첩목이 등)에 의해 1357년 또는 그전부터 구축돼 있던 해외 여러 지역과의 통교 창구를 활용, 고려와의 통교에도 나설 수 있게 된 것이다.

그들의 고려 접촉이 시작되면서, 강절행성의 여타 성관들도 고려와 더욱 빈번히 접촉하게 된다. 장사성과 함께 고려에 사신을 보내곤 했던 정문빈 역시 강절행성 관할하의 강절해도 방어만호였고, 1359년 7월 폭풍으로 인해 황주(黃州) 철화강(鐵和江)에 정박한 화니적(火尼赤) 역시 강절행성 평장이었다.[23] 강절행성의 경우 태위(장사성), 평장(화니적), 좌승(방국진) 및 방어만호(정문빈) 등이 모두 전방위적으로 한반도와 접촉했다고 할 수 있다.[24]

권47, 본기47 순제 지정27년(1367) 9월 신축: "時台州, 慶元三路皆方國珍 所據."

22) 『원사』 권42, 본기42 순제 지정12년(1352) 5월 무인.

23) 『고려사』 권39, 세가39 공민왕8년(1359) 7월 갑인; 8월 정묘.

24) 유사한 사례로 회남지역의 고려 접촉 시도 또한 거론할 수 있다. 1361년 3월 회남성(淮南省) 우승 왕성(王晟)이 고려에 채백(綵帛), 심향(沈香)을 바친 바 있다(『고려사』 권39, 세가39 공민왕10년(1361) 3월 정사). 회남행성은 1350년대 중반만 하더라도 장사성 등을 토벌하는 주체로서 군웅들과 대척관계에 있던 지역이지만(『원사』 권44, 본기44

이상에서 살펴본 바와 같이, 관료든 군벌이든 강남지방 행성의 최고위 권력자 및 고위 실무관료 들이 원제국 정부의 '지방관' 자격으로 고려 국왕에게 접촉을 시도했음이 시사하는 바는 크다. 당시 고려와 중국 강남지역 간의 교류가 고려 정부와 할거군웅 사이의 비공식적·음성적 교류에 불과한 것이 아니었으며, 어느정도 외교적 공신성 및 행정적 지속성을 지닌 것이 었음을 보여주기 때문이다. 아울러 그러한 교류에 군사적 맥락 외에 경제적 맥락이 강하게 노정돼 있었을 가능성도 함께 보여준다고 할 수 있다.

바로 이러한 상황에서, 민간상인들의 한반도 방문 역시 다시 시작되었다. 예컨대 장사성과 함께 고려에 예물을 보내온 강절해도 방어만호 정문빈이, "만약 상인들이 왕래하여 판매를 통하게 한다면 백성들에게도 좋은 일일 것(儻商賈往來以通興販亦惠民之一事也)"이라 언급한 바 있었음이 주목된다. 강절행성 등과 고려의 접촉이 일상화될 경우 민간상인들의 왕래도 더욱 활발해질 것임을 가정한 것으로 해석된다.

게다가 '천주 상인' 손천부(孫天富)·진보생(陳寶生)의 사례에서, 당시 강남지역 상인들이 실제로 고려를 방문하고 있었음을 확인할 수 있다. 이 두 사람은 해외교역에 종사하며 고려에도 왕래한 것으로 전해진다.[25] 그들이

순제 지정15년(1355) 5월, 회남행성 평장성사 교주咬住, 회동염방사淮東廉訪使 왕야선질야王也先迭兒에게 고우高郵〔의 장사성〕를 무유撫諭케 함), 1357년 8월 장사성이 강절행성 태위가 되었을 당시 그 아우 장사덕이 회남행성 평장정사가 됨으로써(권45, 본기 45 순제 지정17년(1357) 8월), 이 지역도 결국 장씨세력의 영향력 아래로 들어가게 된다. 즉 회남행성 성관이던 왕성의 고려 통교 시도는 이 지역이 장씨세력의 영향 아래 놓인 이후였던 것으로, 1360년대 초 회남지역의 고려 통교 역시 장씨일가가 회남행성의 성관직을 차지해 이 지역에 대한 공적 지배력을 확보한 이후에 개시된 것이었다. 그 점에서 군웅들이 강남 지방단위의 공식 직함을 띤 후 고려와 통교를 시도한 또다른 사례라 할 것이다(장사신은 1364년 왕성을 시켜 강절행성 평장정사 달식첩목이의 과실을 비판, 그 대신 강절행성 평장정사의 자리를 차지하기도 하였다. 권140, 列傳27 達識帖睦邇 普化帖木兒).

25) 王彝「泉州兩義士傳」(장동익『고려 후기 외교사 연구』, 147면에서 재인용한 기사임).

정확히 언제 고려를 방문했는지는 기록에 남아 있지 않지만, 이 사실을 기록한 왕이(王㬇)가 1358년 10월 원제국 쪽 사료에 등장한다.[26] 이들의 주요 활동시기가 14세기 후반이었다면, 그들의 행적은 천주 상인들이 14세기 중·후반 고려에 왔음을 보여주는 증거로 간주될 수 있다. 당시 고려를 방문하던 강남 군웅 장사성 및 방국진 등의 활동지역은 주로 강절행성 이북에 몰려 있었고, 남부의 천주지역과는 상대적으로 무관했던 데 비해 손천부, 진보생의 행적은 천주지역 상인들이 당시 고려를 방문하고 있었음을 명확히 보여주며, 그것이 시사하는 바는 실로 크다.

앞서 살펴본 바와 같이 송나라 상인들이 활발하게 고려를 방문하던 11세기 당시에도 천주 출신 상인들이 고려를 방문하는 경우는 적었다. 그들이 고려를 방문한 것은 송상들의 고려 방문이 시작된 이후 겨우 반세기 정도의 기간에 불과하였다. 11세기 중엽을 기점으로 고려를 방문하던 송상들의 출신지는 천주에서 명주(원대 경원, 오늘날의 닝보)로 전환되었다. 서역인·회회인 들만이 천주를 통해 고려를 파상적으로 방문해올 따름이었다. 그런데 14세기 후반, 서역인과 회회인이 아닌 중국 강남인들이, 그것도 '천주에서 출항하여' 고려로 오고 있었던 것이다.

이런 상황이었다면 명주 상인들의 고려 방문도 당연히 재개되었을 것으로 생각된다. 앞서 언급했듯이 천주지역은 인도·이슬람권을 상대하던 해외교역 상인들이 주로 출입하는 국제교역항으로, 그리고 명주지역은 고려·일본 등지를 상대하던 상인들이 주로 출입하는 동아시아 국지항으로 그 역할이 나뉘어 있었다. 그에 따라 천주 상인들이 아닌 명주 상인들이 고려에 주로 오게 되었던 것이다. 고려는 원거리 국제교역 상인들이 즐겨 방문하던 '필수 거래상대'로 간주되지 못하고, 단거리 국지교역에 종사하는 상인들이나 찾는 지역시장으로 그 위상이 하향 조정되어 있었다. 11~12세

---

26) 『원사』 권45, 본기45 순제 지정18년(1358) 10월 을유.

기 고려에 온 송상들이 대부분 명주지역 출신이었다는 사실이 당시의 '동아시아 교역권' 및 이른바 '동서 세계간 교역'에서 한반도가 점하던 위상을 노골적으로 보여주는 바 있음은 이미 앞서 언급한 바 있다.

그러다가 1270년대 이래 1330년대에 이르기까지 회회인, 인도인, 이슬람인 들의 고려 방문이 시작되었다. 한반도 시장이 동서 세계간 교역에 종사하던 인도·이슬람 상인들의 눈에 물품 확보처, 채무 이행 및 교역 재개를 도모할 안식처, 그리고 노예교역의 중간기착지 등 여러 다양한 기능을 갖춘 지역시장으로 새로이 비치게 된 결과였다. 그런 상황에서, 1350년대에 들어와 한반도 시장이 국제무역에 종사하는 천주 출신 한인 상인들의 관심마저 다시금 끌게 된 셈이었는데, 이전부터도 고려 방문이 드물었던 그들마저 고려를 다시 방문하고 있었다면 천주보다 한반도와의 거리가 더욱 가까웠던 명주지역의 한인 상인들 역시 고려 방문을 재개했을 것이라 보아야 할 것이다. 12세기 후반 이래 급감하여 13세기 말 거의 중단되다시피 했던 중국 강남인들의 고려 방문이, 500여년이 경과한 14세기 후반 서서히 재개되었음을 엿볼 수 있다.

이러한 정황은 당시 강남인들의 고려 방문이 애초 '군웅들을 매개로' 한 '일시적' 현상, '국지적' 현상에 불과한 것이 결코 아니었음을 다시 한번 보여준다. 14세기 전반 서역인들의 고려 접촉이 누적되고, 고려 국왕들이 그에 힘입어 적극적인 대외교역 정책을 구사하면서 한반도는 동서 세계간 교역에서 새로운 위상을 갖게 되었는데, 한반도 시장의 잠재력에 다시금 주목하게 된 강남 상인들의 한반도 방문이 재개되는 와중에, 강남 군웅들 역시 '행성'이라는 공적 장치를 통해 한반도를 방문하게 되었던 것이다. 12세기 중엽 이후 본격화된 외국인들의 한반도 방문 부진 추세는 이렇게 13세기 말~14세기 초 이래 점차 개선되었고, 그 결과 14세기 중반에 이르러 '이전 추세의 복원'이 시작될 단초가 마련된 것이라 생각된다.

2. 새로운 악재들

이상에서 살펴본 바와 같이, 14세기 중반 한반도 시장의 위상이 제고되면서 서아시아인들뿐만 아니라 동아시아 상인들의 방문까지도 재개되고 있었다. 고려 정부로서는 대단히 바람직한 상황이었다고 할 수 있다. 충렬왕부터 충혜왕까지는 강남인들의 고려 방문이 중단되어 있었기에 위험부담이 높은 대외진출형 관영교역에 전력할 수밖에 없었지만, 공민왕의 경우 방문하는 강남인들을 통해 다수의 중국측 교역 상대방들을 더 용이하게 구할 수 있었을 것이기 때문이다. 최소한 그 점에서는 공민왕이 이전의 고려 국왕들이 경험하지 못했던 대단히 '유리한' 대외교역 조건을 제공받은 셈이라 할 수 있다.

그런데 의아하게도, 외국인들의 고려 방문 증가가 이 시기 고려 정부의 대외투자 증가로 이어지지는 않았다. 오히려 14세기 후반 고려 정부의 대외교역 정책은 여러 어려움을 겪다가 결국 중단되었다. 동서 세계의 수많은 상인들이 다시금 고려를 방문하고 있던 이러한 상황을 공민왕이 과연 제대로 활용하지 못한 것일까? 그것은 아니었다. 그로 하여금 도저히 유리한 여건을 활용할 수 없게 만든 새로운 악재들이 발생했기 때문이었다.

첫번째 악재는 원제국의 고려 물자 징발 재개였다. 앞서 언급한 바와 같이 13세기 말 이래 원제국의 고려 물자 징발은 급감했고, 14세기 초에는 거의 중단되다시피 하였다. 그런데 1340년대 들어 그러한 물자 징발이 다시금 시작되었다. 게다가 이번에는 기황후가 그 배후에 있었다.

기황후는 주지하듯이 고려인으로서 원의 황후가 된 인물로, 기자오(奇子敖)의 딸이자 기철의 누이였으며, 원 직함으로는 완도홀도(完者忽都)황후로 알려져 있다.[27] 그녀는 1333년 고려 출신 환자 독만질아(禿滿迭兒)의 중개로 순제(順帝)에게 처음 소개되었고, 순제의 첫번째 황후였던 답납실리(答納失里)가 역모사건에 연루되어 바얀에게 피살되자 정후(正后)로 책립될 뻔하였다. 그러나 바얀의 견제로 뜻을 이루지 못하였고,[28] 몇년 뒤인 1343년 3월 백안홀도(伯顔忽都)가 두번째 황후가 되는 것을 지켜볼 수밖에 없었다.[29] 그러다가 1340년 2월 바얀이 조카 톡토에게 축출된 후 정국이 반전되었고, 그녀는 사랄반(沙剌班)의 요청으로 동년 4월 제2황후가 될 수 있었다.[30] 제2황후가 된 그녀는 흥성궁(興聖宮)에 거처하고, 고려인 출신 환관 고용보와 박불화(朴不花) 등을 통해 자신만의 세력을 형성하였다.

박불화 혹은 왕불화(王不花)는 고려인으로서, 황후 기씨와는 어릴 때부터 같은 향리에서 살며 서로 의지했던 사이로 전해진다. 이후 기씨가 궁인(宮人)으로 선발되고 또 제2황후가 되어 황자 애유식리달납(愛猷識理達臘)을 낳자, 박불화는 측근, 즉 엄인(閹人)으로서 황후를 섬기게 되었고, 기황후의 깊은 총애로 자정원사(資政院使)가 되어 황후의 재부(財賦)가 보관된 자정원을 관리하였다.[31] 고용보 역시 고려인으로서 일찍이 원에 가 황제의 총애를 받아 자정원사에 임명되었고, 앞서 언급했듯이 충혜왕의 '납치'를 주도했으며, 이후 금강산에 유배되었다가 풀려나기도 했다.[32]

이 두 인물의 공통점은, 기황후의 측근으로서 모두 자정원의 관리를 맡았다는 점이다. 자정원은 1340년 12월 기황후를 위해 설치한 관청으로 알려져 있다. 그녀의 전기에도 그녀가 제2황후가 되면서 휘정원(徽政院)이

---

27) 『원사』 권114, 列傳1 順帝, 完者忽都皇后傳. 기황후의 면모와 그 세력에 대해서는 이용범, 앞의 글; 토니노 푸지오니 「元代 奇皇后의 佛敎後援과 그 政治的인 意義」, 『보조사상』 17, 2002 등을 참조할 수 있다.

28) 이용범, 앞의 글.

29) 『원사』 권114, 列傳1 順帝, 伯顔忽都皇后傳.

30) 『신원사』 권24, 본기24 순제 지원6년(1340) 4월(이용범, 앞의 글 472면에서 재참조); 『원사』 권114, 列傳1 順帝, 完者忽都皇后.

31) 『원사』 권204, 列傳91 宦者 朴不花.

32) 『고려사』 권122, 列傳35 宦者 高龍普.

자정원으로 재편된 것으로 묘사되었다. 제2황후에 불과한 기황후를 위해 자정원이 설치된 것은 대단히 파격적인 조치였다. 기존의 연구에서 지적한 바와 같이 정적(政敵)이던 선 황후 부답실리의 제거로 주인을 잃은 재원이 존재하였기에 가능한 일이었다.[33] 이러한 막대한 재원을 근거로, 종래 연구의 경우 기황후의 측근들 및 자정원 세력을 한데 묶어 '자정원당 (資政院黨)'이라고까지 표현하곤 한다.[34]

이후 기황후는 1365년 8월 백안홀도 황후가 사망하자 마침내 그 자리를 차지했다. 그녀가 누린 권세의 규모는 그녀가 아들 애유식리달납을 황제로 만들고자 1356년 순제의 내선(內禪), 즉 양위까지 도모했다가 그 의도가 발각된 후에도 처벌을 받지 않았음에서 확인할 수 있다.[35] 그러한 권세를 기반으로 그녀는 막대한 재력을 구축했는데, 기황후의 자정원은 숭정원 (崇政院)으로 개편되었고, 중정원(中政院)에 대한 관리도 기황후에게 귀속되었다. 그녀의 재력과 권세는 1340년대 초 이래 더욱 강력해졌고, 1350년대에는 정점에 도달, 1368년 원제국 정부가 북쪽으로 도피한 원제국 말엽까지 계속되었다.

그런데 기황후는 원제국 내에서의 세력 확장에 만족하지 않고 고려의 물자에도 주목하기 시작한 것으로 보인다. 앞서도 언급했듯이, 충혜왕이 제거된 1343년 직후 돌연 원제국의 고려 물자 징발이 근 반세기 만에 재개되었음이 확인된다. 1344년 3월 원은 사신을 보내 저포를 구했고, 1345년 5월에는 '문(文, 紋)'저포를 찾았으며, 1346년 4월에도 문저포를 징구(徵求)하였다. 그리고 고려는 그러한 요구를 수용, 1347년 6월과 1348년 4월 저포를 바치게 된다.[36]

---

33)『원사』권92, 志42 百官8 資政院.

34) 이용범, 앞의 글.

35) 같은 글;『원사』권114, 列傳1 順帝, 完者忽都皇后.

36)『고려사』권37, 세가37 충목왕원년(1344) 3월 을사; 충목왕1년(1345) 5월 갑신; 충목

원은 아울러 저포 외에 다른 물자도 요구했다. 1344년 5월 피폐(皮幣)를 구하고 1345년 7월에는 웅고피(熊羔皮, 곰과 양의 가죽)를 구하였다. 1347년 8월에는 원 태복시(太僕寺)에서 사람을 보내와 탐라의 말을 취하였고, 1349년 3월에는 고려가 원에 용석(龍席)과 죽담(竹簟)을 바친 것이 확인된다.[37]

이러한 물자 요구의 추세는 이후 4,5년여간 다소 위축되었다가, 공민왕의 즉위 이후 다시 시작된다. 1352년 12월 토산물 제공을 시작으로 고려는 1353년 1월 원에 웅고피를 바쳤고, 3월에는 저포를 바쳤으며, 5월에는 토산물을 바쳤다. 1354년 3월에 원에서 문저포를 구하고 5월에는 문저포와 모피를 구하자, 고려 정부는 1355년에는 5월 문저포를 바치고 11월에는 토산물을 바치게 된다.[38]

물론 1355년 7월 황제가 왕에게 술을 하사하고 문저포 공물을 면제해주었다는 기록이 있어,[39] 물자 징발이 어느정도 줄었을 가능성도 엿보인다. 그러나 1356년 공민왕이 물자 징발을 금지해줄 것을 다시금 요청하고 있으므로, 1355년 물자 징발이 중단된 것은 아니었음을 알 수 있다. 오히려 1356년 공민왕이 원제국에 개진한 요구사항들을 통해, 이러한 물자 징발이 기황후의 의도 아래 계속되고 있었음을 확인할 수 있다.[40]

일찍이 13세기 말 성종의 즉위(1294) 이래 원제국의 고려 물자 징구가 감소하는 추세를 보였고 14세기 초 이후에는 물자 징발이 거의 없었음을 고

왕2년(1346) 4월 정축; 충목왕3년(1347) 6월 갑술; 충목왕4년(1348) 4월 정해.

37)『고려사』권37, 세가37 충목왕원년(1344) 5월 기유; 충목왕1년(1345) 7월 임진; 충목왕3년(1347) 8월 무인; 충정왕원년(1349) 3월 갑진.

38)『고려사』권38, 세가38 공민왕원년(1352) 12월 경자; 4년(1355) 11월 경술; 권38, 세가38 공민왕2년(1353) 1월 무자; 3월 계사; 5월 을유; 공민왕3년(1354) 3월 신미; 5월 정축; 5월 신사; 공민왕4년(1355) 5월 임자.

39)『고려사』권38, 세가38 공민왕4년(1355) 7월 신축.

40) 이강한「공민왕 5년(1356) '反元改革'의 재검토」.

려한다면, 1340년대 중반 이후 원제국의 이같은 고려 물자 징발은 대단히 갑작스러운 것이라 할 수 있다.[41] 상당량의 재물을 확보해 원제국에 납공하는 것이 당시 고려의 재정에는 적지 않은 부담이 됐을 가능성이 높다.

물론 공민왕의 경우 1356년을 기점으로 적극적인 재정정책을 단행, 세입의 규모를 넓혀가려 하고 있었다. 다만 1356년의 재정개혁은 기철 세력 등을 제거한 후 그로부터 인력과 토지를 빼앗아 농경 가능인력(또는 가호)의 수를 늘리는 데 초점을 두었던 만큼, 개혁의 범위와 규모는 제한적이었다. 본격적인 재정개혁으로서의 토지 조사 및 호구 파악 조치는 1360년대 이후에나 전개되었던바, 즉위 초의 공민왕으로서는 충목왕대 이래 지속되어온 기황후의 침탈적 징구에 대응해 균형재정을 유지하는 것이 녹록지 않은 상황이었다.[42]

원의 이러한 물자 징구가 공민왕의 교역정책에도 상당한 지장을 초래할 것은 분명했다. 무엇보다도 주목할 것은, 원제국이 고려에 요구한 물자들이 대개 고려의 특산물로서 대외교역에 투입되던 주요 수출품들이었다는 점과, 원제국의 고려 특산물 징발이 재개된 시점이 교역정책에 국정을 총동원하다시피 했던 충혜왕이 원과의 분쟁 끝에 제거된 직후였다는 점이라 할 수 있다. 앞서 언급했듯이 충혜왕의 1332년 및 1343년 퇴위는 모두 원제국, 정확히는 기황후측과의 경제적 분쟁에 기인했던 측면이 있다. 그러한 충혜왕이 도태된 직후 원제국의 고려 물자 징발이 시작되었다는 것은, 고려 정부의 관영교역과 경쟁하던 끝에 충혜왕을 제거한 원제국 쪽 경제세

---

41) 당시 문저포, 피폐, 웅고피 등의 징발규모는 미상이나, 기황후와 경쟁관계에 있던 충혜왕의 대원 교역규모가 금은, 보초 외에 '포' 2만필 정도를 포괄하곤 하는 것이었음을 참조할 때, 충혜왕의 교역정책 및 왕위 자체를 견제해 퇴위시킨 기황후 세력의 고려 물자 징발의 정도 또한 그에 조응하거나 그를 상회하는 수준의 것이었다고 짐작해볼 수 있을 따름이다.

42) 이강한 「공민왕대 재정운용 검토 및 충선왕대 정책지향과의 비교」, 『한국사학보』 34, 2009.

력, 예컨대 자정원당 내 세력들이 차후 고려 교역의 성장을 견제하는 차원에서, 또는 상품성 있는 고려 물자를 갖고 나름의 교역을 감행하고자 고려 특산물을 강제로 징발하고 나선 것이었을 가능성을 시사한다.

원제국 쪽 또는 기황후측의 의도가 그러했다면, 공민왕의 교역정책은 더더욱 정상적으로 추진되기 어려웠을 것으로 판단된다. 당시 기황후 세력의 고려 물자 징발은 원제국 정부 내의 여러 관청인 선휘원, 장작원(將作院), 대부감(大府監), 이용감(利用監), 태복시, 자정원을 전방위로 동원하는 형태로 이루어져[43] 공민왕을 더욱 어렵게 했을 것으로 생각된다.

이상에서 공민왕이 새로운 재정악화 요인을 짊어진 채 교역정책을 추진해야 하는 상황에 놓여 있었음을 살펴보았다. 게다가 당시 새로운 악재가 원제국 내에 등장하고 있었음이 확인된다. 이 악재가 고려에 직접적 타격을 가했던 것은 아니지만, 원제국의 통화질서를 붕괴시켰다는 점에서 공민왕의 교역정책에는 또다른 악재였음이 분명하다. 원제국 지폐로서의 원보초의 가치 붕괴가 바로 그것이었다.

원보초의 가치 하락은 엄밀히 말하면 13세기 후반 지원초(至元鈔) 발행 당시 이미 시작되었다고 할 수 있다. 지원초의 발행 자체가, 중통초의 가치가 하락했음을 공식적으로 인정하고 그 명목가치를 이전의 1/5로 재조정한 후 기존 중통초의 가치를 지닌 '새 통화(지원초)'를 출범시킨 것이었기 때문이다. 다만 당시 통화 발행량이 아직 일정 수위를 넘지 않은 상태였고, 인플레 역시 발생하기 이전이었다. 원보초의 가치 또한 조정과 통제가 가능한 수준이었다.[44]

14세기 전반에도 원보초의 가치를 심각하게 위협한 조치는 몇번 있었다. 무종이 지원초의 실제 가치를 과도하게 절하한 후 이른바 '지대은초

---

43) 『고려사』 권39, 세가39 공민왕5년(1356) 10월 무오.
44) 이강한 「고려 후기 원보초의 유입 및 유통 실태」, 『한국사론』 46, 2001.

(至大銀鈔)'를 출범했다가, 인종이 즉위한 후 그것을 회수하는 과정에서 발생한 혼란이 대표적인 예다. 그러나 원보초의 가치는 그러한 위기를 겪고도 어느정도 안정을 되찾는 데 성공했다. 이후 1340년대에 이르기까지 원보초의 가치는 이전(13세기 말~14세기 초)에 비해 상당히 하락한 상태에서도 일정 선을 유지하고 있었다.

그런데 정작 원보초의 위기는 다른 곳에서 조용히 진행되고 있었다. 그리고 그 위기는 종이로 제작되는 지폐의 특성, 즉 지질(紙質)의 상태에 따라 가치가 쉽게 변동하는 원보초의 고유한 특성에 대한 정부 차원의 관리가 심각하게 해이해진 데에서 비롯되었다.

애초 원제국 정부는 지질 관리의 중요성을 절감하고 신보초와 구보초를 교환해주는 행정기관으로서 '행용고(行用庫)'를 두었다. 이 행용고들은 대도는 물론 원제국 내 각 지역에 설치되어 해진 지폐, 즉 혼초(昏鈔)를 신속히 새 지폐로 교환(환전)해주는 역할을 담당하였다. 금은 등의 지급준비물자와 원보초를 교환해주던 평준고(平準庫)와 함께, 행용고는 원제국이 중국사상 최초로 전중국 차원의 지폐 유통에 성공하는 데 크게 공헌하였다. 13세기 중반 원보초가 처음 반행된 이래 행용고는 반세기간 별다른 무리 없이 그 기능을 수행했다.

그런데 14세기 전반, 정확히는 1320년대에 들어와 원보초의 운용과 관련한 원제국 정부의 여러 법 조항들에 이 '행용' 문제에 대한 지적이 심심찮게 발견되기 시작한다.[45] 1322년 처음으로 이른바 '결람소도(結攬小倒,

---

45) 1310년대에는 주로 보초의 훼손(도초挑鈔) 및 위조(위초僞鈔) 문제가 주로 제기되었다. 『대원성정국조전장(大元聖政國朝典章)』에서 그와 관련된 법령들을 확인할 수 있는데, 전자와 관련해서는 1315년의 '주유도초단례(侏儒挑鈔斷例)'나 1316년의 '도보초범인죄명(挑補鈔犯人罪名)' 등이 확인되고, 후자와 관련해서는 1319년의 '조위초인가산미입관경혁(造僞鈔人家産未入官經革)'이나 1321년의 '위초비정범우사혁발(僞鈔非正犯遇赦革撥)' 및 '위초보미성우혁석방(僞鈔報未成遇革釋放)' 등이 확인된다.

불법적 혼초 교환)'의 폐단이 법령을 통해 거론되기 시작했고, 1326년 그와 관련한 고액의 '공묵(工墨, 수수료)' 문제가 거론되었다.[46] 1330년에도 3차례에 걸쳐 행용과 관련한 법령들이 반포되었다. 1월의 법령들에는 행용고의 운영과 관련한 총론적 논의가 담겼다(행용시설의 임무 방기에 대한 지적 및 음성적 초鈔 '도환到換(환전)'과 고가 수수료의 폐해도 지적되었다). 6월의 법령에는 사설 도환주체들이 거둬들인 혼초를 제대로 관에 반납하지 않거나, 관의 처벌을 피해 소액을 여러차례에 나눠 '신초(新鈔, 신규 지폐)'로 바꿔가는 작태가 지적되었다. 10월의 법령에는 그러한 폐단을 근절하기 위해 멀쩡한 '진초(眞鈔)'를 교환하는 시도에 대한 처벌규정이 담기기도 하였다.[47] 이러한 법령들을 통해, 1320년대 이래 관리들이 행용행정에 태만해진 결과 1330년대 초에는 사람들이 해진 원보초를 새것으로 바꾸는 데 어려움을 겪게 되었고, 여유있는 자들이 그들을 상대로 구보초를 접수하고 신보초를 지급하는 사설 환전업을 운영했으며, 그에 그치지 않고 고액의 수수료를 받음으로써 민들을 착취하고 있었음을 엿볼 수 있다.[48]

　이러한 혼란은 이후에도 계속되었다. 원제국 정부는 1331년 10월 수도

---

46) 『至正條格』 권9, 斷例 廐庫, 結攬小倒(1322년 5월); 권23, 條格 倉庫, 關撥鈔本就除工墨 (1326년 10월).

47) 『至正條格』 권23, 條格 倉庫, 關防行用庫(1330년 1월); 권9, 斷例 廐庫, 檢閘昏鈔(1330년 1월); 倒鈔作弊(1330년 6월); 倒換昏鈔(1330년 10월).

48) 『원사』 형법지(刑法志)의 보초규정들 또한 대체로 혼초 및 행용과 관련된 내용을 담고 있다. 직제조의 경우, 전수초고관(典守鈔庫官)이 혼초 도환시 퇴인(退印)을 찍지 않는 경우에 대한 처벌규정, 초고관이 자신의 혼초를 궤명(詭名)하여 도환하는 경우에 대한 처벌규정, 평준행용고(平準行用庫)에서 혼초를 도환함에 공묵전(工墨錢)을 많이 취하는 경우에 대한 처벌규정 등이 확인되고(권103, 志51 刑法2 職制 下), 도적조의 경우 조초고 (造鈔庫)의 공장(工匠)으로 합훼(合毀), 즉 합쳐서 폐기해야 할 초를 사장(私藏)하여 출고한 경우에 대한 처벌규정, 혼초행(昏鈔行)을 검사하는 자가 혼초를 도취(盜取)하였다가 감임(監臨)에게 수획(搜獲)된 경우에 대한 처벌규정, 그리고 소초고(燒鈔庫)에서 합간, 검초, 행인(合干 檢鈔 行人)이 갑자기 혼초를 훔쳐 출고한 경우에 대한 처벌규정 등이 확인된다(권104, 志52 刑法3 盜賊).

에 여러 해 축적된 (환전된) 혼초 270여만정을 불태우는 조치를 단행했는데, 행용고의 계속되는 기능 저조 때문이었던 것으로 보인다.[49] 그러나 행용고의 기능을 정상으로 되돌리지 않는 한 이러한 조치는 일회적인 것으로 끝날 수밖에 없었다. 결국 1333년 3월 도환 부진 문제가 다시 거론되었고, 1334년에도 수수료와 관련한 비리가 폐단으로 지적됐으며, 1338년에도 '결람소도'에 관한 법령이 다시 반행되었다.[50] 이후 1342년 6개 행용고를 추가로 설치하는 등 원보초의 가치를 잡을 마지막 노력이 시도됐지만, 결국은 실패한 것으로 보인다.[51] 1348년에도 부유한 거상들이 모두 '사사로이' 그 초를 바꾸고 있음이 지적되고 있기 때문이다.[52]

이렇듯 14세기 전반 원보초의 가치를 가장 크게 위협한 변수는 결국 낡은 지폐의 환전 문제였다고 할 수 있다.[53] '환전이 제대로 안 되는' 원보초의 가치와 신용에 대한 일반민들의 신뢰도가 점차 하락하고 있었기 때문이다. 그러한 신뢰의 상실은 바로 원보초의 가치에 반영돼 그 하락을 견인하였다. 결국 원제국 정부는 1350년 원보초 제도의 '경정(更定)'을 논의하기에 이른다.[54]

---

49) 『원사』 권35, 본기35 문종 지순2년(1331) 10월 정사.

50) 『至正條格』 권23, 條格 倉庫, 添撥鈔本(1333년 3월); 권9 斷例 庫庫, 提調官不封鈔庫 (1334년 12월); 結攬小倒(1338년 1월).

51) 『至正條格』 권23, 條格 倉庫, 添設六行用庫官司庫(1342년 4월).

52) 『원사』 권186, 列傳73 歸瑒: "(…) 盡易其鈔於私家, 小民何利哉."

53) 물론 원보초 '위조' 또한 그 가치에 부정적인 영향을 끼쳤다. 1330년 대사면을 단행하면서 사면대상에 해당하지 않는 예외적 범죄로 모반대역(謀反大逆), 조부모 및 부모 살해(모의), 처첩의 살부(殺夫), 노비의 살주(殺主) 등과 함께 '위초 인조(印造)'가 함께 거론되었음에서(『원사』 권37, 본기37 영종 지순3년(1332) 10월 경자) 그를 엿볼 수 있다. 그러나 원보초 위조 문제가 계속되고 있었다는 것은 역설적으로 원보초가 여전히 위조대상이 될 정도의 가치를 지니고 있었다는 의미이기도 하다. 그에 비해 환전행정의 부재는 원보초의 가치 및 공신력 하락을 야기할 가장 크고 치명적인 변수였다고 하겠다.

54) 이부상서(吏部尚書) 설철독(偰哲篤), 좌사도사(左司都事) 무기(武祺) 등이 경초법(更鈔法)의 건의를 주도하였다(『원사』 권42, 본기42 순제 지정10년(1350) 4월 기축; 10월 을미).

그런데 당시 여사성의 반대에도 불구하고, 설철독과 무기 등이 새로운 지폐 및 동전을 출범시킨 후 그 두가지를 '겸용'하게 할 것을 건의하였음이 주목된다.[55] 그 결과 기존의 지원초를 대신해서는 중통원보교초(中統圓寶交鈔)가 발행되고, 새 동전으로는 지정통보전(至正通寶錢)이 인조되어 함께 통용되기 시작했다.[56] 지폐와 동전의 겸용은 애당초 원제국 초기부터 금기시되어온 일이었다. 명목통화인 지폐와 현물가치를 내재한 동전을 겸용할 경우, 시중에서 지폐가 추방되는 결과가 발생할 수밖에 없음은 전근대 왕조 통화정책에서 누차 확인된 일이었기 때문이다.[57] 그럼에도 불구하고 당시 원 황제 순제가 관료들의 이러한 원보초 경정책을 수용한 결과, 시중 물가가 10배로 앙등하는 등 인플레가 발생하였다. 그리고 군량 공급과 포상, 호궤(犒勞)를 위해 원보초가 과다하게 인조(印造, 인쇄)되는 바람에 그 가치 역시 급전직하, 결국 원보초는 시중에서 철저히 버림받기에 이른다.[58] 1353년 이후 중통교초는 신규 인조조차 확인되지 않고,[59] 1357년 행용고 대신 편민고(便民 庫)라는 것이 불시에 만들어져 일회적으로 도역(倒易, 혼초 교환) 기능을 수행했을 따름이었다.[60]

당시 원보초의 이러한 가치 하락이 공민왕에게는 어떤 영향을 끼쳤을까? 일찍이 충렬왕부터 충목왕에 이르기까지 고려 국왕들이 원 황제 및 황실로부터 다량의 원보초를 하사받았음은 주지의 사실이다. 이렇게 적립된

---

55) 『원사』 권185, 列傳72 呂思誠.
56) 『원사』 권42, 본기42 순제 지정10년(1350) 11월 기사.
57) 1343년에도 보초 운용과 관련한 논의가 있었는데, 게혜사(揭傒斯)가 '신구의 동전을 겸행하여 초법(鈔法)의 폐(弊)를 구하자'고 건의하자 조정 관료들이 모두 반대하였다 (『원사』 권181, 列傳68 揭傒斯).
58) 『원사』 권97, 志46 食貨5 鈔法.
59) 『원사』 권42, 본기42 순제 지정12년(1352) 1월 병오(중통원보교초 190만정·지원초 10만정 인조); 권43, 본기43 순제 지정13년(1353) 1월 경오(중통원보교초 190만정, 지원초 10만정 인조).
60) 『원사』 권45, 본기45 순제 지정17년(1357) 4월 병진.

원보초는 고려 국내에서 사용되기보다는 국왕들이 원을 방문할 때 지출할 반전비용으로 사용되곤 하였다. 고려 왕들은 원제국 내에서의 사용과 지출에 대비하기 위해서라도 다량의 원보초를 필요로 했다. 충렬왕의 경우 세자 충선왕의 혼인비용을 마련하기 위해 국내에서 마포 등을 징렴해 원에 가서 원보초와 바꾸기도 했고,[61] 충혜왕은 신료들로부터 원보초를 다량 제공받기도 했다.[62]

이러한 원보초가 당시 고려 국왕들의 대외무역에도 사용되었을 것임은 분명하다.[63] 예컨대 앞서 소개한 바와 같이, 고려 정부가 발간한 몽골어 어학 교습서『노걸대』에서도 고려 상인들이 원제국에 가서 물물거래를 하며 다량의 원보초를 확보 또는 지출하고 있음이 확인된다. 양질의 무역수출용 염색저포 제품들을 생산하던 충선왕이나 상인들을 측근으로 부리던 충숙왕, 그리고 중국 및 이슬람 세계 간 교역에 조예를 갖춘 동시에 그 담당 상인들로서의 회회인들과 연고가 깊었던 충혜왕 모두, 원과의 무역에서 원보초를 다량 활용했을 것으로 생각된다.

그런데 공민왕의 경우, 그가 채 즉위하기도 전에 원보초의 공신력이 이미 붕괴 수준에 도달해 있는 상황이었다. 게다가 원보초는 원제국 내에서 기축통화로서의 지위를 상실하면서 국내외 상거래에서 점해온 교환수단, 가치 표시수단으로서의 지위 또한 잃어버렸다. 그 결과 고려 국왕은 대외

---

61)『고려사』권79, 志33 食貨2 科斂, 충렬왕21년(1295) 4월.

62)『고려사』권107, 列傳20 權㫜附 權準.

63) 원보초는 중국의 통화였지만 서역인들과의 교역에서도 폭넓게 쓰이고 있었다. 1331년의 경우 원제국 정부의 실력자 엔테무르가 일칸국 아부 사이드의 신하 컵렬목정이 바친 물자에 대해 초 12만정을 가초(價鈔)로 지불하였고(『원사』권35, 본기35 문종 지순2년(1331) 2월 갑인), 아부 사이드 본인의 선물에 원제국 정부가 초 3,300정 및 여러 물건들을 댓가로 지불하였던바(권37, 본기37 영종 지순3년(1332) 10월 갑인), 고려 국왕들도 원 내지 및 여타 지역(칸국들)을 대상으로 한 교역에서 원보초를 포괄적으로 사용하였을 가능성이 높다.

교역에서 더이상 원보초를 쓰지 못하게 되고 만다. 즉위 이후 공민왕이 원제국으로부터 제공받은 보초의 양도 만만치 않았는데,[64] 그것을 대외교역에는 활용할 수 없는 새로운 상황이 그의 교역정책의 발목을 잡았던 것이라 할 수 있다.

그리하여 할 수 없이 공민왕은 가치가 붕괴해 소용이 없어져버린 원보초의 처분에 나선다. 그는 우선 1354년 6월 원제국 정부의 요청으로 중국으로 출정하던 고려 군인들에게 다량의 보초를 지급하였다.[65] 이 원보초는 원에서 고려 국왕(또는 정부)에게 보내온 6만정을 재원으로 하여 지급됐지만, 기본적으로 고려 정부가 그를 접수해 출정하는 장졸들에게 하사한 것이라 할 수 있다. 출정 군인들에게 일정량의 보초를 보수의 개념으로, 또는 격려나 포상의 차원에서 지급하는 것은 원제국 내에서는 흔히 관찰되던 관행으로,[66] 공민왕 역시 그러한 관행의 연장선상에서 고려군에게 보초를 지급한 것이라 여겨진다. 물론 전술했듯이 당시 원제국 내에

---

64) 1352년 8월에는 원에서 왕에게 금대 및 초 2,000정을 하사하였고, 1353년 왕이 민천사(旻天寺)에 행차하여 인왕도장(仁王道場)을 설했을 때에는 원에서 보초 100정을 행사경비로 보냈으며, 1354년 1월에는 원이 왕에게 저폐 1만정, 황금 1정, 백은 9정을 하사하는 동시에, 장녕옹주(莊寧翁主)의 사위 노왕(魯王)이 연전(宴錢, 연회비용)으로 저폐 150정을 보내오기도 하였다(『고려사』 권38, 세가38 공민왕원년(1352) 8월 무오; 공민왕2년(1353) 3월 갑오; 공민왕3년(1354) 1월 을유; 을해).

65) 『고려사』 권38, 세가38 공민왕3년(1354) 6월 병오: "元遣工部寺丞朴賽顔不花齎寶鈔六萬錠賜赴征將卒."

66) 1322년 3월 행추밀원(行樞密院)에 초 4만정을 하사하여 오살(烏撤)·오몽(烏蒙)을 정벌하기 위해 조발한 섬서(陝西)·사천(四川)의 몽골군 및 점정(漸丁) 1만명에게 나누어준 사례(『원사』 권36, 본기36 문종 지순3년(1332) 3월 기해), 1340년 5월 초 1만정을 내려 궁궐 내외의 문금(門禁)을 수위하는 당올(唐兀), 좌우아속(左右阿速), 귀적(貴赤), 아아혼(阿兒渾), 흠찰(欽察) 등위(等衛)의 군사에게 지급한 사례(권40, 본기40 순제 후 지원6년(1340) 5월 신미), 1353년 6월 초 5만정을 회남행성 평장정사 달세첩목이(達世帖睦邇)에게 급부(給付)하여 회남, 회북 등처에서 장정(莊丁)을 소모(召募)하게 한 사례를 들 수 있다(권43, 본기43 순제 지정13년(1353) 6월 계묘).

서 보초의 가치가 심각하게 붕괴해 있었던 만큼 이들에게 지급된 보초의 구매력은 대단히 미미했을 것임에 틀림없다. 그러나 그들의 임무 수행에 대해 별도의 급부를 지불할 여력이 없는 상황에서, 공민왕으로서는 군인들에게 '명목상'의 댓가를 지급하는 동시에, 이미 가치가 붕괴해 무용지물이 된 보초들을 기회가 닿는 대로 청산하고자 했던 것으로 생각된다.

유사한 사례로 그가 관원들에게서 마필을 사들이면서 원보초를 하사한 경우도 들 수 있다.[67] 1354년 6월 백관으로 하여금 말을 내게 하고, 관에서 보초로 이를 사들여 고우(高郵) 정벌에 나서는 군사들에게 지급한 조치가 그것이다. 종래의 연구에서는 이 조치를 근거로 당시 원보초가 고려 국내에서 일정한 가치를 지닌 채 통용되고 있었으며, 그 결과 원보초가 마필 수령의 반대급부로 지급될 수 있었던 것이라 보았다. 그러나 당시 원보초의 고려 내 유입정도 및 유입가치의 하락 속도,[68] 그리고 고려 국왕 및 관민의 원보초 활용양태 등을 고려할 때, 1350년대 고려에서 원보초가 정상적으로 유통되고 있었을 것이라 추정케 하는 정황은 거의 발견되지 않는다.[69]

---

67) 『고려사』 권82, 志36 兵2 馬政, 공민왕3년(1354) 6월.

68) 원보초의 가치 하락에 대해서는 이강한, 앞의 글에서 부록 표 참조. 이 표는 1230년대부터 1370년대에 이르기까지의 1) 원보초 발행액, 2) 원보초 절하율(가치 변동율) 및 원초와 기타 물자 사이의 절가, 그리고 3) 통화환경의 동향 등에 대한 정보를 담고 있다.

69) 공민왕이 1354년 1월 원으로부터 받아 창고에 넣은(王悉歸之公府) 저폐 1만정은 이후 얼마든지 해외에서 지출되거나 대외무역에 투자될 수 있었으므로(뒤에 따라 나오는 "光秀請王除官三百餘人"라는 문장을 근거로 공민왕이 이 보초를 관료의 녹봉 지급에 활용했다는 관측도 있는데, 필자가 보기에 두 기사는 서로 별개의 것으로 보아야 할 듯하다), 이러한 기사를 통해 고려 내 원보초의 유통을 논하기는 어렵다. 한편 1354년 2월 원 황제가 하사한 저폐로 기로(耆老)들 및 6품 이상의 관료들을 대접했다는 기사의 경우(『고려사』 권38, 세가38 공민왕3년(1354) 2월 정사: "王與公主幸延慶宮與元使宴耆老及六品已上官帝賜楮幣所辦也") 원 조정의 저폐로 행사를 준비했음을 언급한 기사라는 점에서, 그를 근거로 '당시 원조(元朝)의 저폐를 써서 필요한 물품을 고려 내에서 살 수 있었으며' 따라서 '원의 저폐가 고려 내에서 유통되었다'는 맥락의 결론을 도출할 수도 있겠다(김도연 「元간섭기 화폐유통과 寶鈔」, 『한국사학보』 18, 2004). 그러나 한편으로 이러한 원

따라서 이때의 원보초 지급 역시, 외형상으로는 반대급부를 지급하되 실제로는 원보초를 청산하려는 공민왕의 의도가 강하게 게재된 조치로 해석하는 것이 적절하리라 생각된다. 원보초를 받는 관료들 또한 원보초의 가치 하락을 모르지 않았으므로,[70] 당시 정부에 마필을 내고 보초를 받으면서도 '보초로 보상을 받았다'고 여기지는 않았을 것이다. 그저 이전부터 종종 있어온 물품 과렴의 일환으로, 마필을 정부에 무상 제공하는 것으로 받아들였을 것이라 생각된다.

이렇게 해서 공민왕은 1356년을 전후하여 여러 다양한 경로로 자신이 소지하던 원보초, 또는 이전의 정부 또는 왕실이 보유하던 남은 원보초 물량을 거의 소진했을 것으로 보인다. 1356년의 통화제도와 관련한 논의에서도 향후의 주축통화로 은병, 쇄은(碎銀), 마포와 실, 그리고 은전(銀錢) 등만 거론됐을 뿐, 원보초 문제는 일절 언급되고 있지 않음에서 그를 엿볼수 있다.[71]

그러나 서둘러 보유 원보초를 처분하는 과정에서 공민왕은 향후 원과의 무역 또는 기타 지역과의 무역에 사용할 대체 재원은 확보하지 못했을 가능성이 높다. 이 문제는 1350년대 중반까지 이어진 원제국의 고려 물자 징발과도 결부돼 공민왕에게 크나큰 재정적 피로감을 안겼을 것으로 짐작된다. 더 나아가 교역정책 전반을 재고케 했을 수도 있다. 실제로 공민왕은

보초 사용이 당시 일반적이었다면, 그것이 기사로 남은 것 자체가 이상한 일이라 할 수 있다. 이 기사는 오히려 당시 원 저폐의 이러한 고려 내 사용이 '이례적'인 것이었음을 의미하는 것이라 생각된다.

70) 당시 고려인들이 원보초의 가치 하락세를 잘 인지하고 있었을 가능성은 어학 교습서 『노걸대』에서 고려 상인들에게 원보초 사용과 관련한 주의를 유독 강하게 요구하고 있음에서도 잘 확인된다. 이 책에는 '신규 보초, 관인이 선명한 상등 보초'에 대한 고려인들의 강한 집착이 묘사돼 있는데(『원본노걸대』, 65화, 97화), 책의 특성상 이는 원을 방문하는 고려 상인들에게 신초의 가치 및 중요성을 사전에 주지시키고, 어떤 경우에든 흠결 없는 저폐를 사용할 것을 강력히 권고한 것이라고도 할 수 있다.

71) 『고려사』 권79, 志33 食貨2 貨幣, 공민왕5년(1356) 9월.

이어지는 강남인 및 요동인 들의 교역 제안에도 불구하고 그들과의 교류, 교역에 상당히 소극적인 자세를 유지하였다.

이상에서 살펴본 바와 같이, 공민왕이 맞닥뜨린 악재들은 외국인 방문의 증가로 인한 긍정적 효과를 상쇄하고도 남을 정도로 심각했다. 무역에 가장 중요한 결제수단 및 투자물자 양쪽에서 이전과는 완전히 뒤바뀐 상황을 경험하고 있던 공민왕으로서는 이전 국왕들의 활발한 대외교역 정책을 계속하려 해도 그를 계승할 재간이 없었다. 그 결과 재위 전반기에는 외국인들의 접근에 대해 거의 대처하지 못하였다. 후반기에 들어 새로운 가능성을 모색하긴 했지만, 이전의 국왕들이 거둔 성과에 준하는 정책은 선보이지 못했음이 안타깝다.

제8장

정부 주도 교역의 쇠퇴, 여전히 왕성한 민간교역

1. 공민왕의 마지막 시도

재위 전반기의 경우 공민왕은 강남 군웅들의 교류 제안에 대해 가끔 화답하기도 했지만, 먼저 소통을 시도하지는 않았다. 사신이 오면 극진히 대접하되, 제한된 규모의 물자만 교환한 채 돌려보내곤 하였다. 이는 장사성과의 교류 및 방국진과의 교류 모두에서 확인된다.

1358년 7월 장사성이 사신을 보내와 침향산(沈香山), 수정산(水精山), 화목병(畵木屛), 옥대, 철장(鐵杖), 채단 등 여러 물품을 바친 것에 대한 공민왕의 반응에서 그를 엿볼 수 있다. 공민왕은 장사성이 그 거점을 강절성 동쪽으로 옮긴 것을 축하하고, 그간 안부를 묻고자 하였으나 그러지 못했음에 양해를 구하였다. 그리고는 장사성측의 성의에 사의를 표명한 후 물목에 맞춰 답례품을 보냈을 따름이다.[1] 해도방어만호 정문빈 역시 토산물을 바쳐왔지만, 공민왕은 이색더러 답신을 하게 하고 백저포, 흑마포, 호피와

[1) 『고려사』 권39, 세가39 공민왕7년(1358) 7월 갑진.

무늬표범 가죽 조금을 보내게 했을 따름이었다.

장사성, 정문빈은 1359년 4월 다시금 방물을 바쳐왔지만, 그에 대한 공민왕의 답신은 없었다. 그들이 3개월 뒤 다시 사신을 보내와 채단과 금대, 술을 바치자 그제서야 공민왕은 답신을 한 것으로 확인된다.[2] 당시 정문빈이 보내온 글은 대단히 극진하였다. "태위 장공〔장사성〕께서 강절성에서 복무하며 공민왕의 덕풍을 흠모한다"는 맥락의 표현까지 사용할 정도여서, 그들이 고려와의 통교를 어지간히 희망하고 있었음을 엿볼 수 있다. 그에 비해 공민왕은 직접 답하지도 않고, 이색을 시켜 답을 보내게 하였다. 이색은 '사자가 뜻밖에도 빨리 다시 왔다'는 표현을 사용했는데, 강절성 관원들의 적극적인 재방문에 의아해하는 모습을 보임으로써 적극 교류를 부담스러워하는 공민왕의 심정을 에둘러 표현한 것으로 이해된다. 답례로 제공한 토산물 역시 얼마 안 되었던 것으로 보인다. 강절성 관원들의 교류 제안에 거의 무관심하기까지 한 모습이라 평가할 수 있다.

그럼에도 불구하고 장사성 및 강절성의 고려에 대한 구애는 이후에도 계속되었다.[3] 1360년 7월 강절성의 이우승(李右丞)이 침향, 필단, 옥대, 화살과 칼을 바쳤다. 장사성의 경우 1361년 3월에는 채단, 옥가(玉斝, 옥 술잔), 침향, 활과 화살을, 1362년 7월에는 침향, 불옥(佛玉), 향로(香爐), 옥향합(玉香合), 채단, 서축(書軸) 등을, 1363년 4월에는 채단과 양, 공작 등을, 1364년 4월과 7월에는 옥영(玉纓), 옥정자(玉頂子), 채단 40필, 그리고 1365년 4월에도 여러 방물을 공민왕에게 전달해왔다.[4] 이에 대해 공민왕이 답례를 한

2)『고려사』권39, 세가39 공민왕8년(1359) 4월 신사; 7월 갑인.

3) 공민왕의 반응에 비해 강남측의 접근이 워낙 적극적이었던 탓에, 그것이 경제적 손해를 감수하는 교역적 접촉이었다기보다는 정치적 의도를 가진 외교적 접촉이었다고 보는 견해도 있을 수 있다. 그러나 손해를 감수하는 투자야말로 교역의 기본에 해당한다. 따라서 공민왕의 반응만으로 이들 방문의 맥락을 규정할 필요는 없다고 생각된다.

4)『고려사』권39, 세가39 공민왕9년(1360) 7월 병자; 공민왕10년(1361) 3월 정사; 권40, 세가40 공민왕11년(1362) 7월 경술; 공민왕12년(1363) 4월 임자; 공민왕13년(1364)

것은 단 1회에 불과하였다.[5] 역대 국왕들이 외국인 또는 상인으로부터 뭔가 제안을 받거나 제공을 받을 경우, 그를 발판 삼아 적극적인 대외교류와 교역을 시도하던 것과는 사뭇 다른 모습이었다.

이러한 추세는 방국진과의 교류에서도 유사하게 나타났다. 방국진은 1358년 5월 및 1359년 8월 사신을 보내와 토산물을 바쳤고, 이후 한동안 방문이 뜸하다가 1364년 6월 명주사도(明州司徒) 자격으로 침향, 활과 화살, 그리고『옥해(玉海)』,『통지(通志)』 등의 서적을 바쳤으며, 1365년 8월과 10월에도 고려를 방문하였다.[6] 그러나 그에 대한 공민왕의 답례는 사료에 기록된 바 없다. 즉 공민왕은 강남과의 적극적인 교역을 모색하기보다 방문해오는 강남세력들 및 상인들과 일정한 수위의 교류를 유지하는 것으로 일관하는, 대체로 소극적인 모습을 보였다고 할 수 있다.

공민왕이 이렇듯 소극적인 대응으로 일관할 수밖에 없었던 것은, 결국 앞서 살펴본 바와 같이 원제국 기황후측의 물자 징발로 인한 재정적 부담에 발목을 잡혔고, 중국 내 원보초 체제가 몰락함에 따라 대외(대원)무역에 필요한 새로운 재원 및 결제수단 또한 확보하지 못했기 때문이었다. 상인을 유치하고 교역선을 확보하는 등 중국 강남지역을 대상으로 한 적극적 해상 교역을 시도하는 데 필요한 재원이 극도로 부족한 상태였던 것이다. 그 결과 강남인들의 거듭된 방문에도 불구하고 고비용의 대강남 투자, 적극적인

4월 갑진, 7월 정해; 권41, 세가41 공민왕14년(1365) 4월 신묘.

5)『고려사』권40, 세가40 공민왕13년(1364) 5월 계유. 물론 이외에도 사료에 남아 전하지 않는 답신의 사례들이 있을 수 있다. 일례로 승려 천희(千禧)가 당시 공민왕의 친서를 가지고 강절승상 장사성의 동생 장사신을 예방했다는 사실(李穡,〈水原彰聖寺眞覺國師大覺圓照塔碑〉)이 전해지며, 김혜원은 당시 공민왕의 측근 신돈이 강절지방의 상황을 파악하기 위해 회남성 우승 왕성의 고려 방문에 대한 답방을 명분으로 천희를 파견한 것이라고 추정한 바 있다(김혜원, 앞의 글). 이러한 사례들이 좀더 발굴되면 강남세력의 소통 시도에 대한 공민왕의 입장을 더 소상히 규명할 수 있게 될 것이다.

6)『고려사』권40, 세가40 공민왕13년(1364) 6월 을묘; 권41, 세가41 공민왕14년(1365) 8월 경인; 10월 계사.

외국진출 투자를 주저하거나 망설였을 가능성이 높은 것으로 생각된다.

그렇다면 공민왕의 그러한 입장은 언제까지 유지되었을까? 강남의 한인 군웅들이 1360년대 중반 몰락하면서 공민왕 또한 새로운 교류대상이 아쉬울 수도 있었을 것으로 생각된다. 마침 1360년대 초 이래 요동지역인들의 고려 방문이 시작되고 있었다. 요양행성 역시 강절행성만큼이나 공민왕에게 잦은 접촉을 해온 것으로 전해진다. 강절행성의 성관들이 1350년대 후반 이래 1360년대 중반에 이르기까지 고려에 접촉해왔다면, 요양성의 성관들은 1360년대 초 이래 1360년대 말에 이르기까지 차례로 고려를 방문했음이 확인된다.

고려에 접촉해온 요양행성의 고위 관료들로는 요양행성의 평장(平章) 고가노(高家奴), 평장 홍보보(洪寶寶), 평장 유익(劉益)과 (우승) 합랄불화(哈剌不花, 왕우승王右丞과 동일인물로 추정됨), 이문 홀도첩목아(忽都帖木兒) 및 지요양연해행추밀원사(知遼陽沿海行樞密院事)를 맡은 어산첩목아(於山帖木兒) 등이 확인된다.[7] 그리고 이 가운데 고려 공민왕에게 특히 빈번하게 접촉해온 인물로 고가노와 홍보보를 들 수 있다.

이들의 고려 접촉은 1360년 초에 시작됐는데, 그것은 중서성 기녕로(冀寧路) 지역 등에서 찰한첩목아(察罕帖木兒)와 격돌하던 홍건적의 관선생(關先生), 파두반(破頭潘) 등이 1358년 말 중서성 지역을 벗어나 상도(上都)를 함락하고, 바로 요양지역으로 건너가 고려를 위협하기 시작하던 상황과 무관치 않았던 듯하다.[8] 군웅이 각축하던 강남지역에서 고려에 교류를 타진해왔던 것처럼, 요동측의 고려 접촉 역시 군사적 상황과 무관하지 않았던 셈이다. 그리고 그렇게 시작된 교류는 이후 좀더 경제적인 맥락으로 바뀌어가기 시작한다. 1359년 7월과 1360년 7월 요양 및 의주(義州) 등지에

---

7) 『고려사』 권43, 세가43 공민왕20년(1371) 윤3월 기미; 권41, 세가41 공민왕16년(1367) 1월 정해; 3월 계묘.

8) 『원사』 권45, 본기45 순제 지정18년(1358) 6월 경진; 12월 계유.

서 토벌 및 사후 수습이 이어졌고, 1362년 9월 요양행성 좌승 야속(也速)이 전란으로 폐허가 된 군현들을 안무(按撫)하기도 했는데, 그 과정에서 요동지역과 한반도 사이의 경제적 교류가 절실해졌을 가능성이 높다.[9]

고가노의 경우, 1361년 4월 요양성 총관 자격으로 공민왕에게 옥가와 개를 바쳐왔고, 1362년 4월에는 요양성 동지 자격으로 홍건적 격파의 경과를 공민왕에게 알려왔으며, 다음달인 5월에는 요양성 평장 자격으로 병사를 요청하기도 하였다. 이후 8월 원 순제가 공민왕에게 고가노와 함께 개주(盖州), 해주(海州)의 홍건적 여당을 격파하라고 지시한 바 있고, 4개월 뒤인 12월 고가노가 양 4두를 바쳤음이 확인된다. 몇년 후인 1366년 8월과 12월 여전히 요양성 평장 자격으로 고가노가 새와 사냥개를 바쳐왔으며, 또다시 몇년이 지나 1371년 7월 왕우승과 함께 내빙한 데 이어, 1372년에는 이성, 강계 등지에 침략해 들어오기도 하였다.[10] 반면 홍보보의 경우 요양행성 평장 자격으로 1367년 3월 방문하였고, 다음해인 1368년 1월에도 역시 동일한 자격으로 동료 평장 합랄불화 등과 함께 고려에 사람을 보내와 명 병력에 대비해 방어태세를 갖출 것을 권고했으며, 동년 9월 다시금 고려 국왕을 예방하고, 1369년 1월 같은 요양행성의 납합출(納哈出)과 함께 빙문(聘問)해 왔음이 확인된다.[11]

아울러 당시 요동지역 민간상인들의 고려 방문도 이어졌을 가능성이 있다. 반세기 정도 이전의 사례이긴 하나, 1298년 원의 공주 보탑실련(寶塔實憐)이 충선왕과의 혼인으로 고려에 왔을 당시 그를 수행한 의녀 송씨의 묘

9) 『원사』 권45, 본기45 순제 지정19년(1359) 7월 무신; 지정20년(1360) 7월 신유; 권46, 본기46 순제 지정22년(1362) 9월 무진.

10) 『고려사』 권39, 세가39 공민왕10년(1361) 4월 신사; 권40, 세가40 공민왕11년(1362) 4월 병자; 5월 을축; 8월 을미; 12월 계사; 권41, 세가41 공민왕15년(1366) 8월 기묘; 12월 계유; 권43, 세가43 공민왕20년(1371) 7월 계축.

11) 『고려사』 권41, 세가41 공민왕16년(1367) 3월 계묘; 공민왕17년(1368) 1월 무자; 9월; 공민왕18년(1369) 1월 신축.

비에, 일찍이 요양행성 광녕부로(廣寧府路)의 상인 10여명이 고려에 건너와 국제무역에 종사하다가 죄를 지어 탐라에 유배되었던 사실이 기록돼 있다.[12] 14세기 전반 요양행성의 상인들이 어느 정도나 고려를 방문했는지는 미상이나, 해상무역에 비해 육로교역은 상대적으로 작은 규모의 재원으로도 시도가 가능했을 것이므로, 그러한 방문이 파상적으로나마 이어지고 있었을 가능성이 있다.

또 한참 후의 정황들이긴 하지만, 1384년 10월 정요위(定遼衛)가 압록강을 건너와 고려와 호시(互市)하고자 하자 고려 정부가 의주(義州)에 머물러 교역하는 것만 허락하고 금은, 소, 말을 쓰는 것은 금한 사례가 있다.[13] 1386년 7월에는 명에서 고려 상인들의 명 내 밀무역을 비난하며 이제 자신들도 포필(布匹), 견자, 단자(段子) 등의 물건을 가지고 탐라에 와서 마필을 구매할 것이라 예고하기도 하였다.[14] 1391년 5월에는 고려인들이 명에 갔다가 명나라 사람을 데리고 와서 마음대로 시색(市索, 무역)을 하게 한다는 지적을 들은 바도 있다.[15] 이렇듯 요동지역 민간인들의 고려 시장에 대한 관심이 13세기 말과 14세기 말 모두에서 확인되므로, 그 사이인 14세기 전반에도 그러한 관심이 존재했을 가능성을 엿볼 수 있다.

그런데 공민왕은 이러한 요동인들의 방문에도 대단히 무심했다. 이들 세력에 대해서는 답례 사례도 거의 확인되지 않는다. 1365년 2월 이자송(李子松)을 요양에 보내 흑려(黑驢)에게 백금과 안장을 제공한 사례 정도가 확인될 따름이다.[16] 아울러 원말의 혼란을 틈타 심양에서 행성승상을 자처

---

12) 程文海〔1249~1318〕, 太原宋氏先德之碑『楚國文獻公雪樓程先生文集』권8 碑銘; 장동익 『고려 후기 외교사연구』, 305면에서 재인용.
13) 『고려사』 권135, 列傳48 辛禑3.
14) 『고려사』 권136, 列傳49 辛禑4.
15) 『고려사』 권46, 세가46 공양왕3년(1391) 5월 무술.
16) 『고려사』 권41, 세가41 공민왕14년(1365) 2월 병진.

하던 나하추(納哈出)와도 제한적으로만 교류했을 뿐이다.[17]

공민왕이 이렇듯 요양행성과의 교류에도 소극적이었던 이유는 무엇이었을까? 앞서 살펴봤듯이 공민왕이 강남지역과의 교류에 소극적이었던 것은 '경제적 비용'의 문제 때문이었다. 그런데 공민왕은 1357년 전국 각지에 염철별감(鹽鐵別監)들을 파견해 염전매제 운영을 강화하였고, 1363년 전국적 '경리(經理)', 즉 토지 조사를 시행함으로써 고려 재정의 수지구조를 상당 수준 개선한 것으로 평가된다. 그 결과 1360년대 중반 고려의 재정 상태가 어느정도 회복되었음은 1365~66년 이어진 노국공주의 장례와 추모 사업에 엄청난 재원이 투입된 것에서도 엿볼 수 있다.[18] 당시의 그러한 상황은 공민왕이 대외교역 투자를 재개하는 데 적지 않은 동력이 되었을 가능성이 높다. 그랬다면 공민왕은 강남지역보다 조금 늦게 시작된 요동지역과의 교류에는 적극적으로 나섰어야 할 것이다.

그러나 공민왕은 결과적으로 요양과의 교류에도 소극적이었다. 그 이유는 아무래도 홍건적의 봉기로 인한 지역정세의 불안정성, 그리고 그를 무릅쓰고 명이 통치하는 지역과의 교류를 강행할 경우 치러야 할 것으로 예상되는 '군사적 위험'이나 '정치적 비용'이었을 가능성이 있다. 공민왕은 이미 1354년 6월 홍건적의 봉기를 전해 듣고 있었으며, 1358년 3월에는 홍건적의 고려 침공을 '임박한 가능성'으로 인지, 경계하고 있었다. 따

---

17) 1360년대 말~1370년대 초 오간 물자는 마필 몇마리, 세포 2필, 부인금대(婦人金帶) 1요(腰) 등에 불과하였다(『고려사』 권40, 세가40 공민왕11년(1362) 2월 기묘; 권41, 세가41 공민왕16년(1367) 10월 기미; 공민왕18년(1369) 1월 신축; 11월 무오; 권42, 세가42 공민왕19년(1370) 2월 임오). 공민왕은 이외에도 북원(北元)의 오왕(吳王), 회왕(淮王), 쌍합달왕(雙哈達王) 등과도 교류했는데, 역시 양 120두, 말 40두, 황금불(黃金佛) 1구(軀) 등이 청혼 요청을 위한 물자로 오갔을 따름이다(권41, 세가41 공민왕15년(1366) 10월 경오; 공민왕18년(1369) 4월 임진; 9월 기해; 10월 갑자; 권42, 세가42 공민왕19년(1370) 3월 갑오).

18) 이강한 「공민왕대 재정운용 검토 및 충선왕대 정책지향과의 비교」 참조.

라서 공민왕은 이 지역과의 교류 전망 자체에 대해 회의적인 입장을 지니고 있었을 가능성이 있다. 특히 1359년 2월 홍건적의 위협이 구체화되고 1360~62년경 홍건적의 침입을 직접 겪으면서, 요동과의 교류는 더이상 고려할 만한 가치가 없는 사안이 되었을 것이다.[19] 아울러 1360년대 말에 접어들어 요동지역에 대한 명의 관심이 커져 고려가 요동과의 교류를 부담스러워하게 된 측면도 있다. 명은 1369년 이래 1372년에 이르기까지 명과 요동 북원세력 간 전황과 교섭과정을 모두 고려에 통보하는 등 고려가 요동과 교류하는 것을 막고자 하였다. 공민왕은 홍무(洪武) 연호의 사용을 1370년까지 미룸으로써 명의 그러한 의도를 견제했지만, 고려와 요동지역 간의 연결을 차단하려는 명의 경계는 1373년경까지 계속되었다.[20] 이런 상황에서 공민왕이 요동지역과 활발하게 교류하기는 어려웠을 것으로 생각된다.

이상에서 살펴본 바와 같이, 공민왕은 정치·군사·경제적 비용 문제로 인해 강남인·요양인 들의 적극적인 '구애'에도 불구하고 적극적인 답례 및 대응을 하지 못했던 것이라 할 수 있다. 결국 앞서 살펴보았던 외국인들의 방문 재개라는 긍정적 요인이, 재화의 고갈 및 군사적 위험성, 정치적 부담 등의 부정적 요인에 압도된 결과라 생각된다.

그렇다면 공민왕은 이러한 상황을 어떻게 타개해갔을까? 강절행성이든 요양행성이든, 중국과의 교역에는 완전히 무관심한 채로 남아 있었던 것일까? 그렇지는 않았던 것으로 보인다. 그와 관련하여 공민왕이 1360년대 중반 원의 최고실력자 확곽첩목아(擴廓帖木兒, 코코테무르)와 접촉하고, 1360년대 후반 명과의 교역에도 나섰음이 주목된다.

공민왕은 1366년 3월과 5월 전록생(田祿生)을 사신으로 파견, 천하총병

---

19) 『고려사』 권38, 세가38 공민왕3년(1354) 6월 신묘; 권39, 세가39 공민왕7년(1358) 3월 갑자; 공민왕8년(1359) 2월 을유.

20) 김경록 「공민왕대 국제정세와 대외관계의 전개양상」, 『역사와 현실』 64, 2007, 225면.

관(天下摠兵官) 하남왕(河南王) 코코테무르를 예방하게 하였다. 그러자 동년 11월 코코테무르가 답신을 보내왔고,[21] 고려도 다음해인 1367년 5월 다시금 사신을 보냈다. 그뒤 2,3년간 교류가 뜸하다가, 1370년 9월 코코테무르가 고려에 사신을 보내왔음이 확인된다.[22] 이를 끝으로 더이상의 교류는 확인되지 않는다.

교류의 사례 수로만 보자면 '강절행성과 고려' '요양행성과 고려' 사이의 접촉 사례에도 한참 못 미치는 수치이다. 언뜻 보기에 적극적인 의미를 부여하기 어려운 만남이었다. 그러나 코코테무르와 공민왕 사이의 교역은 다른 교역에 비해 중대한 차이를 지니고 있었다. 공민왕이 먼저 교류를 희망했다는 점에서 그러하였다.

이 코코테무르는 과연 어떤 인물이었을까? 그는 당대의 유력 무장으로서 1361년 8월 전풍(田豊)세력을 토벌하고 중서성 동평(東平)지역을 평정했으며, 동평의 왕사성(王士誠)과 동창(東昌)의 양성(楊誠)도 모두 굴복시켰다. 그런데 다음해인 1362년 6월 전풍과 왕사성이 그의 부친 찰한첩목아(察罕帖木兒)를 살해하고 익도(益都)로 달아나자, 그는 총병관(總兵官)이 되어 익도를 포위하였다. 그리고 황제의 명으로 중서행성 평장정사 및 지하남산동등처 행추밀원사(知河南山東等處行樞密院事) 동지첨사원사(同知詹事院事)라는 중책도 겸하게 된다. 1362년 9월 그는 전풍을 돕던 홍건적 유복통을 물리치고 11월에는 마침내 익도를 회복했으며, 전풍, 왕사성 등을 잡아 죽인 후에는 막대한 병력과 경제적 기반을 갖춘 강력한 세력으로 성장했다.[23]

---

21) 『원사』 권47, 본기47 순제 지정26(1366) 10월 갑자.
22) 『고려사』 권41, 세가41 공민왕15년(1366) 3월 경자; 5월 을유; 11월 신축; 공민왕16년 (1367) 5월 무인; 권42, 세가42 공민왕19년(1370) 9월 을사.
23) 『원사』 권46, 본기46 순제 지정21(1361) 8월; 지정22년(1362) 6월 무자; 9월 계묘; 11월 을사.

그런데 이후 원제국 정부에서는 1364년 3월 패역을 도모했다는 죄목으로 코코테무르로 하여금 황제의 측근이자 코코테무르의 경쟁자였던 패라첩목아(孛羅帖木兒, 볼로테무르)를 토벌하게 하는 일이 발생한다. 이 토벌은 황제 순제가 명령한 것이 아니었으며, 사실 기황후의 측근 삭사감(搠思監)이 사주한 것이었다. 이를 알게 된 볼로테무르가 사신을 수도로 보내자 황제는 삭사감 및 박불화를 유배에 처했고, 볼로테무르는 1364년 4월 지위와 권력을 회복하였다. 그런데 황태자와 결탁해 있던 코코테무르가 여전히 볼로테무르를 토벌하고자 하였고, 그에 대응하기 위해 대동(大同)에서 수도로 향하던 볼로테무르를 황태자가 7월 청하(淸河)에서 막아서면서 일촉즉발의 상황이 전개되었다. 결국 볼로테무르가 수도에 입성, 그와 그의 측근들이 정부의 요직을 차지했고, 황제도 볼로테무르와 코코테무르의 화해를 중재하는 등 상황이 안정되는 듯했지만, 황태자는 다음해인 1365년 3월 코코테무르의 군중에서 볼로테무르에 대한 정벌을 선포하였다. 이에 볼로테무르는 황태자의 모후인 기황후를 유폐하는 것으로 대응했고, 심지어 황태자를 속이기 위해 기황후를 풀어주었다가 다시 유폐하기도 하였다.

그러나 몇달 뒤인 1365년 6월 기황후가 풀려나 환궁하면서, 다음달 볼로테무르가 처형되고 그 측근들도 도망치기에 이른다. 최후의 승자가 된 코코테무르는 1365년 9월 황태자를 호위해 수도로 돌아왔고, 같은 달 태위 중서좌승상에 그리고 윤10월에는 하남왕에 책봉됐으며, 12월에는 기황후가 정식 황후로 승격되었다. 기황후와 세력을 같이한 그는 막대한 군사적·행정적·재정적 권한을 누리게 되었다.[24)]

그러한 코코테무르에게, 공민왕이 강남 및 요동 지역의 경우와는 달리

---

24) 『원사』 권46, 본기46 순제 지정24년(1364) 3월 신묘; 4월 갑오; 을미; 을사; 정미; 경술; 5월 무진; 7월 병술; 무자; 경인; 지정25년(1365) 3월 경신; 병인; 4월 경인; 6월 을사; 7월 을유; 8월 계묘; 9월; 9월 임오; 12월 을묘(기씨를 고쳐 숙량합씨肅良合氏라 하여, 기씨의 삼세三世에 왕작王爵을 줌); 윤10월 신미.

'먼저' 접촉을 시도했던 것이라 할 수 있다. 그 이유는 과연 무엇이었을까?

앞서 언급한 바와 같이, 공민왕은 여러 정치·경제적 비용의 문제로 인해 강남이나 요동과의 교류에 적극적으로 나서지 못했다. 그런데도 코코테무르와의 경우에는 상대방의 방문을 기다리지 않고 공민왕이 먼저 교류하고자 나섰음이 이채롭다. 코코테무르와의 교류에는 그러한 관계 구축으로 인해 발생하는 '효과'가 그러한 관계 구축에 투입돼야 할 '비용'을 상회하는 측면이 있었기 때문이라 여겨진다. 실제로 공민왕이 코코테무르를 최초로 접촉한 시점인 1366년 3월은 코코테무르가 앞서 언급한 과정을 거쳐 막대한 권능을 행사하게 된 직후이다. 그 점에서 공민왕이 원 황제 순제를 능가하는 원제국의 새로운 실력자와 교류를 틈으로써 정치적·군사적·외교적 실익을 도모하려 했을 가능성이 상정된다. 원제국 정부의 통제를 벗어나 있던 강남지역의 군웅세력이나 홍건적의 난으로 어수선한 요동지역의 정치세력과 교류하기보다, 원 순제의 권위를 위협하며 차기 권력(기황후 세력)과 결탁, 중서성 인근 광대한 지역의 군민(軍民)업무 일체를 관장하게 된 코코테무르와 교류하고자 한 것은 어찌 보면 당연한 일일 수 있다.

게다가 당시 공민왕은 기황후 세력과의 관계 개선을 도모하고 있었다. 공민왕은 1356년 기철 세력을 척결하면서 고려의 내정 개혁을 완수하기 위해 기씨 세력과 절연 단계에 들어갔지만,[25] 그로 인해 1360년대 초 이른바 '덕흥군' 옹립 국면에 시달리게 되었으며, 그러한 압박이 그의 국정에도 상당한 부담이 되고 있었다.[26] 따라서 공민왕으로서는 적절한 시점에 기황후 세력과의 관계를 개선, 정치적 안정성을 확보할 필요가 있었다. 그런데 코코테무르는 황태자 및 기황후 세력의 군사력을 상징하는 인물이었다. 코코테무르와의 교류는 기황후 세력과의 화해 및 외교적 공존을 위한

---

25) 이강한 「공민왕 5년(1356) '反元改革'의 재검토」.
26) 그 결과 결국 관제 개편도 단행하게 된다(이강한 「공민왕대 官制改遍의 내용 및 의미」, 『역사학보』 201, 2009)

포석이었을 가능성이 높다.

그러나 공민왕의 시도는 그 이상의 함의를 지닌 일이었을 수도 있다. 앞서 살펴본 바와 같이, 공민왕은 중국 해안의 강남지역이나 고려 북변 요동지역과의 교역은 피하고 있었다. 그러나 한편으로 중국 내륙, 특히 원제국의 중심부에 해당하는 중서성 소할(所轄)지역 및 그 인근 하남강북행성, 섬서행성에서 주로 활동한 코코테무르와 교류하고자 한 것이다.[27] 해상과 육로 등을 통해 바로 접촉이 가능한 강절행성, 요양행성과 교류하기보다는 그보다 더 긴 동선을 전제해야 하는 원 중심부, 특히 대도 등지와의 원거리 교역에 오히려 더 적극적으로 나선 셈이다. 이는 교통의 비용만 따졌을 때에는 잘 납득이 가지 않는 정황이지만, 그러한 전례가 없지는 않다. 일찍이 충선왕, 충숙왕이 원 대도 및 중국 강남지방에 형성된 이른바 '재원(在元) 고려인 사회'와 적극적으로 교류했던 것이다.[28]

특히 충선왕은 원의 수도인 대도와 강남지역을 오가며 불사(佛事)에 조력하느라 다량의 물자를 소비했는데, 그것이 단순한 재물의 낭비는 아니었다. '해인거사(海印居士)'라 자처할 만큼 독실한 불교 신자였던 그는 대경수사(大慶壽寺), 천녕사(天寧寺) 등에서 서운사(西雲寺)의 임제종사(臨濟宗師) 자안(子安), 하천축사(下天竺寺)의 봉산의(鳳山儀) 선사(禪師), 임제종 승려 지연(智延) 등의 천태종 승려들과 교류했다. 또 혜인고려사에서 화엄승려 여수반곡(麗水盤曲)과 교류하였고, 고려 환관 이삼진(李三眞)이 창건한 천태법왕사에 왕래했으며, 라마교의 법회에도 참석하는 등 다양한 종교활동을 보였다.[29]

---

27) 코코테무르의 본거지와 주요 활동지 역시 모두 중서성 소할지역이었다(이강한 「고려 공민왕대 정부 주도 교역의 여건 및 특징」, 『정신문화연구』 125, 2011).

28) 충선왕의 고려 내 행적과 관련해서는 김광철 「14세기 초 元의 政局동향과 忠宣王의 吐蕃 유배」, 『한국중세사연구』 3, 1996; 이승한 「고려 忠宣王의 瀋陽王 被封과 在元 政治活動」, 『전남사학』 2, 1988 등의 연구가 참조된다.

그런데 그러한 종교활동은 결국 다양한 형태의 '경제적 투자행위'로 나타났고, 그러한 종교적 투자들은 여러 다양한 '영리 추구행위'로 확대돼 갔다. 충선왕이 원에 있을 당시 종신(從臣) 백응구(白應丘)가 '식화(食貨)'에 능하다고 심왕부(瀋王府)의 일을 맡았던 것이나, 이능간(李凌幹)이 왕을 따라 원에 있으면서 반전별감(盤纏別監)이 되었을 당시 '함께 일하는 자들이 모두 치부(致富)했지만' 이능간 홀로 1전(錢)도 사사로이 쓰지 않아 칭송을 받았다는 일화, 충선왕의 측근 박경량(朴景亮)이 '여러번 포상을 받아 산업(産業)을 경영하고 있다'는 비판을 들은 점이나, 역시 충선왕의 측근이었던 김이(金怡)가 가죽을 횡렴한 혐의로 고발당한 일 등이 모두 그를 잘 보여준다.[30]

게다가 충선왕 세력의 그러한 면모를 원의 저명한 유자 요수가 비판한 것도 흥미롭다. 그에 따르면 일찍이 충선왕이 요수의 시문(詩文)을 구하였고, 요수는 그것을 주지 않으려 버티다 결국 건네준 일이 있었다. 그러자 충선왕이 폐백(幣帛), 금옥(金玉), 명화(名畵) 50비(篚)를 감사의 표시로 제공했는데, 요수는 그것을 주위의 측근 및 서리들(속관屬官, 사서시종史胥侍從)

---

29) 충선왕은 1305년 대경수사(大慶壽寺)에 세조비 유성(裕聖) 황태후를 위해 대장경 1부를 시납했고, 1312년 9월 대도 심왕부에 있으면서 남산 보녕사판 대장경 50부를 인출해 항주(抗州) 일대의 상축사(上竺寺), 하축사(下竺寺), 집경사(集慶寺), 선림사(仙林寺), 명경사(明慶寺), 연복사(演福寺), 혜인사(慧因寺), 숭선사(崇先寺), 묘행사(妙行寺), 청연사(靑蓮寺), 혜력사(惠力寺)에 기진(寄進)하였다. 그는 또 1312년 말 대각국사 의천의 도량인 혜인사(慧因寺)의 중수작업을 벌였고, 1313년 9월 백련교계 보은만수당(報恩萬壽堂)의 경제적 기반을 제공하였다. 1315년에는 측근들과 함께 혜인사에 토지를 기진하고, 1319년 대도에 광교사(廣敎寺)라는 천태종 사찰을 세우기도 하였다(장동익『元代麗史資料集錄』; 강호선「충렬·충선왕대 臨濟宗 수용과 고려불교의 변화」,『한국사론』46, 2001; 토니노 푸지오니「忠宣王代의 麗·元 佛敎關係와 抗州 高麗寺」,『한국사상사학』18, 2002; 그램 레이놀즈「고려 충선왕의 불교교류 연구」, 한국학중앙연구원 석사학위논문, 2013 등 참조).

30)『고려사』, 권91, 列傳4 宗室2 江陽公滋 附 王暠; 권110, 列傳23 李凌幹; 권104, 列傳17 金周鼎; 권108, 列傳21 金怡.

에게 제공하거나 한림원(翰林院)에 넘겨 공공경비로 삼게 했다고 한다. 그러면서 "저 오랑캐(藩邦) 작은 나라(小國)는 오로지 이윤(貨利)만을 중요하게 여긴다. 나는 능히 그것을 경시하는 사람이니, 저들로 하여금 큰 나라(大朝)는 그렇지 않음을 알게 하려 한다"며 뻐긴 것으로 전해진다.[31] 자신의 작품을 구하면서 그에 합당한 감사의 뜻을 표시한 외국의 국왕에게 참으로 어처구니없는 거드름이었지만, 그만큼 충선왕 세력이 원제국 내에서 벌이고 있던 교역행위의 규모가 컸음을 보여주는 대목이라 할 수 있다. 아울러 충선왕뿐만 아니라 충숙왕 역시 반전비용의 소비 문제 및 그가 원제국 내에 갖고 있던 재산 문제로 인해 심왕 왕호와 자주 충돌했음은 이미 앞서 언급한 바 있다. 심왕 왕호의 그러한 견제가 교역 문제와도 무관치 않았을 가능성이 대단히 높다.

이렇듯 14세기 전반 이미 충선왕, 충숙왕이 원 대도 및 강남 내륙지역에서 현지의 종교·상업 세력과 다양한 관계를 맺는 등 '원 내지와의 직접 교역'이라는 하나의 전형을 만든 바 있다. 50여년이 지난 1360년대 말에 이르러, 공민왕은 코코테무르와의 접촉을 통해 그를 재현하고자 한 셈이라 여겨진다.

특히 고려인 출신 황후와 그녀 주위의 고려인 출신 환관들이 득세하던 14세기 후반의 경우, 원내 고려인 사회가 14세기 전반에 비해 더욱 흥성했을 가능성이 높다. 기황후는 막대한 재원을 기울여 불교를 후원한 것으로 유명하다. 그녀는 태고(太古) 보우(普愚), 나옹(懶翁) 혜근(惠勤) 등 저명한 고려 승려들과, 그들의 스승이었던 인도 승려 지공 등을 원 조정으로 불러 강설을 시키거나, 박불화, 고용보, 신당주(申當住), 이홀독첩목아(李忽獨帖木兒), 강금강(姜金剛) 등 고려인 환관들 및 자정원의 막대한 재정을 활용, 고려와 원 양쪽에서 사원 중수, 사경(寫經) 후원 등의 형태로 불교를 후

---

31) 『원사』 권174, 列傳61 姚燧.

원하였다.[32] 기황후의 그러한 활동은 본질적으로 정치·문화적 중심지로서 고려인 사찰에 모여들던 고려인들을 포섭, 결집시키는 것이었다.[33] 그녀의 이러한 활동으로 인해 대도의 고려인 거주 규모가 확대되고, 그들의 대중국 경제활동 또한 증폭되었을 것으로 생각된다. 고려의 관습과 옷·혁대·모자·구두 등의 물건이 원내에 유행하고 고려의 사경 및 탱화도 원에 들어왔다는 사실은 기황후의 불교 후원 및 원내 고려인 사회의 활동이 고려-원 간 교역의 중요한 한 축이었음을 보여준다. 『노걸대』에서 확인되는 고려인들의 활발한 중국진출[34] 또한 원내 고려인 사회와 적지 않은 관계를 맺고 있었을 것으로 생각된다.

당시 재원 부족으로 강남 및 요동 지역과의 독자적 교역을 적극 추진하지 못하던 공민왕으로서는, 원내 고려인 사회의 그러한 잠재력을 도외시할 수 없었을 것으로 예상된다. 따라서 어떤 형태로든 대도 기반의 원내 고려인 사회와 교류관계를 지속함으로써, 그를 통해 당시 전개되고 있던 고려-원 간 민간교역에 효율적으로 편승하고자 했을 가능성이 있다. 정부가 해외교역의 추세를 국내로 전달하고 민간 대외교역이 재기할 발판 노릇을 했던 13세기 말이나 14세기 전반과 달리, 14세기 후반에는 상황이 뒤바뀌어 있었던 셈이라 할 수 있다.

그리고 공민왕이 원내 고려인 사회와 모종의 관계를 구축하는 데에는 자연히 그 번영을 가능케 하고 있던 기황후 세력과의 관계 재설정이 무엇보다도 필요했을 것으로 생각된다. 고려인 출신 기황후가 황실 및 자정원을 배경으로 막강한 정치권력을 휘두르며 원내 고려인 사회의 부흥을 주

32) 특히 『가정집(稼亭集)』에서 확인되는 원보초의 고려 유입 사례들을 통해, 전주 만덕산 대화엄보광사나 금강산 장안사 등이 당시 기황후 세력의 지원을 받고 있었음이 확인된다.
33) 토니노 푸지오니 「元代 奇皇后의 佛敎後援과 그 政治的인 意義」.
34) 위은숙 「元干涉期 對元交易 – 老乞大를 중심으로」, 『지역과 역사』 4, 1997.

도하는 상황에서, 공민왕으로서는 무역정책상의 새로운 전기를 마련하는 차원에서라도 기황후 세력의 존재를 계속 배타시할 수 없었던 것이라 생각된다. 따라서 새로운 교역의 가능성을 위해 대도 고려인 사회에 주목하고, 그 진입을 위해 기황후 세력과의 화해를 모색하며, 그 첫 단추로 코코테무르와의 교류를 선택한 것이라 여겨진다. 그럴 경우 공민왕의 코코테무르 접촉은 정치·외교적 의미뿐만 아니라 다분히 경제적인 의미까지도 내포한 전략적 결단이었을 가능성이 높다.

다만 공민왕이 시도했던 이러한 교류가 그리 오래 지속되었던 것 같지는 않다. 앞서도 언급했지만 1365년과 1366년 공민왕과 코코테무르 간의 교류가 시작되던 즈음은 코코테무르가 1360년대 초 이래 권력자로 부상하기 시작해 결국 황태자를 보좌하는 최고권력자의 위상을 구축하는 데 성공한 시점이었다. 그래서 공민왕이 접촉을 한 것이기도 하였다. 코코테무르에게도 고려와의 관계를 돈독히 하는 것이 나쁠 리 없었으므로 1366년 10월 고려에 답방했던 것으로 생각된다.[35] 다시 말해 공민왕은 1365년 윤10월 하남왕 코코테무르의 부상을 목도하고는 그와의 교류를 꾀하였고, 하남왕 역시 그에 화답했던 것이라 할 수 있다.

반면 공민왕과 코코테무르 사이의 관계가 소강상태를 보이던 1367~69년은, 코코테무르가 그러한 위상을 상실한 채 원제국 정부 및 황실과 갈등하던 시기이다.[36] 그가 권력의 부침을 겪기 시작하자 공민왕이 그와의 교류

---

35) 『원사』 권47, 본기47 순제 지정26년(1366) 10월 갑자.
36) 코코테무르의 위상은 1367년 중반 이후 흔들리기 시작하였다. 1367년 8월 순제가 코코테무르의 토벌을 명령했고 10월 그의 하남왕 왕호를 삭탈하였다. 1368년 1월에는 황태자 또한 코코테무르의 오랜 측근 관보(關保)에게 명하여 코코테무르를 공격할 것을 명했고, 순제 역시 1월과 2월에 걸쳐 코코테무르의 방자함과 호전성을 비난하였다. 이후 1368년 윤7월 전세가 뒤집혀 코코테무르가 맥고(貊高), 관보(關保) 등을 패배시켰고, 하남왕(河南王), 태부(太傅), 중서좌승상(中書左丞相)의 직함을 복구하게 되지만 그는 얼마 안 있어 사망한다(『원사』 권47, 본기47 순제 지정27년(1367) 8월 병오; 10월 임자;

를 유보하기로 결심했던 것이 아닌가 한다. 이 시기 공민왕과 기황후 사이의 관계에 대해서도 자세히 알려진 바가 없다. 게다가 원제국 정부가 상도로 북상하고 주원장이 북원을 대대적으로 압박하게 되면서, 공민왕이 코코테무르나 기황후 등과 교류를 계속할 동기는 더욱 적어졌을 것으로 생각된다. 1370년 9월 코코테무르가 오랜만에 고려에 사신을 보내왔음에도 그에 대한 공민왕의 화답은 없었음이 그를 잘 보여준다.[37]

다만 중국 내 고려인 사회와의 접촉은 여전히 공민왕에게 중요했을 것으로 생각된다. 따라서 공민왕으로서는 중국의 새로운 강자 명(明)과의 관계 설정이 시급히 필요했을 것이다. 실제로 새로이 중원을 접수한 명과 고려의 접촉이 1368~69년을 전후해 시작되었다. 공민왕은 요동을 둘러싼 명과의 긴장에도 불구하고 관제 개편 등을 통해 명과의 관계 강화에 본격적으로 나서게 된다.[38]

그런데 명이 건국 초부터 상당한 규모의 물자 진공을 요구해오면서[39] 공민왕의 대중국 교역 시도는 다시금 암초에 부딪쳤다. 명이 1370년 5월 고려 왕을 책봉하는 순간[40] 고려의 공물 진헌이 시작되었다. 1369년 점성,

---

지정28년(1368) 1월 임신; 신사; 2월 임인; 윤7월 기해; 정사).

37) 물론 코코테무르는 1375년 사망하기 전, 1373년에도 이전 원 중서성 소할지역이었던 안문(雁門)과 대동(大同) 지역을 공략하는 등, 여전히 중원에서 활동하고 있었음이 확인된다(『명사』 권2, 본기2 태조 朱元璋2 홍무6년(1373) 6월 임진; 11월 임자). 그러나 명의 병력과 대치 중인 상황에서, 코코테무르와 고려 사이의 교류가 이어졌을 것이라 보기는 어렵다.

38) 이강한 「공민왕대 官制改遍의 내용 및 의미」.

39) 명의 공물 징발 및 고려-명 간 '말' 교역의 문제에 대해서는 김순자 『한국중세한중관계사』, 혜안 2007; 김위현 「明과의 貢馬問題」, 『高麗時代 對外關係史硏究』, 경인문화사 2004 등의 연구가 참조된다. 그러한 양국 간의 관계에 대해서는 박성주 「高麗末 麗·明간 朝貢冊封關係의 展開와 그 性格」, 『경주사학』 23, 2004가 참조된다.

40) 『고려사』 권42, 세가42 공민왕19년(1370) 5월 갑인; 『명사』 권2, 본기2 태조 홍무2년(1369) 8월 병자.

안남과 함께 고려가 입공(入貢)했다는 기록, 1371년 베트남(안남), 발리(浡泥), 삼불제(三佛齊), 샴, 일본, 직납(直臘) 등과 함께 입공했다는 기록이 확인된다.[41] 또 고려는 공물 외에 제주의 말도 바치기 시작하였다. 1372년 4월의 6필, 1372년 11월의 50필 진상, 그리고 1373년 1월 고려가 천추절(千秋節)을 축하하면서 제주 말 19필 등을 바친 것을[42] 통해 그를 확인할 수 있다.

물론 1372년 명 황제가 고려 사절에게 이후에는 '3년에 한번 예방(三年一貢)'하게 했음이 확인된다.[43] 고려측 기록에 따르면 황제는 '고려의 공헌이 번다하여 그 백성이 피곤'하고, '바다를 건너 돌아가다가 침몰할 것도 걱정스러우므로', '옛 제후의 예(禮)를 준수하여 삼년일빙(三年一聘)하고, '공물은 고려의 토산 포로 3~5건 정도만 하라'고 지시했다는 것이다.[44] 외형상으로는 명의 배려 덕분에 고려의 진공 부담이 줄어들었을 가능성도 상정된다. 그러나 이러한 '배려' 조치는 고려의 입공에 대한 경제적 회답의 부담, 중국 국내경제 교란에 대한 우려(이전 소동파의 우려처럼), 그리고 고려인들의 명 정탐 등 안보상의 위협에 대한 대응에서 비롯된 것이었다. 1370년 명 중서성에서 "고려의 공사(貢使)들이 사물(私物)을 많이 갖고와 장사를 하니 마땅히 세금을 부과해야 할 것이며, 많은 이들이 중국의 물자를 가지고 나가니 금지해야겠다"라며 밀무역, 사무역을 금지한다는 명목으로 정치적 조공사 왕래를 제한한 것도 그를 잘 보여준다.[45]

그런데 명의 이러한 입장은 사실 고려에는 감내하기 어려운 정치·외교

---

41) 『명사』 권2, 본기2 태조 홍무2년(1369) 是年; 홍무4년(1371) 是年.
42) 『고려사』 권43, 세가43 공민왕21년(1372) 4월 병오; 11월 임신; 권44, 세가44 공민왕 22년(1373) 7월 갑진.
43) 『명사』 권2, 본기2 태조 홍무5년(1372) 是年.
44) 『고려사』 권44, 세가44 공민왕22년(1373) 7월 20일.
45) 『명사』 권320, 列傳208 外國1 朝鮮.

적 압박이었다. 그리하여 고려는 1374년 2월 육로조공을 허락할 것과, 방물도 본래대로 바치게 해줄 것을 요청하였다. 이후의 기록에서 확인되듯이 포자 3~5건(대)만을 보내라는 명의 지시에도 불구하고 '상공에 넘치는' 예물인 금은·기명·채석(彩席)·저마포(苧麻布)·표달피(豹獺皮) 및 백저포 300필 등을 보내기도 하였다. 그러나 명은 해로를 통한 조공만을 허락하였을 뿐 육로조공은 여전히 불허했고, 삼년일빙 원칙을 고수함으로써 공민왕의 요청을 모두 거부한 채 예물 등의 물품도 대부분 고려에 돌려보낸 것으로 전해진다.

그러면서 한편으로 명은 1374년 4월 사신을 보내 원대에 제주에 방목한 말이 2~3만필에 이를 것이라면서 그중 2,000필을 요구하였다.[46] 이에 고려는 결국 마필 진상을 댓가로 조공로의 개통을 도모하였다. 명측 기록에 따르면 고려의 입공은 이후 해로를 통해 계속된 것으로 보이며,[47] 마필 제공역시 계속되었다.[48] 일반적 이해와는 달리 명의 공물 요구는 원의 그것을 훨씬 능가하는 가혹하고도 폭압적인 것이었다. 공민왕이 사망한 후 그 시호를 내려줄 것을 요청하던 고려의 처지를 악용한, 대단히 악질적인 것이기도 하였다. 그런 상황에서 고려 정부가 명과의 관영교역을 이어 나가기란 불가능한 일이었다고 할 수 있다.

이상에서 살펴본 바와 같이, 공민왕은 강남 상인들의 방문 재개라는 호조건 속에서도 중국측의 물자 징발 및 원보초의 몰락 등 여러 예상 외의 악재를 만났던 탓에, 해상을 매개로 한 강남지역과의 교류·교역에 소극적

---

46) 『고려사』 권44, 세가44 공민왕23년(1374) 2월 갑자; 6월 임자; 4월 무신.
47) 『明史』 권2, 본기2 태조 홍무6년(1373); 홍무8년(1375); 홍무9년(1376); 홍무10년(1377); 홍무11년(1378);『고려사』 권134, 列傳47 辛禑2. 특히 이 해의 공물에 대한『明史(明史)』의 기록은 '황금100근, 백금 1만냥'으로 명시돼 있으며, '불여약(不如約)'한 규모라고 표현돼 있어 흥미롭다(『明史』 권2, 본기2 태조 홍무12년(1379)).
48) 『고려사』 권133, 列傳46 辛禑1.

일 수밖에 없었다. 아울러 그로 인해 발생하는 손해를 한반도 북변지역과의 교류를 통해 보전하려 들기에는 요동지역의 사정이 군사적으로 너무나 불안정했다. 그리하여 그는 해상을 경유한 강절행성과의 교류나 육로를 경유한 요양행성과의 교류 대신, 당시 원제국 정부의 권력 중심부에서 정치·경제적 권능을 행사하던 최고실력자들과 교류하고, 그를 통해 원내 고려인 사회와도 접촉하고자 하였다. 그의 이러한 시도는 몇년간 지속되었을 것으로 보이지만, 이후 명의 등장 및 명측의 물자 징발로 인해 역시 실패로 돌아갔던 것으로 생각된다.

그리고 그의 재위기간을 끝으로 고려 정부 차원에서 적극적으로 중국과 교역하려는 모습은 보이지 않게 된다. 원제국의 내적 변동이 원보초의 붕괴로 이어지면서 고려 정부의 대외교역 정책은 교역비용 및 교역물자 조달의 어려움에 시달리게 되었고, 결국 이전의 국왕 및 정부들이 수행하던 규모의 대외교역을 더이상 유지하지 못하게 된 것이다. 반면 민간 차원의 교역은 더이상 국왕이나 정부의 후원이나 노력을 필요로 하지 않게 되었다. 관영교역과는 무관하게 무서운 속도로 진화하고 있었으며, 그 열기는 앞서 언급한 것처럼 고려 정부가 그에 편승하려 할 정도였다.

결국 공민왕대의 대중국 교역은 100여년 가까이 전개된 원제국과의 교역이 최소한 정부 차원에서는 어떤 모습으로 마무리되었는지를 보여주는 중요한 역사적 정황이라 할 수 있다. 13세기 후반~14세기 전반 고려 정부와 국왕의 무역정책은 12세기 중반 한반도의 위축, 13세기 전반 경제의 파괴라는 여러 악재들을 넘어, 이전을 능가하는 수준으로 민간교역을 재폭발시켜야 했던 시대적 소명을 완수하고는, 공민왕대를 기점으로 역사의 뒤안길로 사라진 것이라 하겠다. 한국 역사에서 국왕과 정부가 이처럼 역동적으로 대외교역 정책을 구사한 시대는 이전에도, 그리고 이후에도 없었던 것으로 생각되는데, 그러한 시대의 종언이 원제국의 몰락과 시기를 같이했음에도 주목할 필요가 있다고 생각된다.

2. 민간교역, 더이상 정부의 도움이 필요 없다

한편 더이상 후원자를 필요로 하지 않게 된 민간상인들, 그리고 사회 고위층의 대원 사교역은 과열양상을 보일 정도로 계속되었다.[49] 이와 관련하여 명 정부가 1373년 7월 고려에 내린 선유(宣諭)의 내용이 유의된다.

이 선유는 일찍이 고려인(고려 상인)들이 육로로 와서는 해로로 돌아가려고 하는 것을 금지한 바 있음을 언급하고, 그것이 고려인들이 산동 일대에서 선박과 군마의 동정을 엿보려 했기 때문이라 하였다. 아울러 당해 연도의 신년 축하 사신도 4개월 전에 와서 정탐에 골몰했으며, 이씨 성을 가진 내시 등이 '달달(達達), 회회' 등 여러 종족인들과 함께 와서 교역과 정탐을 일삼고 있음을 지적하였다.[50] 기사의 외형상으로는 정탐행위를 질타하고 있지만, 민간인 또는 사신들의 밀무역과 사무역을 겨냥한 언급이라 할 수 있다. 이 선유는 또한 고려가 제주지역의 마필을 가져오겠다고 하고서는 안 가져오고 있으며, 매매하러 오는 장사꾼들은 명이 필요로 하지도 않는 포와 석(席)은 가져오면서도 말은 한마리도 팔려고 가지고오는 일이 없다고 불평하였다. 고려 민간상인들의 중국 왕래가 계속되고 있음을 엿보게 하는 또다른 언급이라 할 수 있다.

아울러, 비록 공민왕 사후인 1380년대 중반의 사례이긴 하지만, 1386년 7월 정몽주가 명으로부터 돌아오면서 받아온 선유성지(宣諭聖旨, 조서)에도 유사한 맥락의 내용이 담겨 있다. 한반도인들이 옛날 한(漢)·당(唐) 시

---

49) 명의 고려 상인 단속 및 고려의 대중국 교역과 관련해서는 박평식 「高麗末期의 商業 問題와 抹弊論議」, 『역사교육』 68, 1998; 須川英德 「高麗後期における商業定策の展開 — 對 外關係を中心に」, 『朝鮮社會の史的 展開と東アジア』, 山川出版社 1980 등의 연구가 참조 된다.

50) 『고려사』 권44, 세가44 공민왕22년(1373) 7월 24일.

절부터 중국에 와서 매매를 빙자하며 정탐을 하였고, 좋은 장인(匠人)들을 돈을 주고 데려갔으며, 근년에도 남몰래 무역을 하니, 그런 행위를 계속하면 잡아 가두고 용서치 않을 것임을 명 정부가 천명한 것이다. 또 고려인들이 명백한 증명서를 가지고 와서 무역한다면(明白將路引來) 육·해로를 막론하고 마음대로 무역할 수 있게 허용할 것임을 언급하면서, 이와 같이 한다면 요양, 산동, 금성(金城), 대창(大倉)에서 곧바로 섬서(陝西), 사천(四川)에 이르러 무역을 하더라도 금지하지 않을 것임을 분명히 하기도 하였다.[51] 1391년 5월 고려인 허응(許應)이 고려 정부에 올린 상소에는 고려의 무뢰배들이 모두 원방(遠方)의 물화(物貨)가 주는 이익을 탐하여 본업을 일삼지 않고 몰래 명에 가고 있음이 지적되기도 하였다.[52] 명이 고려인들의 중국 내 밀무역 중지를 강력히 요구하고, 고려인들 스스로도 대중국 교역의 과열을 우려하고 있음이 주목된다.

즉 고려인들은 14세기 후반, 정부 차원의 관영교역이 이미 중단된 이후에도 여전히 활발하게 대외교역에 나서고 있었던 것이다. 1340년대 후반~1350년대 전반 원 대도에 살던 고려인들의 경험이 담긴 것으로 평가되는 『박통사』가 그런 모습들을 잘 보여준다. "고려 사람의 돈을 얻었으니 30년은 잘될 것"이라거나, 양가죽이나 비단과 관련한 힘겨운 흥정 끝에 "고려인에게서 돈 뜯어내기가 어렵다"는 중국 상인들의 언급이 등장하고, 베 1만여필을 싣고 고려에서 오는 상선의 존재도 언급되고 있다.[53] 이러한 정황들은 당시 원내 고려인들이 만만치 않은 상업세력으로 간주되고 있었음을 암시하는 것이라 할 것이다. 특히 연경의 조운 집결지인 통주(通州) 관내 완평현(宛平縣)에는 이전의 신라방을 연상시키는 '고려장(高麗莊)'이 세워진 것으로 추정된다. 한영(韓永)이라는 인물이 '완평현 고려장'에 묻

---

51) 『고려사』 권136, 列傳49 辛禑4.
52) 『고려사』 권46, 세가46 공양왕3년(1391) 5월 무술.
53) 정승혜·김양진·장향실·서형국 『박통사 원나라 대도를 거닐다』, 박문사 2011.

혔고, 그의 딸의 봉군호(封君號)가 '완평현군(宛平縣君)'이었으며, 같은 고려인인 김백안찰(金伯顔察)과 그 부인 손씨가 이곳에 사원을 건립하였음이 확인된다.[54] 이 고려인들은 완평현 고려장 등지를 통해 원제국 각지와의 교역에 종사했을 것으로 추정된다.

　이상에서 살펴본 바와 같이, 14세기 중반은 13세기 말 충렬왕대부터 국왕과 고려 정부가 견지해온 활발한 대외교역 투자가 쇠퇴한 시기이면서, 동시에 그와 무관하게 민간의 대외교역은 더욱 증폭되던 시기였다고 할수 있다. 고려 대외교역의 부진이 원제국 때문이었다고 보는 종래의 입장에서는, 이른바 '원의 간섭'을 종식한 것으로 평가받는 공민왕대에 정부차원의 대외교역이 쇠퇴기에 접어든 것이 의아할 수밖에 없을 것이다. 그러나 공민왕대의 그러한 양상을 촉발한 일차적인 원인은 다름 아닌 기황후의 고려 물자 징발이었다. 원제국을 통해 재개된 고려 정부의 대외교역이 고려인 기황후라는 변수 때문에 사그라졌음은 역사의 아이러니라 할 만하다.

　물론 기황후가 당시 고려 정부나 국왕 차원의 대외교역 정책을 급속히 쇠퇴시킨 유일한 원인이었던 것은 결코 아니다. 동아시아 교역권 및 동서 세계간 교역의 차원에서 볼 때, 원제국의 몰락이야말로 고려 정부로 하여금 더이상 유효하고 유의미한 해외교역 정책을 지속하기 어렵게 만든 가장 큰 원인이었다. 원제국이 북상해 북원(北元)이 되고 신흥왕조 명이 들어서 해금(海禁)정책을 개시하면서, 동서 세계간 교역은 그 근저에서부터 흔들릴 수밖에 없었다. 전지구적 세계 교역망의 동쪽 끝 역할을 하던 중국이 그 역할을 더이상 못하겠다고 선언하고 나섬에 따라, 동아시아와 인도, 그리고 서아시아의 관계는 변동되었다. 그리고 그러한 세계 교역망에 일종

---

54) 『稼亭集』 권2, 「京師金孫彌陀寺誌」; 장동익, 앞의 책 170~71면에서 재인용.

의 지선으로 연결돼 보조시장 역할을 하던 한반도 역시, 더이상 14세기 전반과 같은 기능을 수행하지 못하게 되었다. 14세기 전반 이래 꾸준히 증가하던 외국인들의 한반도 방문이 다시금 감소했을 가능성이 있고, 결국 국왕과 정부의 운신의 폭을 제약하게 됐을 것으로 짐작된다.

그런 점에서 고려의 모든 것을 제약, 통제한 것으로 잘못 이해되어온 원제국이야말로, 한반도 시장이 12세기 후반 이래 소외되어가다가 다시금 동서 세계간 교역주체들에 의해 주목받을 수 있게 한 중요한 하나의 배경이었고, 한국의 대외교역이 13세기 말~14세기 초 다시 중흥기를 맞을 수 있었던 결정적 요인 중 하나였다고 하겠다. 아울러 14세기 말 한국의 대외교역이 민간에서는 폭발적 양상을 보이는 가운데에서도 정작 말기의 고려정부는 14세기 전반의 정책 추세를 180도 뒤집어 '억상(抑商)'의 기치 아래그를 박해하는 모습을 보이게 된 것도, 원제국의 몰락, 원제국의 부재와 무관하지 않았다는 관측이 가능하다.

물론 고려인들의 대외교역은 고려인들의 자산, 고려인들의 의지, 고려인들의 집념이 있었기에 가능했으며, 아무도 그를 부인할 수 없다. 그러나그 전과정에 있어 동서 세계간 교역의 중심축이었던 원제국의 존재가 수행한 역할에 대해서도 적절한 평가가 있어야 할 것이다.

책을 맺으며

　책을 마치면서, 걱정되는 지점들이 한두가지가 아니다. 우선 100여년도 안 되는 시대의 역사, 그것도 '교역의 역사'라는 '특정 분야사'를 살펴보는 데 너무 많은 지면을 할애한 것이 아니냐는 비판이 있을 수 있다. 또 그 역사상이라 제시한 것이 결국은 이 시기에 국한된 '특수한 정황'들이 아니었느냐는 오해도 예상된다. 개별적인 정황들에 너무나 많은 의미를 부여한 것 아니냐는 시비도 가능하다. 하나같이 향후의 작업에 필자가 경청해야 할 견해들임이 분명하다.

　다만, 검토를 거듭할수록 고려와 원제국 간 교역에 관련된 사람들, 지역들, 그리고 세력들의 종류가 너무나 다양해서, 이를 서술하는 데 더 적은 지면을 할애하는 것은 오히려 결례일 것 같다는 느낌이 들었다. 또 앞 시기, 뒤 시기와 철저히 분리된 시대는 결코 존재하지 않음을 고려할 때, 한 시대의 역사상을 전후 시대와 분리된 '특수한 정황'으로 간주하는 것은 바람직하지 않다고 생각한다. 외람된 얘기긴 하지만 지금까지의 연구들이 개별 사건이나 정황에 너무 의미를 부여하지 '않았던' 것이 기왕의 연구성과에서 아쉬웠던 점이 아닌가 한다. 그러한 느낌과 믿음, 그리고 판단은 책

316

을 마친 지금에도 유효하다.

1부에서는 기본적으로 13세기 후반~14세기 전반의 이른바 '원간섭기' 100년의 문을 열었던 '암흑의 시기'를 살펴보았다. 고려의 물자가 침략자들에게 넘어가고, 한반도를 방문하던 외국인들이 약속이나 한 듯 발걸음을 끊던 시기, 고려인들에게는 가혹한 시기였다고 아니 할 수 없다. 이윤의 전망이 아닌 생존 여부를 고민하던 시기였다. 동시에 오늘날 우리가 이 시대 전체에 대해 가지고 있는 인상을 만들어낸 시기이기도 하였다. 이에 필자는 그러한 암흑의 시기가 정확히 언제 시작돼 언제 마무리되었는지, 그리고 그 암흑의 내용이 과연 무엇이었는지를 살펴보려 하였다. 고기가 아닌 '은과 모시'를 먹는 '방자한' 매들을 키웠다는 응방들의 존재, 고려인의 부담을 덜어준다는 미명하에 설치되었다가 고려인들에게 이중의 고통만 안긴 둔전들의 존재, 그리고 강남과 요동 지역을 연결하며 강남 상인들의 한반도 방문을 연장하는 인공호흡기 역할을 하던 수역들을 살피면서, 당시 고려인들이 지역적으로, 그리고 시점별로 어떤 부담과 간섭, 어떤 고통과 어떤 공포를 느꼈을지를 상상해보고자 했다.

아울러 그러한 부담, 간섭, 고통, 공포를 초래한 것이 일차적으로는 몽골인과 그들의 침공이었지만, 우리가 미처 주목하지 못했던 더 큰 세계적 변동이 진행 중이었음 또한 환기하고 싶었다. 당·송대 이래 이미 진행되고 있던 동아시아와 서아시아의 '상호 구애'는, 언제든 작은 시장 한반도를 옆으로 밀쳐내버릴 수 있는 그야말로 전지구적 차원의 흐름이었다. 그러한 흐름과 몽골의 침공이 비슷한 시기에 폭발한 것이 역사적 운명인지 우연의 일치였는지는 좀더 고민해봐야 할 것 같다. 그러나 한가지는 분명하다. 몽골의 도래는 결코 한반도를 동아시아 교역권 및 동서 세계간 교역으로부터 소외시킨 주범이 아니었다. 이미 12세기 이래 그런 변동이 진행되어오고 있었음에도, 한반도인들만 그것을 몰랐을 뿐이었다.

다음 2부에서는 그러한 상황에 새로운 변화의 조짐이 싹트던 상황을 살

퍼보고자 했다. 13세기 말~14세기 초는 이전 13세기 후반 고려인들을 고통스럽게 했던 모든 정황이 정반대의 방향으로 흘러가면서 점차 해소되어가던 시기였다. 응방과 둔전 들은 거의 무력화됐고, 중국으로의 물자 유출은 줄어들었다. 중국 강남인들의 방문은 여전히 저조했지만, 새로운 국적의 상인 및 관련자들이 한반도를 찾기 시작했다. 그러한 변화가 고려인들의 경제사정을 단숨에 회복시켜주지는 못했지만, 상황이 바뀌고 있음을 고려인들에게 인지시키기에는 충분하였다. 아울러 회회인들의 방문은 고려인들에게는 새로운 충격이었다. 벽란도(碧瀾渡)에서 잠깐 거래하다가 국왕만 알현하고 돌아갔던 이전의 대식국(大食國)인들에는 비할 바가 아니었다. 아울러 이들에게는 상거래 외의 목적도 있었다. 진주를 구하거나 원 조정에 진 채무를 갚지 못해 도피해오는 등 이전의 해외상인들의 방문과는 사뭇 다른 방문목적을 보였다. 심지어 인도·이란 지역에 넘길 몽골인 노예들을 고려인들에 매도하기까지 하였다.

고려인들은 그들과 거래, 교류하면서 그들의 방문이 어떠한 상황을 배경으로 한 것인지를 점차 알게 되었고, 그러한 과정에서 외부의 여러 교역 상대방들에 대한 정보도 축적해갔다. 한반도를 넘어서는 커다란 시장이 감지되자, 고려의 국왕들이 먼저 움직이기 시작하였다. 몽골측 물자 징발의 상징이었던 응방을 역이용해 대외무역 투자금을 조성하려는 발상의 전환, 중국 강남으로 상선을 파견하고 불법적 고율관세에 맞서 협상을 하는 전략적 사고가 주목된다. 13세기 후반 30여년 넘게 고려를 다스렸던 충렬왕의 승부수이자, 1260~80년대의 상황에서 완전히 벗어나 이제 대외진출을 본격화한다는 신호탄이기도 했다. 아울러 동서 세계간 교역에 뛰어들지 못하고 동아시아 교역권 내에서도 2류 시장으로 내려앉았던 한반도가 새로운 가능성을 모색하는 시발점이기도 하였다. 13세기 말 민간인들까지 원으로 건너가기 시작한 것은 그러한 시도들이 먹히기 시작했음을 보여준다.

3부에서는 13세기의 질곡을 벗어난 고려인들이 이제는 거침없이 외부와의 교역에 나서는 정황을 살피고자 하였다. 민간인들과 사신들은 이제 육로로 원에 들어갔다가 육로로 나오지 않았다. 육로로 들어갔다가 해상으로 귀환했다. 이러한 교역 싸이클의 형성에는 정부 차원의 지원이 적잖이 도움이 되었음을『노걸대』등에서 확인할 수 있고, 그를 통해 고려 정부는 물론 국왕들의 역할이 적지 않았음을 짐작할 수 있다.

특히 충선왕과 충숙왕, 충혜왕은 순수한 고려인이 아니었다. 몽골인의 피가 그 혈관에 흐르는, 그래서 두개의 모국을 지녔던 '신종 고려인'이었다. 그런 그들에게 민족적 정체성의 잣대를 들이대서는 안 될 일이다. 오히려 그들의 정신세계가 그러한 다면적 정체성을 어떤 형태로 소화, 반영하고 있었는지를 살펴야 할 것이다. 그러한 정체성에 걸맞게 그들은 정책 구사에서 지극히 실용적인 모습을 보였다. 고려의 구제(舊制)를 존중할 필요가 있을 때 그를 보호하였고, 외국의 새로운 제도가 고려 내 상황 개선에 필요하면 주저없이 받아들였다.

그러한 모습은 그들의 교역정책에서도 여지없이 드러났다. 원제국 내의 상황뿐만 아니라 그와 연결된 서아시아 세계의 상황, 그리고 동서 세계간 교역에 대한 지식과 조예를 통해 그들은 끊임없이 외국인들을 불러들였고, 찾아오는 외국인들을 맞았으며, 스스로 적극적인 대외투자책들을 강구하였다. 인도와 이란에서 고위급 대표들이 찾아오고, 중앙아시아와 서아시아, 그리고 러시아를 잇는 광대한 노예 거래망을 오가던 상인들도 한반도를 찾아왔다. 원제국과 일본을 오가던 이른바 '신안 해저 유물선'류의 선박들도 한반도 인근을 통과하며 가끔 들렀다. 이 모든 외국인들의 방문 와중에 고려인들의 시각도 새로워졌지만, 한반도를 바라보는 외국인들의 눈도 달라지게 된다. 고려는 더이상 원제국의 복속 아래 신음하던 나라가 아니었다. 그 자체가 하나의 시장으로서 외국인들의 주목을 받게 되었다. 한반도는 필요한 물산의 공급 후보지이자, 동서 상인들이 재원을 확보할 수 있는 시장이자, 동서 상품의 구매자로 거듭나게 되었다. 고려민들이 육로로 중국에 가 해상을 경유해 돌아오는 등 진화한 동선과 정형화된 교역양태를 보이게 된 것도 그러한 변동과 무관하지 않았다.

　마지막으로 4부에서는 그러한 역동적 역사가 새로운 방향으로 변모해가던 과정을 살펴보고자 하였다. 원제국이 흔들리기 시작하면서 모든 변동이 시작되었다. 원제국과 서아시아 경제권 사이의 관계가 바뀌었고, 원제국의 통화제도가 내부 혼란 속에 몰락했으며, 기황후 세력은 돌연 고려물자에 대한 징발에 나서게 된다. 이 모든 상황이 시작된 후 왕위에 올랐다는 점에서, 공민왕은 최소한 대외교역 정책의 차원에서만 보자면 운이 없는 국왕이었다. 강남인들의 구애도, 요양인들의 전갈도 공민왕으로서는 더이상 적극적으로 화답하기 어려운 부담일 따름이었다. 물론 명나라의 해금정책이 아직 본격화되지 않았던 탓에 중국의 정책기조 전환을 탓할 수도 없는 노릇이었다. 공민왕은 실제로도 기황후와의 관계 개선을 도모하며 당대의 실력자 코코테무르 등을 통해 원 내지 시장과의 교류를 지속하고자 하였다. 그러나 원제국 몰락 이후 명의 고려 물자 징발이 원제국 시절보다도 더 가혹해지면서, 13세기 말 이래 70여년간 지속되고 있던 무역 전성기에 찬물을 끼얹었다. 정부의 교역의지가 가라앉고 대신 성리학적 억상론(抑商論)이 준동하면서 관료들의 무역행위는 규제되었다. 더이상 정부의 후원이 필요 없게 된 민간상인들만이 일종의 과열양상을 보이며 중국과의 교역에 골몰할 따름이었다.

　고려-원제국 교역사의 모든 것을 남김없이 파헤쳐보겠다는 심산에서 이 책은 출발했으나, 책을 완료한 지금 그러한 본래의 의도에 미치지 못한 부분이 많음을 자인한다. 필자의 부족한 식견, 짧은 경륜을 탓할 뿐이다.
　부끄럽지만 책을 마치면서 이 책의 한계를 열거해보고자 한다. 이 책에는 자기(磁器)교역과 신안선의 문제에 대한 본격적 검토가 빠져 있다. 『노결대』에 드러난 민간상인들의 동태와 고려 국왕들의 원제국 내 행적에 대한 추가 분석도 포함되지 못했다. 변명하자면 다음과 같다. 도자기에 대한 검토는 각종 유물과 유적에 대한 분석 및 실사를 요하는 작업으로서, 문헌사학적 관점에서 훈련을 받아온 필자가 수행하기에는 벅찬 작업이다. 그래서 고려-원제국 간 도자기 교역에 대해서는 별도의 책을 준비 중이다. 신안선 문제는 고려-원제국 교역뿐만 아니라 원제국-일본 교역과도 관련된 사안인지라 아직 고려 대외교역사의 영역에서 논하기에는 어려움이 있으며, 따라서 역시 차후의 과제로 남겨두었다.『노걸대』분석은 중국 강남 항구지역들에서 편찬된 지방지(地方志)들에 대한 번역과 함께 진행할 필요가 있어, 조만간 공동작업반을 조직할 예정이다. 고려 국왕들의 원제국 내 행적에 대해서는 성리학과 불교 등 사상사적 검토를 병행할 필요가 있어, 역시 후일을 도모하고자 한다.

　그러나 그 모든 작업들이 남김없이 진행되어도 문제는 남는다.『고려사』및『원사』등 문헌사료를 통해 교역 관련 자료를 확보하는 데에는 사실 한계가 있고, 당시의 정황을 전해주는 유물·유적도 워낙 적다. 앞으로 새로이 발굴될 자료들까지 감안하더라도, 13~14세기의 교역사를 완벽히 재구성하기란 영원히 어려울 것으로 짐작된다. 게다가 현재 남아 있는 자료들 또는 앞으로 발굴하게 될 자료들이 당시 고려-원 간 교역, 고려 대외교역의 여러 측면을 '왜곡 없이' 반영하고 있다는 보장도 없다. 이 책에서 제시한 교역의 양상들도 당시 존재했던 여러 양상의 일부에 불과할 수 있고, 그러한 양상들은 앞으로 새로운 자료·유물·유적이 확인될 경우 얼마든지 수정, 보완될 수 있으며, 그렇게 수정된 결과들마저도 제2, 제3의 수정과 보완 가능성에서 자유로울 수 없다. 따라서 현전하는 정보들을 최대한 분석해 그를 기반으로 당시 존재했을 개연성이 높은 추세와 경향 들을 추출하되, 자료가 없어 확인이 불가능한 정황, 사료의 이면에 숨어 있을지도 모르는 정황이 더 존재했을 가능성을 항상 전제해두는 수밖에 없다. 모쪼록 더 많은 유물과 더 많은 사료가 발견되고, 연구자들의 왕성한 분석과 해석도 잇따라서, 13~14세기 고려-원 간 교역사의 제 면모가 향후 더욱 온전해지기를 기원한다.

이 책의 각 장절들은 기존 등재학술지에 게재한 논문들을 수정, 보완한 후 일부 인용하거나 경우에 따라 전재한 것임을 밝힙니다.

1장 1절 물자의 유출
「13~14세기 고려-원 교역의 전개와 성격」, 서울대학교 박사학위논문 2007.

1장 2절 응방과 둔전의 설치, 그리고 은과 미곡의 강탈
「고려후기 元 屯田의 운영과 변화」, 『역사학보』 196, 2007.
「1270~80년대 고려내 鷹坊 운영 및 대외무역」, 『한국사연구』 146, 2009.

2장 1절 한반도 시장, 소외를 당하다
「1270년대~1330년대 외국인들의 고려방문: 13~14세기 동-서 교역에서의 한반도의 새로운 위상」, 『한국중세사연구』 30, 2011.

2장 2절 수역의 설치, 잠깐의 부흥
「1293~1303년 고려 서해안 '元 水驛'의 치폐와 그 의미」, 『한국중세사연구』 33, 2012.

3장 1절 응방과 둔전의 폐지, 그리고 물류의 역전

「13~14세기 고려-원 교역의 전개와 성격」, 서울대학교 박사학위논문 2007.

3장 2절 이번에는 회회인이 온다

「1270년대~1330년대 외국인들의 고려방문: 13-14세기 동-서 교역에서의 한반도의 새로운 위상」, 『한국중세사연구』 30, 2011.

4장 1절 서역 시장과의 접선 시도

「1270~80년대 고려내 鷹坊 운영 및 대외무역」, 『한국사연구』 146, 2009.

4장 2절 원 항구지역에의 교역선 파견

「13세기말 고려 대외무역선의 활동과 元代 '관세'의 문제」, 『도서문화』 36, 2010.

5장 1절 고려 민간인들의 폭증하는 외국행

「13~14세기 고려-원 교역의 전개와 성격」, 서울대학교 박사학위논문 2007.

5장 2절 충선왕, 무역을 위해 관제 개편에 나서다

「고려 충선왕·元 武宗의 재정운용 및 '정책공유'」, 『동방학지』 143, 2008.

6장 1절 충숙왕, 상인을 관료로 발탁하다

「고려 충숙왕의 전민변정 및 상인등용」, 『역사와현실』 72, 2009.

6장 2절 충혜왕, 대규모 무역생산 시설을 만들다

「고려 충혜왕대 무역정책의 내용 및 의미」, 『한국중세사연구』 27, 2009.

4부 14세기 후반 원제국의 몰락: 고려 정부와 상인들, 전환기에 놓이다

「고려 공민왕대 정부 주도 교역의 여건 및 특징」, 『정신문화연구』 125, 2011.

| 참고문헌 |

국내원본자료

『高麗史』, 1972, 아세아문화사.

『高麗史節要』, 1972, 아세아문화사.

권영국 외, 1996,『역주 고려사 식화지』, 한국정신문화연구원.

김용선, 2001,『고려묘지명집성』, 한림대학교 아시아문화연구소.

_____, 2004,『고려금석문연구』, 일조각.

盧明鎬 外, 2000,『韓國古代中世古文書研究』上·下, 서울대학교출판부.

동양사학회 편, 1999,『韓國東洋史研究者論著總目錄』, 경인문화사.

라시드 앗 딘, 김호동 역주, 2003,『칭기스칸기』, 사계절.

_____, 2005,『칸의 후예들』, 사계절.

마르코 폴로, 김호동 역주, 2000,『동방견문록』, 사계절.

민족문화추진회, 1991,『韓國文集叢刊』索引1.

_____, 1991,『韓國文集叢刊』解題1.

아틀라스한국사편찬위원회, 2004,『아틀라스한국사』, 사계절.

양오진, 1998,『老乞大·朴通事 연구』, 태학사.

이븐 바투타, 정수일 역, 2001, 『이븐 바투타 여행기』 2, 창비.

이춘식 主編, 2003, 『中國學資料解題』, 신서원.

장동익, 1997, 『元代麗史資料集錄』, 서울대학교출판부.

_____, 2000, 『宋代麗史資料集錄』, 서울대학교출판부.

_____, 2004, 『日本古中世高麗資料硏究』, 서울대학교출판부.

田溶新 編, 1993, 『韓國古地名辭典』, 高麗大學校 民族文化硏究所.

정광, 1995, 『역주번역노걸대』, 태학사.

정광 역주·해제, 2004, 『원본 노걸대』, 김영사.

국외원본자료

『大元聖政國朝典章』, 中華民國 65, 臺北: 國立古宮博物院

高明士 主編, 1989, 『中國史硏究指南 3(宋·遼·金·元史)』, 臺北: 燕經出版事業公社.

潭其驤 主編, 1982, 『中國歷史地圖集(元·明時期)』, 上海: 地圖出版社出版.

杜宏剛·邱瑞中·崔昌源, 2003, 『韓國文集中的蒙元史料』上·下, 桂林: 廣西師範大學 出版社.

徐兢, 1972 『宣和奉使高麗圖經』, 서울: 亞世亞文化社.

宋濂 撰, 1923 『元史』, 北京: 中華書局.

楊家駱 主編, 1989, 『元文類』, 臺北: 世界書局.

王大淵 著, 蘇繼廎 校釋, 1981, 『島夷誌略校釋』, 北京: 中華書局.

中華書局編輯部 編, 1990 『延祐四明志』宋元方志叢刊 6, 北京: 中華書局.

_____, 1990 『至正四明續志』宋元方志叢刊 7, 北京: 中華書局.

馮承鈞 原編·陸峻嶺 校訂, 1982, 『西域地名』, 北京: 中華書局.

국내단행본

고병익, 1969, 『동아교섭사의 연구』, 서울대학교출판부(1980년 재간행).

과학백과사전종합출판사, 1994, 『조선기술발전사』 3(고려편), 백산자료원(영인).

국립해양유물전시관, 2006,『14세기 아시아의 해상교역과 신안해저유물』(신안
　　선 발굴 30주년 기념 국제학술대회).

김광철, 1991,『고려 후기 세족층 연구』, 동아대학교출판부.

김남규, 1989,『고려 양계지방사 연구』, 새문사.

김당택, 1998,『원간섭하의 고려정치사』, 일조각.

김상기, 1961,『고려시대사』, 동국문화사.

김순자, 2007,『한국중세 한중관계사』, 혜안.

김영수, 2006,『건국의 정치』, 이학사.

김용섭교수정년기념논총 간행위원회, 1997,『김용섭 교수 정년기념논총 2: 중
　　세전기의 신분제와 토지소유』, 지식산업사.

김위현, 2004,『고려시대 대외관계사 연구』, 경인문화사.

김일우, 2000,『고려시대 탐라사 연구』, 신서원.

김재근, 1984,『한국 선박사 연구』, 서울대학교출판부.

김창현, 1998,『고려 후기 政房 연구』, 고려대학교 민족문화연구원.

김호동, 2007,『몽골제국과 고려: 쿠빌라이 정권의 탄생과 고려의 정치적 위상』,
　　서울대학교출판부.

나종우, 1996,『한국중세 대일교섭사 연구』, 원광대학교출판국.

노명호 외, 2004,『한국고대중세 지방제도의 제문제』, 집문당.

르네 그루쎄, 김호동·유원수·정재훈 역, 1998,『유라시아 유목제국사』, 사계절.

문화공보부 문화재관리국 편, 1988,『신안해저유물: 종합편』, 문화재관리국.

미야 노리코, 김유영 역, 유원수 감수, 2010,『조선이 그린 세계지도: 몽골제국의
　　유산과 동아시아』, 소와당.

민현구, 2004,『고려정치사론』, 고려대학교출판부.

박경안, 1996,『고려 후기 토지제도 연구』, 혜안.

박옥걸, 1996,『고려시대의 귀화인 연구』, 국학자료원.

박종기, 2002,『지배와 자율의 공간, 고려의 지방사회』, 푸른역사.

변태섭 편, 1986,『고려사의 제문제』, 삼영사.

스기야마 마사아키, 임대희·김장구·양영유 역, 1999,『몽골세계제국』, 신서원.

심재석, 2002,『고려국왕 책봉 연구』, 혜안.

안병우, 2002,『고려 전기의 재정구조』, 서울대학교출판부.

암간일웅, 김동기·민혜진 역, 1993,『중국 정치사상사 연구』, 동녘.

연세대학교 국학연구원 편, 2005,『중세사회의 변화와 조선건국』, 혜안.

_____, 2005,『한국중세의 정치사상과 周禮』, 혜안.

위은숙, 1998,『고려 후기 농업경제 연구』, 혜안.

유인선, 1984,『베트남사』, 이산.

윤용혁, 1991,『고려 대몽항쟁사 연구』, 일지사.

윤재운, 2006,『한국고대무역사 연구』, 경인문화사.

윤훈표, 2000,『여말선초 군제개혁 연구』, 혜안.

이석륜, 1971,『한국화폐금융사 연구』, 박영사.

이종봉, 2001,『한국중세 도량형제 연구』, 혜안.

이진한, 2011,『고려시대 송상왕래 연구』, 경인문화사.

이희수, 1991,『한이슬람교류사』, 문덕사.

장동익, 1994,『고려 후기 외교사 연구』, 일조각.

정병조, 2005,『인도사』, 대한교과서.

정수일, 2001,『실크로드학』, 창비.

정승모, 1992,『시장의 사회사』, 웅진.

정승혜·김양진·장향실·서형국, 2011,『박통사, 원나라 대도를 거닐다』, 박문사.

정양모, 1991,『한국의 도자기』, 문예출판사.

주채혁, 1986,『원조 관인층 연구』, 정음사.

최정환, 1991,『고려·조선시대 녹봉제 연구』, 경북대학교출판부.

_____, 2002,『고려 정치제도와 녹봉제 연구』, 신서원.

한국역사연구회, 1994,『14세기 고려의 정치와 사회』, 민음사.

한국중세사학회 편, 1997,『고려시대사 강의』, 도서출판 늘함께.

한기문, 1998,『고려사원의 구조와 기능』, 민족사.

홍영의, 2005,『고려말 정치사 연구』, 혜안.

홍희유, 1989,『조선상업사』, 과학백과사전종합출판사(백산자료원 영인).

국외단행본

加藤繁, 1992,『中國貨幣史研究』, 東京: 東洋文庫.

岡本敬二·小林高四朗, 1964,『通制條格の研究譯註』1·2·3, 東京: 中國刑法志研究會.

丘光明 等, 2001,『中國科學技術史(度量衡)』, 東京: 科學出版社.

南京大學歷史系元史研究室 編, 1984,『元史論集』, 北京: 人民出版社.

梅原郁, 2001,『譯註中國近世刑法志』上·下, 東京: 創文社.

蒙思明, 1980,『元代社會階級研究』, 北京: 中華書局.

斯波義信, 1967,『宋代商業史研究』, 東京: 風間書房.

杉山正明, 2004,『モンゴル帝國と大元ウルス』, 京都: 京都大學學術出版會.

蘇振申, 1964,『元政書經世大典之研究』, 臺北: 中國文化大學出版部.

植松正, 1997,『元代江南政治社會史研究』, 東京: 汲古書院.

植松正·梅原郁·斯波義信 外, 1995,『宋元時代史の基本問題』, 東京: 汲古書院.

安部健夫, 1972,『元代史の研究』, 東京: 創文社.

岩村忍, 1968,『モンゴル社會經濟史の研究』, 東京大學人文科學研究所, 京都: 同朋社.

楊志玖, 1984,『元史三論』, 北京: 人民出版社.

_____, 2002,『元代回族史稿』, 天津: 南開大學出版社.

王斌 外, 1988,『元史探源』, 吉林: 吉林文史出版社.

李金明, 1990,『明代海外貿易史』, 北京: 中國社會科學出版社.

李治安, 2003,『元代政治制度研究』上·下, 北京: 人民出版社.

張金銑, 2001,『元代地方行政制度研究』, 合肥: 安徽大學出版社.

前田直典, 1973,『元朝史の研究』, 東京: 東京大學出版部.

齊藤忠 編, 1998, 『高麗寺院資料集成』, 東京: 第一書房.

佐藤圭四郎, 1981, 『イスラーム商業史の研究』, 京都: 同朋社.

池内宏, 1963, 『滿鮮史研究(中世3)』, 東京: 吉川弘文館.

陳高華, 2005, 『元史研究新論』, 上海: 上海社會科學院出版社.

陳高華·史衛民, 2000, 『中國經濟通史: 元代經濟』, 香港: 經濟日報出版社.

彭信威, 1958, 『中國貨幣史』, 上海: 上海人民出版.

韓儒林 主編, 1986, 『元朝史』, 北京: 人民出版社.

黃時鑒, 1985, 『元朝史話』, 北京: 北京出版社.

喜蕾, 2003, 『元代高麗貢女制度研究』, 北京: 民族出版社.

A. Silverstein, 2007, *Postal Systems in the Pre-Modern Islamic World*, Cambridge: Cambridge University Press.

B. K. I. So, 2000, *Prosperity, region, and Institutions in Maritime china: The South Fukien Pattern, 946-1368*, Cambridge, MA: Harvard University Asia Center.

G. Lane, 2004, *Early Mongol rule in Thirteenth Century Iran: A Persian Renaissance*, London and New York: Routledge.

M. Brose, 2007, *Subjects and Masters: Uyghurs in the Mongol Empire*, Bellingham, WA: Western Washington University.

P. J. Smith and R. von-Glann, eds. 2003, *The Song-Yuan-Ming transition in Chinese History*, Cambridge, MA: Harvard University Asia Center.

Pavel N. Petrov, 2003, *A Survey of Numismatics of the Mongol States-13th, 14th centuries*, Nizhny Novgorod.

R. Amitai-Preiss, 1995, *Mongols and Mamluks: The Mamluk-Ilkhanid War, 1260-1281*, Cambridge: Cambridge University Press.

R. Amitai-Preiss, 1999, *The fall of Amir Chupan and the decline of the Ilkhanate, 1327-1337: A decade of discord in Mongol Iran*, Bloomington, IN: Indiana

University Press.

T. Allsen, 1997, *Commodity and Exchange in the Mongol Empire: A Cultural History of Islamic Textiles*, Cambridge: Cambridge University Press.

_____, 2001, *Culture and Conquest in Mongol Eurasia*, Cambridge: Cambridge University Press.

T. Sen, 2003, *Buddhism, Diplomacy and Trade: The Realignment of Sino-Indian Relations, 600-1400*, Honolulu: University of Hawaii Press.

국내논문

강길중, 1990, 「남송과 고려의 정치외교와 무역관계에 대한 고찰」, 『경희사학』 16·17.

강명혜, 1996, 「풍요의 노래로서의 쌍화점」, 『고전문학연구』 11.

강상택, 1988, 「여말선초의 둔전에 관한 일고찰: 둔전경작민의 실태를 중심으로」, 『부산사학』 14·15.

강성원, 1995, 「원종대의 권력구조와 정국의 변화」, 『역사와 현실』 17.

강순길, 1985, 「충선왕의 염법개혁과 염호」, 『한국사연구』 48.

_____, 1985, 「충숙왕대의 察理辨違都監에 대하여」, 『호남문화연구』 15.

강용수, 1984, 「한국무역의 사적 연구: 고려시대의 대외무역을 중심으로」, 『마산대논문집』 6-2.

강인구, 1975, 「단산 문수사 금동여래좌상 腹藏유물」, 『미술자료』 18.

강호선, 2001, 「충렬·충선왕대 臨濟宗 수용과 고려불교의 변화」, 『한국사론』 46.

고명수, 2009, 「쿠빌라이 정부의 교통·통상 진흥정책에 관한 연구: 소위 '팍스 몽골리카'의 성립조건 형성과 관련하여」, 고려대학교 박사학위논문.

고병익, 1969, 「이슬람교도와 원대사회」, 『東亞交涉史의 硏究』, 서울대학교출판부.

_____, 1984, 「한국과 서역」, 『동아시아의 전통과 근대사』, 삼지원.

_____, 1991, 「여대 동아시아의 해상교통」, 『진단학보』 71·72.

고창석, 1984, 「여·원과 탐라와의 관계」, 『제주대논문집』 17.

권순형, 2004, 「원 공주 출신 왕비의 정치권력 연구: 충렬왕비 제국대장공주를 중심으로」, 『사학연구』 77.

권영국, 1985, 「14세기 榷鹽制의 성립과 운용」, 『한국사론』 13.

_____, 1994, 「14세기 전반 개혁정치의 내용과 그 성격」, 『14세기 고려의 정치와 사회』, 민음사.

그램 레이놀즈, 2013, 「고려 충선왕의 불교교류 연구」, 한국학중앙연구원 석사학위논문.

김광철, 1984, 「洪子藩 연구: 충렬왕대 정치와 사회의 일측면」, 『경남사학』 1.

_____, 1990, 「고려 충숙왕 12년의 개혁안과 그 성격」, 『고고역사학지』 5·6.

_____, 1996, 「14세기 초 원의 정국동향과 충선왕의 吐蕃 유배」, 『한국중세사연구』 3.

김구진, 1989, 「여·원의 영토분쟁과 그 귀속문제: 원대에 있어서 고려본토와 동녕부·쌍성총관부·탐라총관부의 분리정책을 중심으로」, 『국사관논총』 7.

김기섭, 1990, 「고려말 私田구폐론자의 田柴科 인식과 그 한계」, 『역사학보』 127.

_____, 1997, 「14세기 왜구의 동향과 고려의 대응」, 『한국민족문화』 9.

김당택, 1993, 「고려 충숙왕대의 瀋王 옹립 운동」, 『역사학연구』 12.

_____, 1999, 「고려말의 私田 개혁」, 『한국사연구』 104.

김대식, 2005, 「고려초기 사행 기록의 검토: 『海外使程廣記』를 중심으로」, 『역사와 현실』 58.

김도연, 2004, 「원간섭기 화폐유통과 寶鈔」, 『한국사학보』 18.

김동철, 1985, 「고려말의 유통구조와 상인」, 『부대사학』 9.

_____, 1996, 「상업과 화폐」, 『한국사19: 고려 후기의 정치와 경제』, 국사편찬위원회.

김명준, 2006, 「쌍화점 형성에 관여한 외래적 요소」, 『동서비교문학저널』 14.

김병하, 1972, 「고려시대의 화폐유통」, 『경희사학』 3.

_____, 1975, 「고려조의 금속화폐유통과 그 시각」, 『동양학』 5.

김삼현, 1992, 「고려시대 장시에 관한 연구」, 『명지사론』 4.

김상기, 1937, 「여송무역소고」, 『진단학보』 7.

김상범, 2003, 「중국, 해상실크로드의 진원지」, 『바다의 실크로드』, 청아출판사.

김석회, 1990, 「쌍화점의 발생 및 수용에 관한 전승사적 고찰」, 『어문논지』 6, 7.

김성준, 1974, 「고려와 원·명관계」, 『한국사』 8, 국사편찬위원회.

_____, 1985, 「고려 후기 元公主 출신 왕비의 정치적 위치」, 『한국중세정치법제사연구』, 일조각.

김순자, 1995, 「고려말 대중국관계의 변화와 신흥유신의 사대론」, 『역사와 현실』 15.

_____, 1999, 「여말선초 대원·대명관계 연구」, 연세대학교 박사학위논문.

김원동, 1998, 「신안 인양 유물을 중심으로 한 원대 해외무역에 관한 소고」, 『대구사학』 34.

김위현, 1978, 「여송관계와 그 항로고」, 『관대논문집』 6.

_____, 1989, 「여·원 일본 정벌군의 출정과 여-원관계」, 『국사관논총』 9.

_____, 1990, 「여·원 간의 물화교류고」, 『인문과학연구논총』 7.

_____, 1994, 「여원간 인적교류고」, 『관동사학』 5·6.

_____, 2004, 「명과의 공마문제」, 『고려시대 대외관계사 연구』, 경인문화사.

김인호, 2003, 「원의 고려인식과 고려인의 대응: 법전과 문집내용을 중심으로」, 『한국사상사학』 21.

김재명, 1987, 「고려시대의 京倉」, 『청계사학』 4.

김종진, 1984, 「李穀의 對元의식」, 『태동고전연구』 1.

김찬영, 2007, 「元代 中賣寶貨의 의미와 그 특성」, 『중앙아시아연구』 12

김철웅, 2006, 「고려와 大食의 교역과 교류」, 『문화사학』 25.

김한규, 2004, 『요동사』, 문학과지성사.

김형수, 1996, 「13세기 후반 고려의 노비변정과 성격」, 『경북사학』 19.

_____, 2001,「원 간섭기 고려의 정치세력과 정국동향」, 경북대학교 박사학위 논문.

김혜원, 1986,「충렬왕 入元 행적의 성격」,『고려사의 제문제』, 삼영사.

_____, 1989,「여·원 왕실통혼의 성립과 특징」,『이대사원』24·25.

_____, 1993,「고려후기 瀋(陽)王의 정치·경제적 기반」,『국사관논총』49.

_____, 1994,「원간섭기 立省論과 그 성격」,『14세기 고려의 정치와 사회』, 민음사.

_____, 1998,「고려 공민왕대 대외정책과 한인군웅」,『백산학보』51.

_____, 1999,「고려 후기 瀋王 연구」, 이화여자대학교 박사학위논문.

김호동, 1989,「몽고제국의 형성과 전개」,『강좌중국사』3.

나정순, 2003,「고려 가요에 나타난 성과 사회적 성격: 쌍화점과 만전춘별사를 중심으로」,『한국고전여성문학연구』6.

남기학, 1900,「10~13세기의 동아시아와 고려·일본」, 학술대회 발표문.

남부희, 1985,「조선초기 楮貨 유통과 상공업 연구」,『경남사학』2.

노용필, 1984,「洪子藩의 便民十八事에 대한 연구」,『역사학보』102.

도현철, 1990,「牧隱 李穡의 정치사상연구」,『한국사상사학』3.

루벤 아미타이, 2009,「초기 맘룩 술탄국으로의 노예무역에 대한 고찰」, "실크로드의 교역과 상인"(서울대 중앙유라시아연구소 및 인문학연구원 HK 문명연구사업단 주최 제2회 국제학술회의 자료집).

류영철, 1994,「「高麗牒狀不審條條」의 재검토」,『한국중세사연구』창간호.

민현구, 1976,「趙仁規와 그의 가문(상·하)」,『진단학보』42·43.

_____, 1980,「整治都監의 성격」,『동방학지』23·24.

_____, 1981,「李藏用 소고」,『한국학논총』3.

박남훈, 1982,「조선초기의 대명무역의 실제」,『관동사학』1.

박노순, 1987,「雙花店攷」,『한국학논집』11.

박덕유, 2001,「쌍화점의 운율 및 통사구조 연구」,『어문연구』110.

박성식, 1979, 「여말선초의 목면업에 대하여」, 『대구사학』 17.

박성주, 2004, 「고려말 여·명 간 조공책봉관계의 전개와 그 성격」, 『경주사학』 23.

박옥걸, 1997, 「고려 내항 송상인과 여·송의 무역정책」, 『대동문화연구』 32.

박재우, 1993, 「고려 충선왕대 정치운영과 정치세역 동향」, 『한국사론』 29.

박종기, 1994, 「총론: 14세기의 고려사회-원간섭기의 이해문제」, 『14세기 고려의 정치와 사회』, 민음사.

_____, 2003, 「원간섭기 사회현실과 개혁론의 전개」, 『역사와 현실』 49.

박종진, 1983, 「충선왕대의 재정개혁책과 그 성격」, 『한국사론』 9.

_____, 1993, 「고려시대 부세제도 연구」, 서울대학교 박사학위논문.

박진훈, 1998, 「고려말 개혁파사대부의 노비변정책: 조준·정도전계의 방안을 중심으로」, 『학림』 19.

박평식, 1998, 「고려말기의 상업문제와 抹弊 논의」, 『역사교육』 68.

_____, 2004, 「조선초기의 대외무역정책」, 『한국사연구』 125.

박한남, 1996, 「12세기 麗金무역에 대한 검토」, 『대동문화연구』 31.

박현규, 2008, 「복건 長樂 高麗王祖墓 고사 고찰」, 『중국어문논총』 36.

_____, 2010, 「절동 연해안에서 고려인의 수로 교통: 교통 유적과 지명을 중심으로」, 『중국사연구』 64.

박형표, 1969, 「여몽연합군의 東征과 그 전말」, 『사학연구』 21.

박홍배, 1986, 「高麗 鷹坊의 폐정: 충렬왕대를 중심으로」, 『경주사학』 5.

방기중, 1997, 「금속화폐의 보급과 조세금납화」, 『한국사 33: 조선후기의 경제』, 국사편찬위원회.

방동인, 1990, 「여·원 관계의 재검토: 쌍성총관부와 동녕부를 중심으로」, 『국사관논총』 17.

백승호, 2006, 「고려 상인들의 대송무역활동」, 『역사학연구』 27.

_____, 2012, 「論赴高麗貿易的宋商性質」, "동아시아한국학 국제학술대회 발표집"(항저우 저장대, 주최: 한국학중앙연구원).

변동명, 2003, 「충선왕과 萬僧會」, 『민족문화논총』 27.

서길수, 1981, 「고려시대의 貸借관계 및 이자에 관한 연구」, 『국제대학논문집』 9.

서병국, 1973, 「고려·송·요의 삼각무역고」, 『백산학보』 15.

서성호, 1992, 「고려 무신집권기 상공업의 전개」, 『국사관논총』 37.

손홍열, 1977, 「고려조운고」, 『사총』 21·22.

송인주, 1991, 「원압제하 고려왕조의 군사조직과 그 성격」, 『역사교육논집』 16.

신영명, 2004, 「쌍화점의 어조와 미의식」, 『우리어문연구』 8.

안병우, 1984, 「고려의 屯田에 대한 일고찰」, 『한국사론』 10.

_____, 1994, 「고려 후기 농업생산력의 발달과 농장」, 『14세기 고려의 정치와 사회』, 민음사.

_____, 2002, 「고려와 송의 상호인식과 교섭: 11세기 후반~12세기 전반」, 『역사와 현실』 43.

양의숙, 1993, 「여·원 宿衛考: 신라의 對唐 숙위외교와의 비교 중심으로」, 『동국사학』 27.

여증동, 1970, 「쌍화점 고구(2, 무대해석을 중심으로)」, 『국어국문학』 47.

_____, 1971, 「쌍화점 고구(3, 대본해석을 중심으로)」, 『국어국문학』 53.

여운필, 1984, 「쌍화점 연구」, 『국어국문학』 92.

연정열, 1977, 「조선초기 무역현황과 그 법규에 관한 연구: 大明律直解를 중심으로」, 『법사학연구』 4.

_____, 1994, 「고려와 至正條格에 관한 일연구」, 『몽골학』 2.

오금성·조병한, 1980, 「신안해저 침몰선 내의 중국자기」, 『동아문화』 17.

오일순, 1993, 「고려시대의 役制 구조와 雜色役」, 『국사관논총』 46.

_____, 1994, 「고려 후기 토지분급제의 변동과 祿科」, 『14세기 고려의 정치와 사회』, 민음사.

원유한, 1994, 「화폐의 유통」, 『한국사 24: 조선 초기의 경제구조』, 국사편찬위원회.

위은숙, 1993,「고려 후기 직물수공업의 구조변경과 그 성격」,『한국문화연구』6.

_____, 1997,「원간섭기 對元交易:『老乞大』를 중심으로」,『지역과 역사』4.

_____, 2006,「13·14세기 고려와 요동의 경제적 교류」,『민족문화논총』34.

유승원, 1979,「조선초기의 鹽干」,『한국학보』17.

유승주, 1989,「조선전기 대명무역이 국내산업에 미친 영향: 15세기 대명 금은 조공과 국내 금은광업을 중심으로」,『아세아연구』82.

이영, 1997,「'왜구의 공백기'에 관한 고찰」,『일본역사연구』5.

이훈, 2005,「琉球國王使와 僞使」, 한일관계사연구논집 편찬위원회 저,『왜구·위사문제와 한일관계』, 경인문화사.

이강한, 2001,「고려 후기 元寶鈔의 유입 및 유통 실태」,『한국사론』46.

_____, 2007,「고려 후기 元 屯田의 운영과 변화」,『역사학보』196.

_____, 2007,「13~14세기 고려-원 교역의 전개와 성격」, 서울대학교 박사학위논문.

_____, 2007,「征東行省官 闊里吉思의 고려제도 개변 시도」,『한국사연구』139.

_____, 2008,「고려 충선왕·元 武宗의 재정운용 및 '정책공유'」,『동방학지』143.

_____, 2008,「정치도감(整治都監) 운영의 제양상에 대한 재검토」,『역사와 현실』66.

_____, 2008,「충선왕의 정치개혁과 元의 영향」,『한국문화』43.

_____, 2009,「1270-80년대 고려 내 鷹坊 운영 및 대외무역」,『한국사연구』146.

_____, 2009,「고려 충숙왕의 전민변정 및 상인등용」,『역사와 현실』72.

_____, 2009,「고려 충혜왕대 무역정책의 내용 및 의미」,『한국중세사연구』27.

_____, 2009,「공민왕 5년(1356) '反元改革'의 재검토」,『대동문화연구』65.

_____, 2009,「공민왕대 관제개편의 내용 및 의미」,『역사학보』201.

_____, 2009,「공민왕대 재정운용 검토 및 충선왕대 정책지향과의 비교」,『한국사학보』34.

_____, 2010,「'친원'과 '반원'을 넘어서: 13~14세기사에 대한 새로운 이해」,

『역사와 현실』 78.

_____, 2010, 「13세기 말 고려 대외무역선의 활동과 元代 '관세'의 문제」, 『도서
문화』 36.

_____, 2011, 「1270년대~1330년대 외국인들의 고려 방문: 13~14세기 동-서
교역에서의 한반도의 새로운 위상」, 『한국중세사연구』 30.

_____, 2011, 「고려 공민왕대 정부 주도 교역의 여건 및 특징」, 『정신문화연구』
125.

_____, 2012, 「1293~1303년 고려 서해안 '元 水驛'의 치폐와 그 의미」, 『한국중
세사연구』 33.

이개석, 1986, 「몽고제국 성립기 상업에 대한 일고」, 『경북사학』 9.

_____, 1996, 「몽고제국/원사 연구의 전망과 과제」, 『동양사학연구』 50.

_____, 1998, 「14세기 초 원조지배체제의 재편과 그 배경」, 서울대학교 박사학
위논문.

_____, 1998, 「원조의 남송병합과 강남지배의 의미」, 『경북사학』 21.

_____, 2001, 「元朝中期法制整備及系統」, "蒙元的歷史與文化: 蒙元史學術硏討會
論文集"(蕭啓慶 主編).

_____, 2004, 「『고려사』 원종·충렬왕·충선왕 세가 중 원조 관계 기사의 주석
연구」, 『동양사학연구』 88.

이경규, 2005, 「송원대 천주무역번성 및 시박사」, 『대구사학』 81.

이경록, 1998, 「고려시대 銀幣 제도의 성립과 운용」, 연세대 석사학위논문.

이경식, 1987, 「16세기 장시 성립과 그 기반」, 『한국사연구』 57.

이경희, 1998, 「고려 후기 대일무역사 연구동향과 과제」, 『백양사학』 15.

이광린, 1962, 「경주인 연구」, 『인문과학』 7.

이난영, 1994, 「통일신라와 서역」, 『석당논총』 20.

이남복, 1985, 「柳淸臣과 그 사료에 대하여」, 『부산사학』 9.

이능식, 1949, 「여말선초의 화폐제도(1)」, 『진단학보』 16.

이도흠, 1997, 「고려속요의 구조분석과 수용의미 해석: 쌍화점과 동동을 중심으로」, 『한국시가연구』 1.

이동윤, 1982, 「송대 해상무역의 제문제」, 『동양사학연구』 17.

이명미, 2003, 「고려·원 왕실통혼의 정치적 의미」, 『한국사론』 49.

이범학, 1989, 「송대의 사회와 경제」, 서울대학교 동양사학연구실, 『강좌중국사』 3, 지식산업사.

이상국, 2000, 「고려 후기 농장의 경영형태 연구: 농장 경작인의 존재양상을 중심으로」, 『역사와 현실』 36.

이숙경, 1999, 「고려말 冒受賜牌田과 겸병」, 『실학사상연구』 10·11.

_____, 2005, 「고려 충숙왕·충혜왕과 상인의 관계 진출」, 『한국인물사연구』 4.

이순근, 1986, 「고려시대 사심관의 기능과 성격」, 『고려사의 제문제』, 삼영사.

이승한, 1988, 「고려 충선왕의 瀋陽王 피봉과 재원 정치활동」, 『전남사학』 2.

이영진, 1997, 「충숙왕대의 개혁안과 그 성격」, 『북악사론』 4.

이용범, 1955, 「麗丹 무역고」, 『동국사학』 3.

_____, 1962, 「기황후의 책립과 원대의 자정원」, 『역사학보』 17·18.

이익주, 1996, 「고려·원 관계의 구조와 고려 후기 정치체제」, 서울대학교 박사학위논문.

이인재, 1996, 「고려 중·후기 농장의 전민확보와 경영」, 『국사관논총』 71.

_____, 2000, 「고려 후기 鷹坊의 설치와 운영」, 하현강교수정년기념논총간행위원회, 『한국사의 구조와 전개』, 혜안.

이정신, 1994, 「고려시대의 상업: 상인의 존재형태를 중심으로」, 『국사관논총』 59.

이정호, 2003, 「원간섭기 권농정책의 추진방향: 충렬왕대와 충선왕대를 중심으로」, 『민족문화논총』 28.

이정희, 1995, 「고려시대 요역제도 연구」, 동아대학교 박사학위논문.

_____, 1997, 「고려 전기 對遼貿易」, 『지역과 역사』 4.

이종봉, 1992, 「고려 후기 권농정책과 토지개간」, 『부대사학』15·16.

이태진, 2000, 「16세기 국제교역의 발달과 서울상업의 성쇠」, 이태진 외, 『서울상업사』, 태학사.

이현숙, 1996, 「16~17세기 조선의 대중국 수출정책에 관한 연구」, 『홍익사학』6.

이현종, 1964, 「南洋 諸國人의 왕래무역에 대하여」, 『사학연구』18.

이희수, 2003, 「걸프해에서 경주까지, 천년의 만남」, 『바다의 실크로드』, 청아출판사.

_____, 2007, 「중국 광저우(廣州)에서 발견된 고려인 라마단 비문에 대한 한 해석」, 『한국이슬람학회논총』17-1.

임주탁, 2004, 「三藏, 蛇龍의 생성 문맥과 함의」, 『한국시가연구』16.

전병무, 1992, 「고려시대 銀 유통과 銀所」, 『한국사연구』78.

_____, 1993, 「고려 충혜왕의 상업활동과 재정정책」, 『역사와 현실』10.

전수병, 1986, 「고려시대의 상업정책」, 『동양문화연구』1.

전해종, 1977, 「중세 한중무역 형태 소고: 특히 공인무역과 밀무역에 대하여」, 『대구사학』12·13.

_____, 1978, 「여·원무역의 성격」, 『동양사학연구』12·13.

_____, 1989, 「고려와 송과의 교류」, 『국사관논총』8.

정갑준, 2007, 「쌍화점의 공연 및 공연공간에 대하여」, 『한국극예술연구』26.

정구선, 2004, 「고려말 기황후일족의 득세와 몰락」, 『동국사학』40.

정양모, 1991, 「신안해저유물을 통해 본 14세기 동아시아의 도자문화」, 『진단학보』71·72.

정운채, 1993, 「쌍화점의 주제」, 『한국국어교육연구회 논문집』49.

_____, 1995, 「삼장 및 쌍화점과 서동요의 관련양상」, 『고전문학연구』10.

조계찬, 1964, 「元軍의 고려둔전고」, 『동아논총』2.

주채혁, 1974, 「洪福源일가와 여-원관계」, 『사학연구』24.

_____, 1989, 「몽골·고려사연구의 재검토: 몽골·고려사의 성격 문제」, 『국사관

논총』8.

채상식, 1996,「여·몽의 일본 정벌과 관련된 외교문서의 추이」,『한국민족문화』9.

채웅석, 1988,「고려 전기 화폐유통의 기반」,『한국문화』9.

_____, 1997,「고려 후기 유통경제의 조건과 양상」,『김용섭 교수 정년기념 한국사학논총 2: 중세전기의 신분제와 토지소유』, 지식산업사.

_____, 2003,「원간섭기 성리학자들의 화이관과 국가관」,『역사와 현실』49.

최동국, 1984,「쌍화점의 성격 연구」,『문학과 언어』5.

최철, 1997,「高麗詩歌의 불교적 고찰: 처용가·동동·이상곡·정석가·쌍화점을 중심으로」,『동방학지』96.

최근성, 1988,「고려 萬戶府制에 관한 연구」,『관동사학』3.

최완기, 1981,「고려조의 세곡운송」,『한국사연구』34.

최일성, 1985,「고려의 萬戶」,『청대사림』4·5.

탄센 센, 2009,「중국-인도 간 해상교류: 인도 해안지대와 인도양에서 중국 해상세력의 부상」, "실크로드의 교역과 상인"(서울대 중앙유라시아연구소 및 인문학연구원 HK 문명연구사업단 주최, 제2회 국제학술회의 자료집).

토니노 푸지오니, 2002,「원대 기황후의 불교후원과 그 정치적인 의의」,『보조사상』17.

_____, 2002,「충선왕대의 여·원 불교관계와 抗州 高麗寺」,『한국사상사학』18.

한명기, 1900,「중개무역의 성행」,『한국사』30, 국사편찬위원회.

한상권, 1983,「16세기 대중국 사무역의 전개: 은 무역을 중심으로」,『김철준 박사 화갑기념 사학논총』, 지식산업사.

홍성민, 2002,「중세 한·중동 간 교역」,『한국중동학회논총』20-2.

국외논문

岡內三眞, 1986,「新安沈船を通じてみた東アジアの貿易」,『朝鮮史研究會論文集』23.

_____, 1987, 「新安沈船出土の木簡」, 『岡崎敬先生退官記念論集: 東アジアの考古と歴史 上』, 京都: 同朋舍.

高橋弘臣, 1996, 「南宋江南の貨幣: 元朝貨幣定策との關聯をめぐる考察」, 『史學雜誌』 105-1.

宮澤知之, 1981, 「元朝の商業政策: 牙人制度と商税制度」, 『史林』 64-2.

今永淸二, 1969, 「高麗·李氏朝鮮時代における琉球の對朝鮮貿易に關する一考察: 主として朝鮮史料を中心としてみた」, 『史學論叢』 4.

內藤雋輔, 1955, 「高麗時代の鷹坊について」, 『朝鮮學報』 8.

檀上寬, 1997, 「明初の海禁と朝貢: 明朝專制支配の理解に寄せて」, 森正夫 等著, 『明淸時代史の基本問題』, 東京: 汲古書元.

穆德全, 1984, 「元代回回人分包江淅考」, 『河南師大學報(社科版)』 1月.

牧野修二, 1994·1995, 「元代の税役用語差發について(上·下)」, 『愛媛大學法文學部論集 文學科編』 28·29.

方齡貴, 1993, 「通制條格新探」, 『歷史研究(京)』 3月.

北村秀人, 1964, 「高麗に於ける征東行省について」, 『朝鮮學報』 32.

_____, 1993, 「高麗時代の京市の機能について」, 『朝鮮史研究會論文集』 31.

四日市康博, 2000, 「元朝宮政における交易と廷臣集團」, 『早稻田大學大學院文學研究科紀要』 46-4.

_____, 2002, 「元朝の中賣寶貨: その意義および南海交易·オルトクとの關にずいて」, 『內陸アジア史研究』 17.

_____, 2004, 「元朝斡脫政策にみる交易活動と宗教活動の諸相: 附『元典章』斡脫關連條文譯註」, 『東アジアと日本: 交流と變用』 1.

_____, 2006, 「元朝南海交易經營考: 文書と錢貨の流れから」, 『東洋史論集』 34.

山內晉次, 1996, 「東アジア海域における海商と國家: 10~13世紀を中心とする觀想書」, 『歷史學研究』 681.

森克己, 1956, 「日本高麗來航の宋商人」, 『朝鮮學報』 9.

_____, 1959, 「日本と高麗との私獻貿易」, 『朝鮮學報』 14.

_____, 1961, 「日宋交通と耽羅」, 『朝鮮學報』 21·22.

_____, 1963, 「日本商船の高麗·宋えの進出丹書」, 『中央大文史學科紀要』 9.

_____, 1965, 「"鎌倉"時代の日麗交涉」, 『朝鮮學報』 34.

_____, 1966, 「日宋·日元貿易と貿易品」, 『歷史教育』 18-4.

三上次男, 1941, 「高麗顯宗朝における女眞交易」, 『加藤博士還曆紀念東洋史集說』 東京: 富山房.

森平雅彦, 1998, 「高麗王位下の基礎的考察: 大元ウルスの一分權勢力としての高麗 王家」, 『朝鮮史研究會論文集』 36.

_____, 1998, 「駙馬高麗國王の成立: 元朝における高麗王の地位についての豫備 的考察」, 『東洋學報』 79-4.

_____, 2001, 「元朝げしく制度と高麗王家: 高麗·元關係における禿魯花の意義に 關連して」, 『史學雜誌』 110-2.

_____, 2004, 「高麗における元の站赤: route比定を中心に」, 『史淵』 141.

西谷正, 1985, 「新安海底發遺の木簡について」, 『九州大九州文化史研究所紀要』 30.

小野裕子, 2006, 「『元典章』市舶則法前文譯註」, 九州大學大學院比較社會文化學府, 『東アジアと日本: 交流と變容』 3.

孫文學, 1987, 「關于元朝市舶制度論」, 『內蒙古大學學報(哲社版)』 1月.

須川英德, 1980, 「高麗後期における商業定策の展開: 對外關係を中心に」, 『朝鮮社 會の史的展開と東アジア』, 東京: 山川出版社.

須川英德, 1997, 「高麗末から朝鮮初における貨幣論の展開: 專制國家の財政運用と 楮貨」, 『朝鮮社會の史的 展開と東アジア』, 東京: 山川出版社.

植松正, 1972, 「彙輯『至元新格』並ぴに解說」, 『東洋史研究』 30-4.

_____, 1981, 「元初の法制に關する一考察: とくに金制との關連について」, 『東 洋史研究』 40-1.

_____, 1995~2000, 「元代條畫考」(1)·2&3)·4&5&6)·7)·8), 『香川大学教育学部

研究報告』45·46&47·48&49&50·1-51·1-58.

_____, 1995, 「元朝支配下の江南地域社會」, 『宋元時代史の基本問題』, 東京: 汲古書院.

_____, 1997, 「元初江南における徵税體制について」, 『元代江南政治社會史研究』, 東京: 汲古書院.

安部健夫, 1971, 「大元通制序説」, 『元代史の研究』, 東京: 創文社.

_____, 1971, 「元史刑法志と元律との關係に就いて」, 『元代史の研究』, 東京: 創文社.

_____, 1972, 「元代通貨政策の發展」, 『元代史の研究』, 東京: 創文社.

岩村忍, 1968, 「紙幣制とその崩壊」, 『モンゴル社會經濟史の研究』, 東京大學人文科學研究所, 京都: 同朋社.

愛宕松男, 1969, 「元の中國支配と漢民族社會」, 『岩波講座世界歴史 9(中世3)』, 東京: 岩波書店.

_____, 1973, 「斡脱錢とその背景: 13世紀元朝における銀の動向」, 『東洋史研究』31-1·2.

吳文良 原著, 吳幼雄 增訂, 2005, 『泉州宗教石刻』, 東京: 科學出版社.

吳長春·于霞, 1992, 「元帝國與中西海上交通」, 『歴史教學(津)』11月.

喩常森, 1991, 「元代官本船海外貿易制度」, 『海交史研究(泉州)』2月.

李玉昆, 2006, 「海上絲綢之路與泉州多元文化」, 『泉州文化與海上絲綢之路』, 北京: 社會科學文獻.

日野開三朗, 1960, 「羅末三國の鼎立と對大陸海商交通貿易」, 『朝鮮學報』16·17·19·20.

_____, 1966, 「宋初女眞の山東來航と貿易」, 『朝鮮學報』37·38.

林呈蓉, 1990, 「太宰府貿易の再檢討」, 『海事史研究』47.

庄景輝, 2003, 「論元代泉州的繁盛及其原因」, 『泉州港考古與海外交通史研究』, 長沙: 岳麓書社.

前田直典, 1973, 「元の紙幣の樣式に就いて」, 「元代貨幣の單位」, 「元代における鈔の發行制度とその流通狀態」, 「元朝時代における紙幣の價値變動」, 『元朝史の研究』, 東京: 東京大學出版部.

田村實造, 1974, 「世祖と三人の財政家」, 「世祖時代の税制」, 『中國征服王朝史の研究』, 京都: 同朋舍.

田村洋幸, 1967, 「中世日朝貿易の研究」, 『經濟經營論叢』 14-1.

_____, 1983, 「中世の對馬と韓國との貿易」, 『韓國文化』 5-5.

_____, 1989, 「高麗倭寇および初期日鮮貿易に關する史的方法論序説」, 『經濟經營論叢』 24-4, 25-1.

田村田之助, 1937, 「高麗末期における楮貨制採用問題」, 『歷史學研究』 7-3.

井上正夫, 1992, 「高麗朝の貨幣-中世東アジア通貨圏を背景にして」, 『靑丘學術論集』 2, 東京: 韓國文化研究振興財團.

佐藤圭四郎, 1981, 「嘉靖·萬曆年間の南海交通」, 『イスラーム商業史の研究』, 京都: 同朋社.

_____, 1981, 「南宋時代における南海貿易について」, 『イスラーム商業史の研究』, 京都: 同朋社.

_____, 1981, 「北宋時代における回紇商人の東漸」, 『イスラーム商業史の研究』, 京都: 同朋社.

_____, 1981, 「元代における南海貿易: 市舶司條令を通して觀たる」, 『イスラーム商業史の研究』, 京都: 同朋社.

周藤吉之, 1984, 「高麗朝の京邸·京主人とその諸關係」, 『朝鮮學報』 111.

池内宏, 1930, 「始建の征東行省とその廢罷について」, 『桑原博士還曆紀念東洋史論叢』, 京都: 弘文堂書房.

_____, 1933, 「高麗朝における元の行省」, 『東洋學報』 20-3.

_____, 1963, 「高麗に駐在した元の達魯花赤について」, 『滿鮮史研究(中世3)』, 東京: 吉川弘文館.

陳高華, 1980, 「印度馬八兀王子孛哈里來華新考」, 南京大學學振(1980/3).

_____, 1991, 「元朝與高麗的海上交通」, 『震檀學報』71·72.

_____, 1995, 「元代的航海勢家澉浦楊氏: 兼說元代其他航海家族」, 『海交史研究(泉州)』第1期.

_____, 1997, 「元代商稅初探」, 『中國社會科學院研究生員學報(京)』1月.

_____, 2003, 「元代的海外貿易」, 『元史研究論考』, 北京: 中華書局.

_____, 2005, 「從老乞大朴通事看元與高麗的經濟文化交流」, 『元史研究新論』, 上海: 上海社會科學院出版社.

靑山公亮, 1925, 「日麗通商管見」, 『白鳥博士還曆紀念東洋史論叢』, 東京: 岩波書店.

村上正二, 1942, 「元朝の斡脫と泉府司」, 『東方學報』13-1.

丸龜金作, 1935, 「高麗と契丹女眞との貿易關係」, 『歷史學研究』5-2.

黃寬重, 1991, 「宋麗貿易與文物交流」, 『震檀學報』71·72.

黑田星三, 1955, 「中世日鮮貿易における輸出物資に關して」, 『日本社會史の研究』, 東京: 吉川弘文館.

A. P. Martinez, 1995, "The Wealth of Ormus and of Ind: the Levant Trade in Bullion, Intergovernmental Arbitrage, and Currency Manipulations in the Ⅱ-Xanate," *Archivum Eurasiae Medii Aevi* 9.

Hee-Soo Lee, 1999, The Advance of Muslims to the Korean Peninsula and their Socio-Economic Activities in Medieval age (3rd AFMA Conference, 15th Annual Meeting of JAMES).

찾아보기

ㄱ

가림현(嘉林縣) 58

가죽 32~34, 118, 121, 122, 127, 280, 293, 304, 313

각장(榷場) 22, 193

감포(澉浦) 170, 172, 174, 176, 178, 179, 217

강남 21, 24, 26, 27, 50~52, 55, 69~71, 74, 75, 79, 80, 87, 88, 97~113, 124, 125, 133, 136, 143, 147, 151, 164, 167, 171, 172, 181, 185, 205, 216, 218, 225, 227, 229, 253, 265, 266, 268~77, 291~95, 298, 299, 301~03, 305, 306, 310, 317, 318, 320, 321

강수(綱首, 都綱, 綱頭) 19, 72, 75, 78, 84~87, 89, 97, 181, 253

강절행성 50, 53, 169, 170, 174, 186, 187, 266~75, 292~95, 299, 300, 303, 311

거상(巨商) 84, 285

겁렬목정(怯列木丁) 242, 243, 287

견직물 38, 96, 139, 194~96, 203~05, 241, 250

경원(慶元, 明州) 26, 76, 77, 86, 88~90, 96, 97, 108, 133, 167, 170~72, 174, 176, 178~80, 182, 184, 217, 240, 272, 275, 276

고가노(高家奴) 295, 296

고당(高唐) 194

고려 15~17, 19~28, 31~45, 54~113,

117~22, 124~29, 131~56, 161~69, 171, 178, 183~90, 193~212, 218~22, 224~30, 233, 234, 236~42, 250~52, 255, 258~61, 265~82, 286~90, 293~303, 305~22

고려장(高麗莊) 313, 314

고리대금업 83, 134, 135, 144

고용보(高龍普) 258, 259, 278, 305

고호(賈胡) 231

공물(貢物) 31, 37, 74, 82, 119, 126, 239, 247, 259, 280, 308~10

공민왕 19, 27, 259, 266, 267, 270, 271, 277, 280~82, 286~308, 310~12, 314, 320

관세 20, 113, 169, 171~89, 208, 235, 253, 254, 256, 318

관영 교역선(무역선) 108, 167, 169, 171, 172, 183~85, 189, 190, 215, 219

관전(官錢) 134, 142, 143, 230

광동(廣東) 90

광물 32, 34, 59, 121

광주(廣州) 85, 91~93, 139, 169, 170, 174, 176, 178~80

교초(交鈔) 51, 53

국왕 17~19, 22, 26, 27, 31, 32, 39, 41, 42, 56, 61, 73, 79, 94, 105, 121, 126, 127, 129, 130, 139, 141, 154, 162, 163, 166, 168, 169, 171, 190, 199~202, 205, 206, 208, 209, 211, 212, 219, 222, 223, 228, 229, 233~37, 241, 244, 250, 259~61, 274, 276, 277, 286~89, 291, 294, 296, 305, 311, 314, 318~21

군량 41, 57, 60~62, 64, 65, 67, 100~04, 106~08, 120, 121, 286

군벌 265, 266, 274

금 38, 40, 42, 53, 58, 59, 78, 83, 87, 88, 97, 120, 129, 131, 136, 159, 163, 164, 204, 218, 226, 227, 232, 233, 237, 248, 250, 254, 281, 283, 288, 297, 310

금주(金州) 62~64

금칙 89, 174, 253, 254, 256, 258

기명 32, 310

기철(奇轍) 258, 277, 281, 302

기황후 27, 258, 259, 277~82, 294, 301, 302, 305~08, 314, 320

ㄴ

나얀(乃顔) 98, 100, 108~10, 112

남궁신(南宮信) 237, 256

남만인 225

남송(南宋) 19, 21, 51, 60, 70, 73~76, 79, 80, 82, 83, 87, 91, 98, 125, 171~74, 180~82, 184, 185, 187, 189, 240, 331, 338

『노걸대(老乞大)』 16, 26, 193~99, 205, 255, 261, 287, 290, 306, 319, 321

노세영(盧世榮) 158~60, 216

노예무역 26, 146~50, 260, 276, 318, 319

노예상인 26, 146~50, 261

노예왕조 147

ㄷ·ㄹ

단추(單抽) 173, 178

달식첩목이(達識帖睦邇) 267~69, 273, 274

달피(獺皮) 33, 34, 122, 168, 310

당흑시(党黑厮, 崔老星) 225

대부시(大府寺) 72, 164

대식(大食) 133, 137, 318

『대원성정국조전장(大元聖政國朝典章)』 (『원전장』) 146, 176, 177, 187

덕천창 237

도강 → 강수

도염서(都染署) 201

『도이지략(島夷誌略)』 91, 207

『동방견문록』 94, 95, 141, 149, 206, 207

동서 세계간 교역 90, 92, 95, 98, 133, 134, 136, 138, 140, 141, 147~51, 157, 162, 166, 167, 190, 199, 203, 205, 210, 218, 219, 226, 230, 237, 238, 249, 250, 260, 261, 276, 277, 314, 315, 317~20

동창(東昌) 194, 300

둔병 61

둔전(屯田) 25, 43~45, 48, 60~69, 112, 117, 120, 121, 125, 317, 318

드라우트 샤(Daulat Shah, 倒剌沙) 228, 232

라마단(Ramadan) 139

라시드 앗 딘(Rashid ad-Din) 139

ㅁ

마르코 폴로(Marco Polo) 91~93, 95, 206, 208, 209, 261

마아바르국(Maabar, 馬八兒國) 23, 92~94, 141, 205~11, 213~15, 218, 219, 226, 241, 251, 260

마팔아국 → 마아바르국

만호부(萬戶府) 100, 216

말 32, 36, 40~42, 46, 48, 65, 69, 82, 94,

117, 118, 121, 123, 124, 126, 127, 130, 168, 169, 194, 196, 197, 199, 206, 232, 247, 250, 269, 280, 289, 297, 298, 308~10, 312

맘루크(Mamluk) 26, 147~49, 246, 334

매(海東靑) 32, 35, 36, 41, 44~49, 52, 54, 56~58, 74, 121, 123, 128, 130, 154, 155, 157, 159, 166, 242, 250, 317

명주 → 경원

『목암집(牧庵集)』 169

목장 36, 123, 128

몽골 17, 18, 20, 21, 23~26, 31~36, 39, 41, 43, 44, 50, 51, 54, 57, 59~69, 73, 76, 81, 94~96, 100, 110, 112, 118, 123, 128, 132~34, 136, 138, 140, 144~50, 153, 155, 157, 167, 168, 172, 203, 231, 245, 246, 253, 268, 287, 288, 317~19

무슬림 24, 26, 47, 95, 133, 134, 139, 147~49, 158, 210, 226, 245, 246

무역역조(貿易逆潮) 16, 196, 197

무종(武宗, 원) 49, 126, 128, 160, 282

문저포(紋苧布, 織紋苧布) 195, 239~41, 256, 258, 279~81

문종(文宗, 고려) 38, 76, 201, 202

문종(文宗, 원) 232~34, 245, 248, 249,

251

미곡 41, 43, 44, 46, 51, 56, 57, 60, 61, 67~69, 99~109, 112, 120, 121, 125, 165, 227, 228, 269

미얀마(緬國) 111, 206, 214, 230, 231

미자리(迷剌里) 58

ㅂ

바얀(伯顔) 242, 278

박매(撲買) 84, 135, 181, 182

박불화(朴不花) 278, 301, 305

박세전 177~80, 182, 183, 185~88

『박통사(朴通事)』 16, 26, 198, 255, 313

반전(盤纏) 41, 42, 126, 127, 226, 227, 229, 287, 304, 305

반전도감 227

방국진(方國珍) 265~67, 270~73, 275, 292, 294

방물(方物) 31, 32, 36, 37, 74, 121, 124, 126, 127, 214, 246, 249, 293, 310

백저포(白苧布) 33, 42, 121, 126, 128, 163, 168, 227, 292, 310

백주(白州) 64, 65, 67, 68

번이(蕃夷) 186, 187

번화(番貨) 173, 240

베트남(安南, 交趾, 占城, 참파) 39, 107,

206, 212, 214, 308, 309, 328

『보경사명지(寶慶四明志)』 180, 240

보주(保州) 37

보초(寶鈔) 49, 51, 53, 197, 198, 257, 281, 283, 284, 286, 288~90

보흥고 237

복새인(卜賽因, 普賽因, 不塞因, 不賽亦, Abû Sa'îd) 214, 232, 233, 242, 243, 245~52, 256, 261, 287

복주(福州) 172~74, 212, 216

볼로테무르(孛羅帖木兒) 301

봉주(鳳州) 62~65, 67, 68

부마 45, 126, 153, 163

불새인 → 복새인

불아리(不阿里, 孛哈里) 206, 208~12, 214, 218~20, 260

비단 32, 38~41, 72, 94, 119, 121, 129, 131, 204, 205, 208, 214, 236, 247, 257, 313

ㅅ

사부정(沙不丁, Sheb-ud-Dîn) 107, 215, 216

사요(史燿) 169, 170, 184~90

『삼국사기(三國史記)』 137

삼현신궁 236, 237, 239, 244, 252, 258

상가(桑哥) 47, 52, 124, 144, 158~60, 206, 216, 218

상서성(尙書省) 49, 158, 204

상세(商稅) 174, 175, 178, 180, 186, 188, 217

상해(上海) 170, 172~74, 176, 178, 179, 216, 217

상호(商胡) 133

샴(暹羅) 206, 309

서북 보새인 → 복새인

서아시아 22~24, 81~83, 85, 87, 88, 94~97, 112, 133, 134, 136, 137, 140, 146~49, 167, 218, 251, 260, 277, 314, 317, 319, 320

서역 20, 21, 26, 40, 51, 80, 81, 83, 86~91, 94, 96, 133, 137~42, 150~53, 157, 162, 166, 167, 203~05, 209, 212, 216, 218, 225, 226, 229, 231~35, 238, 241~52, 258~61, 269, 275, 276, 287

서역인 20, 80, 81, 83, 133, 137~40, 142, 144, 153, 167, 203, 216, 232, 252, 260, 261, 275, 276, 287

석(席, 자리) 35, 74, 123, 280, 310, 312

석보적(昔寶赤) 45, 46

선공사(繕工司) 201

선상(船商) 195

성종(成宗, 테무르, 원) 49, 122, 135, 142, 217~19, 280

세공(歲貢) 31, 230, 231

세조(世祖, 쿠빌라이, 원) 20, 31, 32, 39, 51, 53~55, 67, 99, 100, 107, 108, 110, 120, 122, 135, 144~46, 153, 158, 160, 161, 163, 164, 209, 210, 216, 217, 230, 245, 257

세폐(歲幣) 31, 79, 83, 96

소그드(素丹, 소그디아나) 81, 133

소식(蘇軾, 소동파) 77, 168

손기(孫琦) 122, 223, 226

손천부(孫天富) 274, 275

솔리(Soli) 141

송상(宋商) 15, 70~80, 86, 88, 89, 96~98, 109, 137, 167, 275, 276

송자(松子) 164

쇄은(碎銀) 290

수역(水驛) 26, 98, 99, 107~12, 317

수유(酥油) 122, 123, 127, 128

수은(水銀) 53, 80

수참(水站) 99

시리아 147~49, 204, 245, 246

시박사(市舶司) 84, 92, 159, 170, 172, 174~79, 181, 183, 216, 217

시박추분잡금(市舶抽分雜禁) 19, 172~74, 177~79, 182, 185, 204, 253

「신도비문(神道碑文)」 169~72, 183, 185, 186, 188, 190

신예(辛裔) 259

신종(神宗, 북송) 38, 77

실크로드 23, 81, 138, 149, 204, 220

심왕(瀋王) 왕호(王暠, 왕고) 223, 225~29, 233~35, 305

쌍추(雙抽) 173, 178

「쌍화점(雙花店)」 138, 139

ㅇ

아라비아 81, 91, 94, 95, 206

아부 사이드 → 복새인

아합마(阿合馬) 47, 141, 158, 159, 163, 216

알탈(斡脫, Ortaq) 133~35, 143, 144, 150, 158, 230

알탈공전(斡脫公錢, 斡脫公錢債) 134, 143

알탈관전(斡脫官錢, 斡脫官錢債) 134, 142, 143, 230

알탈교역(오르탁교역) 24, 133, 216

알탈사전(斡脫私錢, 斡脫私錢債) 134

알탈소(斡脫所) 135

알탈전(斡脫錢) 134~36, 141~44, 217

알탈총관부(斡脫總管府) 135

알탈호(斡脫戶, 오르탁 상인) 134, 144, 150, 230

압록강 33, 99~101, 297

액정국(掖庭局) 201, 202

양재(梁載) 24~26, 233, 235

엘 테무르(燕鐵木兒) 242~44

역로(驛路) 117

연남인(燕南人) 225

염세(鹽稅) 53

염주(鹽州) 64, 65, 67~69

영종(英宗, 원) 52, 144, 146, 228, 230, 234

오르탁 → 알탈

오르탁교역 → 알탈교역

오아시스로 138, 204

오잠(吳潛) 97, 234

온주(溫州) 170, 174, 176, 178, 179, 270, 272

완평현(宛平縣) 313, 314

왕삼석(王三錫) 224~26, 233

「요동수정도(遼東水程圖)」 107

요수(姚燧) 169, 304

요양(遼陽) 27, 53, 70, 101, 102, 104~08, 111, 295, 297~99, 313, 320

요양행성(遼陽行省) 101, 102, 105~07, 110, 295~300, 303, 311

원내 고려인 사회 303, 305~08, 311, 313

원보초(元寶鈔) 27, 50, 53, 130, 269, 282~90, 294, 306, 310, 311

원종(元宗, 고려) 31~33, 39~42, 60, 61, 73, 77, 126

위구르(回鶻, 回回, 回紇) 19, 20, 23, 47, 81~83, 133, 139, 216, 218, 226, 242

유략(誘掠) 145, 146, 149

유연(幽燕) 257

유점사(楡岾寺) 259

유청신(柳淸臣) 234

유태인 133

육보(鬻寶) 231

6사(六事) 32, 60

윤수(尹秀) 54~57, 154, 155, 165, 166

은 33, 34, 38, 41~44, 49~54, 57~60, 69, 83, 87, 88, 96, 97, 112, 119~22, 126, 127, 129~31, 134~36, 139, 153, 157~67, 197, 204, 218, 226, 227, 233, 237, 250, 254, 259, 281, 283, 289, 290, 297, 310, 317

은병(銀瓶) 60, 119, 121, 126, 168, 290

은소(銀所) 164

은장(銀場) 49, 53

은천옹주(銀川翁主) 236

응방(鷹坊, 鷹房) 25, 35, 43~50, 52~59,
112, 117, 119, 120, 153~67, 171,
203, 237, 238, 317, 318

응방도감 165, 166

응방 총관부 45~49, 159, 160

응방호(鷹坊戶) 45, 49, 55

응사(鷹師) 45

응인(鷹人) 45, 46

의성창 237

이노개(李奴介) 222, 223

이리간(伊里干) 56

이순효(李純孝) 167

이집트 148, 149

인도 22~24, 26, 80, 91~95, 141,
144~50, 193, 204~07, 210~13,
218~20, 224, 229, 241, 251, 261,
275, 276, 305, 314, 318, 319

인삼 35, 58, 72, 121~23, 127, 128, 164,
194~97, 203

인신매매 49, 140, 144~47, 151

인우원(仁虞院) 160

인종(仁宗, 원) 144, 146, 147, 160, 230,
283

일칸국(一汗國, 훌라구 울루스) 23, 26,
94, 95, 139, 147~49, 243, 245~52,

256, 258, 260, 261, 287

임신(林信) 236

임연(林衍) 61

ㅈ

자바(爪哇) 91, 94, 95, 206, 214, 215

자정원(資政院) 259, 278, 279, 282, 305,
306

잡직서(雜織署) 201

장경(藏經) 132

장규(張珪) 217, 231

장사성(張士誠) 265~68, 270~75,
292~94

장선(張瑄) 99, 100, 107, 110, 111

저포(紵布) 32, 33, 42, 44, 60, 118,
119, 121, 122, 126, 127, 163, 168,
195, 226, 227, 239~41, 256, 258,
279~81, 287, 292

전독(轉讀) 132

전운사(轉運司, 원) 47, 159

정가신(鄭可臣) 107, 108

제국대장공주 163~65, 203

제녕부(濟寧府) 194

조공(朝貢) 31, 32, 37, 38, 135, 230, 250,
309, 310, 335, 337

조윤통(曹允通) 35, 58

종이 32, 33, 35, 121, 123, 283

주시랑(周侍郞) 169

주영량(朱英亮) 167, 168

주청(朱淸) 99, 100, 107, 111

주포(紬布) 32, 33

중매보화(中賣寶貨) 24, 208, 231~33, 248, 250, 251

중앙아시아 81, 112, 133, 134, 136, 139, 231, 319

중통초(中統鈔) 50, 269, 282

증세 47, 158, 217, 224

지원초(至元鈔) 216, 282, 286

『지정사명속지(至正四明續志)』 179, 240, 255

『지정조격(至正條格)』 253

직고(直沽) 194

직염(織染) 201, 202, 240

직염국(織染局) 201, 202, 205, 220

진보생(陳寶生) 274, 275

진상 31, 32, 34, 36, 38, 39, 121~24, 127~30, 132, 151, 154, 157, 168, 214, 239, 247, 309, 310

진자라(眞紫羅) 32

진주 80, 93, 94, 141, 142, 150, 181, 204, 207, 208, 211, 214, 250, 318

『집사(集史)』 139, 157, 161

징발 21, 22, 25, 32~36, 39, 41~43, 45, 48, 52, 56, 58~61, 68, 69, 98, 102~04, 107, 112, 118~29, 132, 141, 144, 161, 193, 199, 203, 240, 259, 260, 277, 279~82, 294, 308, 310, 311, 314, 318, 320

ㅊ

찰리변위도감(扖理辨違都監) 223

채굴 35, 53, 39, 120

채금 59, 120

채녀(綵女) 236

채인규(蔡仁揆) 206, 219

채홍철(蔡洪哲) 225, 229

책봉 31, 32, 38, 39, 225, 230, 247, 269, 301, 308

천부사(泉府司) 135, 136, 142, 143, 159, 160, 163, 164, 216

천부원(泉府院) 160

천주(泉州) 24, 26, 86, 88~95, 97, 111, 128, 133, 138, 145, 149, 151, 169, 170, 172~74, 176~80, 182, 183, 206, 213, 214, 219, 220, 224, 241, 260, 274~76

초원로 138

초판(出班) 247, 249

총관부(總管府) 45~49, 128, 135, 159, 160, 218

최노성(崔老星, 党黑廝) 225

최탄(崔坦) 60, 62

추분(抽分) 172~87, 235, 253, 256

충렬왕 19, 20, 34, 44, 54~56, 59, 61, 77, 101, 102, 108, 111, 119, 120, 126, 128, 139, 151, 153~56, 161~67, 169~71, 183, 189, 190, 200, 203, 237, 238, 259, 261, 277, 286, 287, 314, 318

충목왕 238, 259, 281, 286

충선왕 19, 23, 26, 103, 108, 122, 127, 131, 139, 193, 200~03, 205, 206, 208, 210, 212, 213, 219~24, 226, 227, 229, 233, 237, 240, 241, 244, 251, 260, 261, 287, 296, 303~05, 319

충숙왕 19, 26, 139, 200, 222~30, 233~36, 241, 244, 252, 261, 303, 305, 319

충혜왕 19, 20, 23, 26, 139, 200, 223, 234~42, 244, 245, 250~53, 255~61, 277~79, 281, 287, 319

ㅋ

카다안(哈丹) 100, 101, 108~10

카오리 139

코람(俱藍, Quilon, Coilum) 93, 206, 207, 210, 211, 214

코로만델(Coromandel) 93, 206, 210

코코테무르(擴廓帖木兒) 299~303, 305, 307, 308, 320

쿠빌라이(世祖, 원) 20, 31, 32, 39, 51, 53~55, 67, 99, 100, 107, 108, 110, 120, 122, 135, 144~46, 153, 158, 160, 161, 163, 164, 209, 210, 216, 217, 230, 245, 257

크림반도 148, 149

킵차크칸국 147~49, 245, 246

ㅌ

탈탈화손(脫脫禾孫, 토토코순) 66

탐라 33, 35, 36, 65, 66, 68, 76, 77, 99, 122~24, 127~29, 141, 280, 297, 327, 332

태정제(泰定帝) 52, 228, 230~34, 244, 245, 247~49, 251

터키 91, 149

『통제조격(通制條格)』 145, 146, 253

투르크 80, 133, 139, 148

투자 18, 19, 22, 26, 85, 87, 97, 118, 134, 139, 140, 144, 153, 162, 164~67,

171, 195, 199, 200, 205, 213, 217, 218, 237, 238, 241, 251, 252, 255, 260, 269, 277, 289, 291, 293~95, 298, 304, 314, 318, 319

투하(投下) 45, 49

ㅍ

패라첩목아 → 볼로테무르

패합리 → 불아리

페르시아 92, 94, 95, 133, 137, 204, 245

편민(便民) 1사 118

평준고(平準庫) 283, 284

폐행(嬖幸) 225

포도주 41, 129~31, 250

포렵호(捕獵戶) 45

포은(包銀, 원) 49, 51~54, 135

표피(豹皮) 33, 118, 122, 232, 250, 293

ㅎ

하사 38~41, 50, 78, 110, 121, 126, 129~32, 161, 206, 211, 215, 232, 233, 247~50, 269, 280, 286, 288, 289

한인 군웅(漢人軍雄) 205, 265, 266, 268~76, 292, 295, 302, 334

해동청 → 매

해전고(廨典庫) 227

행상서성(行尙書省) 54, 158

행용고(行用庫) 283~85

호광행성(湖廣行省) 50, 53, 102, 267

호구(胡桀) 45, 56, 125, 126, 180~84, 281

호피 34, 43, 118, 122, 127, 292

『혼일강리역대국도지도(混一疆理歷代國都之圖)』 93

홍군상(洪君祥) 129

홍다구(洪茶丘) 62, 65, 66, 69, 120

홍보보(洪寶寶) 295, 296

홍자번(洪子藩) 117, 118

화니적(火尼赤) 273

화매(和買) 72, 181, 182, 184

화북(華北) 51~53, 99, 135, 216, 257

하북(河北) 50, 99

확곽첩목아 → 코코테무르

황주(黃州) 64, 67, 273

회골 → 위구르

회남행성(淮南行省) 270, 271, 273, 274, 288, 294

회사(回賜) 32, 38~40, 43, 129~32

회회인(回回人, 위구르인) 20, 22, 24, 26, 80, 81, 133~44, 146, 149~51, 153, 156, 161~64, 166, 167, 190,

199, 204, 207, 211, 216, 217, 225, 226, 230, 232, 237, 238, 241, 242, 252, 260, 261, 275, 276, 287, 318

회흘 → 위구르

훌라구　148, 245, 246

휘정원(徽政院)　278, 279

흔도(忻都)　62~66

흔도(忻都, 인도)　145

이강한 李康漢, Lee Kang Hahn

서울대 국사학과를 졸업하고 동대학원에서 석사·박사학위를 받았다. 인하대학교 BK21 동아시아한국학사업단 연구원·연구교수를 거쳐 현재 한국학중앙연구원 인문학부 한국사학 전공 부교수이자 연구처 연구정책실장으로 있다. 저서로『쌍화점, 다섯 개의 시선』(공저)이 있다.

서남동양학술총서
고려와 원제국의 교역의 역사
13~14세기 감춰진 교류상의 재구성

초판 1쇄 발행 / 2013년 12월 6일
초판 2쇄 발행 / 2016년 11월 10일

지은이 / 이강한
펴낸이 / 강일우
책임편집 / 정편집실
펴낸곳 / (주)창비
등록 / 1986년 8월 5일 제85호
주소 / 10881 경기도 파주시 회동길 184
전화 / 031-955-3333
팩시밀리 / 영업 031-955-3399 · 편집 031-955-3400
홈페이지 / www.changbi.com
전자우편 / human@changbi.com

ⓒ 이강한 2013
ISBN 978-89-364-1336-1 93910